STUDIENBÜCHER FÜR SOZIALE BERUFE

Johannes Schilling

Soziale Arbeit

Entwicklungslinien der Sozialpädagogik/Sozialarbeit

LUCHTERHAND

Die Deutsche Bibliothek – CIP-Einheitsaufnahme

Schilling, Johannes:
Soziale Arbeit: Entwicklungslinien der Sozialpädagogik/Sozialarbeit
Johannes Schilling. – Neuwied; Kriftel; Berlin: Luchterhand, 1997
(Studienbücher für soziale Berufe)
ISBN 3-472-03014-3

Studienbücher für soziale Berufe. –
Neuwied; Kriftel; Berlin:
Luchterhand
Schilling, Johannes: Soziale Arbeit. – 1997

Satz: KompetenzCenter Urban, Düsseldorf
Druck: Wilhelm & Adam, Heusenstamm
Printed in Germany, August 1997
∞ Gedruckt auf säurefreiem, alterungsbeständigem und chlorfreiem Papier

Inhalt

Seite

Einleitung 1

1 Sozialarbeit – Geschichte der Erwachsenenfürsorge 11

1.1 Warum Geschichte? 13

1.2 Armut und Armenfürsorge im Mittelalter (um 12./13. Jhdt.) 14
1.2.1 Entstehungsgeschichte der Fürsorge 14
1.2.2 Theoretisches Modell: *Thomas von Aquin* (1224–1274) 18
1.2.3 Institution, Träger und Zielgruppe der Hilfe 20

1.3 Armut und Armenfürsorge zu Beginn der Neuzeit (14.–16. Jhdt.) 21
1.3.1 Veränderte Sicht des Bettelns 21
1.3.2 Städtische Armenfürsorge 23
1.3.3 Theoretisches Modell der Armenfürsorge: *Juan Luis Vives* (1492–1540) 25

1.4 Armut und Armenfürsorge zur Zeit des Absolutismus und der Aufklärung (17.–18. Jhdt.) 27
1.4.1 Entwicklungslinien 27
1.4.2 Theoretisches Modell der Armenfürsorge: *Thomas Robert Malthus* (1766–1834) 29

1.5 Armut und Armenfürsorge im Zeitalter der Industrialisierung (18.–19. Jhdt.) 31
1.5.1 Industrielle Entwicklung – Pauperismus 31
1.5.2 Elberfelder System (1867) 33
1.5.3 Straßburger System (1905) 36
1.5.4 Theoretisches Modell: *Otto von Bismarck* (1815–1898) 37

1.6 Armut und Wohlfahrtsfürsorge in der Neuzeit (20. Jhd.) 38
1.6.1 Kaiserreich und Weimarer Republik (bis 1933) 38
1.6.2 Theoretisches Modell: *Alice Salomon* (1872–1948) 41
1.6.3 Nationalsozialismus (bis 1945) 43
1.6.4 Bundesrepublik Deutschland (seit 1945) 44

1.7 Armut und Hilfe in der Sozialarbeit 45

Seite

1.7.1 Armut — 45
1.7.2 Soziale Hilfe — 47
1.7.3 Risikogesellschaft — 51

1.8 Sozialarbeit – Zusammenfassung — 53

Lernfragen — 56

Weiterführende Literatur — 57

Anmerkungen — 57

2 Sozialpädagogik – Geschichte der Jugendfürsorge — 61

2.1 Öffentliche Hilfestellung für Kinder: Jugendfürsorge — 63

2.2 Fürsorge für Findel- und Waisenkinder im Mittelalter (12.–13. Jhdt.) — 64

2.3 Armenschule zu Beginn der Neuzeit (14.–16. Jhdt.) — 66
2.3.1 Konzept von *Juan Luis Vives* (1492–1540) — 66
2.3.2 Nürnberger Bettelordnung — 66

2.4 Waisen- und Zuchthäuser zur Zeit des Absolutismus und der Aufklärung (17.–18. Jhdt.) — 67
2.4.1 Hallesche Anstalten von *August Hermann Francke* (1663–1727) — 67
2.4.2 Hamburgische Armenreform: *Caspar Voght* (1752–1839) — 69
2.4.3 Individualpädagogik — 70

2.5 Kinderbewahranstalt, Kindergarten und Sozialpädagogik im Zeitalter der Industrialisierung (18.–19. Jhdt.) — 72
2.5.1 Rettungshausbewegung/Rauhes Haus in Hamburg: *Johann Hinrich Wichern* (1808–1881) — 72
2.5.2 Kindergarten — 73
2.5.3 Sozialpädagogische Bewegung — 77
2.5.4 Sozialpädagogik — 78

2.6 Jugendwohlfahrtspflege in der Neuzeit (20. Jhdt.) — 81
2.6.1 Kaiserreich und Weimarer Republik (bis 1933) — 81
2.6.2 Nationalsozialismus (bis 1945) — 83
2.6.3 Bundesrepublik Deutschland (seit 1945) — 84

Seite

2.7 Jugendhilfe und Jugendarbeit 86

2.8 Vorbeugung, Prävention 90
2.8.1 Vorbeugen aus pädagogischer Sicht: Prävention 90
2.8.2 Vorbeugen aus jugendpolitischer Sicht 92
2.8.3 Vorbeugen aus sozialpolitischer Sicht 93

2.9 Verwahrlosung/Dissozialität und Normalität/ abweichendes Verhalten 95
2.9.1 Verwahrlosung/Dissozialität 95
2.9.2 Normalität 97
2.9.3 Auffälliges, abweichendes Verhalten 101

2.10 Problem – differenziertes Denken 107

2.11 Jugendhilfe: Dritte Erziehungs- und Bildungsinstitution 110
2.11.1 Primäre Erziehungsinstitution: Familie 110
2.11.2 Sekundäre Erziehungs- und Bildungsinstitution: Schule 112
2.11.3 Tertiäre Erziehungs- und Bildungsinstitution: Sozialpädagogik 115

2.12 Sozialpädagogik – Zusammenfassung 121

Lernfragen 125

Weiterführende Literatur 126

Anmerkungen 127

3 Sozialpädagogik/Sozialarbeit – Soziale Arbeit 133

3.1 Geschichtliche Linien von Sozialpädagogik und Sozialarbeit 135
3.1.1 Sozialarbeit 135
3.1.2 Sozialpädagogik 136
3.1.3 Sozialpädagogik – Sozialarbeit 137

3.2 Sozialarbeit kontra Pädagogik 139

3.3 Ausbreitung und Differenzierung von Sozialpädagogik 143

Seite

3.4 Sozialpädagogik und Gesundheit 147
3.4.1 Geschichte 147
3.4.2 Gesundheit 148
3.4.3 Aspekt: Wohlbefinden 154

3.5 Erziehung, Bildung, Lernen 159
3.5.1 Erziehung 160
3.5.2 Bildung 161
3.5.3 Lernen 162

3.6 Positiv-Pädagogik kontra Notstands-Pädagogik 163

3.7 Sozialpädagogik als Steuerfunktion 166

3.8 Sozialpädagogik/Sozialarbeit – Soziale Arbeit: Synonyme Begriffe? 167

3.9 Zum Verhältnis von Sozialpädagogik zur Sozialarbeit 169
3.9.1 Divergenz 170
3.9.2 Subordination 171
3.9.3 Substitution 172
3.9.4 Identität 173
3.9.5 Alternative 173
3.9.6 Konvergenz 176
3.9.7 Subsumtion 179

3.10 Auswertung von Stellenausschreibungen 180

3.11 Sozialpädagogik – Zusammenfassung 184

Lernfragen 188

Weiterführende Literatur 189

Anmerkungen 189

4 Theorie-Modell 195

4.1 Theorievielfalt und -wirrwar 197

4.2 Sozialpädagogik nach Hermann Nohl (1870–1960) 200
4.2.1 Geistige Energien 202
4.2.2 Individuum und Gemeinschaft 203
4.2.3 Pädagogischer Bezug 205

Seite

4.2.4 Notstands-Pädagogik – Positive Pädagogik – Prophylaxe 206
4.2.5 Kritische Würdigung 207

4.3 Sozialpädagogik nach *Gertrud Bäumer* (1873–1954) 208

4.4 Sozialpädagogik nach *Klaus Mollenhauer* (1928) 211
4.4.1 Problematik des Begriffes »Sozialpädagogik« 212
4.4.2 Gesellschaftlicher Wandel als Grund für die Entstehung von Sozialpädagogik 213
4.4.3 Funktionsverlust von Familie und Schule als Grund für die Entstehung von Sozialpädagogik 214
4.4.4 Ziele und Aufgaben der Sozialpädagogik – Positiv-Pädagogik 215
4.4.5 Sozialpädagogische Tätigkeiten 216
4.4.6 Sozialpädagogik als eigenständige dritte Institution – Definition 216

4.5 Sozialpädagogik nach *Hermann Giesecke* (1932) 218
4.5.1 Defensive Sozialpädagogik 218
4.5.2 Offensive Soizalpädagogik 219

4.6 Sozialpädagogik nach *Hans Thiersch* (1935) 221
4.6.1 Zentrale Dimensionen sozialpädagogischer Theoriebildung 222
4.6.2 Lebensweltorientierte Sozialpädagogik 224
4.6.3 Kritische Würdigung 227

4.7 Systemische Sozialpädagogik 228
4.7.1 Bedeutung systemischen Denkens 229
4.7.2 Begriffsklärung 231
4.7.3 System und Systemzugehörigkeit 232
4.7.4 Systemmerkmale 234
4.7.5 Systemfunktionalität 236
4.7.6 Systembeziehungen 238
4.7.7 Methoden systemischen Handelns 238
4.7.8 Systemische Soziale Arbeit – Praktikabilität 239
4.7.9 Theorievielfalt und Universalität der Systemtheorie 242

4.8 Sozialpädagogik – Zusammenfassung 243

Lernfragen 245

Weiterführende Literatur 247

Anmerkungen 247

Seite

5 Ziele und Methoden in der Sozialpädagogik 251

5.1 Was heißt »sozial«? 253

5.2 Soziales Problem 257

5.3 Objekt- und Problembereich der Sozialpädagogik 262

5.4 Sozialpädagogik und Allgemeine Pädagogik 265

5.5 Ziele der Sozialpädagogik 267

5.6 Methoden der Sozialpädagogik 272
5.6.1 Klassische Methoden 272
5.6.2 Methodisches Handeln in der Sozialpädagogik 277

5.7 Beratung 281
5.7.1 Bedeutung, Abgrenzung 281
5.7.2 Rechtsberatung 283
5.7.3 Lebensberatung 284

5.8 Sozialpädagogik – Zusammenfassung 288

Lernfragen 289

Weiterführende Literatur 290

Anmerkungen 290

6 Ausbildung – Berufsfelder – Profession 295

6.1 Sozialpädagogik als Lernberuf 297

6.2 Ausbildung von Sozialpädagogen/Sozialarbeitern 297
6.2.1 Ausbildung von Sozialarbeitern 297
6.2.2 Ausbildung von Sozialpädagogen 299

6.3 Arbeitsfelder der Sozialpädagogik 306

6.4 Träger sozialpädagogischer Einrichtungen in der Jugendhilfe 311
6.4.1 Öffentliche Jugendhilfe (Jugendamt) 312
6.4.2 Private Jugendhilfe (Jugend- und Wohlfahrtsverbände) 315
6.4.3 Zusammenarbeit der Träger 317

Seite

6.5 Image von Sozialpädagogik in der Öffentlichkeit 321

6.6 Berufsverband 324

6.7 Öffentlichkeitarbeit 327

6.8 Verberuflichung und Professionalisierung 331
6.8.1 Verberuflichung 331
6.8.2 Professionalisierung 332

6.9 Funktionen der Sozialpädagogik in der Gesellschaft 335
6.9.1 Sozialpolitik und Sozialpädagogik 335
6.9.2 Dienstleistung 338
6.9.3 Doppeltes Mandat 340
6.9.4 Kontrolle und Provokation 343

Sozialpädagogik – Zusammenfassung 345

Lernfragen 346

Weiterführende Literatur 349

Anmerkungen 349

7 Was heißt Sozialpädagogik? 355

Anmerkungen 367

Literatur 369

Einleitung

Hilf Dir selbst, sonst hilft Dir ein Sozialpädagoge!

Werbung

SOZIALPÄDAGOGIK?

Ach, die Drogenberater

und die Eheberater

und die Bewährungshelfer

und die Gerichtshelfer, ...

oder?!?

oder auch

Ihre Kindergärtnerin und

Ihre Jugendleitenden und

Ihre Freizeitgestaltenden und

Ihre Betreuer im Alter und

Ihre Sterbebegleitenden und

Ihre Gesundheitserhaltenden

Sozialpädagogik geht alle an !!!

Warum studieren Sie Sozialpädagogik? Was verstehen Sie unter Sozialpädagogik?

Diese beiden Fragen habe ich Studentinnen/Studenten der Fachhochschule Düsseldorf, an der ich das Fach Didaktik/Methodik der Sozialpädagogik lehre, gestellt.
Klassifiziert man deren Antworten auf diese offenen Fragen, kommt man zum Ergebnis:

Warum studieren Sie Sozialpädagogik?

(N = 167 Studenten)

Begründungen für das Studium	N	%
Persönliches Interesse am Beruf	103	61,7
Helfen, Arbeiten mit Menschen	103	61,7
Persönliche Weiterbildung	89	53,3
Vorerfahrungen/Tätigkeiten im sozialen Bereich	59	35,3
Sonstige Gründe	35	21,0

Einige Beispiele:

- »Zu Beginn meines Studiums der Sozialpädagogik waren meine bisherigen ehrenamtlichen Tätigkeiten im sozialen Bereich (Mitgestaltung des Konfirmandenunterrichts, Mitgestaltung einer Kindergruppe, Behindertenarbeit, Ferienfreizeiten) ausschlaggebend für meine Studienwahl, da mir die Arbeit Freude bereitet hat und für mich eine sinnvolle Freizeitbeschäftigung bedeutete. Außerdem wollte ich in einem Arbeitsfeld tätig sein, bei dem der Umgang mit Menschen im Vordergrund steht und ein Wechsel zwischen verschiedenen Aufgabenbereichen möglich ist. Während meines Studiums habe ich dann die Vielfalt des pädagogischen Wirkungskreises kennengelernt, was die Richtigkeit meiner Studienwahl für mich bedeutete.«
- »Ich bin Erzieherin und habe durch meine bisherige Arbeit gemerkt, daß ich im sozialen Bereich richtig bin. Das Berufsfeld der Erzieherin ist jedoch sehr eingeschränkt. Durch das Studium kann ich auch mit älteren Menschen arbeiten und habe bei der Jobsuche verschiedene Angebote. Ich könnte mir z. B. nicht vorstellen, bis zur Pensionierung im Kindergarten zu arbeiten.«
- »Eigentlich wollte ich Psychologie studieren, aber da der NC in diesem Fach zu hoch war und das Studium der Sozialpädagogik praxisbezogener ist, habe ich mich für diesen Studiengang entschieden. Ich wollte beruflich mit Menschen zu tun haben und ihnen helfen, ihre Krisen besser bewältigen zu können. Außerdem habe ich selber schon Suchterfahrungen gemacht und möchte nun diese Erfahrung an andere weitergeben und ihnen gleichzeitig mit dem, was ich im Studium gelernt habe, kompetent weiterhelfen.«

- »Ich habe mich entschlossen, Sozialpädagogik zu studieren, aus dem Interesse an anderen Menschen heraus. Ich bewundere die Vielfalt menschlichen Verhaltens und Handelns und finde es wichtig, daß jeder Mensch seine ihm gegebenen Möglichkeiten, seine Kreativität und seine Fähigkeiten erkennt, um ein sinnvolles Leben zu führen. Leider sind mir aber schon viele Menschen, sowohl alte als auch junge begegnet, die diese Fähigkeit verloren oder noch nie gehabt haben. Besonders bei Kindern und Jugendlichen wird diese Orientierungslosigkeit deutlich. Damit aus ihnen keine phantasielosen Erwachsenen werden, die mit ihrem Leben nichts anzufangen wissen, finde ich es wichtig, ihnen einen Weg aus dieser Perspektivlosigkeit, die ihnen häufig gar nicht bewußt ist, zu zeigen. Ich hoffe, durch das Studium Hilfestellung dabei zu bekommen.«
- »Sozialpädagogik halte ich für einen Studiengang, bei dem ich viele Erkenntnisse für mich selbst gewinnen kann. Die Arbeit am bzw. mit Menschen ist interessant und bereitet mir Freude.«

Was verstehen Sie unter Sozialpädagogik?

(N = 167 Studenten)

Verständnis von Sozialpädagogik	N	%
Arbeit mit/am Menschen	156	93,4
Menschen helfen	28	16,8
Defizite beheben, Probleme lösen	25	15,0
Präventives Arbeiten	12	7,2
Diverses Verständnis	25	15,0

Einige Beispiele:

- »Sozialpädagogik versucht, Menschen bei ihrer persönlichen Entwicklung zu unterstützen und ihnen Anregungen und neue Impulse zu geben, um ihr Leben lebenswerter zu gestalten und um überhaupt herauszufinden, was der Mensch in seinem Leben will und ihm daraufhin Hilfestellung geben zu können.«
- »Ich sehe in der Sozialpädagogik eine Möglichkeit, in unterschiedlichster Form in gesellschaftlichen Bereichen tätig zu sein, Einfluß zu nehmen, vielleicht auch Veränderungen zu bewirken, allerdings in kleinen Schritten.«
- »Sozialpädagogik ist für mich: In vorbeugenden Maßnahmen anderen Menschen, Gruppen bei Schwierigkeiten beizustehen, Probleme, Schwierigkeiten zu verhindern, indem man den Menschen Handlungsfelder aufzeigt. Den Menschen helfen, sich zur Persönlichkeit zu entfalten.«
- »Ich denke bei dem Wort Sozialpädagogik an soziale Institutionen, die immer nötiger werden in unserer Gesellschaft, die durch Kleinfamilien und Singleleben geprägt ist und deren Problematik sich in Folgen wie Sucht, Haltlosigkeit, Einsamkeit z. B. auswirkt. Der hilfewillige Einzelne ist auf die Dauer überfordert, so daß Institutionen mit fachlich ausgebildeten Helfern unerläßlich sind. Sozialpädagogik ist also vor allem Not-Hilfe-Pädagogik,

aber auch – dabei denke ich an Kindergarten, Schule, Jugendarbeit, Erwachsenenbildung – prophylaktische Pädagogik.«
- »Die Schublade: Birkenstocksandalen, selbstgestrickter Pullover und Tee zu jeder Zeit geht auch an mir nicht spurlos vorüber, wobei es für mich persönlich ganz klar ist, daß ich diesem Image nicht entsprechen möchte. Für mich ist Sozialpädagogik ein helfender Beruf, in dem Menschen arbeiten, die sich mit Problemen und Nöten anderer Menschen beschäftigen und auseinandersetzen. Ein Beruf mit Menschen, für Menschen und über Menschen.«

Die Antworten der Studenten auf die beiden Fragen verdeutlichen, daß sie das Studium vor allem aus persönlichen Motiven heraus aufnehmen. Ihr Wunsch ist es, Menschen zu helfen. Sozialpädagogen »arbeiten« mit/am Menschen, indem sie ihnen Hilfe zukommen lassen. Nach Auffassung der Studenten ist Hilfe die zentrale sozialpädagogische Kategorie. Dieses Buch versucht eine Antwort zu geben, was Sozialpädagogik heißt und welche Ziele und Aufgaben sie in unserer Gesellschaft hat.
Welchen Stellenwert das sozialpädagogische/soziale Berufsfeld in unserer Gesellschaft hat, so daß einige Autoren bereits vom ›sozialpädagogischen Jahrhundert‹ sprechen, verdeutlichen folgende Daten:
- In den Wohlfahrtsverbänden arbeiteten 1994 etwa 1 000 000 hauptamtlich Beschäftigte und in den Schulen 581 000 Lehrer (1989), d. h. es arbeiten mehr Personen in den Wohlfahrtsverbänden als Lehrer in den Schulen.[1]*
- Insgesamt beschäftigen die Verbände der freien Wohlfahrtspflege rund 1 Million bezahlter Arbeitskräfte. Mit über 61 000 hauptamtlichen Mitarbeitern/innen hat z. B. die Arbeiterwohlfahrt (AWO) die Zahl der Beschäftigten bei der Deutschen Lufthansa überholt und gehört damit noch nicht einmal zu den größten Sozialorganisationen.

Der Deutsche Caritasverband und das Diakonische Werk der Evangelischen Kirche beschäftigten als kirchliche Träger sozialer Dienste 1991/92 zusammen mehr als 500 000 hauptamtliche Mitarbeiter/innen (Caritas: 407 561, Diak. Werk: 295 294 Mitarbeiter). Insgesamt arbeiten in den Wohlfahrtsverbänden weit mehr Personen als in der Automobilbranche. Die Caritas ist Deutschlands größter Wohlfahrtsverband und größter Arbeitgeber im Land. Sie beschäftigt mehr Menschen als Daimler und Siemens in Deutschland zusammen.[2] Nach Handel, Baugewerbe, Gesundheits- und Veterinärwesen steht die freie Wohlfahrtspflege hinsichtlich der Beschäftigungszahl an vierter Stelle.[3]
Die Verberuflichung in Deutschland hat keine allzu lange Tradition. Der eigentliche Verberuflichungsanstieg erfolgte zu Beginn der 70er Jahre. Im Überblick waren in den sozialen Dienstleistungsberufen tätig:

1950 etwa 2,9 % = 67 000 Mitarbeiter
1970 etwa 4,9 % = 382 000 Mitarbeiter

* Anmerkungen s. S. 10

1990 etwa 10,0 %, das sind über 1 Million Erwerbstätige in sozialen Dienstleistungsberufen.[4]

Die Mitarbeiter der freien Verbände erarbeiten jährlich Dienstleistungen im Werte von etwa 17 Milliarden DM und die über 66 000 Selbsthilfegruppen produzieren ca. weitere 6 Milliarden DM an Dienstleitungen.[5]
Nach Angaben der Bundesanstalt für Arbeit (1990) zählt der Beruf der Sozialpädagogen zur Spitzengruppe. Gäbe es eine Hitliste der Berufe, zählte Sozialpädagogik zu dieser Spitzengruppe. »Und das nicht ohne Grund. Denn so langsam dürfte es sich nicht nur dort herumgesprochen haben, daß die sozialen Berufe trotz aller Berufseinmündungsschwierigkeiten im letzten Jahrzehnt sich in einem außergewöhnlichen Umfang und in rascher Geschwindigkeit vermehrt haben.«[6] *Rauschenbach* zeigt diesen Aufschwung des Berufes der Sozialpädagogen anhand von Datenmaterial (alte Bundesländer):

»Hinter diesen Zahlen von einer Million erwerbstätiger Personen in sozialen Berufen verbirgt sich unterdessen zum einen der erstaunliche Befund eines Aufstiegs von sozusagen 0 auf 100 in einem Zeitraum von nicht einmal 80 Jahren, der erklärbar macht, warum in diesem Jahrhundert in Deutschland die sozialen Berufe vermutlich als die Aufstiegsberufe schlechthin bezeichnet werden müssen.«[7]

In Sozial-, Bildungs- und Gesundheitsberufen sind immerhin 10 % aller Erwerbstätigen beschäftigt. Allein dies ist ein Anhaltspunkt für das Ausmaß eines sich grundlegenden und nachhaltig umgestaltenden Wohlfahrtsstaates. *Thiersch* ist der Meinung: »Das sozialpädagogische Jahrhundert beginnt.«[8] Der eigentliche Aufschwung ist erst nach 1970 zu verzeichnen, denn etwa 75 % wurden nach dieser Zeit in ein Beschaftigungsverhältnis übernommen.

»Erst heute, Anfang der 90er Jahre, im Horizont dieser Expansion und Ausdifferenzierung macht es einen Sinn..., über Formen, Wege und Inhalte einer sozialpädagogischen Professionalität und Fachlichkeit sowie über die Notwendigkeit einer neuen Qualifizierungsoffensive in der sozialen Arbeit erneut... nachzudenken.« »Die eigentliche aktuelle Dramatik der Ergebnisse auf dem Arbeitsmarkt für soziale Berufe liegt vor allem darin, daß gerade die Zuwachsraten der allerletzten Jahre eine weitere Beschleunigung des langfristigen Trends insoweit signalisiert, als sich die jährliche Zuwachsrate seit 1989 im Schnitt und im Vergleich zu den 80er Jahren rund verdoppelt hat. War bis Mitte der 80er Jahre ein Zuwachs von durchschnittlich etwas mehr als 13 000 Personen pro Jahr feststellbar, so erhöhte sich dieser Wert in den allerletzten Jahren seit 1988 auf rund 27 000 neue Beschäftigungsverhältnisse binnen Jahresfrist. Und es gibt vorerst noch keine Anzeichen dafür, daß diese Entwicklung kurzfristig und abrupt gestoppt würde.«[9]

Vor allem im Zusammenhang mit dem Ausbau der sozialen Dienste in Ostdeutschland werden dort z. Z. viele neue Stellen geschaffen. So hat z. B. das Diakonische Werk in den letzten beiden Jahren (1993–1994) 20 000 hauptamtliche Mitarbeiter neu eingestellt. Die Einrichtung der Evangelischen Kirche in Deutschland (EKD) steigerte damit ihre Mitarbeiterzahl um rund 12 % auf etwa 350 000.

Wenn man diese Daten liest und die gesellschaftliche, soziale und arbeitsmarktpolitische Bedeutung der Sozialen Berufe bedenkt, kann man kaum glauben, daß die Wohlfahrtsverbände und die Soziale Arbeit insgesamt in der Öffentlichkeit so wenig bekannt sind bzw. ein schlechtes Image haben. Es ist also wichtig, daß Sozialpädagogen über ihr Berufsbild nachdenken, Berufsbewußtsein entwickeln und sich in der Öffentlichkeit *offensiv* darstellen.

Ziele dieses Buches sind:

- Dem Leser den geschichtlichen Zusammenhang von Sozialpädagogik (und Sozialarbeit) aufzuzeigen. Es ist unmöglich, Sozialpädagogik ohne den historischen Prozeß, der sie hervorgebracht hat, zu begreifen. Wenn ich nicht weiß, woher ich komme, kann ich auch nicht wissen, wohin ich gehen soll (1. und 2. Kapitel).
- Hilfestellung zu geben bei der Erklärung dessen, was Sozialpädagogik eigentlich will. Ist Sozialpädagogik und Sozialarbeit identisch? Gibt es Unterschiede? Wie soll man das Verhältnis dieser beiden Berufszweige zueinander sehen? (3. Kapitel)
- Wenn Sozialpädagogik eine eigenständige Profession ist, muß man wissen, was ihr Eigentliches, Typisches ist. Die Frage nach ihrer Pädagogik, ihren Zielen, Aufgaben und Methoden muß gestellt werden (4. Kapitel).
- Basis zur Erklärung von Sozialpädagogik sind Theorie-Modelle. Eine Vielfalt von Theorie-Ansätzen haben den eigentlichen Kern von Sozialpädagogik und ihre Aufgaben in der Gesellschaft herausgearbeitet (5. Kapitel).
- Das Bild, das die Öffentlichkeit von Sozialpädagogen hat, ist nicht besonders positiv. Deshalb sollten Sozialpädagogen selbstkritisch ihr Verhalten überdenken, an ihrem Selbstbewußtsein und Selbstbild arbeiten. Wie soll man von Außenstehenden erwarten, daß sie wissen, was Sozialpädagogik ist, wenn Sozialpädagogen diese Frage selbst für sich und die Öffentlichkeit nicht beantworten können? (6. Kapitel)

Auf einige Besonderheiten möchte ich den Leser aufmerksam machen: Nach der Kapitelseite folgt jeweils ein »Werbetext«. Studenten haben versucht, auf einem Plakat darzustellen, wie sie der Öffentlichkeit Sozialpädagogik erklären bzw. nahe bringen würden.
Die Texte sind z. T. mit Zeichen/Symbolen versehen, die einer schnelleren Orientierung dienen sollen. Hier ihre Bedeutung:

?　Immer, wo Sie dieses Zeichen sehen, werden Fragen formuliert, die der Leser zunächst für sich beantworten soll.

•　Wichtige Texte sollen für den Leser leicht zu erkennen sein. Sie sind eingerahmt und durch dieses Zeichen besonders markiert. *»Auf den Punkt gebracht.«*

Um das Lesen ein wenig leichter zu machen, fasse ich am Ende eines Punktes/Gedankens die wichtigsten Überlegungen noch einmal zusammen. *»Halten wir fest.«*

Jedes Kapitel soll Antwort auf die Frage geben *»Was heißt Sozialpädagogik?«*. Am Schluß eines Kapitels werden die Überlegungen in der Beantwortung der Frage zusammengefaßt.

Hier werden *»Lernfragen«* gestellt. Anhand der Fragen kann der Leser seinen Wissensstand überprüfen.

Am Schluß eines Kapitels findet der interessierte Leser den Hinweis auf *»Weiterführende Literatur«*.

Eine Schwierigkeit galt es in diesem Buch noch zu lösen: Welche Schreibform sollte ich wählen, wenn ich von Personen spreche, die den Beruf eines Sozialpädagogen ausüben: Sozialpädagoge/Sozialpädagogin oder SozialpädagogeIn oder sollte ich eigentlich nur von Sozialpädagogin sprechen, da in diesem Berufsfeld vor allem Frauen tätig sind? Die Schreibweise Sozialpädagoge/Sozialpädagogin ist mir zu lang, SozialpädagogeIn finde ich zwar in der Literatur immer häufiger, aber ich halte dies nicht für besonders glücklich. Ich habe mich für die maskuline Schreibweise entschieden. Sie ist in den Statistiken die vorherrschende Sprachregelung. Ich hoffe, die Leserinnen dieses Buches werden mir diese Entscheidung wohlwollend nachsehen.
Es wird sicher Leser geben (vor allem Kollegen), die meiner Sicht von Sozialpädagogik so nicht zustimmen können und darüber hinaus wichtige Themen der Sozialpädagogik in diesem Buch vermissen. Es ist unmöglich, alle Aspekte des so vielschichtigen Komplexes Sozialpädagogik in einem einführenden Band (der sich vor allem an Studenten richtet) zu berücksichtigen. Man muß auswählen und Akzente setzen. Auch bei unterschiedlichen Positionen hoffe ich, daß dieses Buch zu einem konstruktiven Dialog unter Fachkollegen beitragen kann.
Ein allerletzter Hinweis: Es geht mir in diesem Buch um Sozialpädagogik. Entsprechend verwende ich auch den Begriff Sozialpädagogik, zum Teil spreche ich aber auch von Sozialer Arbeit. In der Literatur werden die Begriffe Sozialpädagogik, Sozialarbeit, soziale Arbeit, Soziale Arbeit recht willkürlich benutzt. So kommt es leider vor, wenn ich aus Büchern zitiere, daß dieser »Wortsalat« auch hier Eingang findet. Eigentlich aber müßte es konsequent nur Sozialpädagogik oder Soziale Arbeit oder Sozialpädagogik/Sozialarbeit heißen.
Zum Schluß möchte ich noch meinen Dank aussprechen. Ich bedanke mich bei den Studenten der Fachhochschule Düsseldorf, die mir in den Seminaren sehr viele Anregungen gegeben und die im wesentlichen den Inhalt dieses Buches miterarbeitet haben. Wir haben voneinander viel gelernt. Insbesondere denke ich dabei an *A. Betzen, St. Gildemei-*

ster, R. Wolff und *M. Erdhütter,* die für die Erstellung dieses Buches viel Zeit am Computer verbracht haben. Sodann möchte ich mich bei meiner Frau bedanken, die nun schon viel Übung darin hat, meine Skripten zu überarbeiten. Sie achtet besonders auf inhaltliche Stringenz und auf den Sprachstil, der frei von allzu theoretischen und unverständlichen Ausdrücken sein sollte. Ich danke ihr für ihr Interesse an meiner Arbeit und daß sie trotz Familie und Beruf immer wieder Zeit findet, engagiert an der Entwicklung eines Buches mitzuarbeiten.

Düsseldorf/Donaueschingen 1997

Johannes Schilling

Anmerkungen

1. *Boeßenecker, K.-H.:* Spitzenverbände der Freien Wohlfahrtspflege in der BRD. Münster: Votum Verlag 1995, S. 21; Quelle: Zeitschrift »deutsche jugend« 10/1994, S. 419.
2. Vgl. *Engel-Kemmler, J.* u. a. (Hrsg.): Fortbilden und Gestalten. Weinheim: Juventa Verlag 1990, S. 68; *Boeßenecker:* Spitzenverbände ..., ebenda, S. 35, 49; Die Zeit v. 27. 12. 96, S. 9.
3. Vgl. *Ulke, K. D.* (Hrsg.): Ist Sozialarbeit lehrbar? Freiburg: Lambertus Verlag 1988, S. 25–26.
4. Vgl. *Kreft, D.* u. a.: Soziale Arbeit und Recht. 4., vollst. überarb. Aufl. Weinheim: Beltz Verlag 1994, S. 22; *Boeßenecker:* Spitzenverbände ..., ebenda, S. 21.
5. Vgl. *Ulke:* Ist Sozialarbeit lehrbar? Ebenda, S. 25–26.
6. *Rauschenbach, Th.:* Soziale Arbeit im Umbruch. In: Sozialmagazin 4/1993, S. 19.
7. Ebenda, S. 19.
8. *Thiersch, H.:* Das sozialpädagogische Jahrhundert. In: *Rauschenbach, Th./ Gängler, H.* (Hrsg.): Soziale Arbeit und Erziehung in der Risikogesellschaft. Neuwied: Luchterhand Verlag 1992, S. 13.
9. *Rauschenbach:* Soziale Berufe ..., ebenda, S. 19.
10. Ebenda, S. 19.

1 Sozialarbeit – Geschichte der Erwachsenenfürsorge

Werbung

Schon 'mal was von Sozialpädagogik gehört?
Wir sind nicht so schlimm wie unser Ruf!
Von uns gibt's mehr als Sie denken.
Falls Sie uns suchen, wir arbeiten z.B. im:

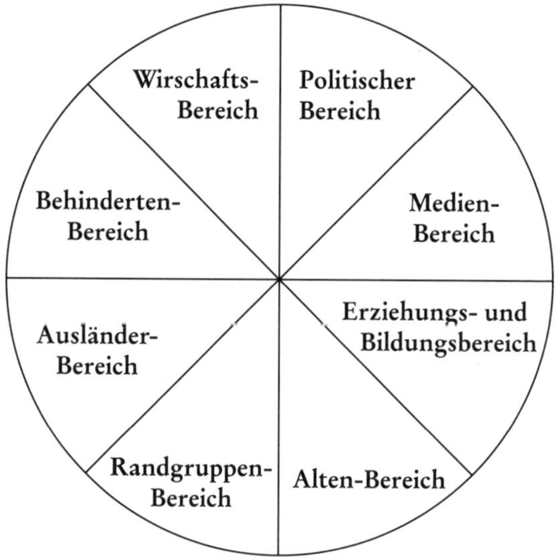

1.1 Warum Geschichte?

Warum beginne ich die Frage nach der Sozialpädagogik/Sozialarbeit mit einem Rückblick in die Geschichte?
Nicht weil viele Bücher diese Art des Einstiegs wählen, sondern weil es wichtig ist, daß ein Sozialpädagoge/Sozialarbeiter, der sich mit seinem Berufsbild identifizieren will, sich der historischen Wurzeln seines Berufes bewußt ist. Die geschichtliche Entwicklung der Sozialpädagogik/Sozialarbeit ist Grundlage für ein berufliches Selbstverständnis. So wie andere Berufe, etwa die Medizin oder Jura ihre Position im Rückgriff auf ihre Geschichte bestimmen (Humanmedizin auf *Paracelsus*, Rechtslehre auf das römische Recht), so sollte auch die Sozialpädagogik/Sozialarbeit sich ihrer historischen Wurzeln bewußt sein.

- »Es ist unmöglich, eine Institution ohne den historischen Prozeß, der sie hervorgebracht hat, zu begreifen.«[1]*
- »Ich bin so bis in nicht mehr erforschbare Tiefen meines Selbst ein historisches Wesen.«[2]
- »Ein Studium der Sozialarbeit und Sozialpädagogik, das geschichtslos vermittelt wird, also nicht nach den Wurzeln fragt, bleibt weitgehend nur an der Oberfläche seiner Professionalisierung.«[3]

Der Rückgriff auf die Geschichte in ihren verschiedenen Entwicklungslinien soll deutlich machen, daß Sozialpädagogik/Sozialarbeit einerseits bis heute aus der Geschichte heraus zu verstehen ist, andererseits heute z. T. mit den gleichen Worten neue Inhalte verbunden sind, was zu zahlreichen Mißverständnissen führt.
Es sollen Leitlinien herausgearbeitet werden, anhand derer aufgezeigt werden kann, wie Sozialpädagogik/Sozialarbeit in ihren historischen Entstehungen und Entwicklungen zu begreifen sind.
Fürsorge (Erwachsener) und Jugendfürsorge haben zwar die gleichen geschichtlichen Wurzeln, entwickelten sich jedoch mit dem ausklingenden Mittelalter getrennt zu zwei eigenständigen fürsorgerischen Einrichtungen, die in diesen ersten zwei Kapiteln kurz skizziert werden sollen.
Die Darstellung soll an Persönlichkeiten und Orten bzw. Städten holzschnittartig erfolgen. Bewußt, um der Übersichtlichkeit willen, soll auf detaillierte Abhandlungen verzichtet werden. Es geht um die markanten Steine einer langfristigen Entwicklung staatlicher Fürsorgepolitik im Kontext gesellschaftlichen Wandels. Verzichtet wurde auch, den jeweiligen religiösen, philosophischen, wissenschaftlichen und politischen Kontext der geschichtlichen Abschnitte herauszuar-

* Anmerkungen s. S. 60

beiten. Diese Kenntnisse werden vorausgesetzt, bzw. dieses Wissen kann man sich aus Geschichtsbüchern aneignen.

●

Den geschichtlichen Verlauf der Sozialarbeit kann man ganz grob in folgende Zeitabschnitte einteilen:
1. Armut und Armenfürsorge im Mittelalter (um 12.–13. Jhdt.)
2. Armut und Armenfürsorge zu Beginn der Neuzeit (14.–16. Jhdt.)
3. Armut und Armenfürsorge zur Zeit des Absolutismus und der Aufklärung (17.–18. Jhdt.)
4. Armut und Armenfürsorge im Zeitalter der Industrialisierung (18.–19. Jhdt.)
5. Armut und Wohlfahrtspflege in der Neuzeit (20. Jhdt.)

1.2 Armut und Armenfürsorge im Mittelalter (um 12./13. Jhdt.)

1.2.1 Entstehungsgeschichte der Fürsorge

Grundkonstanten der Fürsorge sind *Armut* und *Hilfe*. *Scherpner* schreibt:

»Hilfe ist eine Urkategorie des menschlichen Handelns überhaupt, ein Begriff, der nicht weiter zurückzuführen ist, außer auf den des gesellschaftlichen Handelns überhaupt... Hilfe ist eine gesellschaftliche Kategorie. Ihr Begriff bezeichnet ein Verhalten im menschlichen Zusammenleben.«[4]

»Hilfsbedürftig und damit Gegenstand der fürsorgerischen Hilfe sind also diejenigen Gemeinschaftsmitglieder, die aus irgendwelchen Gründen den Anforderungen der Gemeinschaft gegenüber versagen, die nicht imstande sind, den Platz im Gemeinschaftsleben zu behaupten, an den sie gestellt sind, und die daher in der Gefahr sind, aus der Gemeinschaft herauszufallen.«[5]

Die Urgeschichte der Menschheit (Phylogenese) zeigt, daß die Menschen die Hilfe ihrer Gruppe, Familie, ihres Clans oder Stammes brauchten, um zu überleben.

Auch die Ontogenese eines Menschen belegt, daß ein Baby, Kleinkind, Kind ohne die Hilfe seiner Eltern bzw. Erwachsener und der sozialen Umwelt nicht existieren kann.

●

Somit ist *Hilfe eine natur- und lebensnotwendige Kategorie der Menschheit und des Menschen.*

Für den Bereich der Armut kann man Ähnliches sagen: sie begleitete das Leben der Menschheit und des Menschen und kam in unterschiedlichen Formen vor. Weitestgehend wurde Armut jedoch »familiär« gelöst, d.h. die Großfamilie, das »ganze Haus«, die Verwandtschaft, die Zunft etc. war verantwortlich, wenn jemand in Not geriet. Armut wurde als Problem der sozialen (Klein-) Gruppe verstanden und entsprechend behandelt. Die Hilfe und Unterstützung durch die sozialen Primärverbände (Familie, Verwandtschaft, Nachbarschaft) sind typische Hilfeformen einer agrarischen Gesellschaft. In den bäuerlichen Großfamilien und überschaubaren Dorfgemeinschaften half man sich gegenseitig. Insofern gab es zu dieser Zeit keine Soziale Arbeit bzw. Fürsorge.

Erst seit dem Zeitpunkt, als die sozialen Primärverbände die Armut aufgrund von Kriegen, Krankheit etc. nicht mehr intern beheben konnten und die Armut »öffentlich« wurde, gab es öffentliche Armenfürsorge als eigenständiges Hilfsangebot, d.h. die Familien- und Nachbarschaftshilfe wurde zunehmend durch ein öffentlich-hoheitliches Leistungssystem abgelöst.

Diese neu entstandene öffentliche Armenfürsorge (im wörtlichen Sinne: Sorge für andere) läßt sich nach Inhalt und Zielgruppe unterscheiden:

- die Unangepaßtheit an materielle Lebensbedingungen, ein wirtschaftliches Versagen, materielle Not: *Erwachsenen-Fürsorge*
- die Unzulänglichkeit gegenüber der moralischen Ordnung, eine erzieherische Hilfe, Verwahrlosung: *Kinder-Fürsorge* (häufig spricht man in der Literatur von Jugendfürsorge, was allerdings nicht exakt ist, denn Jugendliche in unserem Sinne gab es zu dieser Zeit noch nicht, sondern erst seit etwa 1920).

Unter Verwahrlosung versteht *Scherpner,* »jedes individuelle Versagen gegenüber den moralischen Anforderungen, das aus einem Mangel an Erziehung und Bewahrung, aus dem ›Wahr-los-Sein‹ hervorgeht.«[6]

Die beiden »Grundtypen der Hilfsbedürftigkeit«[7] stehen zwar in Wechselbeziehung, dennoch kann man sie deutlich voneinander unterscheiden. *Armut* ist in ihrer typischen Ausprägung ein Notstand des Erwachsenen, *Verwahrlosung* dagegen eine typische Erscheinung jugendlicher Hilfsbedürftigkeit.

Diese grundlegende Unterscheidung von *Scherpner* in Armut und Verwahrlosung begründet die Aufteilung in (Erwachsenen-) *Fürsorge* und *Kinder-* (bzw. Jugend-) *Fürsorge.* In dieser unterschiedlichen Form der Armut bzw. Hilfe liegt nun auch die Entstehungsgeschichte von Sozialpädagogik und Sozialarbeit. Erwachsenen-Fürsorge ist das, was wir heute z.T. mit Sozialarbeit und Kinder- (Jugend-) Fürsorge das, was wir z.T. mit Sozialpädagogik bezeichnen würden.

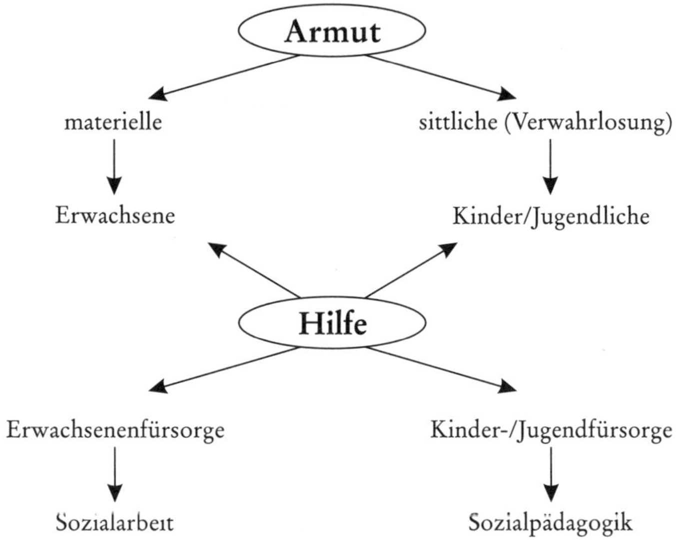

Hilfe als Urkategorie menschlichen Handels hat viele Facetten und nicht jede Hilfe ist Fürsorge. *Scherpner* bezeichnet im Unterschied zu anderen Hilfsformen die »fürsorgerische Hilfe« als eine Form, aus der im Verlauf der Zeit die Hilfseinrichtungen planmäßiger Art hervorgegangen sind, die wir herkömmlich als »Fürsorge« bezeichnen.
Als Erlebnis dieser Differenzierung gelangt *Scherpner* zu folgender Umschreibung von Fürsorge:

»Unter Fürsorge verstehen wir organisierte Hilfeleistungen der Gesellschaft an einzelne ihrer Glieder, die in der Gefahr stehen, sich aus dem Gemeinschafts- und Gesellschaftsgefüge, aus ihrer Ordnung und ihrem Leben herauszulösen und ihr zu entgleiten. Konkreter gesagt: die Fürsorge versucht Menschen, die den Anforderungen des Gemeinschafts- und Gesellschaftslebens – sei es in wirtschaftlicher, sei es in moralischer Hinsicht – nicht genügen können, zu stützen und zu halten, oder, wenn es sein muß, sie an anderer geeigneter Stelle einzugliedern, damit sie aus eigener Kraft am Leben des Ganzen wieder sinnvoll teilnehmen können.«[8]

Der Mensch als soziales Wesen ist stets auf Hilfe angewiesen. Neben dieser Urkategorie gibt es eine weitere, nämlich die Armut (materielle wie sittliche). Es wird immer Menschen geben, die – aus welchen Gründen auch immer – in Not geraten, arm sind.
Aus diesen beiden Grundkategorien folgt logischerweise ein dritter Bereich: die Organisation von Hilfe für Arme. In dem Maße, wie Hilfe die Kapazitäten der sozialen Primärverbände überstieg, wurde eine öffentliche Hilfeorganisation notwendig. Dies sind die drei zentralen Schritte zur Entstehung der öffentlichen Fürsorge.

Grundmodell

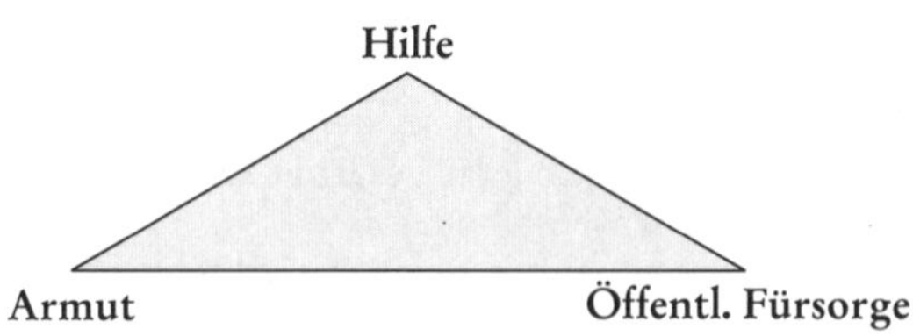

Im Laufe der Geschichte gab es nun in der Sichtweise dieser drei Größen und ihrer Wechselwirkung unterschiedliche theoretische Erklärungsansätze.
Im folgenden soll die Geschichte der Sozialarbeit anhand theoretischer Modelle, wie man Armut-Hilfe-Öffentliche Fürsorge und ihr Verhältnis zueinander verstanden hat, näher skizziert werden.

Halten wir fest
Entstehung und Ausgangspunkt von Sozialpädagogik und Sozialarbeit ist die Tatsache, daß die (Groß-)Familie, das ›ganze Haus‹, die Verwandtschaft, die Zunft, das Dorf etc. nicht mehr alleine Arme versorgen und Armut verhindern konnte und deshalb öffentliche Fürsorge notwendig wurde.
Die Geschichte der Erwachsenen-Fürsorge ist die Geschichte der Sozialarbeit und die Geschichte der Kinder- (bzw. Jugend-)Fürsorge die Geschichte der Sozialpädagogik. Beide haben die selben Wurzeln.

1.2.2 Theoretisches Modell: *Thomas von Aquin* (1224–1274)

Im hohen Mittelalter gehörte die Kölner Universität zu den führenden Universitäten Europas. Hier lehrten bedeutende Theologen und Philosophen wie z. B. *Albertus Magnus* und *Thomas von Aquin.*
Die Theorie des *Thomas von Aquin* (thomistische Almosenlehre) nahm innerhalb der christlichen Lehre eine herausragende Stellung ein. Sie beeinflußte in außerordentlicher Weise bis heute das abendländische theologische Denken.
Die Lehre des Christentums hat die Einstellung zur Armut und zu armen Menschen entschieden geprägt. Folgende Bibelzitate entwerfen ein Bild, wie im christlichen Mittelalter der Arme gesehen wurde.

- »Selig die Armen im Geiste, denn ihrer ist das Himmelreich« (Mt 5,3).
- »Doch wehe euch, ihr Reichen, denn ihr habt schon euren Trost. Wehe euch, die ihr jetzt gesättigt seid, denn ihr werdet hungern« (Lk 6,24–25).
- »Wahrlich ich sage euch: Ein Reicher wird schwer eingehen ins Himmelreich. Abermals sage ich euch: Es ist leichter, daß ein Kamel durch ein Nadelöhr geht als ein Reicher in das Himmelreich« (Mt 19, 23–24).
- Das Gleichnis vom armen Lazarus und dem Reichen (Lk 16, 19–31):
  »Als er (der Reiche) in der Unterwelt in der Qual seiner Schmerzen seine Augen erhob, sah er Abraham von ferne und Lazarus in seinem Schoß. Da rief er: Vater Abraham erbarme dich meiner und sende den Lazarus, daß er die Spitze seines Fingers ins Wasser tauche und meine Zunge erfrische; denn ich leide große Pein in dieser Glut. Abraham sprach zu ihm: Mein Sohn, denk daran, du hast dein Gutes empfangen in deinem Leben wie Lazarus ebenso das Schlechte; nun wird er hier getröstet, und du leidest Pein« (Lk 16, 23–26).

Die Almosenlehre des Aquinaten umfaßt folgende Vorstellung:

1. Gesellschaftsordnung: Das Gemeinwohl steht vor dem Wohl des Individuums, der einzelne hat sich der Gemeinschaft unterzuordnen. Dies entspricht der göttlichen Ordnung. Sie spiegelt sich in der Ständeordnung des Mittelalters wider:

- geistlicher Stand (oberster Stand)
- weltlicher Stand (Herrschaft)
- bürgerlicher Stand
- armer Stand (Besitzlose)
- bedürftiger Stand (Witwen, Waisen, Krüppel, Kranke, ...).

Außerhalb dieser Ordnung stehen die Ehrlosen (öffentliche Sünder wie Diebe, Ehebrecher, Mörder, ...). Diese natürliche und soziale Ordnung ist ursprünglich von Gott gewollt. Armut war hiernach Ausdruck einer ewigen Ordnung, ein notwendiger Stand.

2. Arbeit: Der Mensch definiert sich durch seine Hinordnung auf das Jenseits; das eigentliche Leben beginnt nach dem Tod. Deshalb geht es im Leben des Menschen auch primär um die Verherrlichung Gottes und um das Seelenheil. Die Arbeit ist in diesem Zusammenhang sekundär, sie dient dem Erwerb des Lebensunterhalts. Allerdings entspricht es einem natürlichen Gesetz, daß der Mensch für seinen Lebensunterhalt sorgen muß, es ist zugleich ein göttliches Gebot. Aus dieser Überlegung heraus begründet *Thomas v. Aquin* eine Verpflichtung zur Arbeit (Arbeitspflicht) für diejenigen, die nicht eigenen Besitz haben und davon leben können.

3. Armut und Betteln: Für den Aquinaten erhält Armut und Betteln vom Evangelium her seine Bedeutung.
Die Notleidenden haben in der mittelalterlichen Gesellschaftsordnung einen unentbehrlichen Platz. Sie sind für die reichen Sünder wichtig. Arme bieten den Reichen Gelegenheit zu verdienstlichem Tun, zum Almosengeben. »Das Almosen war neben Beten und Fasten eine Möglichkeit der ›satisfactio‹, der Genugtuung für begangene Sünden, sowie eine unbedingte religiöse Pflicht eines jeden Christen.«[9]
Das Almosen ist verankert im Bußsakrament. Durch Beten, Fasten und Bußetun konnte der Sünder Genugtuung erreichen. Durch das Bußsakrament wurde der Sünder auf die Notwendigkeit des Almosengebens verwiesen. Hierin lag die Ausdehnung der Liebestätigkeit jener Zeit. Im Mittelpunkt steht allerdings nicht der Empfänger der Gaben, sondern der Geber. Not und Elend werden religiös-ethisch gesehen und nicht ökonomisch-gesellschaftlich. Deshalb gab es auch keinen Grund zur Änderung der Gesellschaftsordnung oder zur Abschaffung der Armut. Der Umfang der zu gebenden Almosen richtete sich nicht nach der Notlage des Armen, sondern nach der Lebenssituation des Spenders. Es geht nicht um die Beseitigung der Armut, sondern um die Erhaltung des Armen in seinem Stand der Reichen wegen.

1.2.3 Institution, Träger und Zielgruppe der Hilfe

Zwei Formen der Hilfeleistung gab es im Mittelalter: 1. die spontane und persönliche Hilfe durch Almosen und 2. eine organisierte Hilfe für diejenigen, die nicht von ihrer Familie oder Verwandtschaft unterhalten werden konnten: Alte, Sieche, Kranke, Irre, hilflose Kinder wie Findlinge, Waisen usw. Für diese Gruppen gab es eine organisierte Hilfeinstitution: das *Hospital.*

Unter einem Hospital verstand man nicht ein Krankenhaus in unserem heutigen Sinne, sondern eine Anstalt, in der Kranke, insbesondere aber Arme verpflegt (nicht gepflegt) wurden. Es ist »die erste Sondereinrichtung der Fürsorge, der Ansatzpunkt für ihre weitere Institutionalisierung und Organisierung.«[10] Die Hospitäler waren die umfassende Fürsorgeeinrichtung des Mittelalters für alle Hilfebedürftigen, die sich aufgrund körperlicher und geistiger Gebrechen nicht durch Bettelei ernähren konnten. Die Geschichte der Hospitäler führt bis weit in das frühe und hohe Mittelalter zurück.

Im letzten Drittel des Mittelalters übernahmen immer mehr städtische Obrigkeiten die Aufsicht über die Spitäler. Damit wurde »die Möglichkeit zur späteren Organisation des fürsorgerischen Handelns unter die politischen Ziele der Gemeinschaft … angebahnt.«[11]

Als Träger der Fürsorge lassen sich vier große Gruppen nennen:

Kirchen: An den Kirchportalen wurden regelmäßig oder auch nur zufällig Almosen ausgeteilt.

Klöster: Nach den Regeln des Benediktinerordens ist z. B. jedermann, Fremder oder Armer, wie Christus selber zu empfangen und zu bewirten.

Orden: Johanniter (1099), Templer (1119), Deutschordensherren (1191). Sie verbanden Kampf gegen die Ungläubigen und Pflege der Hilflosen.

Begüterte Einzelpersonen: Sie engagierten sich persönlich in der Armenpflege oder stifteten zu Lebzeiten oder nach ihrem Tode Teile ihres Vermögens für wohltätige Zwecke.

Im Mittelalter unterschied man noch nicht zwischen armen Erwachsenen und armen Kindern. Nicht weil es keine armen Kinder gab, sondern weil die Kinder wie Erwachsene behandelt wurden. Dies galt auch für die Hospitäler, in denen Erwachsene wie Kinder gleichermaßen versorgt wurden. Die Kinder allerdings nur solange, bis sie sich durch Bettelei selbst helfen konnten.

Halten wir fest
Nach der christlichen Auffassung, entschieden geprägt von *Thomas von Aquin,* galten die Armen als ein eigener Stand. Er wurde um der Reichen willen erhalten, damit diese sich durch Almosengeben den »Himmel verdienen« konnten. An eine Abschaffung des Standes der Armen war nicht gedacht.

1.3. Armut und Armenfürsorge zu Beginn der Neuzeit (14.–16. Jhdt.)

1.3.1 Veränderte Sicht des Bettelns

Im ausgehenden Mittelalter nahm das Bettlertum zu, z. T. wurde es zur Plage. *Calvinismus* und *Humanismus* trugen dazu bei, das Betteln in einem anderen Licht zu sehen. Auch sie fanden in der Bibel Belege für ihre Betrachtung der Armut.

- »Doch mahnen wir euch, Brüder, darin weiter voranzuschreiten und eure Ehre dareinzusetzen, in Ruhe zu leben, eure eigenen Aufgaben zu erfüllen, mit euren eigenen Händen zu arbeiten, wie wir es euch anempfohlen haben, auf daß ihr ehrbar wandelt vor den Außenstehenden und auf niemanden angewiesen seid« (1. Thess. 4,11–12).
- »Wer zu stehlen pflegte, stehle nicht wieder, sondern mühe sich ab und erwerbe sich durch seiner Hände Arbeit ehrlichen Verdienst, wovon er dem Notleidenden noch mitteilen kann« (Eph. 4, 28).
- »Wer nicht arbeiten will, soll auch nicht essen. Und nun hören wir, daß einige von euch ein unordentliches Leben führen. Statt zu arbeiten, machen sie sich unnütz. Solchen Leuten gebieten wir nachdrücklich im Herrn Jesus Christus, sie sollen sich in ruhiger Arbeit ihr eigen Brot verdienen« (2. Thess. 3, 11–12).

Im ausgehenden Mittelalter weitete sich das Bettelwesen in seinen Ausmaßen stark aus. Bettler waren eine anerkannte Berufsgruppe, die sich in manchen Städten gar zu regelrechten Zünften zusammengeschlossen hatten. Bettler verfügten z. T. sogar über zu versteuerndes Vermögen.[12] Das berufsmäßige Bettlertum bediente sich häufig eines veralteten Gaunertricks, indem sie sich Kinder ausliehen, sie scheinbar oder tatsächlich verstümmelten, um so das Mitleid des Spenders zu erregen.

Einen Überblick über den Umfang der Armut im 15. und 16. Jhdt. geben *Barabas/Erler.* In Straßburg (1523) wurden etwa 69 % der untersuchten Frauen als bedürftig eingestuft; in Luzern (1574) betrug der Anteil etwa 85 % und in Freiburg im Breisgau etwa 83 %. Über die Hälfte der Frauen waren alleinstehend und hatten zudem noch Kinder zu versorgen.[13]
Gegenüber dem Bettelhandwerk beginnt gegen Ende des Mittelalters und mit dem Beginn der Neuzeit eine neue Einstellung. Das Ideal der Armut verliert an Gültigkeit.
In Straßburg entwickelte der Münsterprediger *Geiler von Kaysersberg* (1445–1510) die Almosenlehre des *Thomas von Aquin* dahingehend weiter, »daß von nun an die weltliche Obrigkeit, also vor allem die Städte, das Recht und die Pflicht zur Versorgung und Kontrolle der Armen hatten. Er ist damit einer der Begründer der neueren Fürsorge, die im Spätmittelalter ihren Ausgangspunkt hat.«[14]
Zur neuen Sichtweise der Armut und des Bettelns haben vor allem wirtschaftliche, religiöse und weltliche Entwicklungen beigetragen. Durch diese trat eine Veränderung der gesellschaftlichen Wahrnehmung und auch Bewertung des Bettelns ein. Betteln wurde verboten.

1. Wirtschaftliche Lage: Im 16. Jhdt. wuchs die Bevölkerung bei stagnierender Produktionsentwicklung. Die Folgen waren eine Teuerungskrise und als Folge davon Hungerkrise, was zu einer merklichen Verschlechterung der Lebenssituation der Bevölkerung führte. Die Zahl der Armen nahm sprunghaft zu. Zum Beispiel erhielten 1679 im Armenhaus in Frankfurt etwa 2000 Arme eine Wegsteuer, gegen Ende des Jahrhunderts waren es etwa 30 000 Arme.[15]

2. Religiöse Veränderungen: Zwei Theologen stellten sich gegen die Lehre des *Thomas von Aquin,* der die Meinung vertrat, man könne sich den Himmel z. B. durch Almosengeben und Kauf von Ablässen verdienen: *Martin Luther* und *Johann Calvin.*

- *Martin Luther* (1483–1546)

Er beruft sich vor allem auf die Bibelstelle im dritten Kapitel des Paulusbriefes an die Römer: »Wo bleibt nun das Rühmen? Es ist ausgeschlossen. Durch welches Gesetz? Durch das der Werke? Nein, durch das Gesetz des Glaubens, denn wir sind überzeugt, daß der Mensch durch den Glauben gerechtfertigt wird, unabhängig von Gesetzeswerken« (Röm 3, 27–28). Nicht durch Werke, also auch nicht durch Werke des Almosengebens können Reiche nach *Luthers* Auffassung durch das Nadelöhr ins Himmelreich gelangen. Man kann sich den Himmel nicht verdienen, sondern nur durch den Glauben und die Gnade Gottes kann man gerettet werden.

- *Johann Calvin* (1509–1564)

Die calvinistische Arbeitsmoral veränderte ebenfalls die Sichtweise des Bettlertums. Statt der thomistischen Almosenlehre galt jetzt der

Satz des Apostel Paulus: »Wer nicht arbeitet, soll nicht essen«. Nach der Auffassung von *Johann Calvin* ist nicht jeder Mensch von Gott erwählt. Er nimmt an, daß schon »der Erfolg des irdischen Lebens aus besonderer Erwähltheit resultiert und somit bereits das Unterpfand ewiger Bestimmung darstellt.«[16] Die Arbeit ist somit Gott wohlgefällig, betteln ist eine Verletzung der Nächstenliebe. Arbeitslosigkeit arbeitsfähiger Menschen wird als selbstverschuldet angesehen und geächtet. Man trachtete danach, durch harten Zwang die sündigen Müßiggänger zu bessern, bis »ihre Hände so viel zu tun und ihre Körper so viel zu ertragen gelernt haben, daß ihnen Arbeit und Lernen leichter erscheinen als Müßiggang«.[17] Denn »Müßiggang ist aller Laster Anfang«.

3. Humanisierung: Der Humanismus (z. B. *Erasmus von Rotterdam* 1466–1536) war in erster Linie eine religiöse Reformbewegung, eine »katholische Reformation« vor der Reformation. Der Humanismus hielt an wesentlichen Aussagen der Kirchenlehre fest, wollte die Kirche jedoch von dem »wirren Geschnörkel scholastischer Spitzfindigkeiten« befreien und sie in ihrer praktischen Einfachheit wieder allen zugänglich machen.
Bezüglich der Soziallehre des Humanismus verlangt z. B. *Thomas Morus* (1478–1535) in seiner »Utopie« die Arbeitspflicht für alle Arbeitsfähigen und Zwangsarbeit für alle arbeitsscheuen Vagabunden.

Als Beispiel für diese neue Sichtweise können die Bettel- bzw. Armenverordnungen genannt werden. In der Nürnberger Bettelordnung (1478) geht es um den frühesten Versuch, der Armut vorbeugend zu begegnen. Bettelnden Eltern sollten die Kinder weggenommen und den Kindern durch die Obrigkeit Dienst- und Arbeitsplätze vermittelt werden. Durch diese vorbeugenden Maßnahmen wollte man die Kinder dem Betteln entreißen und ihnen beibringen, durch Arbeit ihr Brot zu verdienen.

Alle Bettler werden in einem Armenverzeichnis erfaßt. Die Pfleger und Helfer vermitteln Kindern Arbeit in den handwerklichen Berufen. Wer von den Erwachsenen die Erlaubnis zum Betteln erhalten hat, muß ein offenes Zeichen aus Messing tragen. Allen anderen ist das Betteln in der Stadt verboten.[18]

Die Hamburger Armenverordnung (1529) stellte eine Reihenfolge der Vorgehensweise gegenüber Armen auf. Als erstes versuchte man Armen eine Arbeit zu beschaffen, zweitens sollte man Armen (falls notwendig) mit einem zinslosen Darlehen unterstützen; Almosengeben galt drittens als letzte Möglichkeit, Armen zu helfen.[19]

1.3.2 Städtische Armenfürsorge

Sachße/Tennstedt zeigen vier Aspekte eines Entwicklungsprozesses zur städtischen Armenfürsorge auf[20]: 1. Kommunalisierung, 2. Rationalisierung, 3. Bürokratisierung, 4. Pädagogisierung.

1. Kommunalisierung: Die Kommunalisierung ging in zwei Richtungen. Zunächst wurde die Zuständigkeit für die Vergabe von Almosen

Jhdt.)",20 allmählich von den kirchlichen Einrichtungen auf die städtischen Räte übertragen. Damit erhielten die Städte auch vermehrt Stiftungen, die früher der Kirche zugesprochen wurden. Zum zweiten übernahmen die Städte die kommunale Unterstützungspflicht für die Armen. Die Armenfürsorge geht in die örtliche Zuständigkeit über. Das hat zur Folge, daß die Gemeinde als Gebietskörperschaft darum bemüht war, nur für die Armen ihrer Stadt aufzukommen. Fremden wird das Betteln in der Stadt verboten. Der Zuzug Fremder wird dadurch erschwert.

2. *Rationalisierung:* Das Ziel der Rationalisierung der Armenfürsorge ist einmal die Herausbildung von feststehenden Kriterien, die zum Empfang von Unterstützungsleistungen berechtigten wie z. B. Arbeitsfähigkeit, Familiensituation, Arbeitseinkommen. Zum anderen ging es um eine Veränderung der Finanzierung. *Sachße/Tennstedt* bezeichnen diesen Vorgang als Wandel »von einer religiös motivierten Mildtätigkeit zur zweckrationalen, sozialpolitischen Strategie«[21].

3. *Bürokratisierung:* Das grundlegend Neue dieser Entwicklung ist, daß mit der Bürokratisierung die Einrichtung eines Verwaltungsapparates einhergeht. Es entsteht eine Sozialadministration. Erst mit der Entstehung feststehender Kriterien der Bedürftigkeit und der Einrichtung von überprüfenden Instanzen, entsteht eine abgrenzbare Gruppe der Bedürftigen. Armut tritt als soziales Problem ins Bewußtsein der Bürger. Durch die Verteilung der Bettelzeichen werden die Armen stigmatisiert, sie werden zur gesellschaftlichen Randgruppe, die man meidet und ächtet.

4. *Pädagogisierung:* Mit der Vergabe von materieller Unterstützung werden den Armen gleichzeitig Verhaltensregeln zugedacht, die sich an den Werten und Normen der städtisch-handwerklichen Mittelschicht orientieren: Fleiß, Ordnung, Disziplin und Mäßigung. Die städtische Ordnung wurde somit zum Instrument einer Arbeitserziehung. Es ging dabei nicht nur um die Unterdrückung von Nicht-Arbeit, sondern auch positiv um ein Arbeitsbeschaffungsprogramm. Während vom mittelalterlichen Armen für das Almosen keinerlei Gegenleistung (außer ein Gebet für das Seelenheil des Spenders) erwartet wurde, mußte jetzt der Almosenempfänger sich der Gabe als würdig erweisen. Ein Moral- und Verhaltenskodex für Unterstützungsempfänger wird aufgestellt.

Halten wir fest
Zu Beginn der Neuzeit änderte sich aufgrund wirtschaftlicher, religiöser und weltlicher Entwicklungen die Sichtweise der Armut.
Der Entwicklungsprozeß zur städtischen Armenfürsorge in dieser Zeit hatte eine Kommunalisierung, Rationalisierung, Bürokratisierung und Pädagogisierung der öffentlichen Hilfeleistungen zur Folge.

1.3.3 Theoretisches Modell der Armenfürsorge: *Juan Luis Vives* (1492–1540)

Aufgabe
Wie schätzen Sie folgende Überlegungen ein:
Jeder Mensch soll arbeiten. Wer keine Arbeit hat, soll einen Arbeitsplatz vermittelt bekommen (Arbeitsbeschaffungsmaßnahme). Es soll sich dabei um einen Beruf handeln, den man früher gelernt oder an dem man Freude hat.
Jeder Betrieb soll Arbeitslose aufnehmen. Bei öffentlicher Vergabe von Aufträgen soll die Stadt diejenigen Betriebe berücksichtigen, die Arbeitslose eingestellt haben. Wer sich von den Arbeitslosen selbständig macht, soll durch Aufträge der öffentlichen Haushalte unterstützt werden.

Diese Überlegungen klingen sehr modern und zeitgemäß. Sie wurden bereits im 16. Jhdt. von *Vives* entwickelt und als Vorschlag gewertet, der Armut seiner Zeit zu begegnen.
Vives hat für seine Zeit aus der Sicht des Humanismus eine Theorie der Armenpflege entwickelt, die in einer solchen schlüssigen Form bisher noch nicht vorlag und die für die Entwicklung der Armenpflege der Neuzeit ganz entscheidende Impulse gegeben hat, die z. T. bis heute diskussionswürdig sind. Der hohe Stellenwert seines theoretischen Ansatzes für die Entwicklung einer Theorie der Armenpflege der Neuzeit ist unverkennbar. Deshalb soll sie am Ende dieser zweiten Phase näher ausgeführt werden.
Vives hat ein System der Armenfürsorge entwickelt, in dem alle Bereiche der Fürsorge von der materiellen Unterstützung bis zur feinsten geistigen Förderung in einem einheitlichen Sinnzusammenhang stehen. *Vives*, der dem Humanismus angehört und mit *Erasmus von Rotterdam* wie *Thomas Morus* befreundet war, geht in seiner Theorie von vier Grundsätzen aus[22]:

•

1. Arbeitspflicht für Arme
2. Versorgung der Armen mit Arbeit
3. Individualisierung der Armenpflege
4. Erziehung in der Armenpflege

1. Arbeitspflicht für Arme: Vives geht davon aus, daß der Mensch eine natürliche Veranlagung zur Arbeit hat. Arbeit ist ein Wert an sich. Deshalb fordert er eine Hingabe an die Arbeit um der Arbeit willen. »Nicht mehr, weil sie als göttliches Gebot verordnet ist, nicht mehr, weil sie als Mittel zur Erfüllung wertvoller Zwecke notwendig ist, sondern weil sie dem Menschen seiner Anlage entsprechend an und für sich ein erstrebenswertes Gut vermittelt, kann man von ihm erwarten und verlangen, daß er seinen Kräften entsprechend arbeitet.«[23] Daher kann *Vives* auch das Betteln nicht anerkennen. Betteln muß gänzlich abgeschafft werden. *Vives* lehnt die mittelalterliche Glorifizierung der Armen ab und interpretiert das biblische Zitat »Selig die Armen« im Sinne von: Es handelt sich nicht um Geldarme, sondern um Arme im Geiste.

2. Versorgung der Armen mit Arbeit: Die Arbeitsvermittlung wird bei *Vives* zum wichtigsten Mittel der Unterstützung der Armen. Der erste Schritt der Vermittlung ist die Prüfung der Arbeitsfähigkeit. Die begutachtende Instanz soll ein Arzt sein. Da es sich bei der Vermittlung arbeitsfähiger Armer um eine möglichst dauerhafte Aufhebung der Armut geht, sollen sie in einen Beruf vermittelt werden, den sie früher gelernt hatten oder ein Handwerk, zu dem sie Lust hätten. Falls Handwerksmeister die Vermittlung von Armen ablehnen sollten, schlägt *Vives* das Eingreifen der Stadt in die Arbeitsverhältnisse vor. Konkret bedeutet dies: »Durch Anordnung der Stadtregierung soll den einzelnen Handwerksmeistern eine bestimmte Anzahl von Armen zugewiesen werden, die selber keine Arbeitsstelle finden können ... Die wirtschaftlichen Schwierigkeiten einer solchen Zwangslösung will *Vives*... dadurch beseitigen, daß der Rat der Stadt alle öffentlichen Aufträge ... außer an die zur Selbständigkeit gelangten Armen auch an die Handwerksmeister vergeben soll, die Arme und Lehrlinge hatten aufnehmen müssen.«[24] Wer trotz aller Anreize als arbeitsfähiger Armer nicht arbeiten will, für den sieht *Vives* eine Zwangsbehandlung in einem Anstaltsbetrieb vor.

3. Individualisierung der Armenfürsorge: Dieses System der Armenversorgung setzt eine individuelle Untersuchung der besonderen Notlage des einzelnen Armen voraus. Alle Armen sind sorgfältig in ein Armenverzeichnis einzutragen. In diesem soll festgehalten werden: die spezielle Notlage der Armen, die Art ihres früheren Lebensunterhalts, der Anlaß der Verarmung, ihre Lebensart, ihre Moral. Die Entscheidung über die Arbeitsfähigkeit liegt bei einem Arzt. *Vives* System will Rücksicht auf den ganzen notleidenden Menschen nehmen, damit ihm eine gerechte Hilfe zuteil wird. Umfang, Art und Dauer der Unterstützung ist ganz individuell. Sie orientiert sich an den geistigen, leiblichen und materiellen Bedürfnissen eines Menschen.

4. *Erziehung in der Armenfürsorge:* Die Hilfeleistung enthält nach *Vives* grundsätzlich einen erzieherischen Charakter, es ist die vornehmste Dienstleistung. *Vives* fordert eine allgemeine Institution der Erziehungsaufsicht auch für Erwachsene. Mit der Armenpflege will er nicht mehr bloß die Armen aus ihrer Notlage befreien und damit eine bedrohliche Gefährdung des gesellschaftlichen Lebens beseitigen, sondern sie strebt mit ihrer Hilfeleistung zugleich auch die moralische Förderung des einzelnen, seine Erziehung zum guten Bürger und guten Christen an.

Halten wir fest
Die Almosenlehre von *Thomas von Aquin* wird deutlich vom Humanismus und Calvinismus überarbeitet. Arbeit ist eine Gottespflicht. Betteln ist verboten.
Nach *Vives* soll den arbeitsfähigen Armen Arbeit vermittelt werden. Jeder Arbeitslose wird als Einzelfall behandelt, um ihm eine gerechte Hilfe zukommen zu lassen. Durch die Hilfeleistung will man den Armen zu einem guten Christen und Bürger erziehen.

1.4 Armut und Armenfürsorge zur Zeit des Absolutismus und der Aufklärung (17.–18. Jhdt.)

1.4.1 Entwicklungslinien

Barabas/Erler haben einige Daten zusammengetragen, die einen Überblick über die soziale Lage/Ungleichheit im 18. Jhdt. geben:

- *Ländliche Bevölkerung:* In Sachsen z. B. verminderte sich der Anteil der Bauern von 49,5 % (1550) auf 24,6 % (1750). Im gleichen Zeitraum wuchs die Zahl der Landarmen und Landlosen auf 38,5 %. In der Mark Brandenburg zählten um 1800 die Landarmen und Landlosen 74 % und in Mittel- und Hinterpommern 61 %. In Schlesien schließlich standen sich um 1767 Bauern und Landarme und Landlose im Verhältnis 1 zu 9 gegenüber.
- *Städtische Bevölkerung:* Auf der einen Seite steht das städtische Patriziat sowie das Mittel- und Kleinbürgertum, das quantitativ die absolute Minderheit darstellte, allerdings im Vollbesitz der städtischen Bürgerrechte mit allen Vorrechten und Pflichten war.

Auf der anderen Seite lebten die zahlreichen Einwohner minderen Rechts. Je nach Region wurden sie Schutzbürger bzw. Bei- oder Hin-

tersassen genannt. In vielen Städten machte diese Gruppe etwa 50 % der Einwohnerschaft aus.
Unterhalb der Voll- und Schutzbürger lebten die völlig Rechtlosen, die städtische Unterschicht. Zu diesen gehörten die Dienstboten, das Gesinde, Handlanger, Tagelöhner, Arbeitslose, Bettler, Almosenbezieher u. a.. Diese Unterschicht machte in den Städten im 15. Jhdt. ca. 30–50 % aus, im 16. Jhdt. sogar 50–60 % der städtischen Bevölkerung. Hinzu kamen noch etwa 10–15 % der Gesamtbevölkerung, die zu den Vagabunden und Nicht-Seßhaften zählten.[25]
Die eigentlich neuen Einrichtungen auf dem Gebiet des Armenwesens, die das Zeitalter des Absolutismus hervorgebracht hat, sind die Werk-, Zucht- und Arbeitshäuser. Die ersten Zuchthäuser wurden in Bremen (1609), Lübeck (1613), Hamburg (1620) und Danzig (1629) gegründet. 1786 gab es in ganz Deutschland bereits 60 Zucht- und Arbeitshäuser. *Sachße/Tennstedt* sehen vor allem vier Entwicklungslinien, die zur Entstehung der Zucht- und Arbeitshäuser führten:

»1. Die Tradition der ›stationären‹ Armenpflege, der Hospitäler, Armen- und Waisenhäuser;
2. der Gedanke der Arbeitserziehung...;
3. die beginnende Ablösung von Todes- und Körperstrafen durch Freiheitsentzug und Zwangsarbeit als Instrumente des Strafvollzugs;
4. das landesherrliche Interesse an der produktiven Nutzung möglichst aller verfügbaren Arbeitskräfte im Dienste merkantilistischer Wirtschaftsförderung.«[26]

Die Landesfürsten kopierten den aufwendigen Lebensstil *Ludwig XIV.* und benötigten deshalb neue Einnahmequellen. Die Werk- und Zuchthäuser versprachen solche Einnahmen, um ihren erhöhten Geldbedarf zu decken. Es waren also primär wirtschaftspolitische und merkantilistische Überlegungen, die zur Gründung von Werk- und Zuchthäusern führten. Betteln war grundsätzlich verboten.
Die Zusammensetzung der Insassen eines Arbeits- und Zuchthauses war sehr gemischt. Alle »Randgruppen« der absolutistischen Gesellschaft wurden eingewiesen: Arbeitsscheue, Bettler, gerichtlich abgeurteilte Verbrecher, unbotmäßiges Gesindel, aufsässige Kinder, gebrechliche Alte, verarmte Witwen, Waisenkinder, Prostituierte, Wahnsinnige und Kranke. Somit wurden die neuentstandenen Arbeits- und Zuchthäuser zum Kristallisationspunkt für eine ganze Vielzahl ungelöster sozialpolitischer Probleme, zum Bezugspunkt ganz unterschiedlicher sozial-politischer Anforderungen.
Ziele der Einweisung in eine dieser Einrichtungen waren von unterschiedlicher Art:

1. Es ging zunächst um Arbeitsbeschaffung. Betteln war verboten, also galt es, den Armen durch Arbeitsbeschaffungsmaßnahmen oder die Einweisung in die Arbeitshäuser Arbeit zu verschaffen.
2. Die Arbeitshäuser übernahmen eine Pionierfunktion in ihrem Beitrag zum Aufbau und der Weiterentwicklung einer gesellschaftlich

neuartigen Produktionsform, der Manufaktur. Die Großbetriebe konnten sich in den Anstalten die erforderliche Anzahl von Arbeitern beschaffen. Die Insassen der Arbeits- und Zuchthäuser waren begehrte Arbeitskräfte für das sich allmählich entwickelnde Manufaktursystem.

3. Das eigentliche Ziel der Zwangsanstalten lag in der Disziplinierung der Arbeitskräfte durch staatlichen Zwang. Diese Disziplinierung der unteren Bevölkerungsklassen der absolutistischen Gesellschaft hatte auch einen erzieherischen Charakter. Es sollten handwerkliche Qualifikationen vermittelt werden und insgesamt als flankierende Maßnahmen öffentlicher Zwangssozialisation zur Durchsetzung von Gehorsam und Moral verstanden sein.

Gegen Ende des 18. Jhdts. entstanden Reformansätze im Armenwesen. Die Neukonzeption ging von der Tatsache aus, daß alle arbeitsfähigen Armen arbeiten müssen. Es wurden in diese Überlegungen auch die Hausarmenpflege miteinbezogen. Den Armen sollte Arbeit verschafft werden, die sie auch zu Hause ausüben könnten.

1.4.2 Theoretisches Modell der Armenfürsorge: Thomas Robert Malthus (1766–1834)

Aufgabe
Diskutieren Sie folgende These:
Armut ist auch immer eine Frage des Bevölkerungsgesetzes. Deshalb geht es darum, die Armen anstelle von Armenpflege und Unterstützung aufzuklären und sie über die Wirkung des Bevölkerungsgesetzes zu informieren. Arme sollten weniger Kinder zeugen, um dadurch die Armut zu verringern.

1. Provokation: Wirtschaftlicher Ausdruck der Aufklärung war der Liberalismus. Nach Auffassung des Liberalismus hat der Staat eine passive Rolle einzunehmen. Er hat nur für die Einhaltung der allgemeinen bürgerlichen Gesetze zu sorgen. Anders als die Überlegungen zur Armenfürsorge des Absolutismus tritt der Liberalismus für eine Beseitigung der ganzen öffentlichen, gesetzlichen Armenpflege ein.
Hauptvertreter dieses Ansatzes war der Engländer *Thomas Robert Malthus.* Seine Theorie ist insofern bedeutsam, weil sie während des ganzen 18. und 19. Jhdts. einen ungeheuren Einfluß auf die praktische Gestaltung der Armenpflege und der Fürsorge überhaupt ausgeübt hat. Seine z. T. provokativen Thesen werden bis heute diskutiert, die Diskussion ist noch nicht abgeschlossen und gehört zu den zentralen Themen Sozialer Arbeit.

2. *Bevölkerungsgesetz:* Grundlage seiner Überlegungen ist das Bevölkerungsgesetz. *Malthus* geht davon aus, daß die Vermehrungskraft der Bevölkerung unbegrenzt größer ist als die Kraft der Erde, Unterhaltsmittel für die Menschheit hervorzubringen. Die Bevölkerung wächst in geometrischer Reihe (z.B.: 2–4–8–16–32–64...), die Unterhaltsmittel nehmen dagegen nur in arithmetischer Reihe (2–4–6–8–10...) zu. »Die natürliche Folge ist, daß beide Reihen wie eine geöffnete Schere immer weiter auseinandergehen.«[27] Diese Entwicklung ist für *Malthus* ein Naturgesetz, das notwendigerweise zu Elend und Not führt. Not und Elend sind aber auch das einzige wirksame Mittel, das die Bevölkerungsentwicklung bremst. »Sie führen zur Verarmung, zur Wohnungsnot, zum Nahrungsmangel, zur erhöhten Sterblichkeit, und damit wird die Bevölkerung, glücklicherweise, dezimiert.«[28]

Malthus verdeutlicht diesen Gedanken an einem Bild: Auf der Tafel des Lebens sind nicht genug Gedecke aufgestellt, wer sich daransetzt, verdrängt einen anderen. Folgerichtig kommt *Malthus* zu dem Schluß, jede Bemühung um den Armen, vor allem jede planmäßige, vom Staat garantierte Armenpflege ist abzulehnen. Denn die Armenpflege hilft nicht, im Gegenteil sie steigert die Not.

3. *Ablehnung der Arbeitsbeschaffungsmaßnahmen: Malthus* lehnt auch entsprechend jegliche Armenunterstützung ab, so z.B. die Arbeitsbeschaffungsmaßnahmen, denn jede Neueinstellung von Arbeitern führt zur Arbeitslosigkeit anderer Arbeiter. Die Beseitigung der gesetzlichen Armenpflege schränkt er in zwei Punkten allerdings ein:

- Einige Werk- und Arbeitshäuser könnten bestehen bleiben, allerdings mit harter Arbeit und kärglicher Kost.
- Die Armen sollten der privaten Wohltätigkeit überlassen werden, da »sie doch unausrottbar und auch ethisch recht respektabel sei, trotz ihrer bedauerlichen Auswirkungen«.[29]

4. *Enthaltsamkeit:* Durch die Armengesetze werden nach *Malthus* die Familien unterstützt, z. B. werden Kinder den Eltern entzogen und in Waisenhäusern untergebracht. Dies hätte für die Bevölkerungsentwicklung verheerende Folgen: die Familien würden noch mehr Kinder zeugen und die Bevölkerung würde sich weiter vermehren. Deshalb schlägt er vor, der Vermehrung des Menschen bewußt Schranken entgegenzusetzen. Er fordert moralische Zurückhaltung, die Armen sollen die Ehe hinauszögern, nur spät oder am besten gar nicht heiraten. Anstelle der Armenpflege und Unterstützung der Armen tritt *Malthus* für die Aufklärung der Armen ein, um sie über die Wirkung des Bevölkerungsgetzes zu informieren. »Dadurch sollen der Geschlechtsver-

kehr und die Zeugung von Kindern unterbunden werden. Sollten solche Präventivmaßnahmen... versagen, so bleiben als Alternative nur verhängnisvolle Unterdrückungsmaßnahmen. Der Mensch hat nur die Wahl zwischen diesen beiden Möglichkeiten.«[30]

Halten wir fest
In der Zeit der Aufklärung und des Liberalismuses war Betteln verboten. Eine planmäßige, vom Staat garantierte Armenpflege war abzulehnen. Denn sie half nicht, sie steigerte vielmehr noch die Not.

1.5 Armut und Armenfürsorge im Zeitalter der Industrialisierung (18.–19. Jhdt.)

1.5.1 Industrielle Entwicklung -Pauperismus

Die Entstehung des Pauperismus ist keine Folge der Industrialisierung, sondern bereits früher durch folgende Entwicklung entstanden: Mit der Bauernbefreiung (1807–1811) und der Einführung der Gewerbefreiheit (1810/11) wird den abhängigen Bevölkerungsschichten erstmals die Möglichkeit zu ungehinderter Familiengründung gegeben, was bei gleichzeitiger Abnahme der Sterblichkeit als Folge hygienischer Maßnahmen zu einem erheblichen Geburtenüberschuß und damit zu einer Überbevölkerung führte. »Diese Überbevölkerung trifft zusammen mit großer Geldknappheit in Staat... und Wirtschaft..., was eine riesige steuerliche Belastung und einen Mangel an Arbeitsplätzen nach sich zieht. Beide Faktoren verbunden mit Mißernten, Seuchen und Hungersnöten führen zu einer bis dahin nie gekannten Massenverarmung. Das Paradoxe an dieser Situation ist die Tatsache, daß nicht die Industrialisierung, sondern gerade ihre Verzögerung bei gleichzeitiger Überbevölkerung zum Pauperismus oder zur Verarmung ganzer Bevölkerungsschichten führt.«[31] Mit der Entstehung der Industriezentren kam es zu einer Binnenwanderung unbekannten Ausmaßes.
Seit etwa 1820 verläuft die industrielle Revolution in einem rasanten Tempo. Die rapide Umgestaltung Deutschlands zu einer Industriegesellschaft nach der Reichsgründung (1871) hatte weitreichende soziale Folgen. Gab es zu Beginn des Jahrhunderts etwa 300 000 Fabrikarbeiter, so waren es 1872 bereits 6 Millionen und um 1900 sogar 12 Millionen.

Sachße/Tennstedt belegen den sozioökonomischen Strukturwandel dieses Jahrhunderts mit empirischen Daten[32]:

1. Um 1750 lebten in Deutschland um 16–18 Millionen Einwohner, um 1900 waren es 56 Millionen.
2. Um 1800 lebte der größte Teil der Bevölkerung auf dem Lande. Von den 1016 Städten waren 998 noch typische Ackerbürgerstädte, d. h. Einwohner, die von landwirtschaftlichen Betrieben lebten. 1910 hatten 66 % der Bevölkerung ihren Wohnsitz in der Stadt.
3. »Die Anteile der Beschäftigten innerhalb der einzelnen Wirtschaftssektoren verschoben sich entscheidend vom primären Sektor (Landwirtschaft, Gartenbau, Forstwirtschaft, Fischerei) zum sekundären Sektor (Industrie, Handwerk, Verlag, Bergbau,...) und tertiären Sektor (Dienstleistungen, Handel, Verkehr, Banken,...): 1800 waren von 10,5 Mio. Beschäftigten 62 v. H. im primären, 21 v. H. im sekundären und 17 v. H. im tertiären Wirtschaftssektor beschäftigt, 1914 waren von 31,3 Mio. Beschäftigten 34 v. H. im primären Sektor, 38 v. H. im sekundären und 28 v. H. im tertiären Sektor beschäftigt.«[33] Die städtischen Ballungszentren boten ein Bild der Armut, des Elends und der Verwahrlosung. Industrie und Markt brachte nicht Harmonie und Wohlstand, sondern spaltete die Gesellschaft.

»Dieses Bevölkerungswachstum war nun für den Übergang vom agrarisch-handwerklichen zum kapitalistisch-industriellen Wirtschaftssystem, für die Prozesse der passiven und aktiven Proletarisierung, für die Wandlungen im Bereich von Armut und Armenwesen deshalb von entscheidender Bedeutung, weil zunächst die Bevölkerung schneller wuchs als die Wirtschaft.«[34]
Bezüglich der Armenfürsorge handelte der Staat weniger im Interesse der Armen, als vielmehr in seinem eigenen Interesse. Die Einstellung zu den Armen fassen *Sachße/Tennstedt* in drei Punkten zusammen[35]:

1. Die Armen hatten keinen Rechtsanspruch auf Unterstützung. Die Unterstützung galt mehr im Sinne: Polizeirecht vor Fürsorgerecht. Es ging um die Aufrechterhaltung der öffentlichen Sicherheit und Ordnung, um Gefahrenabwehr.
2. Die Armen, d. h. wer öffentliche Hilfe in Anspruch nahm, war von der Mitwirkung an den drei Gewalten des konstitutionellen Rechtsstaates (Legislative, Exekutive, Judikative) ausgeschlossen.
3. Neben diesen allgemeinen diskriminierenden Beschränkungen der Armen konnten die einzelnen Staaten des Deutschen Reiches wei-

tere, ergänzende Eingriffe vornehmen, wie z. B. die Wohnung der Armen jederzeit zu betreten (Bayern), über Tun und Lassen im häuslichen Leben Rechenschaft zu fordern (Sachsen).

Arme mußten die ihnen zugewiesene Arbeit verrichten, im Weigerungsfall wurde Arbeitsscheu unterstellt und Haftstrafen verhängt.
Interessant ist aus heutiger Sicht, daß bis zu Beginn des 20. Jhdt. die Versorgung wie auch die Disziplinierung und Kontrolle Hilfsbedürftiger nicht von Frauen, sondern ausschließlich von Männern durchgeführt wurden. Da Frauen kein Wahlrecht hatten, war Armenpflege alleiniges Tätigkeitsfeld von männlichen Hilfskräften. In der Regel waren es ausgediente Soldaten oder Polizeidiener, welchen die Verteilung von Almosen übertragen wurde. Sie wurden für diese Arbeit von den Kommunen bezahlt. Man nannte sie unterschiedlich: Armen- und Bettelvögte, Gassendiener, Almosenknechte, Almosenpfleger, Kostendiener, Polizeidiener, Polizeisoldaten, Revierdeputierte, Armeninspektoren oder Armenpfleger. Ehrenwerte Bürger konnten nur dann ehrenamtlich in der Armenfürsorge tätig werden, wenn sie Mitglied eines städtischen Rates waren. Die Armenfürsorge galt dann als bürgerliches Ehrenamt.

1.5.2 Elberfelder System (1867)

Aufgabe
Was halten Sie von folgendem Vorschlag, die Armenpflege zu organisieren:

1. Man teilt eine Stadt in Bezirke auf und diese wiederum in Quartiere.
2. Jedem Bezirk steht ein ehrenamtlicher Vorsteher und jedem Quartier ein ehrenamtlicher Pfleger vor.
3. Jeder Pfleger hat 2–4 Arme zu betreuen.
4. Den Armen soll durch Arbeitsbeschaffungsmaßnahmen geholfen werden.

Worin sehen Sie Chancen und Probleme bei dieser Form der Organisation der Armenpflege?

1. Situation in den Städten: Das Elberfelder System, von *Daniel von der Heydt*, *Gustav Schieper* und *David Peters* konzipiert, war zu dieser Zeit das wirksamste und fand in weiten Teilen Deutschlands wie im Ausland große Anerkennung und Nachfolger. Es gilt bis in unser Jahrhundert als Vorbild für die Organisation der Armenpflege.
Der Pauperismus in der ersten Hälfte des 19. Jhdts. zwang die Städte, gegen die Armut etwas zu unternehmen, zumal die notdürftige Unterhaltung der Armen z. T. bis zu zwei Drittel der aufzubringenden Gemeindesteuer umfaßte.

Die Stadt Elberfeld entwickelte eine rational-organisierte Armenpflege, die zum Vorbild vieler Städte wurde. Elberfeld war eine große Industriestadt. Um 1800 hatte sie etwa 12 000 Einwohner, 1852 bereits 50 364 und 1885 schon 106 492. Elberfeld gehörte damit zu den am raschesten emporwachsenden Fabrikstädten Deutschlands.

2. *Ziele und Organisation:* Ziel des Elberfelder Systems war es, die zu Armenzwecken verfügbaren Mittel mit größtmöglicher Sparsamkeit zu verausgaben. *Sachße/Tennstedt* fassen die Grundsätze der Organisation und die materiellen Ziele in vier Punkten zusammen:

»1. Ehrenamtliche Arbeit in der öffentlichen Wohlfahrtspflege: Die verantwortliche Armenbehörde stellte eine große Anzahl freiwilliger Helfer und Helferinnen in ihren Dienst, die die Armen aufzusuchen, zu kontrollieren und nach Maßgabe ihres Befundes Unterstützung zu beantragen hatten;
2. Individualisierung der öffentlichen Wohlfahrtspflege: Keinem Armenpfleger sollten mehr als vier Familien oder alleinstehende Arme unterstellt werden, damit gründlich geprüft und kontrolliert werden konnte;
3. Dezentralisierung der öffentlichen Wohlfahrtspflege: Die Armenpfleger sollten nicht als ausführende Organe im Dienste der Stadtverwaltung tätig sein, sondern in den Bezirksversammlungen selbständig Unterstützung beschließen; die Armenverwaltung regelte die Tätigkeit der Pfleger durch genaue Instruktion;
4. Vermeidung von Dauerleistungen. Jede Unterstützung sollte möglichst nur auf 14 Tage bewilligt werden.«[36]

Um diese Ziele zu erreichen, war die Stadt Elberfeld in Bezirke eingeteilt, die wiederum in Quartiere unterteilt waren. Jedem Bezirk stand ein ehrenamtlicher Vorsteher, jedem Quartier ein ehrenamtlicher Pfleger vor. Die 60 Quartiere waren so organisiert, daß jeder nur 2–4 Fälle pro Hausbesuch und nach vorgedrucktem Fragebogen zu bearbeiten hatte. »Es entstanden die ersten allgemeinen Richtlinien. (Vorläufer heutiger Sozial- und Fürsorgegesetze), die von der Verwaltung ... festgelegt wurden. Die Armenpfleger (heute: Sozialarbeiter) hatten diese Richtlinien dann in die Praxis umzusetzen.«[37] Es ging bei diesen Überlegungen nicht darum, die Ursachen der Armut zu ergründen und sie zu bekämpfen.
Die Wahl der Armenpfleger erfolgte auf Vorschlag der Kirchen. Die Armenpfleger waren im Hauptberuf Handwerker oder Industrielle. Dabei handelte es sich um ein Ehrenamt, das jeder Bürger für drei Jahre übernehmen mußte.[38]

Organisation des Elberfelder Systems

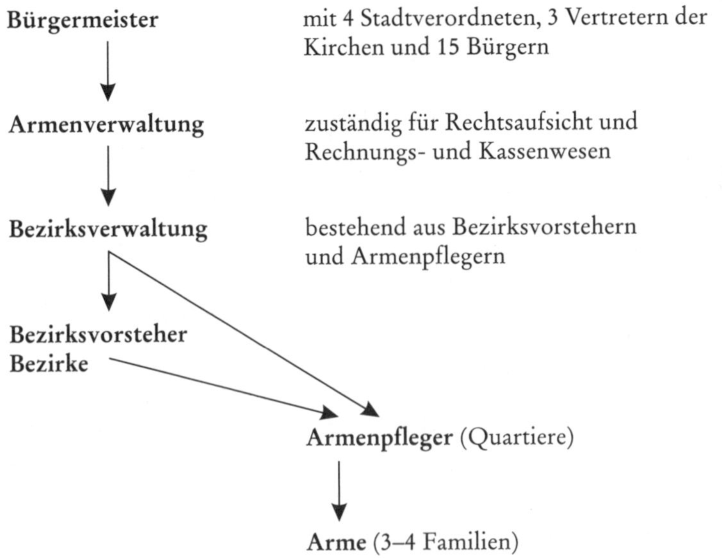

Die Industriearbeiterschaft hat sich an der bürgerlichen Armenpflege nur in geringem Umfang beteiligt, weil sie das System als ein Instrument der bürgerlichen Gesellschaft ansah, das die soziale Ungleichheit und ihre Folgen nur verschleierte und grundlegende soziale Reformen verhinderte.

3. *Hauptprobleme:* Mit dem Elberfelder System wollte man zwei Hauptprobleme der Armenpflege lösen:

1. Arbeitslosigkeit durch Arbeitsbeschaffung: Die Stadt Elberfeld versuchte Arbeiter zu vermitteln, indem sie den heimischen Unternehmern Aufträge erteilte. Wo dies nicht ausreichte, ordnete die Stadt eigene Tätigkeiten an (Straßenbau, Eisenbahnbau, usw.).
2. Arbeitsanweisungen: Arbeit ist besser als Almosen. Die Hilfsbedürftigen mußten jede ihnen zugewiesene Arbeit annehmen. Sollte eine Arbeitsvermittlung nicht so schnell gelingen, bekam der Hilfsbedürftige eine Unterstützung. Diese war aber so knapp bemessen, daß er den Antrieb zur Arbeitsaufnahme nicht verlieren würde.

Das Elberfelder System war bezüglich des Abbaus der ›Armenlast‹ sehr erfolgreich. Die Zahl der Armen in der Stadt Elberfeld sank von etwa 4 000 auf 1 460 (über 50 %). Die Bettelei nahm rapide ab. Ähnliches wurde auch von anderen Städten gemeldet (Bremen, Krefeld, Leipzig, Dresden, Gotha u. a.), die das Elberfelder System übernahmen.[39]

1.5.3 Straßburger System (1905)

»Die rasante ökonomische Entwicklung und die in ihrem Gefolge sich immer dramatischer stellende soziale Frage überholte relativ schnell die im Elberfelder System angelegten Möglichkeiten der Wohlfahrtspflege. Bei den nun – gegen Ende des 19. Jh. – erreichten Größen der Industriestädte mußte das Quartiersystem versagen. Die hohe Mobilität sowohl der potentiellen Erwerbsbevölkerung wie der verelendenden Schichten machten eine ehrenamtliche und individualisierende Wohlfahrtspflege unmöglich.«[40] 1905 entwarf der Straßburger *Rudorf Schwander* in seiner berühmten Denkschrift das ›Straßburger System‹, das einen wesentlichen Schritt in Richtung einer modernen Sozialpolitik darstellte. Ähnlich wie im Elberfelder System wurde auch in Straßburg das gesamte Stadtgebiet in Bezirke eingeteilt, eine weitere Quartiereinteilung aber entfiel. In einigen Punkten wurde das Elberfelder System verändert.

1. Es wurden Berufsarmenpfleger hauptberuflich eingesetzt.
2. Man wich von der Dezentralisierung ab und führte die Kompetenzen im Armenamt zusammen.
3. Eine klare Arbeitsteilung zwischen beruflichen und ehrenamtlichen Kräften wurde vorgenommen. »Die beruflichen Kräfte waren für die polizeilich-administrativen Aufgaben zuständig, die ehrenamtlichen dagegen für die pädagogische Beratung und Betreuung der Unterstützung.«[41]
4. Die Armenpflege wurde in einen Innen- und Außendienst aufgeteilt. Dabei wurden die Entscheidungsbefugnisse auf die Innenbeamten der zentralisierten Armenverwaltung übertragen. Die Armenpfleger vor Ort (Außendienst) wurden allmählich durch ausgebildete Frauen ersetzt.

Durch die Verlagerung der Entscheidungsbefugnisse vom Außen- auf den Innendienst und dem Einsatz von Berufsbeamten verlor das Elberfelder System seinen Charakter. Diese Einteilung in Innen- und Außendienst wurde erst 1970 abgeschafft.[42]
Mit dieser Neuregelung begann die moderne Sozialpolitik, d. h. das klassische Prinzip der Bürokratie wurde auf die Bearbeitung der Armenfrage angewandt. »Der einzelne Hilfesuchende soll nicht auf das Wohlwollen eines ehrenamtlichen Pflegers angewiesen sein, sondern auf ein an rechtliche Prinzipien gebundenes, für die Allgemeinheit zuständiges Hilfesystem treffen.«[43]

1.5.4 Theoretisches Modell: *Otto von Bismarck* (1815–1898)

Bismarck geht es in seiner Sozialpolitik um zwei Fragen:

1. Wie kann man verhindern, daß die parteipolitisch organisierte Arbeiterschaft die bestehende Gesellschaft umstürzt und
2. wie kann man die Staatskasse von den hohen Kosten der Armenfürsorge entlasten?

Gegen die Gefahren, die *Bismarck* in dem Zusammenschluß des »Allgemeinen Arbeitervereins« (gegründet 1863 von *Ferdinand Lasalle*) mit der »Sozialdemokratischen Arbeiterpartei« (gegründet 1869 von *August Bebel)* im Jahre 1875 in Gotha sieht, erläßt er 1878 das Sozialistengesetz. Dieses verbot die Parteiorganisation und alle sozialpolitischen Vereine. Zur Bekämpfung der Not und der sozialistischen Gefahr kommt es zu einer Reihe von Arbeiterversicherungsgesetzen, die später 1911 in der Reichsversicherungsordnung (RVO) zusammengestellt und verordnet wurden. Die RVO ist seitdem das grundlegende Gesetz für die Sozialversicherung in Deutschland; sie wurde schrittweise in das neue Sozialgesetzbuch (SGB) integriert.

Zu den *Bismarckschen* Sozialgesetzen zählen:
1883 Einführung der Krankenversicherung
1884 Einführung der Unfallversicherung
1889 Alters- und Invalidenversicherung.

Das Kernstück der Gesetzgebung liegt auf der Verknüpfung des Versicherungszwanges gekoppelt mit einem Rechtsanspruch auf Unterstützung. Bei der Versicherung gilt das Prinzip der Vorleistung und Gegenleistung. Anstelle öffentlicher oder privater Armenfürsorge tritt jetzt das Recht auf Versorgung, das der Arbeiter durch seine Beitragszahlung erwirbt. Es ging *Bismarck* darum, daß die Arbeiter den Staat als eine wohltätige Einrichtung kennenlernten. »Über eine Absicherung von Lebenskrisen auf Staatskosten gedachte er die Arbeiterklasse für die gegebene gesellschaftliche Ordnung wenn nicht zu gewinnen, so doch in sie einzubinden.«[44]
Durch die Arbeiterversicherung hat *Bismarck* verhindert, daß die Arbeiter der öffentlichen Armenpflege zu Last fiel. Nur die Armen, die keinen Versicherungsschutz besaßen, hatten deshalb auch keinen Rechtsanspruch auf Unterstützung. Sie erhielten Hilfe nach dem Bedarfsprinzip. Somit gab es zwei Hilfsprinzipien: 1. die generelle Hilfe der Sozialpolitik und 2. die sich individuell orientierte Armenfürsorge.
Bis 1918 verstand sich der Staat als liberaler Rechtsstaat, der möglichst nicht in die sozialen und ökonomischen Prozesse eingreifen wollte, sondern nur für rechtliche Rahmenbedingungen zu sorgen hatte. Nach dem Subsidiaritätsprinzip überließ er die konkrete Ausgestal-

tung der Sozialfürsorge den privaten – meist kirchlichen – Wohlfahrtsorganisationen.

Halten wir fest
Armenpflege wurde nach dem Elberfelder- bzw. Straßburger-System organisiert. Hauptberufliche und ehrenamtliche Armenpfleger sorgten sich um die Armen und versuchten vor allem durch Arbeitsbeschaffungsmaßnahmen der Armut zu begegnen. Durch die Sozialgesetzgebung von *Bismarck* entstanden zwei Hilfebereiche: die Sozialpolitik und die Armenfürsorge.

1.6. Armut und Wohlfahrtsfürsorge in der Neuzeit (20. Jhdt.)

1.6.1 Kaiserreich und Weimarer Republik (bis 1933)

1. Kaiserreich: Nach der Entlassung *Bismarcks* durch *Kaiser Wilhelm II* wurden in die Reform der Sozialpolitik viele Erwartungen gesteckt, doch sie blieb aus. Lediglich die Reichsversicherungsordnung wurde 1911 rechtlich neu organisiert. Ein Ausbau der kommunalen Armenversorgung fand statt. So wurden eigenständige Ämter organisiert z. B.: Gesundheitsamt, Kinder- und Jugendwohlfahrtsamt, Arbeitsamt und Wohnungsamt.

2. Erster Weltkrieg: Der Erste Weltkrieg bedeutete einen zentralen Einschnitt in die Entwicklung der Fürsorge in Deutschland. Dies vor allem in zwei Bereichen:

- Versorgung der Familien, deren Männer in den Krieg eingezogen waren. Sie wurden durch eine Familienunterstützung und Wochenhilfe aus der Kriegsfürsorge unterstützt.
- Mit dem Gesetz der Kriegsbeschädigten- und Kriegshinterbliebenenfürsorge von 1919/1920 veränderte sich die Zielgruppe der Fürsorge entscheidend.

Man mußte zwischen Armenfürsorge und Kriegswohlfahrtspflege unterscheiden. Wer Kriegsfürsorge erhielt, brauchte nicht die Voraussetzungen einer Armenhilfe zu erfüllen. Die zum Militärdienst eingezogenen Männer hinterließen in der Regel Familien ohne angemessenen Unterhalt. Damit erweiterte sich der Kreis der Unterstützungsberechtigten, was jedoch im Gegensatz zu denen, die Armenfürsorge erhielten, nichts Diskriminierendes an sich hatte. Es trat eine ›Veredelung der Klangfarbe‹ der Fürsorge der Kriegswohlfahrtspflege ein. Es galten besondere Maßstäbe, die dem Opfer der Kriegsteilnehmer fürs Vaterland Rechnung tragen sollten. Begrifflich und sachlich wurde deutlich zwischen ›Kriegsfürsorge‹ und ›Kriegswohlfahrtspflege‹ unterschieden. Der Unterschied zwischen diesen beiden Einrichtungen bestand darin, daß erstere einen versorgungsähnlichen Charakter hatte und letztere eine freiwillige Unterstützungsleistung darstellte. Im Lauf des Krieges wurden eine Reihe von sozialpolitischen Forderungen der Gewerkschaften und der Sozialdemokratie verwirklicht: Anerkennung der Gewerkschaften, Koalitionsfreiheit, Tarifvertragswesen, Schlichtungswesen. »Die Organisation des Arbeitsmarktes wurde faktisch als Staatsaufgabe anerkannt, Arbeitsnachweis und Erwerbswesenunterstützung eingerichtet, der Mieterschutz und eine Wohnungspolitik des Reiches ausgebaut. Insofern erwies sich der Krieg als Schrittmacher der Sozialpolitik.«[45]

3. Weimarer Republik: Nach dem Ersten Weltkrieg sollte der neue Volksstaat (Ausrufung der Republik am 9. 11. 1918) nicht mehr bloß ein Rechtsstaat sein, sondern ein Staat, dessen Bürger Gleichheit vor dem Gesetz erhielten und dem es um die Volkswohlfahrt als Sozialpolitik ging. Man wollte nicht zu dem alten System der Armenpflege zurückkehren, sondern der Staat übernahm mit der 1919 erlassenen Verfassung die Zuständigkeit für die Regelung der gesamten Sozialpolitik und insbesondere der Fürsorge.
Die Gesetzesinitiative der Nachkriegszeit ging zunächst vom Reichsarbeitsministerium aus, mit spezifischen Sonderfürsorgen für die verschiedenen Gruppen der Opfer von Krieg und Inflation. Es wurden eine Reihe von Gesetzen erlassen z. B.:

- Kriegsopferversorgung für Kriegshinterbliebene und Kriegsbeschädigte
- Inflationsopfer erhielten Sozial- und Kleinrenten
- Regelung für den Erwerbslosen in der »Verordnung über Erwerbslosenfürsorge« von 1918, Neuregelung 1923
- Kinder- und Jugendfürsorge im »Reichsjugendwohlfahrtsgesetz« 1924
- Regelungen der sozialen Hygiene und Gesundheitsfürsorge mit der Zielvorgabe der Prophylaxe und Früherkennung
- Ausgestaltung der Wohnungsfürsorge

Die Entwicklung der Wohlfahrtspflege in der Weimarer Zeit ist durch zwei Merkmale gekennzeichnet:

1. Zentralisierung der Wohlfahrtspflege, das Reich übernahm zunehmend die Aufgaben
2. Statusanhebung der Fürsorgeempfänger, durch den Krieg wurden auch viele aus den gehobenen Schichten zu Empfängern von Unterstützung.

1918 entstand das Preußische Ministerium für Volkswohlfahrt als erste Ausführungs- und Verwaltungsbehörde der Länder auf dem Gebiet der Fürsorge. 1924 wurde die »Reichsverordnung über die Fürsorgepflicht« erlassen, in der die Grundprinzipien der Fürsorge geregelt wurden. Diese Reichsverordnung faßte die Einzelregelungen zusammen und übertrug sie einem einheitlichen Träger. Die Armenhäuser wurden umbenannt in Fürsorge- bzw. Wohlfahrtsämter. Es wurden die klassischen Ämter geschaffen: Jugendamt, Wohlfahrtsamt (heute Sozialamt) und Gesundheitsamt.[46]
Die Reihe der Gesetzgebung schloß 1927 mit dem Gesetz der Arbeitsvermittlung und Arbeitslosenversicherung. Nach *Sachße/Tennstedt* lassen sich fünf Entwicklungslinien der Wohlfahrtspflegeentwicklung erkennen[47]:

1. Öffnung der Wohlfahrtspflege zur Mitte hin, eine neue Unterscheidung von Armen wurde notwendig. In der Notgemeinschaft des Krieges verloren die bisherigen Kriterien für Armut ihre Gültigkeit.
2. Konflikte zwischen Reich und Gemeinden. Das Reich wurde zur zentralstaatlichen Steuerungsinstanz in der Wohlfahrtspflege.
3. Duale Strukturen der Wohlfahrtspflege. Es entstand das für Deutschland charakteristische duale System der Wohlfahrtspflege, d. h. die Regelung des Verhältnisses öffentlicher und freier Wohlfahrtspflege nach dem Subsidiaritätsprinzip.
4. Politisierung der Wohlfahrtspflege. Über die Ausgestaltung des Wohlfahrtsstaates stritten sich die demokratischen Parteien mit je unterschiedlichen Positionen.
5. Wohlfahrtspflege und Arbeitsmarkt. Das Problem der Arbeitslosigkeit spielte in der Fürsorge eine große Rolle. Der Erfolg der Maßnahmen und Leistungen hing entschieden vom Funktionieren des Arbeitsmarktes ab.

Anzumerken ist noch, daß seit 1923 der Begriff »Armenpflege« durch den der »Wohlfahrtspflege« ersetzt wurde und in der Gesetzgebung nicht mehr der Begriff des Armen verwandt wurde.
Der Prozeß der Vergesellschaftung der Fürsorge unterscheidet sich deutlich von den vorausgegangenen Strukturmustern der Armut und Hilfe, es entsteht etwas qualitativ Neues: Wohlfahrtspflege bzw. Soziale Arbeit.
Die soziale Gesetzgebung der *Bismarckschen* Zeit war eine Arbeitergesetzgebung, die Sozialversicherung eine Arbeiterversicherung.
In der Wohlfahrtspflege nun geht es darum, sich gegen diese Sozialpolitisierung des Staates, von der Sozialpolitik abzugrenzen und nach der eigenen Legitimation zu fragen. In den zahlreichen theoretischen

Bemühungen dieser Zeit geht es um eine begriffliche Klärung und Abgrenzung der beiden großen Arbeitsgebiete des öffentlichen Lebens, der Sozialpolitik und der Wohlfahrtspflege der freien Verbände. Man suchte nach den wesensgemäßen Unterschieden. Das entscheidend Neue entwickelte sich aus der Sicht des Menschenbildes. Die alte Armen- und Wohlfahrtspflege berücksichtigte nur den »halben Menschen«, d. h. die äußere Seite der menschlichen Not: Nahrung, Kleidung, Obdach, Moral und Bildung, um regelmäßiger Arbeit nachgehen zu können. Der neue Prozeß der Fürsorge richtete sich zunehmend auf die zweite, die innere Hälfte des Menschen, auf seine innere Natur. Armut wird begleitet von einem Armutsbewußtsein, einem seelischen Erleiden der Armut. »Das Armutsbewußtsein, das innere Leiden an der äußeren Not, wird zum eigentlichen Leiden, die Schädigung des inneren Menschen durch die Armutszustände wird zum eigentlichen, wesentlichen Problem.«[48] Nicht die Armut als solche, sondern das Erleben der Armut wird zum Gegenstand der Fürsorge. Die alte Erziehung ging z. B. von den Schwierigkeiten aus, die das Kind machte, die neue von denen, die das Kind hatte.
Die Verschiebung auf den inneren, ganzen Menschen besagt jedoch nicht, daß man der materiellen Not keine Beachtung schenkte, sondern die Bewertung erhielt eine neue Dimension.

»Erst als durch den Ausbau der Versicherungsanstalten für die gleichsam ›normalen‹ Existenzrisiken von Krankheit, Invalidität, Verwaisung, Alter und Tod unabhängig vom Einzelfall und vom einzelnen Helferwillen ein prinzipielles Recht auf Hilfe institutionalisiert wurde, erhielt die Fürsorge die Möglichkeit einer prinzipiellen Abgrenzung von der Sozialpolitik wie sie durch den Rückgang auf das innere Leiden und die innere Not gefördert wurde: für die Bearbeitung der normalen Existenzrisiken, die ohne soziale Sicherung zur Armut führen, ist die Sozialpolitik zuständig; für die Bearbeitung der inneren Erlebnisweisen, die entweder zur Verarmung und Verwahrlosung führen oder deren Folge sind, qualifiziert sich eine pädagogisch orientierte Fürsorge.«[49]

1.6.2 Theoretisches Modell: *Alice Salomon* (1872–1948)

»*Alice Salomon* hat mit ihrem umfangreichen wissenschaftlichen Werk und mit ihrem persönlichen Engagement die Soziale Arbeit in Deutschland wie kaum jemand sonst beeinflußt und zugleich für Praxis, Theorie und Ausbildung in der Sozialen Arbeit wegweisende Thesen formuliert.«[50] Sie gilt in Deutschland als Pionierin der Sozialen Arbeit und Repräsentantin der Frauenbewegung.
Ausgangspunkt ihrer Überlegungen ist die Entwicklung der modernen Gesellschaft. Je entwickelter und vielseitiger die Kultur einer Gesellschaft ist, sagt *Salomon,* desto weniger werden alle seine Glieder imstande sein, auch hier mit den durchschnittlichen Ideen, Vorstellungen und Anforderungen Schritt zu halten; desto größer wird die Zahl derer, die sich nicht anpassen können; desto geringer werden die Möglichkeiten natürlicher, familienhafter, nachbarlicher Hilfe und Förderung.

In der Industriegesellschaft entsteht andauernd Not durch Ursachen, auf die der einzelne kaum Einfluß hat, die durch gesellschaftliche Umstände bedingt sind. Die Not kann viele Gesichter haben: wirtschaftliche, geistig-sittliche, gesundheitliche und im einzelnen Menschen liegende Ursachen. Um Hilfe zu gewähren, ist Wohlfahrt und Wohlfahrtspflege notwendig. Wohlfahrt und Volkswohlfahrt wird durch politische Maßnahmen angestrebt.
Unter Wohlfahrtspflege versteht *Salomon:* »Die planmäßige Förderung der Wohlfahrt von Bevölkerungsgruppen in bezug auf solche Bedürfnisse, die sie nicht selbst auf dem Weg der Wirtschaft befriedigen können, und für die auch nicht deren Familien oder der Staat durch allgemeine öffentliche Leistungen sorgt.«[51]
Ziel der Wohlfahrtspflege ist die bestmögliche Entwicklung der ganzen Persönlichkeit »durch bewußte Anpassung des Menschen an seine Umwelt oder Anpassung der Umwelt an die besonderen Bedürfnisse und Kräfte des betreffenden Menschen.«[52]

Dabei geht es *Salomon* darum, daß die Wohlfahrtspflege[53]:

1. die vorhandenen Kräfte des Menschen nach Möglichkeit fördert und entwickelt,
2. die vorhandenen Kräfte erhält und schützt, Schädigungen verhütet und ihnen vorbeugt,
3. geschädigte Kräfte nach Möglichkeit wiederherstellt, die Schäden heilt und ausgleicht,
4. wo keine Heilung mehr möglich ist, die Hilflosen versorgt und bewahrt.

Um diese Ziele zu erreichen, ist die Grundlage allen Helfens die Erstellung einer sozialen Diagnose. In dieser sollen alle wichtigen Daten über den einzelnen und sein Umfeld erhoben werden. Entscheidend für diese Aufgaben der Wohlfahrtspflege ist, daß diesen Beruf nur gut ausgebildete Personen ausüben können. 1908 wurde die erste Soziale Frauenschule in Berlin in den Räumen des Pestalozzi-Fröbel-Hauses gegründet, deren Direktorin *Alice Salomon* wurde. Für den Aufbau und Ausbau der (seit 1920) Wohlfahrtsschulen in Deutschland hat *Alice Salomon* Entscheidendes getan und gilt als Gründerin der jetzt vielerorts entstehenden Neugründungen von Ausbildungsstätten für Wohlfahrtspflegerinnen. An anderer Stelle soll auf diesen Punkt noch näher eingegangen werden.

Halten wir fest
Das entscheidend Neue in der Wohlfahrtspflege war die Aufteilung in zwei Bereiche: Sozialpolitik, die zuständig war für die »äußere«, materielle Not des Menschen und die Wohlfahrtspflege, die für die »innere« Seite, das Erleiden der Not Ansprechpartner war. Man ging nicht mehr davon aus, welche Schwierigkeiten eine Person machte, sondern welche sie hatte.
Alice Salomon hat diese Überlegungen wissenschaftlich zusammengefaßt und 1908 die erste Soziale Frauenschule in Berlin gegründet.

1.6.3 Nationalsozialismus (bis 1945)

»Der erste wichtige organisatorische Schritt in der nationalsozialistischen Wohlfahrtspflege besteht darin, die Nationalsozialistische Volkswohlfahrt als neuen Verband zu gründen. Die private Wohlfahrt wird mehr und mehr von der NS-Volkswohlfahrt übernommen.«[54] Den kirchlichen Wohlfahrtsverbänden blieb lediglich die Sorge für die »Minderwertigen«, Zigeuner, Kriminellen, Obdachlosen, Arbeitsscheuen, Erbkranken, Anstaltsinsassen aller Art. Drei Ziele verfolgte die Volkswohlfahrt:

1. *Reduzierung von öffentlicher (materieller) Fürsorge:* Die Fürsorge während der Weimarer Zeit ist zu großzügig gewesen und die Unterhaltsmittel sind falsch verteilt worden. Vorsorge muß in den Vordergrund treten. Die unwirtschaftliche Fürsorge für die ›sozial Untüchtigen‹ muß radikal gekürzt werden.
2. *Orientierung am Volksganzen:* Die Orientierung am Einzelschicksal wird zugunsten einer Orientierung am »Volksganzen« aufgegeben. Die Befürsorgung minderwertiger Menschen ist ganz aufzugeben. Die Nationalsozialistische Volkswohlfahrt betreute nur förderungswürdige erbgesunde und wertvolle Familien.
3. *»Kranken-Erbstrom« abdrosseln:* Die abendländische Kultur hat... die natürlichen Folgen aus Rassenhierarchie und Rassenhygiene vermindert. Die Fürsorge hat eine natürliche Auslese des gesunden Erbgutes verhindert. Mit gezielten Maßnahmen muß daher das gesunde Erbgut im Volkskörper erhalten und der kranke Erbstrom abgedrosselt werden.[55]

Um diese Ziele zu erreichen, mußten wenige Gesetzesänderungen oder neue Gesetze erlassen werden. »Eine restriktive Auslegung der aus der Weimarer Republik vorhandenen Gesetze und eine entsprechende Personalpolitik reichten dazu aus.«[56] Der ausführende Beruf wurde »Fürsorger« genannt.

Man kann sagen, daß die Entwicklung der Sozialen Arbeit durch die Machtübernahme *Hitlers* 1933 unterbrochen wurde und nach dem Zusammenbruch 1945 wieder neu dort begann, wo sie vor 1933 aufgehört hat.

1.6.4 Bundesrepublik Deutschland (seit 1945)

Der Wiederaufbau des sozialen Netzes nach dem Zweiten Weltkrieg verknüpfte zwei Linien:

1. Man setzte dort wieder an, wo der Entwicklungsprozeß der Sozialen Arbeit abgebrochen wurde, nämlich in der Weimarer Zeit und versuchte den Stand der damaligen Arbeit auch im Verständnis ihrer geschichtlichen Tradition allmählich wieder herzustellen. So hielt man an dem bestehenden System der Sozialversicherungen und Renten grundsätzlich fest. Es gab auch keinen Anlaß zur Veränderung, zumal die Westalliierten das deutsche System der Sozialversicherung allgemein als fortschrittlich und vorbildlich ansahen. »Ähnlich wie bei den Sozialversicherungen wurde auch in der Fürsorge auf bestehende gesetzliche Regelungen zurückgegriffen. Mit einigen Modifikationen aus der NS-Zeit galten im wesentlichen die Gesetzesgrundlagen der Weimarer Republik weiter.«[57]
2. Durch die Beeinflussung der West-Alliierten wurde der Wiederaufbau der Sozialen Arbeit nach dem Muster des Sozialwesens in England und den USA stark geprägt. Man übernahm, zunächst recht unkritisch, die modernen »klassischen Methoden der Sozialarbeit«: Einzelhilfe, Gruppenarbeit und Gemeinwesenarbeit.

Mit einer Reihe von gesetzlichen Grundlagen versuchte die neue Bundesregierung die Probleme der Nachkriegszeit in den Griff zu bekommen. Hier sollen nur zwei aus der Fülle genannt werden:

- Jugendwohlfahrtsgesetz (JWG) von 1961 mit verschiedenen Neufassungen bis zur Neuformulierung im »Kinder- und Jugendhilfegesetz« (KJHG) von 1991. Auf dieses Gesetz werde ich in einem anderen Zusammenhang noch ausführlicher eingehen.
- Das Bundessozialhilfegesetz von 1961 (seit 1. Juni 1962 in Kraft). Das Gesetz soll dazu beitragen:
  »– ein menschenwürdiges Dasein zu sichern,
  – gleiche Voraussetzungen für die freie Entfaltung der Persönlichkeit ... zu schaffen,
  – die Familien zu schützen und zu fördern,
  – den Erwerb des Lebensunterhaltes durch eine frei gewählte Tätigkeit zu ermöglichen und
  – besondere Belastungen des Lebens, auch durch Hilfe zur Selbsthilfe, abzuwenden oder auszugleichen.«[58]

Nach dem BSHG hat der Bürger einen Rechtsanspruch auf Sozialhil-

fe. »Das Gesetz verfolgt den Zweck, dem Hilfebedürftigen bei eigener Mitwirkung einen gegebenenfalls einklagbaren Zugang zu einem Leben der Selbstbehauptung zu schaffen, damit er und seine Familie ein menschenwürdiges Dasein führen können.«[59] Das BSHG führt die Begriffe: statt »öffentliche Fürsorge« jetzt »Sozialhilfe« und statt »Fürsorgeamt« bzw. »Wohlfahrtsamt« neuerdings »Sozialamt« ein.
Auf weitere Ausführungen an dieser Stelle möchte ich verzichten, da mein Thema nicht die juristische Materie ist, hierzu liegen zahlreiche Erläuterungswerke zum Recht der Sozialen Arbeit vor, noch geht es mir um eine ausführliche Darstellung der Sozialarbeit, das müßte das Pendant zu diesem Buch leisten mit dem Titel »Sozialarbeit«.

1.7 Armut und Hilfe in der Sozialarbeit

Aufgabe
Wenn man heute in unserer Gesellschaft von Armut spricht, sollte man nicht nur an materielle Armut, sondern auch an andere Formen der Armut denken.
Ergänzen Sie folgenden Satz: »Wenn ich an Armut denke, denke ich an ...

____

____

1.7.1 Armut

In diesem Kapitel ging es um die Geschichte der Armut Erwachsener und wie von privater und öffentlicher Seite durch Fürsorge bzw. Wohlfahrtspflege Hilfe angeboten wurde.
Ich möchte nun diesen eingangs erarbeiteten Gedanken aufgreifen und nach dem Verständnis der Armut von heute fragen. Denn »die Armen von heute sind weder die Nachkommen der Armen von gestern noch die Vorfahren der Armen von morgen.«[60] Das Verständnis wie der Inhalt von Armut hat sich im Laufe der Geschichte gewandelt. Nach *Zander* ist Armut ein relativer, gesellschaftlicher Tatbestand.

»Was aber heißt relativ. Relativ ist z. B. das Einkommen des Armen im Verhältnis zum durchschnittlichen Verdienst eines Lohnarbeiters; relativ sind die für die Festsetzung des »Mindestbedarfs« erforderlichen Konsumtionsmittel im Verhältnis zum durchschnittlichen Wert der Ware Arbeitskraft; relativ ist die Kaufkraft der Menschen mit Bezug auf die Teuerungsrate der zum Lebensunterhalt erforderlichen Konsumtionsmittel; relativ ist schließlich auch die Wahrnehmung von Ansprüchen im Verhältnis zu den disponiblen Sozialleistungen. Relativ ist Armut also im Verhältnis zur Gesamtheit gesellschaftlich verteilter Konsumtionsmittel, zu Umfang und Qualität der unter den Klassen verteilten Geld-, Dienst- und Sachleistungen. Armut ist mithin nicht bloß (absolut) ein

Problem ökonomischen Mangels und sozialer Abhängigkeit, sondern grundlegend (relativ) ein Problem ökonomischer und sozialer Ungleichheit.«[61]

Man kann heute von einem Paradigmenwechsel sprechen, einer feststellbaren qualitativen Veränderung der Erscheinungsformen der Armut von der materiellen zur psycho-sozialen Armut. Damit beschränkt sich Soziale Arbeit auch nicht mehr nur auf bestimmte Gruppen, Schichten und Einkommensverhältnisse, sondern auf alle Menschen. Diese Entwicklung wurde eingeleitet durch die Übernahme der materiellen Lebensversicherung durch sozial-politische Maßnahmen und Institutionen. Dadurch nehmen Notstände und Lernprobleme im ganzen keineswegs ab, sondern sie verlagern sich von materiellen auf psycho-soziale Notstände und Bedürfnisse.

Nach *Pfaffenberger* übernimmt Soziale Arbeit ihre eigentliche und zentrale Aufgabe, die für sie wesensbestimmend und konstituierend ist: »Sozialarbeit ist psycho-soziale Lebenshilfe in den Formen der Anpassungs-, Entwicklungs-, Reifungs- und Bildungshilfe.«[62] Man kann sagen, daß die relative Bedeutung wirtschaftlicher Notstände – stellt man einen genügend langen Zeitraum in Rechnung – tendenziell abgenommen, während die Bedeutung psycho-sozialer Probleme zugenommen hat. Die Suche nach einem akzeptierten und subjektiv zufriedenstellenden Lebensstil wird zu einem zunehmend relevanten Problem. Es geht um Umwertung der Werte, Orientierung und Lebensqualität.

Dieser Perspektivwandel zur psycho-sozialen Lebenshilfe übersieht nicht, daß es z. Z. in Deutschland eine ›neue Armut‹ gibt, daß etwa ein Drittel der Bevölkerung als (materiell) arm zu bezeichnen ist (z. B. 850 000 Obdachlose, 7 Mio. Arme).

Armut besteht nicht nur in Einkommensdefiziten, sondern ist mit anderen Aspekten der Unterversorgung und Benachteiligung zu verbinden. *Erler* verweist auf Ergebnisse der Armutsforschung, die »objektive« und »subjektive« Problemlagen untersucht hat.

»Einer ›objektiven‹ Problemlage wird zugerechnet, wer zu den untersten 10 % in der Einkommensskala gehört, mit weniger als einem Wohnraum pro Person auskommen muß, kein Bad innerhalb der Wohnung zur Verfügung hat, keinen beruflichen Ausbildungsabschluß besitzt, alleine lebt bzw. dauerhaft krank oder behindert ist. Zu den ›subjektiven‹ Problemlagen der Armut werden gerechnet: oft einsam zu sein, immer wieder Ängste und Sorgen zu haben, gewöhnlich unglücklich und niedergeschlagen zu sein. Hierbei wird vielleicht deutlich, wie abhängig von gesellschaftlicher Entwicklung des allgemeinen Wohlstandes eine Kategorie wie Armut ist.

1988 waren 58 % der Bevölkerung von einer der neuen objektiven und subjektiven Problemlagen betroffen, zwei und mehr Problemlagen sind immerhin bei 29 % aller Bundesbürger vorhanden.«[63]

Halten wir fest

»Soziale Ungleichheit verkörpert sich zwar nicht mehr so kollektiv wie früher in Gruppen und Milieus. Sie scheint in der Struktur abgewandelt zu sein. Soziale Benachteiligung äußert sich heute weniger als kollektive soziale Deklassierung, sondern eher als soziale Nichtberücksichtigung von Gruppen im gesellschaftlichen Entwicklungsprozeß. Nichts anderes bedeutet die Formel von der Zweidrittelgesellschaft: Auf zwei Drittel der Gesellschaft richtet sich die Politik von Wachstum und Prosperität, das andere Drittel ist an dieser Entwicklung nicht beteiligt, wenn auch leidlich sozial versorgt. Zum modernen Sozialstaat ist also soziale Benachteiligung weniger über die traditionellen Muster sozialer Deklassierung und Randgruppenexistenz begreifbar, sondern eher über das Bild des Ausgeschlossenseins von der gesellschaftlichen Entwicklungsperspektive. Dazu kommt, daß die moderne Konsumgesellschaft Armut verschleiert. Auch die Armen können bei uns konsumieren, auch wenn es nur Billigware ist. Die Konsumgesellschaft suggeriert ökonomische und soziale Teilhabe. Die Menschen tun das Ihre dazu, um ihre Armut und soziale Benachteiligung zu verbergen, sie fürchten noch mehr soziale Isolierung, haben Angst, den Anschluß endgültig zu verpassen, wollen zeigen, daß sie dabei sind. Und dies läuft wiederum über demonstratives Konsumverhalten.«[64]

1.7.2 Soziale Hilfe

Aufgabe

Viele Menschen, die Anspruch auf soziale Hilfe haben, gehen nicht zum Sozialamt, weil sie es als beschämend und diskriminierend empfinden, um Hilfe zu ersuchen. Der Begriff ›Hilfe‹ ist vorbelastet.

1. Nennen Sie Gründe, warum der Begriff negativ besetzt ist?
2. Finden Sie Argumente dafür, wie man diesen Begriff inhaltlich neu füllen könnte.

Will man die gegenwärtige Strukturierung des sozialen Systems in Deutschland verstehen, geht man vom Artikel 20 des Grundgesetzes aus: »Die Bundesrepublik Deutschland ist ein demokratischer und sozialer Bundesstaat.«

Bei der Strukturierung des Sozialwesens wird davon ausgegangen, daß jeder erwachsene Staatsbürger die Möglichkeit hat und darauf verwiesen ist, den Lebensunterhalt für sich und seine Familie durch abhängige oder selbständige Arbeit zu verdienen. Bei Ausnahmen von dieser

Regel hat der Staatsbürger Anspruch auf entsprechende »Sozialleistungen einschließlich sozialer und erzieherischer Hilfen«, wie es in § 1 des Allgemeinen Teils des Sozialgesetzbuches (SGB) heißt.[65]

•

Hilfe wird dabei unterschieden in:

1. Hilfe zum Lebensunterhalt: Sie wird gewährt, »wenn der Hilfesuchende sich den notwendigen Lebensunterhalt nicht oder nicht ausreichend aus eigenen Kräften oder Mitteln beschaffen kann. Hilfe zum Lebensunterhalt umfaßt insbesondere den Aufwand für Ernährung, Unterkunft, Kleidung, Körperpflege, Hausrat, Heizung und persönliche Bedürfnisse des alltäglichen Lebens (z. B. eine angemessene Teilhabe am kulturellen Leben).«[66]
2. Hilfe in besonderen Lebenslagen: Aufbau und zur Sicherung einer Lebensgrundlage, vorbeugende Gesundheitshilfe und Krankenhilfe, Hilfe zur Familienplanung, Eingliederungshilfe für Behinderte, Hilfe zur Überwindung besonderer sozialer Schwierigkeiten, Altenhilfe.[67]

Es besteht in den Sozialwissenschaften weitgehend Konsens darüber, daß es in der Sozialen Arbeit zentral um Hilfe geht. Hilfe ist ein zentrales Strukturmerkmal Sozialer Arbeit. Dabei muß man allerdings feststellen, daß sich der Hilfebegriff in einer sich verändernden gesellschaftlichen Struktur ebenfalls verändert hat. Er ist durch »Anreicherung und geschichtliche Wandlung von Sinnmomenten allmählich zu einem höchst komplexen Begriff geworden«.[68]
Im folgenden soll dieser komplexe Begriff ›Hilfe‹ einer detaillierteren Betrachtung näher unterzogen werden.
Unter Hilfe versteht man ein öffentliches soziales Handeln, »als Sorge für diejenigen Mitglieder in einer Gesellschaft, die während bestimmter Lebensphasen und/oder in bestimmten Lebenslagen nicht in der Lage sind, ihre Angelegenheiten selbst oder mit Unterstützung der Menschen ihres unmittelbaren Lebensumkreises zu regeln.

Die Beantwortung der Fragen

- Wem wird geholfen? (Auswahl derjenigen, die Hilfe bekommen sollen)
- Wann wird geholfen? (Anerkennung bestimmter Bedürfnisse)
- Warum wird geholfen? (Motive der Hilfeleistung)
- Wie wird geholfen? (Art und Weise des jeweiligen Vorgehens)

wird beeinflußt durch das in einer Gesellschaft geltende Verständnis vom Menschen und des menschlichen Zusammenlebens. Hilfe ihrerseits nimmt Einfluß auf die Gesellschaft, weil sie neue Fakten schafft und Verhalten beeinflußt.«[69] Um soziale Hilfe gewährleisten zu können, sollte man aus geschichtlicher Sichtweise drei Formen unterscheiden[70]:

- *Privat-lebensweltliche Form der Hilfe:* Diese Form nimmt tendenziell immer mehr ab. Man kann davon ausgehen, daß der private, barmherzige Liebesdienst endgültig zu verabschieden ist.
- *Sozialpolitik:* Sie wird bestimmt durch die Fakten: Geld und Recht.
- *Personenbezogene soziale Dienste:* Soziale Arbeit und öffentliche Erziehung sind notwendig gewordene Institutionen, die Hilfeleistungen der privat-lebensweltlichen Form immer mehr übernehmen.

Geht man von der Form der sozialen Hilfeleistung aus, kann man sehr unterschiedliche Agenturen feststellen wie z. B. Schule (Bildungshilfe), Soziale Arbeit (soziale Hilfe). Soziale Arbeit besteht darin, »in solchen Fällen, in denen eigene Ressourcen des Umfeldes nicht ausreichen, Hilfsquellen zu aktivieren oder zu koordinieren mit dem Ziel, konkrete Belastungssituationen zu mildern und Betroffene zu künftiger Selbsthilfe zu befähigen.«[71]
Der Begriff »soziale, d. h. öffentliche Hilfe« ist heute vielfach vorbelastet, man muß ihn neu klären.
Es gibt Hilfsangebote, die für Menschen offenbar peinlich sind, sie anzunehmen. Man signalisiert durch das Aufsuchen von Hilfe, daß man in einem bestimmten Bereich versagt hat, Probleme nicht selbständig bewältigen kann.
Wer soziale Hilfe annimmt, muß über seine Probleme sprechen, sich und seine Lebenslage offen darlegen, möglichst nichts verschweigen. Alles wird sehr genau notiert und zu den Akten gelegt. Man wird zu einem Fall. Gegen solche Voraussetzungen des Hilfsangebotes wehrt man sich. Man kommt auch so zurecht. Über privates, intimes Leben möchte man nicht sprechen.
Ein weiteres Vorurteil besteht darin, denjenigen, der Hilfe benötigt, als ›a-normal‹ zu bezeichnen, er ist nicht in der Lage, sein Leben selbständig zu planen und zu gestalten.
Dabei übersieht man, daß jeder Mensch heute sehr viel Hilfe braucht und auch ständig in Anspruch nimmt z. B. die Hilfe des Arztes, der Krankenkasse, Autowerkstatt, Versicherung, des Rechtsanwaltes, eines Verkäufers, des Polizisten, Pfarrers, usw. Hilfe ist normal. Wir brauchen in unserem ganzen Leben ständig Hilfe z. B. als Kind beim Laufen, Sprechen, Lernen usw. Jeder Mensch ist bezüglich der Entwicklung seiner Persönlichkeit auf die Hilfe anderer angewiesen.

Aus diesem Grunde sollte man den Begriff »soziale Hilfe« differenzieren:

1. primäre Hilfe: Eigentliche Inanspruchnahme von Hilfe. Sie dient der Entfaltung der Persönlichkeit, der ganzheitlichen Entfaltung des Menschen.
2. sekundäre Hilfe: Aufsuchen von Hilfe im Vorfeld. Beim Lösen und Bewältigen von Problemen bedarf es kompetenter Beratung, Hilfe und Unterstützung.
3. tertiäre Hilfe: Aufsuchen von Hilfe im Nachhinein. Probleme eskalieren, entwickeln eine Eigendynamik, schaffen Situationen, die man ohne fremde Hilfe nicht mehr überblicken kann.

Vielfach versteht man Hilfe der Sozialen Arbeit heute immer noch als tertiäre Hilfe, d. h. wenn bereits Probleme bestehen. Dieses Verständnis hat sich jedoch inzwischen insofern geändert, daß Soziale Arbeit primär im präventiven Bereich angesiedelt, d. h. primäre und sekundäre Hilfe ist. Soziale Hilfe im Sinne von Orientierungshilfe braucht nicht nur derjenige, der von der Norm abweicht, sondern jeder, der Werte und Normen erfüllen will.
Ludewig hat ein Modell erarbeitet, wie Soziale Arbeit Hilfe anbieten kann:[72]

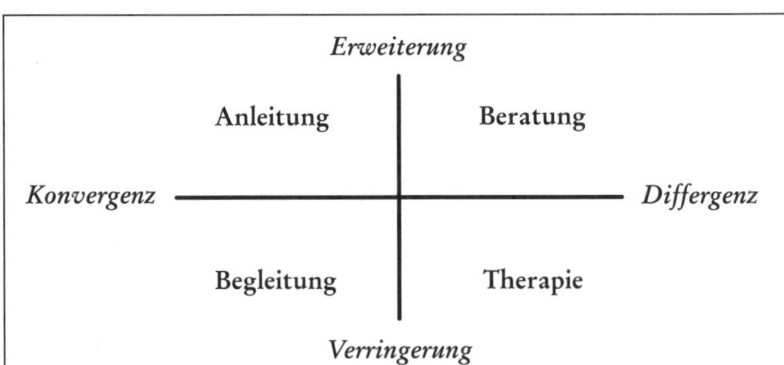

Man kann die Hilfesysteme in vier Grundtypen zusammenfassen: Anleitung, Beratung, Begleitung und Therapie. Ziel der Hilfesuche kann Erweiterung oder Verringerung sein. Der Wunsch nach Erweiterung zielt auf die Zunahme von Fähigkeiten und Entscheidungskriterien um mit dem Problem besser umgehen zu können. Der Wunsch

nach Verringerung bezieht sich auf Nachlassen, Abschwächen der Probleme. Diese Achse (Erweiterung/Verringerung) deutet die Ziele des Hilfesuchenden an.
Die zweite Achse zielt auf die Möglichkeiten des Helfers ab. Konvergenz besagt, der Helfer stellt seine Struktur zur Verfügung und strebt die Bildung einer dauerhaften Beziehung an. Differgenz meint ein Helfen, indem der Helfer seine Struktur analog zu einem Katalysator einsetzt, der bei den Hilfesuchenden eigene Prozesse anregt; die Entstehung einer überdauernden Beziehung wird vermieden.

Anhand dieses Modells entwickelt *Ludewig* vier Hilfetypen:[73]

1.Typ: »Hilf uns, unsere Möglichkeiten zu erweitern!«
Grund der Hilfe: Fehlen oder Mangel an Fertigkeiten
Hilfestellung: Zur Verfügungstellung von Wissen
Dauer: offen.

2. Typ: »Hilf uns, unsere Möglichkeiten zu nutzen!«
Grund der Hilfe: Interne Blockierung des Systems
Hilfestellung: Förderung vorhandener Strukturen
Dauer: Begrenzt, je nach Umfang des Auftrags.

3. Typ: »Hilf uns, unsere Lage zu ertragen!«
Grund der Hilfe: Unabänderliche Problemlage
Hilfestellung: Stabilisierung des Systems durch fremde Struktur
Dauer: offen.

4. Typ: »Hilf uns, unser Leiden zu beenden!«
Grund der Hilfe: Veränderliche Problemlage
Hilfestellung: Beitrag zur (Auf-)Lösung des Problemsystems
Dauer: Als Vorgabe begrenzt.

1.7.3 Risikogesellschaft

Wir leben in einer Risikogesellschaft, d. h. es geht nicht nur um Risiken in bezug auf Technik, Wissenschaft und Industrie, sondern diese Risikogesellschaft hat auch eine immer stärker zu beachtende soziale Seite. Diesen Aspekt hat *Rauschenbach* herausgearbeitet und soll hier kurz dargestellt werden.[74] Von einem Risiko kann man immer dann sprechen, wenn mögliche Schäden durch bestimmte Entscheidungen eintreten können. »Risiken sind demnach... Produkte getroffener Entscheidungen, die auf menschliches Handeln zurückverweisen.«[75]
Rauschenbach umschreibt die Dimensionen sozialer Risiken:
»Die Menschen leben in zwischenmenschlich belasteten Verhältnissen, in riskanten Beziehungen, experimentieren sozusagen mit sich selbst, riskieren psycho-soziale Grenzerfahrungen, ohne zu wissen, was daraus wird. Gewißheit, Kontinuität und Vertrauen ohne Vorbehalt als Basis und Bestandteil stabiler

Halten wir fest
Das System der Hilfeleistungen kann man in Anlehnung an *Lowy* und *Oppl*[76] graphisch etwa so darstellen:

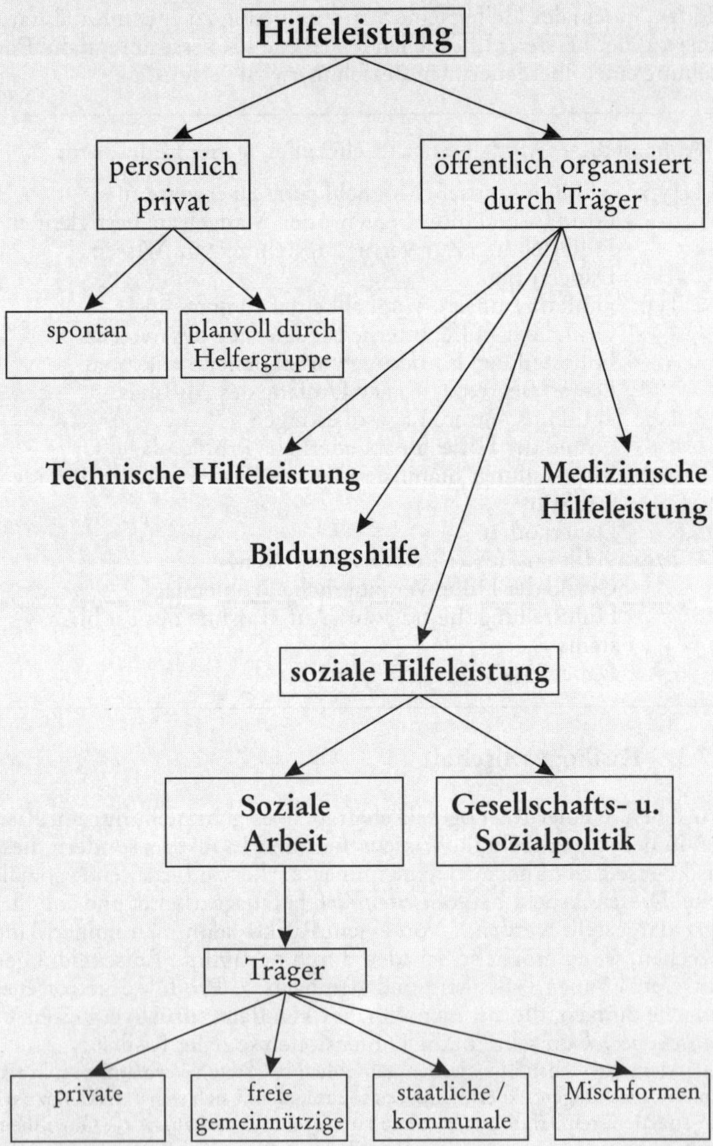

Interaktionsbeziehungen sinken, ohne zu wissen, wieviel diesbezüglichen Substanzverlust Personen auf Dauer unbeschadet aushalten. Sinnkrisen, Orientierungsverlust, Ausstieg in die Innerlichkeit oder Flucht in neue Lebensphilosophien, existenziell bedrohende Lebenskrisen, extensive Lebensressourcen, zerstörender Rauschmittelgenuß, Depressionen, Trauer, Schmerz, quälende Ungewißheiten – alles Phänomene, die sich unschwer auf einer Skala psychosozialer Modernisierungsrisiken verzeichnen lassen... Die ganz alltägliche Lebensbewältigung und die ganz normale Lebensführung wird so zu einer eigenen, ungewißheitsbelasteten, riskanten Aufgabe. Das Leben und die Lebensmöglichkeiten jedes einzelnen werden so selbst zu einem Wagnis, zu einem Risiko, zu einem Projekt mit offenem Ausgang. Und da die bislang vorhandenen Stabilisatoren in ihrer Bedeutung eher schwächer werden, nehmen auch die Risiken des (vorübergehenden) Scheiterns, der falschen Lebensplanung und die Folgen von Nicht-Entscheidung zu.
Vieles, was früher im Laufe des Lebens sich mehr oder weniger von selbst ergab, wird jetzt als Entscheidung verlangt und dies vor einem größeren Hintergrund von Auswahlmöglichkeiten und deshalb mit höheren Informationswerten. Diese neue Lage erfordert ein ungleich höheres Maß an (Möglichkeits)-Wissen über soziale Zusammenhänge, über mögliche Wirkungen und Folgen psychosozial belastender Lebenslagen. Und daß hierbei Erziehung und soziale Arbeit geradezu prototypische Formen eines dauerhaft riskanten, weil ungewißheitsbelasteten, wissensabhängigen, nicht eingrenzbaren sozialen Handelns darstellen, verweist auf den Zusammenhang von Sozialer Arbeit, Erziehung und Risikogesellschaft.«[77]

1.8 Sozialarbeit – Zusammenfassung

Erwachsenen-Fürsorge hat im Laufe der Geschichte viele Namen gehabt: bis 1900 Armenpflege oder Armenfürsorge, 1900–1918 Soziale Fürsorge, nach 1918 Wohlfahrtspflege, nach 1945 Fürsorge, seit 1960 Sozialarbeit. Diesen Zweig der Hilfe Erwachsener möchte ich als Sozialarbeit bezeichnen. D. h. in diesem Kapitel ging es um die Geschichte der Sozialarbeit, während es im nächsten Kapitel um die Jugendfürsorge, die Geschichte der Sozialpädagogik geht.

SP

Sozialarbeit und Sozialpädagogik haben im Mittelalter die gleichen geschichtlichen Wurzeln. Dort unterschied man nicht zwischen Hilfe für Erwachsene und Kinder/Jugendliche. Mit dem ausgehenden Mittelalter konzentrierte man sich jedoch gesondert auf Kinder und Jugendliche und versuchte sie vorbeugend vor Verwahrlosung zu schützen.
Diese beiden Linien, Erwachsenen- und Jugend-Fürsorge haben sich nicht nur auseinander entwickelt und eigene Hilfe-Modelle entworfen, sie haben sich nach dem Zweiten Weltkrieg zunächst allmählich, heute jedoch wieder soweit aufeinander zuentwickelt, daß man heute von Sozialpädagogik/Sozialarbeit oder Soziale Arbeit spricht. Wie diese Entwicklung verlaufen ist, werden die weiteren Kapitel näher erklären.

Die Geschichte der Fürsorge, im Bild dargestellt, könnte man mit einem alten Baum mit ungezählten Jahresringen vergleichen. Die gemeinsamen Wurzeln liegen im Mittelalter und haben sich im Laufe der Geschichte zunächst in zwei selbständige Stämme, Erwachsenen-Fürsorge und Jugend-Fürsorge, auseinander entwickelt, die allerdings heute zu einem Gesamtbereich (Soziale Arbeit) immer mehr zusammenwachsen (konvergieren). Dieses Bild hat *C. W. Müller* entworfen und er schreibt dazu:

»Die Soziale Arbeit ist ein alter Baum mit ungezählten Jahresringen. Seine Rinde bindet sehr unterschiedliche Traditionen unter Vorspiegelung einer trügerischen Einheitlichkeit zusammen. Wir müssen uns immer wieder von neuem daran erinnern, daß die Wurzeln unserer Berufe sowohl beim Aufseher im Arbeits- und Zuchthaus und der Armenpolizei des ausgehenden Mittelalters liegen, als auch bei den Fröbelschen Spielführerinnen und den ehrenamtlichen Kindergärtnerinnen der bürgerlichen deutschen Frauenbewegung. Paradigmatische Veränderungen haben die Soziale Arbeit nie in ihrer Gesamtheit erfaßt, sondern nur einige Teilbereiche nach Maßgabe herangereifter gesellschaftlicher Entwicklungen oder drohender sozialer Konflikte.«[78]

Geschichtliche Wurzeln der Sozialarbeit

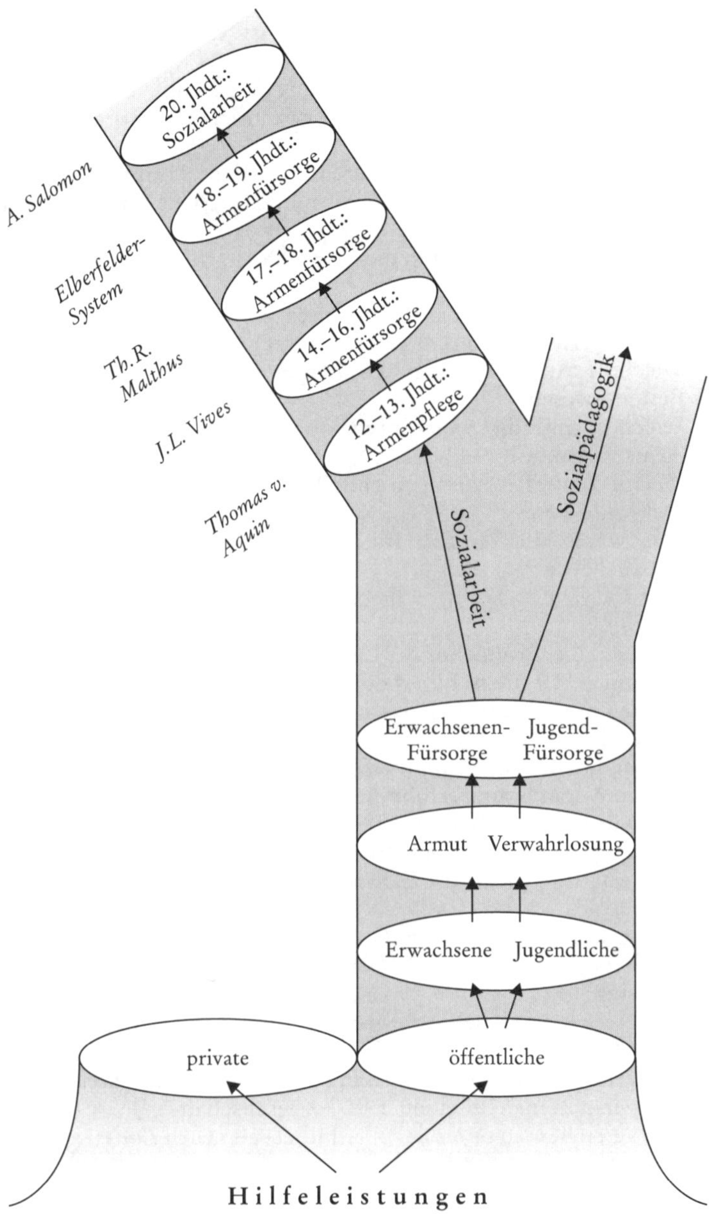

Lernfragen

1. Warum sollte sich ein Sozialpädagoge mit der Geschichte seines Berufsbildes beschäftigen?
2. Was besagt die Kernaussage: Hilfe ist eine Urkategorie des Menschen?
3. Was war der Grund für die Entstehung der öffentlichen Fürsorge?
4. Wodurch unterscheidet sich die Erwachsenen-Fürsorge von der Jugend-Fürsorge?
5. Was besagen: primäre, sekundäre und tertiäre Armut?
6. Wie sah nach *Thomas v. Aquin* die mittelalterliche Ständeordnung aus?
7. Welche Einstellung hatten die Menschen im Mittelalter zum Betteln?
8. Welche Funktion hatte im Mittelalter das Hospital?
9. Wie bewertete *M. Luther* und *J. Calvin* das Betteln?
10. Welche Lösung fand die Nürnberger Bettelordnung gegen das Bettelunwesen?
11. Welches sind die vier Entwicklungsprozesse zur städtischen Armenfürsorge?
12. Welche zentralen Aussagen enthält das Modell der Armenpflege von *J. L. Vives*?
13. Was waren die Gründe für die Entstehung der Zucht- und Arbeitshäuser?
14. Worum geht es bei dem theoretischen Modell von *Thomas R. Malthus*?
15. Was sind die Gründe für die Entstehung des Pauperismus?
16. Worum geht es beim Elberfelder System?
17. Worin unterscheidet sich das Straßburger System vom Elberfelder System?
18. Was beinhalten die *Bismarckschen* Sozialgesetze?
19. Welche Veränderung erfuhr die Fürsorge im Ersten Weltkrieg?
20. Wie wurde in der Weimarer Republik die Armenpflege geregelt?
21. Worum ging es *A. Salomon* in ihrem theoretischen Modell?
22. Wie war im Nationalsozialismus die Wohlfahrtspflege organisiert?
23. Durch welche gesetzlichen Grundlagen versuchte man nach dem Zweiten Weltkrieg die Probleme der Armut in den Griff zu bekommen?
24. Inwiefern hat sich heute der Begriff ›Armut‹ verändert?
25. Inwiefern hat sich heute der Begriff ›Hilfe‹ verändert?
26. Was versteht man unter primärer, sekundärer und tertiärer Hilfe?
27. Was versteht man unter einer Risikogesellschaft?
28. Was versteht man unter den vier Hilfetypen nach *Ludewig*?

Weiterführende Literatur

Müller, C. W.: Wie Helfen zum Beruf wurde. Weinheim: Beltz Verlag 1988, Bd. 1 und Bd. 2.
Sachße, Chr./Tennstedt, F.: Geschichte der Armenfürsorge in Deutschland. Stuttgart: Kohlhammer Verlag 1980, Bd. 1, 1988, Bd. 2.
Scherpner, H.: Theorie der Fürsorge. Göttingen: Vandenhoeck & Ruprecht Verlag 1974.
Wendt, W. R.: Geschichte der sozialen Arbeit. Stuttgart: Enke Verlag 1985.
Wolf, A.: Zur Geschichte der Sozialpädagogik in Rahmen der sozialen Entwicklung. Donauwörth: Auer Verlag 1977.

Anmerkungen

1. *Münchmeier, R.:* Institutionalisierung pädagogischer Praxis am Beispiel der Jugendarbeit. In: Zeitschrift für Pädagogik 3/1992, S. 372.
2. *Schmidt, H.-L.:* Theorien der Sozialpädagogik. Rheinstetten: Schindele Verlag 1981, S. 75.
3. *Zeller, S.:* Geschichte der Sozialarbeit als Beruf. Bilder und Dokumente (1893–1939). Pfaffenweiler: Centaurus Verlag 1994, Vorwort.
4. *Scherpner, H.:* Theorie der Fürsorge. Göttingen: Vandenhoeck & Ruprecht Verlag 1962, S. 122.
5. Ebenda, S. 138.
6. Ebenda, S. 138.
7. Ebenda, S. 139.
8. *Scherpner, H.:* Geschichte der Jugendfürsorge. Göttingen: Vandenhoeck & Ruprecht Verlag 1966, S. 10.
9. *Marburger, H.:* Entwicklung und Konzepte der Sozialpädagogik. München: Juventa Verlag 1979, S. 48.
10. *Scherpner:* Theorie ..., ebenda, S. 169.
11. Ebenda, S. 169.
12. Vgl. ebenda, S. 29–30.
13. Vgl. *Barabas, F./Erler, M.:* Die Familie. Weinheim: Juventa Verlag 1994, S. 25.
14. *Belardi:* Pädagogik ..., ebenda, S. 11.
15. Vgl. ebenda, S. 13.
16. *Buchkremer, H.:* Einführung in die Sozialpädagogik. Darmstadt: Wissenschaftliche Buchgesellschaft 1982, S. 34.
17. *Scherpner:* Geschichte ..., ebenda, S. 43.
18. Vgl. *Erler, M.:* Soziale Arbeit. Weinheim: Juventa Verlag 1993, S. 62.
19. Vgl. *Kühn, D.:* Jugendamt – Sozialamt – Gesundheitsamt. Neuwied: Luchterhand Verlag 1994, S. 1.
20. Vgl. *Sachße/Tennstedt:* Geschichte ... 1980, ebenda, S. 30–34.
21. Ebenda, S. 33.

22. Vgl. *Scherpner:* Theorie..., ebenda, S. 78–109; Engelke, E.: Soziale Arbeit als Wissenschaft. Freiburg: Lambertus Verlag 1992, S. 169–179.
23. *Scherpner:* Theorie..., ebenda, S. 91.
24. Ebenda, S. 96.
25. Vgl. *Barabas/Erler:* Die Familie. Ebenda, S. 24–26.
26. *Sachße/Tennstedt:* Geschichte... 1980, ebenda, S. 115.
27. Ebenda, S. 182.
28. *Scherpner:* Theorie..., ebenda, S. 115.
29. Ebenda, S. 117.
30. Ebenda, S. 186.
31. *Roeßler, W.:* Zur Geschichte des Begriffs »Sozialpädagogik«. In: *Kanz, H.* (Hrsg.): Bildungsgeschichte als Sozialgeschichte. Frankfurt: Lang Verlag 1986, S. 211–212.
32. Vgl. *Sachße/Tennstedt:* Geschichte... 1980, ebenda, S. 179–180.
33. Ebenda, S. 179–180.
34. Ebenda, S. 181.
35. Vgl. ebenda, S. 212–213.
36. Ebenda, S. 215–216.
37. *Belardi:* Pädagogik..., ebenda, S. 40.
38. Vgl. *Kühn:* Jugendamt..., ebenda, S. 5–6.
39. Vgl. ebenda, S. 6.
40. *Erler:* Soziale Arbeit. Ebenda, S. 68.
41. *Sachße/Tennstedt:* Geschichte... 1988, ebenda, S. 26.
42. Vgl. *Kühn:* Jugendamt..., ebenda, S. 7.
43. *Erler:* Soziale Arbeit. Ebenda, S. 68.
44. *Wendt, W. R.:* Geschichte der sozialen Arbeit. Stuttgart: Enke Verlag 1985, S. 183.
45. *Sachße/Tennstedt:* Geschichte... 1988, ebenda, S. 64.
46. Vgl. *Kühn:* Jugendamt...
47. Vgl. *Sachße/Tennstedt:* Geschichte... 1988, ebenda, S. 213–217.
48. *Münchmeier, R.:* Zugänge zur Geschichte der Sozialarbeit. München: Juventa Verlag 1981, S. 90.
49. Ebenda, S. 93.
50. *Engelke:* Soziale Arbeit..., ebenda, S. 217.
51. Ebenda, S. 212.
52. Ebenda, S. 215.
53. Vgl. ebenda, S. 214.
54. Ebenda, S. 224.
55. Ebenda, S. 224–225.
56. Ebenda, S. 225–226.
57. *Landwehr/Baron:* Geschichte... ebenda, S. 229.
58. *Belardi, N.:* Didaktik und Methodik Sozialer Arbeit. Frankfurt: Diesterweg Verlag 1980, Band 4, S. 20.
59. Ebenda, S. 26.
60. *Scherpner:* Theorie..., ebenda, S. 149.
61. *Zander, H.:* Armut. In: *Eyferth, H./Otto, H.-U./Thiersch, H.* (Hrsg.): Handbuch zur Sozialarbeit/Sozialpädagogik. Neuwied: Luchterhand Verlag 1987, S. 138.
62. Projektgruppe Soziale Berufe (Hg.): Sozialarbeit: Problemwandel und Institutionen. Expertise II. München: Juventa Verlag 1981, S. 85.

63. *Erler:* Soziale Arbeit. Ebenda, S. 24–25.
64. *Böhnisch, L.:* Die »neue Jugendfrage«. In: *Rauschenbach, Th./Gängler, H.* (Hrsg.): Soziale Arbeit und Erziehung in der Risikogesellschaft. Neuwied: Luchterhand Verlag 1992, S. 121.
65. Vgl. *Roeßler:* Zur Geschichte ..., ebenda, S. 210.
66. Ebenda, S. 210.
67. Vgl. ebenda, S. 210.
68. *Vogel, M.:* Sozialpädagogik und Sozialarbeit in der heutigen Gesellschaft. In: *Mollenhauer, K.* (Hrsg.): Zur Bestimmung von Sozialpädagogik und Sozialarbeit in der Gegenwart. Weinheim: Beltz Verlag 1966, S. 68.
69. *Lowy, L.:* Sozialarbeit/Sozialpädagogik als Wissenschaft im angloamerikanischen und deutschsprachigen Raum. Freiburg: Lambertus Verlag 1983, S. 31.
70. Vgl. *Rauschenbach, Th./Gängler, H.* (Hrsg.): Soziale Arbeit und Erziehung in der Risikogesellschaft. Neuwied: Luchterhand Verlag 1992, S. 46.
71. *Oppl, H./Tomaschek, A.:* Soziale Arbeit 2000. Bd. 1. Freiburg: Lambertus Verlag 1986, S. 112.
72. Vgl. *Ludewig, K.:* Systemische Therapie. Stuttgart: Klett-Cotta Verlag 1992, S. 122–124.
73. In Anlehnung an *Ludewig,* ebenda, S. 123.
74. Vgl. *Rauschenbach/Gängler:* Soziale Arbeit ..., ebenda, S. 35–39.
75. Ebenda, S. 36.
76. Vgl. *Lowy:* Sozialarbeit ..., ebenda, S. 29; *Oppl/Tomaschek:* Soziale Arbeit 2000. Ebenda, S. 111.
77. Vgl. *Rauschenbach/Gängler:* Soziale Arbeit ..., ebenda, S. 38–39.
78. *Müller, C. W.:* Paradigmenwechsel in der Sozialpädagogik und Sozialarbeit? In: *Vahsen, F.* (Hg.): Paradigmenwechsel in der Sozialpädagogik. Bielefeld: Böllert Verlag 1992, S. 52–53.

2 Sozialpädagogik – Geschichte der Jugendfürsorge

Werbung

SIE begegnen uns öfter
als Sie glauben,

denn **Wir** sehen anders aus
als Sie denken!

Oder hätten Sie uns ...

im Kindergarten, in der Grundschule, in der VHS, in der Weiterbildung,
im Jugendamt, im Sozialamt, im Gesundheitsamt, in Beratungsstellen,
in Begegnungsstätten, in Krankenhäusern, in Zentren für ältere Mitbürger,
in Jugendklubs, in Heimen und Internaten, in Personalabteilungen,
in der Kirche, in der Arbeit mit Behinderten, bei den Pfadfindern,
im Freizeitbereich (z.B. im Museum) und im Strafvollzug

... vermutet?

AN UNS SOZIALPÄDAGOGEN KOMMEN SIE NICHT VORBEI !!!

Wir sind für **Sie** da !!!

2.1 Öffentliche Hilfestellung für Kinder: Jugendfürsorge

Im 1. Kapitel habe ich die Geschichte der Sozialarbeit in kurzen Zügen aufgezeichnet. Hier nun geht es um die Geschichte der Sozialpädagogik. Der Vergleichbarkeit wegen nehme ich dieselbe Aufteilung wie im vorangegangenen Kapitel:

1. Fürsorge für Findel- und Waisenkinder (12.–13. Jhdt.)
2. Armenschule (14.–16. Jhdt.)
3. Waisen- und Zuchthäuser (17.–18. Jhdt.)
4. Kinderbewahranstalten und Kindergärten (18.–19. Jhdt.)
5. Jugendwohlfahrtspflege/Jugendhilfe in der Neuzeit (20. Jhdt.)

Aufgabe
Um nun die Geschichte der Sozialpädagogik entwickeln zu können, müssen wir an den Ausgangspunkt zurückkehren.
Erinnern Sie sich und skizzieren Sie kurz den Beginn der gemeinsamen Geschichte von Sozialpädagogik und Sozialarbeit.

Sozialpädagogik und Sozialarbeit haben die gleichen geschichtlichen Wurzeln. Als die Familie, die Verwandtschaft, das Dorf, die Zunft und andere traditionelle Gruppierungen des Mittelalters Armut in ihren Reihen nicht mehr ausgleichen konnten, entstand die öffentliche Fürsorge mit ihren Hilfeleistungen. Bei den erwachsenen Armen beschränkte sie sich auf materielle Hilfe, dagegen bedurfte die moralisch-sittliche Not (Verwahrlosung) Jugendlicher (besser: Kinder) eine andersgeartete Hilfe. Dieser für Kinder und Jugendliche speziellen Fürsorge ging es primär um Erziehung.
In der öffentlichen Jugendfürsorge des ausgehenden Mittelalters können wir den Beginn der Geschichte der Sozialpädagogik festlegen. Somit zeigt sich, daß Sozialpädagogik und Sozialarbeit zwar die gleichen gemeinsamen geschichtlichen Wurzeln haben, sich jedoch im Laufe der Geschichte unterschiedlich entwickelt haben und zu je einem eigenen Berufszweig wurden.
Wie im ersten Kapitel aufgezeigt wurde, sind die drei zentralen Schritte (Grundmodell) zur Entstehung der öffentlichen Fürsorge:

Armut – Hilfe – Öffentliche Fürsorge

In den theoretischen Modellen der Sozialarbeit ging es um die Frage, ob und wie Erwachsene, die in materielle Armut geraten waren, durch Angebote der öffentlichen Fürsorge Hilfe erhalten sollten.

In diesem Kapitel soll nun die Geschichte der Sozialpädagogik anhand von Erziehungskonzepten beschrieben werden, wie man *Verwahrlosung* (sittliche Armut) – *Hilfe* – *Jugendfürsorge* und ihr Verhältnis zueinander verstanden hat.

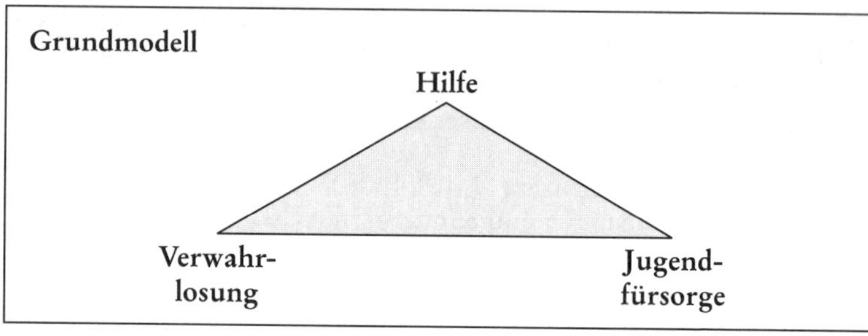

Obwohl die theoretischen Modelle Verwahrlosung (sittliche Armut) von Kindern und Jugendlichen aus unterschiedlichen Positionen aus sehen, sind sie sich jedoch in der Zielfrage einig: in der Jugendfürsorge geht es stets um erzieherische (vorbeugende) Maßnahmen.

2.2 Fürsorge für Findel- und Waisenkinder im Mittelalter (12.–13. Jhdt.)

Im Mittelalter war Armut ein eigener Stand, man kümmerte sich um arme Kinder nur im Zusammenhang mit armen Erwachsenen. Wenn ein Kind einen Elternteil oder gar beide Elternteile verlor, trat das Gesetz der Vormundschaft der Sippe ein. »Das Kind, ebenso wie die Frau, stand unter der Munt des Hausherren, unter seiner Schutzgewalt. Fehlte der Vater, so hatte die Sippe die Gewalt über das Kind; nach germanischem Rechtsbrauch war dann der nächste männliche Blutsverwandte aus dem Mannesstamm der ›geborene‹ Vormund. Wo es keinen geborenen Vormund gab, trat die Schutzherrschaft des obersten Sippen- oder Stammeshauptes ein, gegebenenfalls des Königs.«[1]*
Wer als Vormund galt, nahm das Kind in seine Familie auf. Damit waren im Mittelalter die Waisen fast alle versorgt. Sie wurden vom Vormund dem Stand des Vaters entsprechend aufgezogen.
Was geschah aber mit den Kindern, die nicht durch ihre Sippe versorgt wurden?
Die zentrale Einrichtung für Arme war im Mittelalter das *Hospital.* Hier wurden arme Erwachsene wie auch arme Kinder untergebracht. Zu den armen Kindern gehörten vor allem Findel- und Waisenkinder, d. h. solche Kinder, die nicht von ihrer Familie oder Sippe erzogen

* Anmerkungen s. S. 135

werden konnten. Diese verlassenen und ausgesetzten Kinder wurden zunächst in ein Hospital gebracht. Erst als die Hospitäler zu Elendsherbergen Erwachsener wurden, sonderte man die Kinder aus dem allgemeinen Spital in besondere *Findel-* und *Waisenhäuser* ab.
Die Findelkinder wurden vor der Kirchentür ausgesetzt, oder man legte sie heimlich vor die Tür der Findelhäuser und zog die Hausglocke. Um die Findel- und Waisenkinder sorgten sich besonders die Orden, wobei vor allem der Orden zum Heiligen Geist zu erwähnen ist. In Deutschland gründete dieser Orden zahlreiche Heilig-Geist-Spitäler (1198).
Die Sterbequote in den Findelhäusern war sehr hoch und betrug etwa 70 %.
Für die Findel- und Waisenkinder kannte man zwei Formen der (Ersatz-)Erziehung: *Familien-* und *Anstaltserziehung.* In der Regel wurde das Findelkind zunächst in einer Pflegestelle, d. h. bei einer Ziehmutter untergebracht, für welche die Anstalt aufkam. Mit etwa 5 bis 7 Jahren wurde das Kind dann in die Anstalt aufgenommen. Von einem eigentlichen Erziehungsziel in der Fürsorge für Findel- und Waisenkinder kann für das Mittelalter allerdings noch nicht die Rede sein.
Ebenso wie für alle anderen Kategorien von Hilfsbedürftigen strebte man auch für die Kinder allein ihre Versorgung an. Es schien ausreichend, die Kinder zum Almosenheischen anzuhalten, damit sie so zu ihrem Unterhalt selbst beitrugen.
Wollte man dennoch ein Ziel nennen, könnte man es etwa so umschreiben: Die Armut der Kinder führte sie in sittlichmoralische Not, d. h. in die Verwahrlosung. Da man seinerzeit davon ausging, Erwachsene seien fertige Menschen, die man deshalb auch nicht mehr erziehen sollte, sah man bei den armen Kindern eine Chance, sie durch Erziehung vor der Verwahrlosung zu schützen.
Aus dieser Überlegung heraus entstand die Geschichte der Sozialpädagogik als Geschichte der Erziehung armer Kinder, bzw. Geschichte der Jugendfürsorge.

Halten wir fest

Als im ausgehenden Mittelalter die (Groß-)Familie nicht mehr ausreichend ihre armen Kinder versorgen konnte, entstand die öffentliche Jugendfürsorge. Sie hatte die Aufgabe, Kinder durch Erziehung vor der Verwahrlosung zu schützen.
Findel- und Waisenhäuser übernahmen die Versorgung derjenigen Kinder, für die keine Familie oder Sippe aufkam.

2.3 Armenschule zu Beginn der Neuzeit (14.–16. Jhdt.)

2.3.1 Konzept von *Juan Luis Vives* (1492–1540)

Aufgabe
Um der Armut von Kindern zu begegnen, sah man zu Beginn der Neuzeit zwei Wege. Welche erzieherischen Angebote würden Sie armen Kindern machen, um sie vom Betteln abzuhalten?

Die theoretische Grundlage zur Einstellung auf arme Kinder gab in diesem Zeitraum der bereits bekannte Humanist *Juan Luis Vives* (1492–1540). In seinen Schriften befaßte er sich auch mit der Kinderfürsorge. Die Findel- und Waisenkinder sollten bis zum sechsten Lebensjahr von Frauen in einer Art Internat erzogen, danach in einer öffentlichen Schule unterrichtet werden. Die Gründe einer solchen Anstaltserziehung lagen in dem Wunsch, arme Eltern von der Sorge für ihre Kinder zu entlasten und sie gleichzeitig auf diese Weise der Gefährdung zu entziehen, der sie in ihrer alten Umgebung ausgesetzt waren.

»Der Unterricht beschränkte sich nicht nur auf Schreiben und Lesen, vor allem sollten sie in der christlichen Frömmigkeit unterwiesen ... werden. Die begabtesten Kinder verblieben in der Schule, wo sie als Lehrer herangezogen wurden, um später in den geistlichen Stand einzutreten. Die übrigen erlernten ein Handwerk, dessen Wahl von der persönlichen Neigung des einzelnen bestimmt wurde ...

Auch für die Erziehung der Mädchen machte *Vives* ... eingehende Vorschläge. Sie sollten Unterricht erhalten, Befähigte sogar weiter gefördert werden. Darüber hinaus lernten sie spinnen, nähen, weben, sticken, kochen und Haushaltsführung ...

Das ist das Programm, das *Vives* für die Erziehung der armen Kinder aufstellte. Seine Forderungen gehen aber noch weiter und zeigen, wie alle seine Gedanken und Pläne durchdrungen sind von dieser Notwendigkeit der Erziehung.«[2]

Diese programmatischen Erziehungsgedanken von *Vives* fanden in der Praxis allerdings nicht die notwendige Anerkennung und Verbreitung.

2.3.2 Nürnberger Bettelordnung

Die 1478 verfaßte *Nürnberger Bettelordnung* versuchte die Wurzeln der Armut direkt anzugehen, indem sie bestimmte, daß die Kinder der Bettler ihren Eltern genommen und in Dienst- und Arbeitsstellen untergebracht werden sollten. Von der Obrigkeit wurde den Kindern ein Arbeitsplatz vermittelt. Durch diese vorbeugende Maßnahme wollte man erreichen, daß die Kinder nicht mehr bettelten, sondern ihr Brot durch Arbeit verdienen lernten. In der späteren 1522 verfaßten

Nürnberger Armenordnung wurde diese Richtung vertieft. Sie sah vor, daß Kinder nicht mehr aufgezogen werden sollten, bis sie selbst ihren Lebensunterhalt erbetteln konnten, sondern das entscheidend Neue war, daß die Kinder der Armen lernen sollten, sich ohne Almosen, nur durch ihre eigene Arbeit zu unterhalten.

Halten wir fest
Zu Beginn der Neuzeit war man bemüht, den Kindern armer Leute eine Schulbildung zu vermitteln und sie durch eine Berufsausbildung auf ihr Leben ohne Betteln vorzubereiten.

2.4 Waisen- und Zuchthäuser zur Zeit des Absolutismus und der Aufklärung (17.–18. Jhdt.)

2.4.1 Hallesche Anstalten von *August Hermann Francke* (1663–1727)

Der Pietismus verstand sich als Gegenbewegung zum Lutherischen Kirchentum. Denn im Luthertum entwickelten sich die Waisenhäuser zu bloßen Wirtschaftsunternehmen. Gegen diese Tendenz erarbeitete der Pietismus eine ganz neue Konzeption, in der es nicht primär um Arbeit, sondern um Erziehung ging. Nach Auffassung des Pietismuses, des eigentlichen theologischen Führers *Philipp Jacob Spener* (1635–1705), mußte Betteln streng verboten werden.
August Hermann Francke, eine große Gestalt des Pietismus, entwikkelte in Halle aus dem Geist des Pietismus heraus ein neues Konzept für Waisenhäuser. Dabei übernahm *Francke* die Armenpflegeidee von *Vives,* indem die Kinderfürsorge unter dem Einfluß des Erziehungsgedanken zum wesentlichen Bestandteil der Armenpflege gemacht wurde.
Mit dem Konzept des Waisenhauses begann ein neuer Typ der Fürsorge:

1. *Francke* entwickelte einen neuen Organisationstyp, der darin bestand, daß erstmalig eine Einzelpersönlichkeit ein Werk organisierte. »Neu ist die Art der Organisation, ihre durchaus planmäßige und rationelle, aber immer an den augenblicklichen Bedürfnissen orientierte Form.«[3]
2. Nicht nur die Organisationsform, sondern auch die Art der Finanzierung war neu. *Francke* finanzierte die Waisenhäuser nicht durch Stiftungen oder Vermächtnisse, sondern er glaubte, daß ein gutes Werk auch einen Spender finden würde. Träger war nicht eine örtliche Gemeinde, Stadt oder religiöse Gruppe, sondern ein Kreis

Gleichgesinnter aus allen Schichten. Zu dieser Art der Finanzierung meint *Scherpner:* Hier taucht »die private Fürsorge zum ersten Mal im eigentlichen Sinne auf, eine Fürsorge, in der ein Einzelner Notstände erkennt, sich um ihre Beseitigung bemüht und mit der persönlichen und finanziellen Anteilnahme von Gesinnungsgenossen rechnen kann.«[4]

Für sein umfangreiches Werk, in dem mehr als 2 000 Jungen lebten, entwarf *Francke* eine im Vergleich zu anderen Einrichtungen seiner Zeit neue Konzeption, die folgende Punkte umfaßte:

1. Es ging um eine religiöse Erziehung. *Franckes* pädagogische Grundhaltung lautete: »Der natürliche Wille muß gebrochen werden und das Kind muß lernen, dem Gebot Gottes ohne Zwang zu folgen auf Grund der vom Verstand erfaßten heilsamen Lehren der wahren Gottseligkeit und der christlichen Klugheit.«[5]
2. Die rationale Erforschung des Handelns durch eine geschulte Aufmerksamkeit war ebenfalls entscheidend. »*Franckes* pietistische Erziehung leitet zu einem rational kontrollierten bewußten Leben unermüdlicher Tätigkeit hin.«[6]
3. Pietistischer Auffassung entsprach das Prinzip der ständigen nützlichen Beschäftigung. Müßiggang war Sünde, und man mußte die Kinder und Jugendlichen vor dieser Sünde schützen. Für *Francke* ging es nicht nur um Erwerb, sondern um die alltägliche Bildung der Kinder. Allen Waisenkindern wurde ein Wissen vermittelt, das im alltäglichen Leben nützlich war, z. B. wurden sie über die Polizeiordnung informiert, sie lernten, wie man reisen sollte, wie sie einen Acker ausmessen und einen Kalender gebrauchen konnten.
4. Die körperliche Pflege und Erziehung war ebenfalls ein wichtiger Baustein des Konzeptes. Dazu gehörten saubere und luftige Räume, Ordnung der Kleidung, Bewegung in den Freistunden. »Den Gesundheitszustand der Kinder hatte der Erzieher gut zu überwachen und, wenn er Anzeichen von Schwächlichkeit oder Krankheit bemerkte, sofort den Arzt zu benachrichtigen.«[7]
5. An die Erzieher stellte *Francke* hohe Anforderungen. Ohne sein Wissen durfte kein Erzieher ein Kind schlagen. Die Erzieher sollten nicht Zuchtmeister, sondern Väter sein. Sie sollten sich um die Eigenart, die Individualität jedes Kindes bemühen und diese fördern.

Die Halleschen Anstalten (Waisenanstalt, Schulen, Lehrerausbildungsstätten und Landgüter) hatten auch nach dem Tod von *Francke* weiterhin Bestand, und seine Idee breitete sich rasch über ganz Deutschland aus.

Halten wir fest
Nach der Auffassung des Pietismuses war Betteln streng verboten. Das ganz neue einer pietistischen Konzeption war, daß es in der Jugendfürsorge nicht mehr primär um Arbeit, sondern um Erziehung ging.

Die Idee der Zwangsarbeitseinrichtung kam von Amsterdam. In Deutschland wurden Kinder, die verwaist waren, in Waisen- und Zuchthäusern (1673 erstes deutsches Zuchthaus in Nürnberg) untergebracht. Bei diesen Zuchthäusern wurden Manufakturbetriebe angesiedelt und die Insassen zur Arbeit gezwungen. *Spener*, der in Frankfurt ein Armen-, Waisen- und Arbeitshaus leitete, ging davon aus, daß Kinder zur Arbeit verpflichtet waren. Der Zusammenhang von Waisenhaus und Wirtschaftsunternehmen war zur Zeit der absolutistischen Hofhaltung der Fürsten eine Selbstverständlichkeit.
Vor diesem Hintergrund muß man den besonderen Verdienst der Konzeption von *Francke* sehen. Gegen Ende des 18. Jhdts. wurden starke Angriffe gegen Waisen- und Zuchthäuser laut, die sich nicht gegen die Kinderarbeit an sich richteten, sondern gegen die dort herrschenden unhygienischen und gesundheitsgefährdenden Zustände.
Man errechnete auch, daß eine Unterbringung in einer Pflegefamilie auf dem Land viel billiger als in einem Waisenhaus war. Diese Überlegungen führten zur allmählichen Schließung der Waisenhäuser.

2.4.2 Hamburgische Armenreform: *Caspar Voght* (1752–1839)

Aufgabe
Was halten Sie von dem Vorschlag: Die Jugendfürsorge sollte nicht ein Teil der Armenpflege sein, sondern der Schul- bzw. Erziehungsbehörde.
Welche neue Sichtweise verbirgt sich hinter diesem Vorschlag?

Unter dem Gedanken der Aufklärung entwickelte man in Hamburg eine Armenreform (1788), die für die ganze Aufklärungszeit zum Vorbild wurde.
Das Besondere dieser Armenanstalt, die von *Caspar Voght* konzipiert wurde, ist die Überlegung der Arbeitserziehung. Durch den planvollen Einbau der Kinderfürsorge in das neue System der Armenpflege ging es darum, »nicht nur die unmittelbar Hilfsbedürftigen, sondern

alle armen Kinder, auch vorbeugend, zu erfassen, zu beaufsichtigen und zu erziehen, um in ihnen eine neue Generation herauszubilden, die dem Betteln entzogen und an Arbeit gewöhnt war. Kinderfürsorge war also vorbeugende Armenpflege.«[8]
Im Mittelpunkt der Hamburgischen Armenkinderfürsorge stand ein umfassendes Armenschulsystem, das Arbeiterausbildung, Erwerbsarbeit und Lehrschule miteinander verband und durch Abend- und Sonntagsschulklassen ergänzt wurde.

Das Neue des Hamburger Modells war nun, daß man hier den ersten Versuch unternahm, »die Kinder- und Jugendfürsorge aus der Armenfürsorge herauszulösen und als ein eigenes Gebiet gesellschaftlicher Hilfeleistung zu erkennen und zu organisieren.«[9]
Die Armenkinder wurden der Schule unterstellt und der Erziehungsbehörde zugeordnet. Der Ansatz zu einer neuen Organisation der Kinderfürsorge war damit gegeben. *Voght* verwies darauf, daß die Aufgaben der Kinderfürsorge »himmelweit« verschieden von denen der Armenpflege waren. Neben den Armenbezirken sollte es ähnlich organisierte Schuldistrikte geben, die unter der Leitung von Mitgliedern der Schuldeputation standen.

Nach Meinung *Scherpners* hatten die führenden Männer der Hamburgischen Armenreform eine imposante Leistung vollbracht. »Sie hatten die gesamte Fürsorge für Kinder- und Jugendliche unter der Leitung einer Behörde zusammengefaßt und planmäßig nach einheitlichen erzieherischen Gesichtspunkten organisiert.«[10]

Halten wir fest
Die öffentliche Fürsorge, die bisher von der städtischen Obrigkeit oder den Kirchen durchgeführt wurde, erhielt eine weitere neue Richtung. Eine Einzelperson engagiert sich und errichtet ein Waisenhaus bzw. eine Anstalt für arme Kinder. Im Mittelpunkt dieser neuen Konzeption steht der Erziehungsgedanke, d. h. die Vorbereitung auf den konkreten Alltag.
Kinderfürsorge sollte nicht mehr der Armenfürsorge unterstellt werden, sondern einer Erziehungsbehörde.

2.4.3 Individualpädagogik

Nach der Lehre der Aufklärung geht es um die Förderung der Vernunft des Menschen. Die Aufklärung will den Menschen aus dem Unwissen, der Vorurteile in die Welt der Vernunft führen. »Alle menschlichen Verhältnisse, der Staat, die Wirtschaft, die Religion, die Sitte müssen nach Grundsätzen geordnet werden, die von der Vernunft gestaltet sind, denn das Vernünftige ist zugleich das Natürliche, das der Natur des Menschen Angemessene.«[11] Die menschliche Gesellschaft wird nicht mehr als ein sich in Stufen aufbauendes hierarchisches Gebilde wie im Mittelalter *(Thomas v. Aquin)* verstanden, sondern eine kontinuierliche Entwicklungsreihe führt aus dem Diesseits ins Jenseits. Ziel der Aufklärung ist es, den Menschen zu bekehren und aufzuklären. Erziehung ist der eigentliche Sinn der Aufklärung. In der Aufklärung und der entsprechenden Erziehung steht das Individuum im Mittelpunkt allen Denkens und Handelns.

»Die gesamte Pädagogik seit *Locke* und *Rousseau* war mehr oder weniger stark individualistisch orientiert gewesen ... Die Individualpädagogik sah im Zögling vor allem das Individuum, das um seiner selbst willen zu erziehen sei. Ziel der Erziehung war die individuelle Vervollkommnung des jungen Menschen, seine Gestaltung zu einer in sich geschlossenen und harmonischen Persönlichkeit.

Dieser ganz auf das Individuum bezogenen Erziehung gab man nun primär die Schuld an der gegenwärtigen gesellschaftlichen Situation, an der Auflösung aller Formen und Organe in Volk, Staat und Wirtschaft ...

Da die Volksordnung zerstörenden Interessengegensätze ... auf den von der Individualpädagogik geförderten Egoismus von einzelnen bzw. von Klassen zurückgeführt wurden, erschien das Problem der Gesellschaft als ein erzieherisches Problem, die soziale Frage als Erziehungsfrage. Es lag daher nahe, von einer erneuerten, den aufklärerischen und individualistischen Zeitgeist überwindenden Pädagogik die Lösung der gesellschaftlichpolitischen Krise zu erwarten. In der Hoffnung, die Zerrissenheit des deutschen Volkes aufzuheben, die innere Einheit der Nation mit den Mitteln der Bildung wiederherzustellen, wurde eine neue pädagogische Konzeption entworfen. Diese Pädagogik, die gegen die vermeintlich zu einseitige Betonung der Individualität durch die bisher praktizierte Erziehung das Ideal der Gemeinschaft setzte, wurde mit dem Begriff *Sozialpädagogik* bezeichnet.«[12]

Bedeutende Vertreter dieser Sozialpädagogik sind *Karl Mager* und *Paul Natorp.*

Halten wir fest

Sozialpädagogik versteht sich als Reaktion auf die aus der Aufklärung hervorgegangenen Individualpädagogik. Durch eine allgemeine Volksbildung wollte man der sozialen Not begegnen, deshalb nannte man diese neue Pädagogik: Social-Pädagogik.

2.5 Kinderbewahranstalt, Kindergarten und Sozialpädagogik im Zeitalter der Industrialisierung (18.–19. Jhdt.)

2.5.1 Rettungshausbewegung/Rauhes Haus in Hamburg: *Johann Hinrich Wichern* (1808–1881)

Aufgabe
Will man in einem Kinderheim sinnvoll pädagogisch arbeiten, muß man es nach Kleingruppen, ähnlich einer Familie organisieren.
Wann fand diese Erkenntnis Eingang in das pädagogische Denken?
Was schätzen Sie?

Zu Beginn des 19. Jhdts. engagierten sich bedeutende Persönlichkeiten im Bereich der Kinderfürsorge.
Aus der Erweckungsbewegung bzw. der süddeutschen Rettungshausbewegung entwickelte *Christian Heinrich Zeller* (1779–1860) die Idee der Familienerziehung. Die Erziehungsanstalten sollten die Familie ersetzen, und dies konnten sie nur, wenn sie selbst wie Familien organisiert waren.
Johannes Falk (1768–1826) griff den Gedanken der Erziehung in Pflegefamilien auf und entwickelte daraufhin ein Konzept.
Von besonderer Bedeutung – auch bis heute – ist das Werk von *Johann Hinrich Wichern* (1808–1881), dem Begründer der Inneren Mission. Seine Vorstellungen von Kinder- und Jugendfürsorge verbreiteten sich in ganz Deutschland.

Wicherns Konzept hatte folgende Punkte:

1. Die Erziehung in dem Erziehungsdorf mußte freiwillig geschehen. Sie durfte nicht als Strafe angesehen werden. Deshalb mußten die Eltern in einem Aufnahmekontrakt die elterlichen Rechte auf die Anstalt übertragen.
2. Sein Plan war, ein Erziehungsdorf mit kleinen Familienhäusern aufzubauen. Jede Familie umfaßte 10–12 Kinder, geleitet von einem erwachsenen elterlichen oder geschwisterlichen Freund.
   »Das Leben dieser Rettungsanstalt sollte nicht so sehr darstellen das Leben einer Familie, als vielmehr das Zusammenleben mehrerer Familien.«[13]

3. Ziel der Rettungsarbeit war es, das Verhältnis zwischen Kindern und Eltern wieder zu ordnen und auf die Rückkehr des Kindes in das Elternhaus hinzuarbeiten. Aus dieser Aufgabe erwuchsen Besuchs- und Beratungstätigkeiten außerhalb des Hauses.
4. Geleitet wurden die Familiengruppen von Brüdern, die ebenfalls im Rauhen Haus ausgebildet wurden.

»Das Erziehungssystem des Rauhen Hauses, das bis in jedes Detail auf die individuellste Pflege und Behandlung eines jeden Zöglings abgestellt war, hatte sich bewährt.«[14]

2.5.2 Kindergarten

1. Wegbereiter

Die ersten Ansätze für eine Kleinkindererziehung findet man bei *Johann Friedrich Oberlin* (1740–1826). Er initiierte 1770 sogenannte Strickschulen. Neben *Oberlin* ist *Johann Heinrich Pestalozzi* (1746–1821) zu nennen, dem es vor allem um die mütterliche Erziehung in der Wohnstube ging. *Pestalozzi* hat die Rettungshausbewegung und damit *Wichern, Zeller, Falk* u. a. entscheidend beeinflußt.

Einer der bedeutendsten Vorschulerzieher des vorigen Jahrhunderts war der Lehrer *Julius Fölsing* (1818–1882). Er richtete 1843 in Deutschland eine Kinderschule für Kinder höherer Stände ein. An diese Schule schloß er gleichzeitig eine Ausbildungsstätte für Erzieherinnen an. »Wollen wir tüchtige Kinderschulen haben, dann müssen wir erst besser, tiefer ausgebildete Erzieherinnen haben und nicht jede Person, die sich als Erzieherin anmeldet, sogleich als solche annehmen.«[15]

Einen besonders starken Einfluß auf die Entwicklung der Kleinkinderschulen und die Ausbildung von Erzieherinnen nahm *Theodor Fliedner* (1800–1864). Er richtete 1836 in Kaiserswerth eine Kleinkinderschule und eine Diakonieanstalt ein, der er ein evangelisches Seminar für Kleinkinderlehrerinnen angliederte. *Fliedner* war im Gegensatz zu *Wichern* der Meinung, daß die Leitung von Kleinkinderschulen nicht von Männern, sondern von Frauen übernommen werden sollte.

Drei grundlegende Eigenschaften forderte *Fliedner* von den Kleinkinderlehrerinnen: »Eine große unerschöpfliche Liebe zu den Kindern, eine fröhliche und heitere Gemütsstimmung und körperliche Gesundheit.«[16]

•

Fliedners Konzept der Kleinkinderlehrerinnen-Ausbildung gab der weiteren Entwicklung wichtige Impulse.

2. *Friedrich Fröbel* (1782–1852)

Etwa zur gleichen Zeit wie *Fliedner* versuchte *Friedrich Fröbel* (1782–1852) eine frühkindliche Erziehung zu konzipieren. Er ging davon aus, daß die häusliche Erziehung allein für die Entwicklung des Kindes nicht ausreichte. Vielmehr müßten die Kinder schon früh in der Gemeinschaft Gleichaltriger ihre Erfahrungen sammeln und ihre Umwelt erforschen. *Fröbel* wollte die Familienerziehung erweitern und ergänzen, was er für sehr notwendig hielt.
1840 »legte *Fröbel* den Entwurf eines Plans zur Begründung und Ausführung eines allgemeinen deutschen Kindergartens vor... Was *Fröbel* mit dieser Wortschöpfung im Sinn hatte, umschrieb er so: Wie in einem Garten unter Gottes Schutz und unter der Sorgfalt erfahrener, einsichtiger Gärtner im Einklang mit der Natur, so sollen hier die edelsten Gewächse, Menschen, Kinder als Kleine und Glieder der Menschheit, in Übereinstimmung mit sich, mit Gott und der Natur erzogen werden.«[17]

Nach *Fröbel* erfüllte der Kindergarten drei Funktionen:

- In ihm werden Kinder im Vorschulalter durch angemessene Beschäftigung und durch Spiele allgemein gefördert und somit für die Schule und für die weiteren Lebensphasen vorbereitet.
- Der Kindergarten selbst ist eine Ausbildungsstätte für junge Männer und Frauen, in der sie für Erziehungsaufgaben ausgebildet werden.
- Ferner soll geeignetes Spielmaterial entwickelt werden und die fachliche Diskussion durch die Herausgabe einer Zeitschrift gefördert werden.[18]

Für *Fröbel* war es entscheidend, daß die Mitarbeiterinnen der Kindergärten gut ausgebildet wurden. Hierfür entwarf er ein Konzept, das er auch selbst umsetzte.
Nach seiner Meinung kamen für den Beruf nur Frauen in Frage, weil er für die Altersstufe der Drei- bis Sechsjährigen den mütterlichen Umgang für angemessen hielt. Dieser Gedanke gilt nahezu ausschließlich noch bis heute.

•

Mit der Ausbildung von Kleinkinderlehrerinnen *(Fliedner)* und der Ausbildung von Kindergärtnerinnen *(Fröbel)* war für die Kleinkindererziehung neben dem Lehrer ein neuer Berufszweig entstanden. Darauf aufbauend entwickelte sich später das Berufsbild der Jugendleiterin (seit 1911).
Der führende Pädagoge der Romantik, *Fröbel*, gilt in Verbindung mit *Pestalozzi*, bei dem er eine Zeitlang hospitiert hatte, als Begründer nicht nur der Kindergartenpädagogik, sondern auch der Sozialpädagogik.

Die Ideen von *Fröbel* fanden großen Anklang, aber auch Mißtrauen. So wurde 1851 in Preußen der Kindergarten verboten, allerdings aufgrund eines Mißverständnisses, weil *Fröbel* mit seinem sozialistischen Namensvetter *Julius Fröbel* verwechselt wurde. 1860 wurde dieses Verbot wieder aufgehoben, und seit dieser Zeit verbreitete sich der Kindergarten in ganz Deutschland.
Einen entscheidenden Beitrag zur Verbreitung leistete die Nichte *Fröbels, Henriette Schrader-Breymann.* Sie gründete in Berlin das Pestalozzi-Fröbel-Haus. Statt der Bezeichnung Kindergärtnerin wünschte sie sich allerdings den Namen »Volkserzieherin«, der sich nicht durchsetzte.

3. Kleinkinderbewahrungsanstalten kirchlicher Träger

Zur Zeit des Verbots der Kindergärten war es vor allem die evangelische Kirche, die sich verstärkt um die Kleinkindererziehung bemühte.
Im ausgehenden 19. Jhdt. gab es bereits 2 000 von Diakonissinnen geführte Kleinkindereinrichtungen.
Vorbild für ihre Ausbildung war das Konzept von *Fliedner,* das er für die Ausbildungsstätte in Kaiserswerth entwickelt hatte. Mit dem Engagement der evangelischen Kirche im Kleinkindbereich entstanden zwei deutlich zu unterscheidende Ausbildungskonzeptionen: die diakonisch-sozial-christlich eingestellte Kleinkinderschule und der pädagogisch-orientierte Kindergarten nach *Fröbel.*[19]
Im Vergleich zur evangelischen Kirche war das Bemühen der katholischen Kirche eher gering. Die Leitung in den Kleinkinderbewahrungsanstalten wurde von Ordensschwestern übernommen.
Man kann allerdings zusammenfassend sagen, daß die Mehrzahl der Kleinkindereinrichtungen im 19. Jhdt. von Organisationen der beiden Kirchen getragen wurden.

4. Staatliche Fürsorge

Der liberale Rechtsstaat hielt sich in der Fürsorgearbeit weitestgehend zurück und überließ den freien, privaten und kirchlichen Trägern die Initiative. Allerdings wurde der Staat um die Mitte des 19. Jhdts. gezwungen, seine Zurückhaltung aufzugeben. Anlaß war eine militärische Musteruntersuchung junger Männer im rheinischen Industriegebiet. Bei dieser Untersuchung stellte man schwere Gesundheitsschäden fest, die man auf die ausgedehnte Kinderarbeit zurückführte. Dieser Befund brachte 1839 die Schutzvorschriften über die Beschäftigung jugendlicher Arbeiter in Fabriken. Die gewerbliche Arbeit für Kinder unter neun Jahren und die Nacht- und Sonntagsarbeit für Neun- bis Zwölfjährige wurde gänzlich verboten und die Arbeitszeit der Jugendlichen auf zwölf, später auf zehn Stunden beschränkt.

Weitere Schutzmaßnahmen waren:

- Pflegekinderschutz (1840): Die Lage der Pflegekinder war ebenfalls ein Notstand, den es galt, durch polizeiliches Eingreifen abzustellen. Der Pflegekinderschutz wurde zu einer fürsorgerischen Maßnahme, die nicht nur Schäden verhindern, sondern die Lage der Kinder positiv beeinflussen sollte.
- Reichsstrafgesetzbuch (1871): Es regelte die Strafmündigkeit von Kindern. Kinder bis zum vollendeten zwölften Lebensjahr waren nicht strafmündig. Die Zwölf- bis Achtzehnjährigen sollten nur bedingt strafmündig sein.
- Zwangserziehung: Die strafunmündigen Kinder unter zwölf Jahren, die erhebliche Straftaten begangen hatten, wurden in Erziehungsoder Besserungsanstalten untergebracht, was man heute Fürsorgeerziehung nennt.

»Das Neue an dieser Erziehung der Fürsorge für verwahrloste Kinder war, daß die Entscheidung über ihre Unterbringung in Anstalts- oder Familienpflege in die Hand des Vormundschaftsgerichtes ... gelegt wurde und daß, organisatorisch noch wichtiger, eine eigene Erziehungsbehörde ihre Erziehung lenkte und überwachte. Damit trat der Staat unmittelbar in das Gebiet der Jugendfürsorge und der Erziehung der gefährdeten und verwahrlosten Jugend ein.«[20]

Die wichtigsten Entwicklungsstufen der Kinderschutzgesetzgebung hat *Wolf* zusammengestellt:[21]

1839: »Preußisches Regulativ über die Beschäftigung jugendlicher Arbeiter«: Kinderarbeit in Berg- und Hüttenwerken verboten; dreijähriger Schulunterricht garantiert.
1854: Verordnungen in Bayern zum Schutz schulpflichtiger Kinder unter zehn Jahren: täglich bis maximal neun Stunden Arbeitszeit.
1861: Gewerbegesetz in Sachsen: Kinder unter zwölf Jahren dürfen in keinem Gewerbe arbeiten.
1862: Jugendschutzbestimmungen zur Gewerbeordnung in Baden und Württemberg.
1869: Gewerbeordnung (des Norddeutschen Bundes): Kinder unter zehn Jahren dürfen nicht, zwischen zehn und zwölf Jahren täglich maximal sechs Stunden gewerblich beschäftigt werden.
1878: Kontrolle der Kinderarbeit durch die Gewerbeaufsichtsämter.
1900: Gewerbeordnung: schulpflichtige Kinder dürfen bis auf wenige Ausnahmen nicht gewerblich beschäftigt werden (d. h. niemand unter vierzehn Jahren).
1903: Gesetz über Kinderarbeit in gewerblichen Betrieben: generelles Verbot der Kinderarbeit in Fabriken.

Halten wir fest
Im Zeitalter der Aufklärung haben die Konzeptionen von *Wichern, Fliedner* und *Fröbel* einen entscheidenden Einfluß auf die Erziehung von Kindern gehabt. Ausgebildete Erzieherinnen sollten die Kinder auf die Schule und ihren neuen Lebensabschnitt vorbereiten. Das Neue an diesen Konzepten war:

1. die Ausbildung von Kleinkinderlehrerinnen/Kindergärtnerinnen und
2. die positive Einstellung zu den Kindern.

2.5.3 Sozialpädagogische Bewegung

Der Begriff »social« ist im deutschen Sprachgebrauch seit etwa 1840 bekannt. Bereits 1844 entwickelte *Karl Mager* einen systematischen Ort der Sozialpädagogik. Sie ist die Synthese aus Kollektiv- und Individualpädagogik. Im 4. Kapitel werde ich näher auf *Karl Mager* und andere Autoren eingehen, die ein theoretisches Modell der Sozialpädagogik entwickelt haben. Um 1900, also etwa 50 Jahre später, ist der Begriff »Social-Pädagogik« ein geläufiger und häufig gebrauchter Terminus, der in den pädagogischen Erörterungen um die Jahrhundertwende einen breiten Raum einnimmt. Dieser neue pädagogische Sachverhalt entwickelte sich vornehmlich aus drei Motiven:

»(1) Die Idee einer allgemeinen Volkserziehung bewirkte, daß die ganze Breite der heranwachsenden Generation in ihrer gesamten Lebenswirklichkeit ein Gegenstand des pädagogischen Interesses und der pädagogischen Bemühung wurde.
(2) Die Anfänge der industriellen Entwicklung, die Kenntnis der sozialen Bewegung Frankreichs und die Sorge angesichts des Pauperismus mobilisierten die pädagogischen Kräfte, diesen Entwicklungen zu begegnen, die befürchtete soziale Katastrophe zu verhindern und die neuen Lebenssituationen des Menschen in Stadt und Industrie zu bewältigen; der sozialpädagogische Begriff der Gefährdung hat hier seinen Ursprung.
(3) Die Jugendverwahrlosung wurde erst jetzt als ein pädagogisches Problem i.e.S. betrachtet.«[22]

Unter Jugendfürsorge verstand man bis zu diesem Zeitpunkt praktische, konkrete Hilfe, Fürsorge. Mit der Einführung des Begriffs »Social-Pädagogik« entstand eine völlig neue Sichtweise dieser Fürsorge. Es ging darum, die soziale Praxis einer theoretischen Reflexion zu unterziehen und in einen theoretischen Zusammenhang zu stellen. Einen besonderen Beitrag hierzu lieferte die *»Sozialpädagogische Bewegung«* nach dem Ersten Weltkrieg (*Klumker, Fischer, Bäumer, Mennieke, Nohl u. a.)*, deren sichtbarstes Dokument das Reichsjugendwohlfahrtsgesetz (1922/24) und das Jugendgerichtsgesetz (1923) war.

Die Zeit der Weimarer Republik war gekennzeichnet von neuen Bewegungen, welche die Sozialpädagogik entschieden förderten, weshalb man auch von einer »Sozialpädagogischen Bewegung« sprach. Ihre Hauptanstöße kamen vor allem aus den verschiedenen Richtungen der sogenannten Reformpädagogik, die ihrerseits durch die Jugendbewegung bestimmt wurde. Zur Reformpädagogik gehörten in erster Linie die »pädagogische Bewegung vom Kinde aus« (*Ellen Key* 1849–1926), die Landerziehungsheimbewegung (*Hermann Lietz* 1868–1919; *Gustav Wyneken* 1875–1964; *Paul Geheeb* 1870–1961), die Arbeitsschulbewegung (*Georg Kerschensteiner* 1854–1932; *Hugo Gandig* 1860–1923) und die Volkshochschulbewegung (*Adolf Reichwein* 1898–1944).

»Diese Bewegungen sind von gemeinsamen Ideen und Strömungen durchzogen: von der Idee der Gemeinschaft, der Überbrückung der Klassengegensätze, vom Gedanken des gemeinsamen Kulturgutes, des gemeinsamen Volkstums, der Echtheit und Ursprünglichkeit des Volkslebens. Schließlich werden diese Bewegungen auch beeinflußt von wissenschaftlichen Strömungen, besonders von der sich breit entfaltenden Psychologie und Psychoanalyse.«[23]

•

Durch die Sozialpädagogische Bewegung erfolgte eine Verschiebung der pädagogischen Sichtweise der Jugendfürsorge um 180 Grad. »Jetzt ist Sozialpädagogik nicht mehr die Summe der Überlegungen, die angestellt werden müssen, um den Staat vor dem »Gesellschaftsfeind« *(Fischer)* zu schützen, sondern das Sammelbecken derer, die die Not der Jugend in der modernen Arbeitswelt erkennen und die der Überzeugung sind, daß gerade außerhalb und nach der Schule aktive Jugendhilfe geleistet werden muß ... Nicht der verwahrloste Jugendliche bedroht die Gesellschaft, sondern die Gesellschaft bedroht die Jugend mit Verwahrlosung; nicht die Gesellschaft muß vor der Jugend, sondern die Jugend vor der Gesellschaft beschützt werden ...
Die großartige Erweiterung des pädagogischen Blickfeldes und die unkonventionelle Zuversicht, mit der die neuen Aufgaben in Angriff genommen wurden, empfinden wir im Rückblick als die wesentlichsten Kennzeichen jener Epoche.«[24]

2.5.4 Sozialpädagogik

?

Aufgabe
Wie ist der Zusammenhang zwischen den beiden Begriffen Jugendfürsorge und Sozialpädagogik zu verstehen? Ist Sozialpädagogik ein anderes, neues Wort für Jugendfürsorge? Oder gibt es jetzt zwei Bereiche: Jugendfürsorge und Sozialpädagogik?

Die Lösung ist nicht ganz einfach. Man kann davon ausgehen, daß das sozialpädagogische Thema (Problem) älter ist als der Begriff »Sozialpädagogik«. Die Geschichte der Sozialpädagogik und damit gleichzeitig die des gleichnamigen Begriffes kann man anhand von zwei Entwicklungslinien darstellen:

1. Pädagogische Linie

In dem Maße wie Kinder und Jugendliche seit dem ausgehenden Mittelalter durch Verwahrlosung (sittliche Armut) gefährdet waren, stieg das Interesse und die Notwendigkeit einer gesonderten vorbeugenden, erzieherischen Jugendfürsorge, die man von der Erwachsenenfürsorge löste. Für diesen Jugendfürsorgebereich wurden im Laufe der Geschichte immer wieder neue Erziehungskonzepte entwickelt (*Wichern, Oberlin, Pestalozzi, Zeller, Falk, Fliedner, Fröbel* u. a.).
Die Berufsbezeichnung dieser ›Erzieher‹ war keineswegs einheitlich: Pflegefamilie, Hausmutter, Armenpfleger, Fürsorgerinnen, Brüder *(Wichern)*, Diakonissionen *(Fliedner)*, Kleinkinderlehrerinnen *(Fliedner)* u. v. a.
Seit dem Zeitpunkt, als *Fröbel* sein Konzept (1840) für einen Kindergarten vorlegte, kann man neben dem Lehrerberuf von einem neuen pädagogischen Berufszweig sprechen: Kindergärtnerin. Aus diesem Beruf entwickelte sich später (1911) ein weiterer: Jugendleiterin. Beide Berufe sind die unmittelbaren Vorläufer des Berufes des Sozialpädagogen. Allerdings wurde die Berufsbezeichnung »Sozialpädagoge« erst 1967 eingeführt.
Karl Mager entwickelte 1844 ein pädagogisches Konzept (Theoriefragment). Unter Social-Pädagogik verstand er den Inbegriff besonderer neuer pädagogischer Aufgaben und Einrichtungen als Antwort auf typische Probleme der modernen Gesellschaft. Im Laufe der Zeit veränderte sich der Inhalt dieses Begriffes und bedeutet heute: Sozialpädagogik als Praxis und Theorie des pädagogischen Feldes. Auch wenn man die Praxis und Theorie Social-Pädagogik nannte, war dies noch nicht die offizielle Berufsbezeichnung.

2. Juristische Linie

Die Begriffsunklarheit ist vor allem dadurch entstanden, daß es zwei Begriffsentwicklungen gab:

- auf der einen Seite die praktische pädagogische Jugendfürsorge und ihre sozialpädagogische Theorie;
- auf der anderen Seite die staatliche, offizielle Begrifflichkeit, die weiterhin an dem Wort Jugendfürsorge bzw. später Jugendwohlfahrtspflege oder Jugendhilfe festhielt.

Somit ist Jugendfürsorge bzw. Jugendhilfe die juristische, administrative Bezeichnung für das social-pädagogische (sozialpädagogische) Arbeiten und Denken.

Diese doppelte Begrifflichkeit findet man sowohl im Reichsjugendwohlfahrtsgesetz als auch im Kinder- und Jugendhilfegesetz. Im § 13 (1) KJHG heißt es z. B.: »Jungen Menschen … sollen im Rahmen der Jugendhilfe sozialpädagogische Hilfen angeboten werden«. Der Gesetzgeber schafft also den rechtlichen Rahmen für sozialpädagogisches Arbeiten.

Ergebnis: Mit dem Begriff Jugendfürsorge, Jugendwohlfahrtspflege, Jugendhilfe wird der gesetzliche Rahmen formuliert, innerhalb dessen ein Teil sozialpädagogischen Handelns erfolgt.
Die Einschränkung »ein Teil« ist notwendig, da sich heute das Arbeitsfeld der Sozialpädagogik nicht nur auf Kinder und Jugendliche, sondern auf Menschen aller Altersschichten ausgeweitet hat.

Halten wir fest

Der Begriff Jugendfürsorge bzw. Jugendhilfe ist die rechtliche, administrative Umschreibung von Institutionen, in denen es um sozialpädagogische Aufgaben geht. Die Theorie für diese rechtlich abgesicherten, institutionellen Arbeitsfelder liefert die Sozialpädagogik. Sie ist im wesentlichen die Theorie dessen, was das RJWG »Jugendwohlfahrtspflege« oder später das JWG bzw. KJHG »Jugendhilfe« nennt. Deshalb bezeichnet *Mollenhauer* auch Sozialpädagogik als Theorie der Jugendhilfe.
Im weiteren Verlauf entwickelte sich das Aufgabenfeld der Sozialpädagogik weiter, so daß man heute mit Sozialpädagogik bezeichnet:

- Theorie der Jugendhilfe
- ihre pädagogische Praxis
- den Komplex von Entwicklungsrichtungen einer besonderen Aufgabenart
- und die öffentlichen Hilfeangebote für Menschen aller Altersstufen

Entsprechend ist der fachlichrechtliche Rahmen heute auch ein anderer. Die maßgeblichen rechtlichen Grundlagen sind für den Bereich der *Kinder- und Jugend- und Familienhilfe* insbesondere das KJHG mit flankierenden Regelungen aus dem Familienrecht (BGB), Strafrecht (STGB) und Jugendschutzrecht (JÖSCHG); für die *Sozialhilfe* das BSHG mit flankierenden Sozialleistungsregelungen wie Kinder-, Erziehungs-, Wohngeldgesetz, Opferentschädigungsgesetz, Bundesversorgungsgesetz und zivilrechtlichen Normen zum Wohnungs- und Schuldnerschutz. Hinzu kommt noch für die Gesundheitshilfe das Unterbringungs-, Psychiatrie-, Betäubungsmittelgesetz u. a., um nur einige Beispiele zu nennen.[25]
Die Verschiedenartigkeit der Formen und Institutionen der

Jugendfürsorge wurde in dem vereinheitlichten Begriff Sozialpädagogik zusammengefaßt.
Unter Sozialpädagogik verstand man die Praxis und Theorie aber noch nicht die Berufsbezeichnung.

2.6 Jugendwohlfahrtspflege in der Neuzeit (20. Jhdt.)

2.6.1 Kaiserreich und Weimarer Republik (bis 1933)

Obwohl die Regierungen in Deutschland weitestgehend vermieden, in die Entwicklung der Jugendfürsorge einzugreifen, erließen sie im Laufe der Zeit dennoch eine Reihe von Gesetzen im Jugendfürsorgebereich.[26]

1840: Preußische Verordnung über die Vermittlung verwahrloster und elternloser Kinder an Pflegefamilien.
1842: Preußisches Gesetz über die Verpflichtung der Kommunen zur Armenpflege.
1843: Preußische Kabinettsorder an die Oberpräsidenten zur Förderung fürsorgerischer Vereine.
1850: Einrichtung erster kommunaler Gesundheitsfürsorgestellen auf freiwilliger Basis.
1851: Neues preußisches Strafgesetzbuch: Kinder unter zwölf Jahren sind nicht, Jugendliche bis zu achtzehn Jahren nur bedingt strafmündig.
1858: Einrichtung eigener ärztlicher Versorgung von Pflegekindern.
1870: Unterstützungswohnsitzgesetz: nicht die Heimat-, sondern die Wohnsitzgemeinde ist zur Armenpflege verpflichtet.
1871: Reichsstrafgesetzbuch: Erneuerung der Jugendstrafbestimmungen von 1851.
1875: Preußische Vormundschaftsordnung.
1876: Preußische Gesetzesnovelle: Verwahrloste Kinder können der Vormundschaftsbehörde unterstellt werden.
1878: Erstes Gesetz zum Schutz der Pflegekinder in Hessen. Preußisches Gesetz zur Unterbringung verwahrloster Kinder in Erziehungsanstalten.
1886: Badisches Gesetz über Zwangserziehung bei Versagen der Erziehungsberechtigten.
1895: Einrichtung von Mütterberatungsstellen, Kinderfürsorgestellen, Erholungsheimen, Schulkinderfürsorge.

1900: Inkrafttreten des BGB mit den wichtigsten bis dahin erlassenen Fürsorgegesetzen.
1901: Preußisches Fürsorgeerziehungsgesetz: Regelung der Zuständigkeit für die verschiedenen Jugendfürsorgefälle.

Ebenso zurückhaltend zeigten sich die Regierungen in Deutschland bezüglich der Regelung jugendfürsorgerischer Ausbildung. Erst 1911 wurden in einem preußischen Erlaß die Ausbildungs- und Prüfungsbestimmungen für Kindergärtnerinnen und Jugendleiterinnen geregelt.
Nach der Neuordnung der Ausbildungsbestimmungen von 1920 wurden die Schulen ›Wohlfahrtsschulen‹ und der Beruf ›Wohlfahrtspflegerinnen‹ genannt. Von 1928 an erhielten auch Männer die offizielle Erlaubnis zur Wohlfahrtspflegerausbildung. Jedoch blieb es weiterhin ein Frauenberuf, die Männer waren eher im Verwaltungsbereich tätig.
1928 regelte das preußische Kultusministerium die Ausbildung der Hortnerin, die mit der Kindergärtnerinnenausbildung vereint wurde.
Um 1900 gab es eine Reformbewegung, die immer stärker von der Überzeugung getragen wurde, daß alle Fürsorge für Kinder und Jugendliche ihrem Wesen nach Erziehung sein müßte. Des weiteren versuchte man, die gesamte öffentliche Jugendfürsorge einer zentralen Behörde zu unterstellen. Die Forderung nach einem Jugendamt wurde deutlich artikuliert. 1910 gründete Hamburg als erste deutsche Stadt ein Jugendamt, Lübeck (1913) und Berlin folgten.
Das für die Jugendfürsorge entscheidende Jahr war 1922. Der Reichstag der Ersten Deutschen Republik beriet den Entwurf des Reichsjugendwohlfahrtsgesetzes (RJWG), das wegen der rapide fortschreitenden Geldentwertung der Inflationszeit erst am 1. 4. 1924 in Kraft trat. Das RJWG vereinigte alle öffentlichen Hilfsmaßnahmen des Jugendsektors in der Behörde des Jugendamtes. Als Aufgaben eines Jugendamtes wurden genannt:

1. Mitwirkung im Vormundschaftswesen
2. Schutz der Pflegekinder
3. Mitwirkung bei der Durchführung der Schutzaufsicht
4. Mitwirkung bei der Durchführung der Fürsorgeerziehung
5. Jugendgerichtshilfe
6. Mitwirkung bei der Beaufsichtigung von Kinderarbeit und jugendlichen Arbeitern
7. Mitwirkung bei der Fürsorge für Kriegswaisen
8. Mitwirkung in der Jugendhilfe
9. Beratung von Eltern[27]

Das RJWG war ein Kompromiß widerstreitender Mächte. Zwar sollte es am 1.4. 1924 in Kraft treten, jedoch einen Tag vorher setzte die Reichsregierung im Rahmen des »Ermächtigungsgesetzes zur Überwindung der Not von Volk und Reich« große Teile des RJWG außer Kraft. »Bis auf weiteres sind Reich und Länder nicht verpflichtet, Bestimmungen als Reichsgesetz für die Jugendwohlfahrt durchzuführen, die neuen Aufgaben oder eine wesentliche Erweiterung bereits bestehender Aufgaben für die Träger der Jugendwohlfahrt enthalten.« Nicht überall mußten eigenständige Jugendämter eingerichtet werden; die Einrichtung von Landesjugendämtern wurde ins Ermessen der Länder gestellt. Erst 1953 wurden diese ausgesetzten Bestimmungen als RJWG durch ein Bundesgesetz wieder in Kraft gesetzt.[28]

»Insgesamt zeigte sich schon in den 20er Jahren, daß das Jugendamt eine relativ schwache Stellung im Ämtergefüge besaß, daß viele Reformen an der Finanznot gescheitert waren, daß bürokratische Überlegungen die Oberhand gewonnen hatten und daß das Jugendamt seit Bestehen ums Überleben als fachwissenschaftlich anerkannte Erziehungsbehörde kämpfen mußte. Es gab zwar eine fortschrittliche Fürsorgegesetzgebung, aber alle fachwissenschaftlich intendierten Reformen wurden durch die materiellen Hilfeleistungen (im Wohlfahrtsamt) dominiert.«[29]

Federführend bei der Erstellung des RJWG war *Gertrud Bäumer.* Sie war diejenige, die den sozialpädagogischen Charakter des Reichsjugendwohlfahrtsgesetzes am klarsten herausgearbeitet und sowohl innerhalb ihrer Partei (sie vertrat zwischen 1919 und 1922 die Deutsche Demokratische Partei im Reichstag) als auch unmittelbar in der Reichsregierung (sie arbeitete zwischen 1920 und 1933 als Ministerialrätin in der kulturpolitischen Abteilung des Innenministeriums) durchgesetzt hat.

»Der Sinn des Gesetzes sei Erziehung im reinsten Sinne des Wortes, Erziehung nicht als Nothilfe im Falle fehlender oder ungenügender Familienerziehung, sondern gesellschaftliche Erziehung, welche die prinzipiell gesetzten Grenzen von Familienerziehung und Schulbildung überschreiten müsse. Wohlfahrtsamt, Jugendamt und Schule bildeten drei in sich geschlossene Kreise. Das Jugendamt müsse seine sozialpädagogische Aufgabe frei von der wesensschädlichen Umklammerung der allgemeinen Fürsorge unabhängig ausbilden, weil es den anderen Behörden gegenüber eine sozialpädagogische Offensive zu übernehmen hat.«[30]

Das RJWG regelte des weiteren das Verhältnis zwischen freien und öffentlichen Trägern der Wohlfahrtspflege nach dem Subsidiaritätsprinzip. Es schuf ebenfalls die drei klassischen Ämter unter dem Dach des Wohlfahrtsamtes: Jugendamt, Wohlfahrtsamt (heute Sozialamt) und Gesundheitsamt.[31]

2.6.2 Nationalsozialismus (bis 1945)

Nach der Berufung *Hitlers* zum Reichskanzler (1933) wurden alle Bereiche des Lebens gleichgeschaltet und neu organisiert. Das ›Dritte Reich‹ sollte ein Volks- und Erziehungsstaat sein, in dem das öffentli-

che wie private Leben grundsätzlich unter den Erziehungsgesichtspunkt gestellt wurde.
Die grundlegenden Elemente der NS-Pädagogik bezogen sich auf die Familie, Schule und Vorschule, sowie die Jugendfürsorge. Die Nationalsozialistische Volkswohlfahrt hatte »eine erzieherische Wartung und Leitung aller im Menschen vorhandenen Anlagen«[32] zum Ziel.
Das nationalsozialistische Regime nahm sich des gesamten Erziehungs-, Bildungs- und Wohlfahrtspflegewesens an und unterdrückte damit alle humanistischen, aufklärerischen und fortschrittlichen Elemente der bis dahin entwickelten Jugendfürsorge. Nach *Belardi* waren die Jahre 1933 – 1945 für die Soziale Arbeit »ein Rückfall in die Barbarei«. Nicht nur die millionenfache Vernichtung und Verstümmelung menschlichen Lebens zeigt dies, sondern auch die Tatsache, daß das in den vorigen Jahrhunderten mühsam erkämpfte Verständnis von Ursachen, Folgen und Behandlungsmöglichkeiten psycho-sozialen Elends offiziell bekämpft wurde.
Reformbewußte und fortschrittliche Vertreter der einzelnen Fachdisziplinen wurden eingesperrt, erhielten Berufsverbot oder mußten emigrieren. So erklärte es sich auch, daß nach 1945 viele Theorien und Ansätze aus dem englischsprachigen Raum übernommen wurden.[33]

2.6.3 Bundesrepublik Deutschland (seit 1945)

Nach dem Zweiten Weltkrieg begann der Wiederaufbau der Sozialen Arbeit in Deutschland anhand von zwei Linien:

- Sie knüpfte in Form und Inhalt an die Zeit vor 1933 an.
- Sie übernahm Konzepte aus England und den USA.

Auf gesetzgeberischer Seite sind in dieser Zeit vor allem zu nennen:

1. Die Schaffung des Bundesjugendplans (seit 1950) und die entsprechenden Landesjugendpläne.
2. Die Novellierung des RJWG (1953), das nach zwei weiteren Novellierungen (1961 und 1970) in Jugendwohlfahrtsgesetz (JWG) umbenannt wurde.
3. Entscheidend war auch die Neuregelung des Sozialrechts. Das Sozialrecht ist im Sozialgesetzbuch (SGB) zusammengefaßt. »Das SGB enthält als eigenständige Kodifikationen bislang den allgemeinen Teil (SGB I), gemeinsame Vorschriften für die Sozialversicherung (SGB IV), Gesetzliche Krankenversicherung (SGB V), Gesetzliche Rentenversicherung (SGB VI), Kinder- und Jugendhilfe (KJHG bzw. SGB VIII) und Verwaltungsverfahren, Schutz der Sozialdaten, Zusammenarbeit der Leistungsträger und ihre Beziehungen zu Dritten (SGB X). Soweit andere Sozialleistungsgesetze wie z. B. das BSHG (am 30. 06. 1961 verabschiedet und seit dem 01. 06. 1962 in Kraft), noch nicht als eigenständiges Sozialgesetzbuch verabschiedet sind, gelten sie nach Art. 2 § 1 SGB I jedoch

bereits jetzt als besondere Teile des SGB. Danach ist das BSHG gemäß Art. 2 § 1 Nr. 15 SGB I als Neuntes Buch in das SGB eingeordnet worden.«[34]

Die Grundsätze der Sozialhilfe im BSHG sind:

- individuelle Hilfe,
- Ermöglichung der Führung eines menschenwürdigen Lebens,
- Befähigung zur Selbsthilfe,
- Bedarfsdeckungsprinzip,
- Nachrangigkeit der Sozialhilfe.

»Als die beiden großen Leistungsgruppen werden die Hilfe zum Lebensunterhalt und die Hilfe in besonderen Lebenslagen im Gesetz genannt. Das BSHG schließt damit die Entwicklung von der Armenfürsorge zur modernen Sozialen Arbeit vorläufig ab.«[35]

4. Seit dem 1. 1. 1991 gilt für die ganze Bundesrepublik Deutschland ein neues Kinder- und Jugendhilfegesetz (KJHG). Unter Jugendhilfe wird verstanden »alle Bestrebungen, Maßnahmen und Einrichtungen, die der Erziehung und Bildung von Kindern und Jugendlichen außerhalb von Familie, Schule und Beruf dienen. Als Teilbereich umfaßt die Jugendhilfe die Jugendarbeit (auch als Jugendförderung oder außerschulische Jugendarbeit bezeichnet), die Erziehungshilfe (auch als Jugendfürsorge bezeichnet), die Jugendsozialarbeit und Jugendschutz sowie die Familienarbeit.«[36] Auch die Kindergartenerziehung ist der Jugendhilfe unterstellt. Alle Leistungen der Jugendhilfe sind nicht als Strafe für Fehlverhalten zu verstehen, sondern als Hilfe. Die Jugendhilfe soll die Erziehung in der Familie unterstützen, ergänzen und in Einzelfällen ersetzen. Einen wichtigen Schwerpunkt legt das KJHG auf die vorbeugenden Hilfen. Die Leistungen tragen präventiven Charakter. Es geht dem KJHG um Gewährung von Hilfe, negative Begriffe wie »Gefährdung« oder »Verwahrlosung« entfallen gänzlich.

Die Entwicklung des Dienstleistungsangebotes des Staates faßt *Puch* im folgenden Schaubild zusammen:[37]

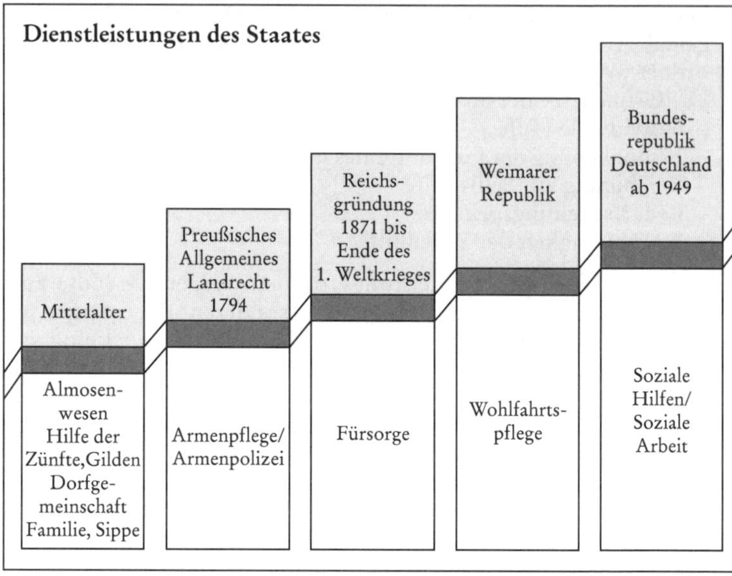

Halten wir fest
In die Entwicklung der Jugendfürsorge griff der Staat sehr spät ein. Ein entscheidendes Datum für die Jugendfürsorge war 1922/24 mit dem Inkrafttreten des RJWG. In diesem Gesetz wurde Erziehung nicht mehr als Nothilfe, sondern als gesellschaftlich notwendige Maßnahme verstanden. Der Gedanke der Erziehung und der Prävention wurde nach dem Zweiten Weltkrieg im JWG (1961) und 1991 im KJHG festgeschrieben.

2.7 Jugendhilfe und Jugendarbeit

Aufgabe
Betrachtet man die Jugendfürsorge seit dem 19. Jhdt., findet man eine verwirrende Vielfalt an Begriffen für dieses Arbeitsfeld: Jugendfürsorge, Jugendpflege, Jugendhilfe, Jugendarbeit, Sozialpädagogik.
Versuchen Sie, in diesem Begriffswirrwarr Ordnung zu schaffen. Klären Sie einmal die Begriffe und ihre Zuordnung.

Mit dem Ausdruck der Jugendfürsorge bezeichnete man, wie wir gesehen haben, bis zur Jahrhundertwende alles, was Elternhaus, Schule, Gemeinde und Staat, was wohltätige Vereine und sozialgesinnte Personen für bedürftige, verwahrloste Kinder und Jugendliche vor allem der unteren sozialen Schichten aufbrachten. Zielgruppe war die proletarische Jugend, weniger die bürgerliche, denn diese wurde in hinreichendem Maße durch die eigenen Familien versorgt.

Durch die Jugendbewegung (*Karl Fischer* gründete 1897 am Steglitzer Gymnasium in Berlin den »Wandervogel«) änderte sich die Sicht der Jugendfürsorge. Man erkannte, daß auch nicht-verwahrloste und nicht-straffällige Jugendliche gefährdet waren und der Hilfe bzw. Fürsorge bedurften. »Daß damit für Aufgaben an der ›straffälligen‹ und ›normalen‹ Jugend der gleiche Begriff verwandt wurde (Fürsorge), führte in der Öffentlichkeit zu Protesten gegen diese Gleichsetzung, und die Folge war eine bis zum Ersten Weltkrieg reichende ziemliche Sprachverwirrung in der Literatur: ›Jugendfürsorge‹, ›Jugendpflege‹, ›Jugendarbeit‹ wurden nun teils für das gleiche, teils für verschiedenes gebraucht.«[38]

> Diese Sprachverwirrung beendete der preußische Jugendpflegeerlaß (1911), welcher der Jugendfürsorge nicht nur den neuen Namen »Jugendpflege«, sondern auch eine neue Qualität und ein neues Gesicht gab. In der Jugendfürsorge ging es nun nicht nur um vorbeugende Hilfe für verwahrloste, sondern auch um die Hilfe für potentiell gefährdete Kinder und Jugendliche.
>
> Jugendfürsorge erhielt eine neue Zielgruppe und Aufgabe. Deshalb wurde es auch notwendig, Jugendfürsorge in zwei Arbeitsfelder zu unterteilen. Es setzte sich im Sprachgebrauch langsam durch, »Jugendfürsorge« und »Jugendpflege« zu unterscheiden und beides zusammen »Jugendarbeit« zu nennen. Das Reichsjugendwohlfahrtsgesetz (RJWG) von 1922 ersetzte den Begriff »Jugendarbeit« durch »Jugendwohlfahrtspflege«, und die Novelle zum Jugendwohlfahrtsgesetz (JWG) von 1961 ersetzte diesen Begriff wiederum durch den der »Jugendhilfe«.[39]

Nach dem Zweiten Weltkrieg übernahmen vor allem die Jugendverbände die Jugendarbeit. In diese Monopolstellung der Verbände griff der Staat erst später ein. Sein Engagement bestand im Wesentlichen in einer subventionierend unterstützenden Funktion. Die Verbände und Kirchen sicherten sich ihre Monopolstellung bereits im RJWG durch das Prinzip der *Subsidiarität.* Dieses Prinzip konnten die freien Verbände auch in der Novellierung des JWG (1961) erneut durchsetzen.

»Die freien Träger der Jugendarbeit sind Organisationen, die die im JWG genannten allgemeinen, in den Förderungsplänen des Bundes und der Länder konkretisierten Aufgaben der Jugendarbeit weitgehend monopolitisch wahrnehmen, dafür zur Kostendeckung erhebliche öffentliche Subventionen erhalten, gleichwohl aber das wirtschaftliche Risiko tragen.«[40]

Das KJHG (1991) spricht von der partnerschaftlichen Zusammenarbeit (§ 4).

»Nach Abs. 1 soll die öffentliche Jugendhilfe mit der freien Jugendhilfe partnerschaftlich zusammenarbeiten. Durch das Wort ›soll‹ räumt das Gesetz dem Träger der öffentlichen Jugendhilfe ein sogenanntes gebundenes Ermessen ein. Nur in begründeten Ausnahmen kann er sich der Zusammenarbeit entziehen ... Aus Gründen der grundgesetzlich geschützten Trägerautonomie, aber auch zur Wahrung der Pluralität hat die öffentliche Jugendhilfe bei der Zusammenarbeit die Selbständigkeit der freien Jugendhilfe in einem umfassenden Sinne zu achten.«[41]

Halten wir fest

Durch den prußischen Jugendpflegeerlaß (1911) wird das Aufgabengebiet der Jugenfürsorge völlig neu geregelt. Es wird erstmalig unterschieden zwischen Jugendpflege (der Begriff wird neu eingeführt) und Jugendfürsorge. Jugedpflege galt der »normalen« und Jugendfürsorge der verwahrlosten Jugend. Die gemeinsame Sorge um die gesamte Jugend wird in den zusammenfassenden Begriff »Jugendarbeit« (1911), »Jugendwohlfahrtspflege« (1922) bzw. »Jugendhilfe« (1961 und 1991) ausgedrückt.

Preußischer Jugendpflegeerlaß:
(v. 1911)

Jugendarbeit
Jugendpflege ← → Jugendfürsorge

Reichsjugendwohlfahrtsgesetz:
(RJWG v. 1922/24)

Reichsjugendwohlfahrtspflege
Jugendpflege ← → Jugendfürsorge

Jugendwohlfahrtsgesetz:
(JWG v. 1961)

Jugendhilfe
Jugendpflege – Jugendfürsorge

Kinder- u. Jugendhilfegesetz:
(KJHG v. 1991)

Jugendhilfe
Jugendarbeit – Jugendsozialarbeit

Jugendarbeit und Jugendsozialarbeit werden als eigenständige Felder sozialen Lernens und als notwendige sozialpädagogische Hilfen beim Übergang von der Schule in den Beruf anerkannt.
Allerdings muß man sehen, daß Jugendhilfe inzwischen nicht mehr hinreichend mit den beiden Sammelbegriffen »Jugendfürsorge« und »Jugendpflege« beschrieben werden kann. Die neu eingeführten Begriffe »Jugendarbeit« und »Jugendsozialarbeit« sind weitergefaßt.
Unter Jugendarbeit versteht das KJHG ein »interdependentes Feld von Erziehung, Bildung, Geselligkeit, Aktion und Interessenvertretung«[42]. Zu ihren Schwerpunkten zählen: Außerschulische Jugendbildung, innerdeutsche und internationale Jugendarbeit, Kinder- und Jugenderholung.
Unter Jugendsozialarbeit versteht das KJHG sozialpädagogische Begleitung junger Menschen im Übergang von der Schule zur Berufsausbildung, die Berufshinführung und -vorbereitung sowie die Begleitung der beruflichen Bildung. Schwerpunkte der Jugendsozialarbeit sind: Beratungsdienste, Bildungsmaßnahmen, berufsfördernde Maßnahmen, Jugendgemeinschaftswerke, Jugendwohnheime und Förderschulen.
In § 13 KJHG werden alle Hilfen der Jugendsozialarbeit als *sozialpädagogische* Hilfen bezeichnet.
Das Kinder- und Jugendhilfegesetz versteht sich als gesetzlicher Rahmen der Jugendhilfe (Jugendarbeit und Jugendsozialarbeit), die pädagogische Ausgestaltung der Hilfe ist Aufgabe der Sozialpädagogik als Theorie und Praxis.

2.8 Vorbeugung, Prävention

2.8.1 Vorbeugen aus pädagogischer Sicht: Prävention

Aufgabe
Überdenken Sie die Geschichte der Sozialpädagogik und diskutieren Sie folgende These: Charakteristisch für Sozialpädagogik ist, daß sie erst dann eingreift, wenn es zu spät ist, wenn das Kind bereits im Brunnen liegt. Sozialpädagogik ist also primär nachsorgend tätig.

Die Geschichte der Jugendfürsorge ist eine Geschichte der Erziehung. Ziel der Fürsorge war es, Kinder und Jugendliche so zu erziehen, daß sie sich in die Gesellschaft eingliedern und nicht Gefahr laufen zu verwahrlosen.

Schon sehr früh erkannte man, so *Scherpners* Analyse, indem man Erwachsenenfürsorge und Jugendfürsorge trennte, daß Soziale Arbeit grundsätzlich pädagogisch orientiert sein sollte. Es ging um Erziehung. Verstärkt wurde dieser Gedanke in die Soziale Arbeit vor allem durch die Frauenbewegung eingebracht. Das Engagement der Frauen in der Fürsorge begründete sich auf ihre Mütterlichkeit und ihre pädagogischen Fähigkeiten. *Konrad* kommt in seiner Analyse zu dem Ergebnis, daß Sozialpädagogik und Sozialarbeit immer schon pädagogisch orientiert gewesen sind, weil dies vor allem ein Arbeitsfeld der Frauen war und Frauen dieses Gebiet für sich reklamierten aufgrund ihrer spezifischen Fähigkeiten der Mütterlichkeit, d. h. der Fähigkeit zu helfen, zu umsorgen und zu erziehen.[43]

Jugendfürsorge war schon immer erzieherisch, sie wurde zu einem Teil des öffentlichen Erziehungs-, Bildungs- und Pflegewesens, der den gesellschaftlichen Wert der Normalität, der Anpassung von Kindern an die geltenden Normen mit erzieherischen Mitteln oder mit kontrollierender Gewalt gegenüber Abweichungen von dieser Normalität erreichen sollte.[44] *Rauschenbach* bezeichnet diesen Vorgang als »Vergesellschaftung der Erziehung durch ihre Auslagerung in die Räume des öffentlichen Lebens.«[45]

Das herausstechende Merkmal dieser erzieherischen Aufgabe der Jugendfürsorge war die Vorbeugung. *Schmidt* hat diesen Aspekt sehr ausführlich herausgearbeitet, um die These zu widerlegen, daß Sozialpädagogik prinzipiell zu spät kommt und als eine Notstandspädagogik anzusehen ist.[46] *Schmidt* gelangt zu dem Ergebnis: »Die These, Sozialpädagogik sei eben eine Nothilfe, läßt sich in dieser Einseitigkeit also nicht aufrechterhalten.«[47] Ergebnis der historischen Betrachtung von *Schmidt* ist, daß Fürsorge auf vier Grundpfeilern beruht:

1. Arbeit ist besser als Almosen.
2. Vorbeugen ist besser als Heilen.
3. Die Not an den Wurzeln beheben ist besser, als Symptome zu beseitigen.
4. Wohlfahrtsarbeit ist wirtschaftliche, körperliche, geistige und seelische Hilfe zugleich.«[48]

Aufgabe
Den Begriff Prävention kann man auf verschiedene Personen in unterschiedlichen Lebenslagen beziehen. Deshalb unterscheidet man zwischen

1. primärer Prävention
2. sekundärer Prävention
3. tertiärer Prävention.

Überlegen Sie, was könnte man unter einer primären, sekundären und tertiären Prävention verstehen?

Lexikalisch bedeutet »Prävention« Vorbeugung, Abschreckung. Es handelt sich um eine Maßnahme, um Rechtsbeugung, Straftaten oder Nachteile abzuwenden. Prävention ist ein Begriff der Rechtssprechung und der Kriminalpolitik.
Unter Prävention versteht man »die Gesamtheit der in einer konkreten Gesellschaft auffindbaren Anstrengungen, der Entstehung sozialer Fälle und abweichender Karrieren entgegenzuwirken.«[49]

Man unterscheidet, wenn man von einer zeitbezogenen Kategorisierung[50] (die wohl gängigste) ausgeht, zwischen:[51]

1. Primäre Prävention:	Zielgruppen sind alle potentiell Gefährdeten einer Gesellschaft.
2. Sekundäre Prävention:	Adressaten sind alle Zielgruppen, die bereits spezifische Gefährdungen aufweisen, z. B. durch Rauschmittel oder Alkohol.
3. Tertiäre Prävention:	Handlungen zur Beseitigung bereits eingetretener Schäden mit dem Ziel der Vermeidung eines Dauerschadens.

Neben dieser zeitbezogenen Kategorisierung schlägt *Herriger* ein weiteres Ordnungsraster vor. Er unterscheidet zwei grundlegende Präventionsstrategien:[52]

- *Personenbezogene Prävention:* Die institutionellen Vorbeugungsmaßnahmen beziehen sich direkt auf die besonderen Gegebenheiten des Einzelfalles. »Ihr Ziel ist es, durch unterstützende Hilfen das normkonforme Verhalten von Minderjährigen zu sichern bzw. durch korrigierendes Eingreifen marginale Abweichungen schon frühzeitig zu beheben.«[53]
- *Strukturbezogene Prävention:* »Ansatzpunkt vorbeugenden Handelns ist hier nicht das unerwünschte Verhalten einzelner Kinder und Jugendlicher, sondern vielmehr die sozialstrukturell geprägten Lebensverhältnisse von Familien. Der gemeinsame Bezugspunkt der Präventionsarbeit ist hier die ... soziale Lebenslage bestimmter Bevölkerungsgruppen.«[54]

2.8.2 Vorbeugen aus jugendpolitischer Sicht

Bereits das Reichsjugendwohlfahrtsgesetz (RJWG) von 1924 nahm den Gedanken der Erziehung in Form präventiver Maßnahmen auf: (§ 1) »Jedes deutsche Kind hat ein Recht auf Erziehung zur leiblichen, seelischen und gesellschaftlichen Tüchtigkeit... Insoweit der Anspruch des Kindes auf Erziehung von der Familie nicht erfüllt wird, tritt, unbeschadet der Mitarbeit freiwilliger Tätigkeit, öffentliche Jugendhilfe ein«.
Im Kinder- und Jugendhilfegesetz (KJHG) von 1991 bilden die sogenannten vorbeugenden Hilfen einen besonderen Schwerpunkt. Das Recht auf Erziehung wird aus dem Menschenbild des Grundgesetzes abgeleitet: »Das Kind bedarf des Schutzes und der Hilfe, um sich zu einer eigenverantwortlichen Persönlichkeit innerhalb der sozialen Gemeinschaft zu entwickeln, wie sie dem Menschenbilde des Grundgesetzes entspricht.«[55]
In § 14 geht es um die Prävention im Kinder- und Jugendschutz. Dazu heißt es in der Gesetzesbegründung: »Der Jugendhilfe kommt im Rahmen des präventiven Kinder- und Jugendschutzes die erzieherische Aufgabe zu, Gefährdungen von Kindern und Jugendlichen vorzubeugen bzw. entgegenzuwirken und durch Information, Beratung und erzieherische Impulse positive Akzente in der Sozialisation zu setzen.«[56]

In bezug auf die allgemeine Förderung der Erziehung in der Familie (§ 16) geht das KJHG von der Bestimmung aus, daß als Leistungsvoraussetzung keine Notsituation vorliegen muß. Die Leistungen haben vielmehr präventiven Charakter.

Diskutiert wurden die vorbeugenden erzieherischen Maßnahmen der Jugendhilfe auch im *Achten Jugendbericht* der Bundesregierung von 1990. Als erste Strukturmaxime der Jugendhilfe wird die »Prävention« genannt. Zunehmend setzt sich eine präventive Orientierung durch:

»Sie zielt – als primäre Prävention verstanden – auf Lebenswerte, stabile Verhältnisse, auf Verhältnisse also, die es nicht zu Konflikten und Krisen kommen lassen, und – als sekundäre Prävention verstanden – auf vorbeugende Hilfen in Situationen, die erfahrungsgemäß belastend sind und sich zu Krisen auswachsen können. Das Konzept der sekundären Prävention wird gestützt durch Ergebnisse der Streß-Forschung ebenso wie der Forschung zu kritischen Lebensereignissen, der Life-Event-Forschung.«[57]

Zur dritten Stufe der Prävention gehören Hilfen in akuten Konflikten und überlasteten, verhärteten oder verfahrenen Situationen. Der *Achte Jugendbericht* weist auch auf Schwierigkeiten hin, die eine Umorientierung der Jugendhilfe im Zeichen der Prävention mit sich bringen.

»Jugendhilfe im Konzept von Prävention zu sehen, könnte bedeuten, all ihre Aktivitäten unter dem Gesichtspunkt der Verhütung von Schwierigkeiten (und damit Normalität gleichsam als verhinderte Schwierigkeit) zu verstehen und so – pointiert geredet – Wirklichkeit von der Bedrohung her nicht nur zu interpretieren, sondern zu pathologisieren (analog wäre es, wenn Gesundheit als noch nicht ausgebrochene Krankheit verstanden würde).

Dies aber wäre eine schreckliche Konsequenz. Bildung ebenso wie Information und die Gestaltung von Lebensräumen haben eine eigene Bedeutung für Kinder, Heranwachsende und Familien. Für die Jugendarbeit, aber ebenso für Familienarbeit ist es entscheidend, sie vom Eigensinn ihrer Aufgaben und nicht von Belastungen und Risiken her zu begründen ...

Präventive Orientierung ist nicht ein Konzept zur Struktur von Jugendhilfe überhaupt, sondern ein Moment in ihr.«[58]

2.8.3 Vorbeugen aus sozialpolitischer Sicht

Strasser hat in seinem Beitrag über den Sozialstaat fünf Momente der vorbeugenden Sozialpolitik herausgearbeitet:

1. »Durchsetzung einer autonomen Vollbeschäftigungspolitik, die sich nicht auf die sogenannten ›Selbstheilungs-Kräfte‹ des Marktes verläßt und auch nicht dem Trugschluß aufsitzt, Vollbeschäftigung stelle sich als quasi automatisches Nebenprodukt ökonomischen Wachstums ein ...
2. Konsequente Bekämpfung der krankmachenden Faktoren im Arbeits- und Wohnbereich ...
3. Vorrang der präventiven Medizin ... (Das) läuft damit letztlich auf den Aufbau eines integrierten öffentlichen Gesundheitswesens hinaus ...
4. Umfassende strukturpolitische Maßnahmen unter sozialen und ökologischen Gesichtspunkten ...
5. Schließlich: Maßnahmen zur Erhaltung, Wiederherstellung und Neubegründung der sozialen Produktivität der ›kleinen Netze‹ wie Familien, Wohngemeinschaft, Nachbarschaft, selbstorganisierte Gruppe etc.«[59]

Strasser sieht in dem Konzept der vorbeugenden Sozialpolitik die einzige humane Möglichkeit, die dem Menschen mehr reale Freiheit garantiert. Für diese sozialpolitische Umorientierung stellt sich natürlich die Finanzierungsfrage. *Strasser* meint dazu: »Wenn wir auch nicht wissen, wie hoch die durch vorbeugende Maßnahmen bewirkten finanziellen Einsparungen genau sein werden, so wird doch ihre ungefähre Größenordnung geschätzt werden können. Tatsachen wie die, daß in der BRD alle 17 Sekunden ein Arbeitsunfall passiert und die dann verursachten Kosten sich allein im Jahr 1976 nach Schätzungen des Arbeitsministeriums auf 25 Mrd. DM beliefen oder daß jährlich 300 000 Menschen vorzeitig (durch Unfall oder anderweitig bedingte Arbeitsunfähigkeit) aus dem Arbeitsleben ausscheiden, dürften geeignet sein, auch diejenigen von der Notwendigkeit einer Akzentverlagerung zur vorbeugenden Sozialpolitik zu überzeugen,«[60] die mit anderen Argumenten nur schwer dazu zu bewegen sind, die ausgetretenen Pfade der herkömmlichen Sozialpolitik zu verlassen.
Es liegen genügend Belege vor, die beweisen, daß vorbeugende Soziale Arbeit z. B. auch aus wirtschaftlicher Sicht rentabler ist. Hier einige Beispiele:

- Die Unterbringung in einem Heim z. B. kostet pro Tag DM 268,– und mehr; in einer Wohngruppe nur 170,– bis 180,– DM.[61]
- Die Kosten für die Einweisung von Obdachlosen übersteigen um ein Vielfaches die ihrer Verhinderung. Den Ausgaben für Einrichtungen, Bewirtschaftung der Unterkünfte, Personaleinsatz, Heimunterbringung von Kindern stehen vergleichsweise geringe Kosten durch Mietschuldübernahme, Ausfallgarantie und ähnliches gegenüber.[62]
- Für die 12 000 Menschen in Köln, deren Wohnungsprobleme angepackt wurden, entstanden monatlich im Schnitt Ausgaben von 1075 Mark pro Person. Demgegenüber wurden für 1 400 Personen, die in Obdachlosenunterkünften untergebracht werden mußten, 7758,80 Mark pro Person aufgewendet.[63]

Dettling stellt die These auf: »Je größer die Krise, desto nötiger die Jugendhilfe, desto geringer aber auch die Chancen, die nötigen finanziellen Mittel zu bekommen.«[64] Jugendhilfe war von Anfang an immer auch ein Kampf gegen knappe Kassen.
»Es ist schwer klarzumachen, daß auch die finanziellen Folgekosten unterlassener Jugendhilfe in die ökonomische Rechnung einzubeziehen sind, was allerdings selten geschieht. Was man an Jugendhilfe spart, muß man in vielen Fällen an Sozialhilfe bezahlen oder aber in Rehabilitationsmaßnahmen, in den Jugendstrafvollzug oder in andere repressive Maßnahmen investieren. Dies ist zugleich ein wichtiger Hinweis für die Argumentation von Jugend- und Sozialdezernenten und von Jugendamtsleitern mit ihren Kämmerern. Diese Debatte zwischen Jugendhilfe und Kämmerern wird erfolgreich sein, wenn Jugendhilfe erkennt und anerkennt, daß finanzielle Mittel leichter zu begründen sind, je weniger sie nur konsumiert werden, nur in therapeutische Behandlung sozialer Probleme Jugendlicher und je mehr sie investiert werden in die Überwindung der Ursachen sozialer Probleme.«[65]

Halten wir fest
Jugendfürsorge war grundsätzlich pädagogisch orientiert. Es ging immer um Erziehung und damit um der Verwahrlosung vorbeugende Maßnahmen.

Prävention (Vorbeugen, Abschrecken)

1. Primäre: zielt auf alle potentiell gefährdeten Personen
2. Sekundäre: richtet sich an Personen, die bereits spezifische Gefährdungen aufweisen
3. Tertiäre: es geht um Beseitigung eingetretener Schäden

Auch wenn es primär um Prävention (Prophylaxe) geht, muß man sehen, daß Jugendfürsorge sowohl vorbeugende (prophylaktische) wie auch intervenierende (metaphylaktische) Aufgaben übernimmt. Sozialpädagogik ist durch Prävention und Intervention charakterisiert.

2.9 Verwahrlosung/Dissozialität und Normalität/abweichendes Verhalten

Die Geschichte der Sozialpädagogik und deren Aufgabe kann man auch anhand von vier Begriffen erklären: Verwahrlosung/Dissozialität und Normalität/abweichendes Verhalten. Man könnte die Entwicklung und Veränderung der Aufgaben der Sozialpädagogik so umschreiben: Von der Verwahrlosung zur Normalität.

2.9.1 Verwahrlosung/Dissozialität

Aufgabe
Öffentliche Jugendfürsorge entstand aus dem Bemühen heraus, Kinder vor der Verwahrlosung zu schützen. Verwahrlosung sieht *Mollenhauer* deshalb als grundlegenden Begriff und Grund für die Entstehung der Sozialpädagogik.
Würden Sie für das heutige Verständnis von Sozialpädagogik auch den Begriff der Verwahrlosung zugrunde legen oder würden Sie einen anderen Begriff wählen?

Unter Verwahrlosung verstand man jene Merkmale, die einen oder mehrere Menschen kennzeichneten, die sich nicht so verhielten, wie man es gewöhnt war und von ihnen erwartete.
»Verwahrloste nannte man eben jene Unglücklichen, welchen die Verwahrung vor dem Bösen durch andere nicht, wie sie nach göttlicher und menschlicher

Ordnung sollte, zu Teil geworden ist. Diese Begriffe enthielten einen theologisch – anthropologischen Aspekt. Die verwahrende Ordnung nämlich, die allein für fähig galt, eine drohende Verwahrlosung zu verhüten, war die christliche Gemeinschaft als Familie, Werkstätte, Gemeinde und Kirche ... In diesem Sinne gab es keine Ordnung außerhalb der christlichen Gemeinde.«[66]

Mit dem Begriff der Verwahrlosung war also ein religiös, moralisch und sittlich verwerfliches Verhalten gemeint. Dieses Verhalten bezog man vor allem auf Jugendliche. Den männlichen »Nachwuchs« von Adel, Bildungs- und Besitzbürgertum nannte man bis in die zweite Hälfte des 19. Jhdts. Jünglinge. Die Arbeitskinder wurden bis zur Volljährigkeit in der Regel Kinder genannt oder »jugendlich«. In diesem Zusammenhang sprach man auch sehr häufig von »jugendlichen Verbrechern«. Im Georg'schen Bücherverzeichnis im Band von 1898 – 1902 findet man unter dem Stichwort »Jugendlicher« den Verweis: siehe »Verbrecher«. »Wer vor dem Jahr 1911 vom Jugendlichen sprach, meinte für jedermann verständlich eine kriminelle oder verwahrloste Person jugendlichen Alters.«[67] Jugend, vor allem Jugendliche der Arbeiterschicht, und Verwahrlosung sah man bis zu diesem Zeitpunkt mehr oder weniger identisch. Jugend war verwahrlost oder ihr drohte die Verwahrlosung.

Die Sichtweise der Verwahrlosung hat sich allerdings im Laufe der Geschichte verändert, wie es z. B. *Mollenhauer* und *Thiersch* nachweisen. *Thiersch* zeigt diese Veränderung auf, indem er von zwei Aspekten der Verwahrlosung ausgeht: die »landläufige Meinung« und die Meinung der Handlungswissenschaften.

»Die alte Selbstverständlichkeit, daß Scheitern in jedem Menschen angelegt und Gelingen nicht primär eigenes Verdienst, sondern Gunst der Umstände sei, ist z. B. durch die Entdeckungen der modernen Sozial- und Tiefenpsychologie vielfältig belegt worden. Zwischen Verwahrlosten und Normalen gilt kein prinzipieller Unterschied; Verwahrloste sind nur die Unglücklicheren, Benachteiligteren; sie verurteilen, ist pharisäisch ... Indem Verwahrlosung so aber nicht nur vom Individuum, sondern auch von der Gesellschaft aus, gleichsam als der eigene Schatten, als das schuldhaft Versäumte erscheint, wird es selbstverständliche Pflicht, die benachteiligten Umstände zu ändern und zu helfen.«[68]

Thiersch wie *Mollenhauer* plädieren dafür, weil der Begriff der Verwahrlosung negativ geprägt ist, ihn fallen zu lassen und durch einen neutralen Begriff zu ersetzen: *Dissozialität.*[69] Heute wird allgemein von dissozialem Verhalten oder Dissozialität gesprochen. Unter Dissozialität versteht man einen Prozeß,

»in dem nicht erfüllte elementare Bedürfnisse – nach Anerkennung, Liebe, Frustrationstoleranz und individueller und sozialer Identität – zu Unsicherheit und Ersatzbefriedigung oder Aggression führen; dieser Prozeß ist der Teufelskreis, der sich in den verschiedenen Lebensfeldern wechselseitig aneinander steigernden, bestärkenden und verhärtenden individuellen und gesellschaftlichen Enttäuschungen und Abwehrreaktionen zeigt. Dissozialität erweist sich also als fehlgeschlagene Kompensation einer mißlungenen Identifikation.«[70]

Specht, Schweitzer u. a. versuchen die verwandten Begriffe Dissozialität, Verwahrlosung, Deliquenz und Kriminalität abzugrenzen, was sie als recht schwierig bezeichnen. *Specht* hat diesbezüglich einen klärenden Beitrag geliefert: »Die Begriffe Dissozialität, Deliquenz und Verwahrlosung kennzeichnen einen bestimmten Interaktionszustand zwischen einzelnen Menschen und einem für sie bedeutsamen sozialen System. Sie beziehen sich nicht auf die objektive Qualität von Handlungen.«[71]

Dissozialität – Deliquenz – Verwahrlosung

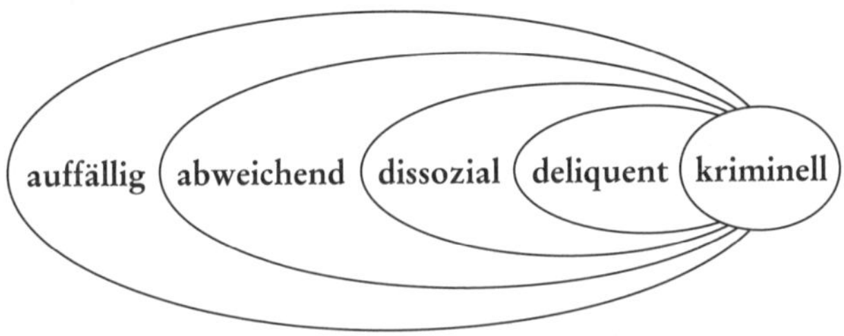

Halten wir fest

Öffentliche Fürsorge hatte zum Ziel, die Verwahrlosung armer Kinder zu verhindern. Verwahrlosung ist der grundlegende Begriff für die Entstehung von Sozialpädagogik.
Mit diesem zentralen Begriff verbinden wir heute jedoch eine negative Vorstellung und würden die Aufgaben und Zielgruppen von Sozialpädagogik zu eng definieren. Deshalb sollte man den Begriff »Verwahrlosung« überdenken und durch einen neutralen ersetzen: Dissozialität.
Wir müssen noch einen Schritt weiter gehen. Sozialpädagogik bezieht sich nicht nur auf Kinder und Jugendliche mit dissozialem Verhalten, sondern bemüht sich um alle (potentiell gefährdeten) Kinder und Jugendliche sowie Erwachsene.

2.9.2 Normalität

Auch wenn Dissozialität/Verwahrlosung ein grundlegender Begriff der Sozialpädagogik ist, muß man heute davon ausgehen, daß die Zielgruppe von Sozialpädagogik nicht nur Menschen mit dissozialem Verhalten sind, sondern daß auch Menschen mit sozialisiertem Verhalten der Hilfestellung durch die Sozialpädagogik bedürfen. Sozialpädagogik ist keine Reparaturwerkstätte, sondern eine Erziehungs-, Bildungs- und Lerninstitution, die allen Menschen bei ihrer Identitätsfindung vor allem präventiv hilfreich zur Seite steht. Sozialpädagogik hat es primär mit »Normalität« zu tun. Will man verstehen, was dissoziales, abweichendes Verhalten ist, muß man allerdings zunächst klären, was man unter »normal« versteht.

Aufgabe
Sie führen mit Bekannten eine Diskussion über Alkohol im Straßenverkehr. Ein Teilnehmer meint: Es ist doch normal, wenn jemand von einer Party kommt, daß er Alkohol getrunken hat...
Sie stellen die Frage: Was ist eigentlich normal? Ist normal...,

- wenn jemand alkoholisiert noch Auto fährt?
- wenn der Angestellte aus seinem Büro für seinen Privatgebrauch Papier und andere Schreibutensilien mitnimmt?
- wenn der Automechaniker ›kostenlos‹ Ersatzteile für sich mit nach Hause nimmt?
- wenn man beim Finanzamt nicht sein ganzes Einkommen angibt?
- wenn jeder Mensch Probleme hat?... usw.

Versuchen Sie den Begriff »normal« für sich zunächst zu klären, bevor Sie weiterlesen.

Gehen wir davon aus, daß es in der Sozialpädagogik immer um erzieherische Aspekte geht. Erziehung orientiert sich an Werten und Normen. *Mollenhauer* hat sich mit dieser Problematik auseinandergesetzt. Seine Überlegungen sollen hier kurz resümiert werden.

»Um die Abweichungen beim Namen nennen zu können, ist es offenbar notwendig zu wissen, was das Normale ist, von dem in solchen Fällen abgewichen wird. Nun ist aber auffallend, daß es eine sehr ausgedehnte Fachliteratur zum Problem der Verwahrlosung und Kriminalität gibt, daß über Gefährdung viel geredet wird, daß wir aber auf der Suche nach einem präzisen Begriff des ›Normalen‹ oder nach Versuchen, es annähernd zu beschreiben, fast ergebnislos suchen müssen. Das Wissen von dem Normalen ist anscheinend ein nicht reflektiertes Wissen; und selbst die Reflexion stößt bei dem Versuch, das ›Normale‹ zu fassen und zu formulieren, auf große Schwierigkeiten. Physische und psychische Gesundheit scheint, ihrer Natur nach, ein vorbewußter Zustand zu sein, dessen Art, Inhalt und Wert erst aus der Erfahrung des Gegenteils hervorzutreten beginnt. Es ist leichter, die Abweichungen zu bezeichnen, da sie jedermann anschaulich vor Augen treten, als detailliert die Normen anzugeben, die das gewöhnliche, gesunde, normale Dasein auszeichnen. Die Frage nach dem, was normal ist, taucht daher auch erst auf, wenn die Häufigkeit abweichenden Verhaltens zwingt, dieses zu bestimmen, seine Ursachen zu finden, Gegenmaßnahmen zu treffen.«[72]

Mollenhauer beginnt seine Analyse des Normalen mit der Klärung dessen, was Verwahrlosung ist. Sein Ergebnis:

»Verwahrlosung ist ein pädagogischer Begriff, mit dem die Diskrepanz zwischen der Wirklichkeit und der Möglichkeit eines Menschen bezeichnet wer-

den soll. Was möglich ist, wird vom Gegebenen begrenzt, vom Aufgegebenen her gefordert. Ob ein Mensch verwahrlost ist, vermag nur der zu entscheiden, der das Aufgegebene und das Verheißene kennt. D. h.: Verwahrlosung läßt sich nicht auf Anhieb konstatieren; um sie zu erkennen, bedarf es einer gründlichen Analyse der pädagogischen Situation. Nicht ein bestimmtes, vielleicht auffallendes und dem Betrachter subjektiv als abweichend von seiner Norm erscheinendes Verhalten darf schon als Verwahrlosung gelten, sondern erst der Nachweis der Differenz, die zwischen dem, was dem Menschen seinem psychosozialen Bestand nach möglich war und dem, was er faktisch erreicht hat, berechtigt zu dem Urteil ›verwahrlost‹.«[73]
»Verwahrlosung gibt es nur, wo es Kultur gibt, Verwahrlosung als ein pädagogisches Problem taucht nur dort auf, wo bestimmte Aufgaben unbewältigt bleiben, verfehlt oder überhaupt nicht gesehen werden; wo es nicht gelingt, einen gegebenen Bestand von Anlagen und Dispositionen mit den Normen, dem Aufgaben-System der Gruppe einer Kultur in ein gültiges Verhältnis zu setzen. Dieses Mißlingen ist das Wesentliche ...
Mit der Skizzierung der Probleme, die sich aus den Verwahrlosungsphänomenen ergeben, ist nur eine Seite sozialpädagogischer Wirksamkeit genannt: Sozialpädagogik als Nachholen von Versäumtem.
Alles, was in der Jugendpflege ... geschieht, setzt nicht bei schon eingetretenen Schäden ein, sondern ist legitimer Bestandteil der ›normalen‹ Erziehungswege und Erziehungshilfen. Aber schon, daß wir von Hilfen sprechen, zumal von außerfamiliären und außerschulischen, von öffentlichen Erziehungshilfen, deutet ein Problem an. Offenbar ergibt sich das ›Normale‹ nicht gleichsam von selbst; es muß hergestellt und seine Herstellung muß gesichert werden. Damit geschieht alle Sozialpädagogik angesichts von Gefährdungen. Die Sorge um die Gefährdung der Jugend, der Versuch, die Gefahr abzuwenden, die Gefährdung abzudämmen, ist das entscheidende und alle Sozialpädagogen verbindende Motiv ihrer Arbeit.«[74]

Unter einer Gefährdung versteht *Mollenhauer* eine Konstellation von Faktoren, die im ungünstigsten Fall eine Gefahr für die Person sind. »Gefährdungen sind in der Regel latent und machen sich erst durch die Dauerhaftigkeit ihrer Einwirkung bemerkbar.«[75] Von Gefährdung spricht man, wenn die Autonomie und Initiative eines Menschen unterentwickelt, geschwächt oder bedroht wird. Damit hat *Mollenhauer* das Minimum dessen benannt, das als Normalität oder psychosoziale Gesundheit gelten kann.

Diese Ausführungen belegen, wie schwer es ist, Normalität begrifflich und inhaltlich zu erfassen.

Die Erforschung der Normalität ist in Deutschland erst ansatzweise theoretisch aufgearbeitet worden. Anders z. B. in Dänemark oder Schweden. Dort wurde bereits Ende der fünfziger Jahre das »Normalitätsprinzip« formuliert.[76] Nach diesem Prinzip kann man Normalisierung definieren »als Anwendung von kulturell – typischen Mitteln und Methoden, um den betroffenen Menschen die Lebensbedingungen zu bieten, die mindestens so gut sind, wie die des durchschnittlichen Bürgers, und um soweit wie möglich das Ansehen und den Status, die Erfahrungen und die Verhaltensmöglichkeiten des betroffenen Menschen zu erhöhen oder zu unterstützen.«[77]

Normalität wird nicht als statistische Größe gemessen, sondern als anthropologische Größe, die nicht in einer einseitigen Anpassung des betroffenen Menschen an durchschnittliche gesellschaftliche Verhältnisse und Verhaltensweisen besteht. »Die Gleichsetzung Normalität = einseitige Anpassung ist eine der häufigsten Fehlinterpretationen des Normalitätsprinzips in Theorie und Praxis.«[78]
Nach *Böttcher* lassen sich drei »Kriterien der Normalität« aufstellen:[79]

1. Das sozio-kulturelle Kriterium der Norm bzw. der Normalität weist auf die interkulturelle Verschiedenheit von Normalität hin. Das Urteil ›normal – abnormal‹ ist immer im soziokulturellen Kontext zu sehen.
2. Diesem genannten Kriterium liegt der statistische Normbegriff zugrunde. »Ob individuelles Verhalten oder Vermögen normal ist, hängt von den statistisch ermittelten Standardwerten der bezogenen Population ab.«[80]
3. Schließlich kommt ein subjektives Kriterium der Normalität hinzu, nämlich das Befinden des einzelnen, ob er sich wohl oder unwohl, gesund oder krank, ausgeglichen oder gestört empfindet.

Normalität hängt demnach vom sozial-kulturellen, objektiv-statistischen und subjektiven Kriterium ab.
Neuerdings haben sich *Böhnisch* und *Böllert* mit der Frage der Normalität auseinandergesetzt.[81] *Böhnisch* sieht in dem Normalitätsbegriff ein zentrales psycho-soziales Konstrukt der Handlungsfähigkeit von Sozialpädagogik und Sozialarbeit.
Unter Normalität versteht *Böhnisch* in Anlehnung an die Wissenssoziologie von *Berger/Luckmann* »eine Grundwelt, die das soziale Selbstverständnis in der Gesellschaft darstellt – das Selbstverständliche, das nicht mehr thematisiert werden muß. Die Gesellschaft funktioniert, weil sie eben einen nicht hinterfragten Grundbestand an nor-

mativen Orientierungen hat. Grundwelt beinhaltet ja, daß etwas Konsens ist, daß es nicht immer wieder durch Verfahren oder Argumentationen neu hergestellt werden muß.«[82] Die Grundwelt wird durch Basisregeln bestimmt, welche die Funktion haben, sich nicht in alltäglichen Situationen immer neu verständigen zu müssen.
Böhnisch unterscheidet zwischen einer lebensweltlichen Normalität, die innere Sicherheit garantiert, und einer sozialstaatlichen Normalität, die soziale Probleme bewältigbar und selbstverständlich erscheinen läßt.

Halten wir fest
Es ist sehr schwer, Normalität begrifflich zu fassen.
Das Normale ergibt sich nicht von selbst, es muß hergestellt und diese Herstellung muß gesichert werden.
Als normal kann man das bezeichnen, was dem Menschen Lebensbedingungen ermöglicht, die mindestens so gut sind, wie die des durchschnittlichen Bürgers. Man muß zwischen der lebensweltlichen und der sozialstaatlichen Normalität unterscheiden.

2.9.3 Auffälliges, abweichendes Verhalten

Aufgabe
Sie haben sich Gedanken gemacht, was normal ist. Versuchen Sie jetzt zu klären, was ist abweichendes, nicht – normales Verhalten?

Ein weiterer Ansatz soll hier noch vorgestellt werden, um Normalität näher zu erklären: »Normalität« und »abweichendes Verhalten« bzw. »auffälliges Verhalten«.
Abweichendes Verhalten kann man nur näher verstehen, wenn man die Norm kennt, von der man abweicht. Auch hier ist die Terminologie nicht einheitlich. Man spricht z. B. im Zusammenhang mit Schülern von problematischem, abweichendem, deviantem, gestörtem, unangepaßtem, undiszipliniertem Verhalten. Von verschiedenen Seiten wurde versucht, theoretische Erklärungsansätze für auffälliges Verhalten zu formulieren. Vier Theoriemodelle sollen kurz vorgestellt werden.[83]

1. Medizinisches Krankheitsmodell

Diese Vorstellung geht von einer individualisierenden Sichtweise aus. Die Verantwortung für Probleme ist weitestgehend dem verhaltensauffälligen Individuum zuzuschreiben. Die Verhaltensweisen sind

psychische Krankheitssymptome, die in der Person lokalisiert sind. Dabei geht man vom medizinisch – biologischen Modell aus, nach dem vor allem medizinisch – konstitutionelle und physiologische Faktoren für psychische Auffälligkeiten verantwortlich gemacht werden. »Auffälligkeiten werden als Ursache und nicht als Folge von sozialen Schwierigkeiten gesehen.«[84] Dieser Ansatz sieht die psychischen Auffälligkeiten weitestgehend losgelöst vom sozialen Kontext, in welchem die Auffälligkeiten entstanden sind.
Auch in der Medizin ist der Unterschied zwischen »Normalität« und »Anormalität« umstritten. Der amerikanische Psychologe *Rosenhan* hat 1973 zu dieser Frage ein sozialpsychologisches Experiment durchgeführt, das *Waller* wie folgt beschreibt: In dem von *Rosenhan* durchgeführten Experiment gelang acht Pseudopatienten – ausschließlich unter der Simulation des Symptoms, sie würden Stimmen hören – die Aufnahme in zwölf Psychiatrische Anstalten. Die Pseudopatienten änderten lediglich ihren Namen und hörten sofort nach der Aufnahme auf, Stimmen zu hören. Keiner der Pseudopatienten wurde als solcher entdeckt. Bis auf einen Fall erhielten alle die Diagnose »Schizophrenie«.
Der zweite Teil des Experiments wurde in einer Universitätsklinik durchgeführt, deren Personal Zweifel an der Zuverlässigkeit des Experiments geäußert hatte. Das Personal wurde darüber informiert, daß in den folgenden drei Monaten ein oder mehrere Pseudopatienten versuchen würden, in das psychiatrische Krankenhaus aufgenommen zu werden. Es wurde eine 10-Punkte-Skala entwickelt, mit deren Hilfe die Intensität des Verdachts »Pseudopatient« bei allen Aufnahmen gemessen werden sollte. Es wurden 193 aufgenommene Patienten auf diese Weise beurteilt. Bei 41 Patienten wurde von mindestens einem Mitglied des Personals behauptet, sie seien mit großer Wahrscheinlichkeit Pseudopatienten. Bei 23 Patienten äußerte mindestens ein Psychiater diesen Verdacht, bei 19 hatte mindestens ein Psychiater und ein anderes Mitglied des Personals diesen Verdacht. In Wirklichkeit aber stellte sich kein »echter« Pseudopatient aus der Rosenhanschen Untersuchung vor.
Rosenhan wollte mit seinem Experiment der Frage nachgehen, ob man psychisch Gesunde von psychisch Kranken unterscheiden kann und ob die Merkmale, die zu einer Diagnose führten, in dem Patienten selbst oder in der Umgebung liegen.
Seine Frage war: Kann man zwischen Normalität und Anormalität, zwischen psychisch Gesunden und psychisch Kranken deutlich unterscheiden. Diese Frage mußte er nach diesem Experiment verneinen. Die Bestimmung von Normalität bzw. Anormalität hängt von sehr vielen u. a. auch sozialen Faktoren ab.[85]

2. *Verhaltenstheoretisches Modell*

»Die Verhaltenstheorie wandte sich vor allem gegen die Auffassung, auffälliges Verhalten sei Ausdruck eines zugrundeliegenden, psychodynamischen Defekts. Stattdessen betonte sie kontrollierende Umweltreize als Krankheitsursache. Die Rückweisung psychodynamischer Konstrukte und deren Ersetzung durch lerntheoretische Annahmen ... führte zu einer grundlegenden Revision der Erklärung und Behandlung abweichenden Verhaltens. Symptome werden nicht mehr als Zeichen verborgener psychischer Defekte, sondern als Ergebnis sozialer Lernprozesse gedeutet.«[86]

Im Gegensatz zum medizinischen Modell, das eher ein statistisches Persönlichkeitsmodell vertritt, betont das verhaltenstheoretische Modell die besondere Situation des Verhaltens und den Prozeß des Erwerbs. Als Kritik an diesem Modell wird angemerkt, »daß abweichendes Verhalten keinen feststehenden Sachverhalt darstellt, sondern häufig erst durch die Definitions-, Interpretations- und Zuschreibungsvorgänge der Interaktionspartner zu einem sozialen Problem gemacht wird.«[87]

3. *Labeling-Modell*

Der Labeling-Ansatz ist zur Zeit der umfassendste theoretische Ansatz, der abweichendes Verhalten zu erklären versucht.

»Der Labeling-Ansatz geht davon aus, daß es abweichendes Verhalten an sich oder als Eigenschaft einer Person nicht gibt. Statt dessen ist abweichendes Verhalten nur in Bezug auf bestimmte, in einer Gesellschaft geltende Verhaltensregeln und entsprechenden sozialen Zuschreibungen als solches zu identifizieren. Die Definition von Abweichung läßt sich also nicht aus dem Verhalten selber, sondern nur aus der Bedeutung, welche diesem Verhalten in der sozialen Interaktion zuerkannt wird, herleiten ... Die Betrachtung abweichenden Verhaltens sagt damit mehr über die Verhaltensregeln, die der Etikettierung zugrunde liegen und den Prozeß der Zuschreibung aus, als über das Verhalten selber und die Person, die dieses Verhalten zeigt.«[88]

Man kann sagen, daß gesellschaftliche Gruppen abweichendes Verhalten schaffen, indem sie Regeln aufstellen, deren Verletzung abweichendes Verhalten nach sich zieht, und sie diese Regeln auf bestimmte Menschen anwenden.

»Von diesem Standpunkt aus ist abweichendes Verhalten keine Qualität der Handlung, die eine Person begeht, sondern vielmehr eine Konsequenz der Anwendung von Regeln durch andere und der Sanktion gegenüber einem ›Missetäter‹.

Der Mensch mit abweichendem Verhalten ist ein Mensch, auf den diese Bezeichnung erfolgreich angewandt worden ist; abweichendes Verhalten ist Verhalten, das Menschen so bezeichnen.«[89]

Man unterscheidet zwischen

- *primären Abweichungen:* Sie werden kaum registriert, bzw. ihnen wird keine große Bedeutung zugemessen. Es handelt sich um normale Entscheidungen des täglichen Lebens und ziehen meist keine langfristigen Konsequenzen nach sich.

– *sekundären Abweichungen:* Diese Abweichungen sind von gravierender Größe und markieren den Mißerfolg der Gesellschaft, abweichendes Verhalten zu verhindern, zu korrigieren bzw. zu kontrollieren. »Stattdessen wird dieses durch die Reaktion der Interaktionspartner erst zum sozialen Problem erhoben, verschärft und verfestigt.«[90]

Halten wir fest

Die Entstehung abweichenden Verhaltens wird nach dem Labeling-Ansatz als ein ganzheitlicher Prozeß verstanden, an dem gesamtgesellschaftliche, gruppenspezifische, interaktionelle und individuelle Faktoren beteiligt sind.

Aufgrund dieser drei Modelle analysiert *Thommen* empirische Untersuchungen über das Auftreten von Verhaltensstörungen in der Schule. Die Ergebnisse sind äußerst unterschiedlich. »Die Angaben über den Prozentsatz verhaltensauffälliger Schüler streuen von 1 % ... bis zu 50 %.«[91]

Thommen kommt zu dem abschließenden Ergebnis, daß die Deutungsmuster der Lehrer für auffälliges Verhalten weitgehend dem medizinischen Erklärungsmodell entsprechen. »Der allgemeine Tenor lautet: Lehrer urteilen stereotyp, undifferenziert und folgen weitgehend einem antiquierten, medizinischen Erklärungsmodell.«[92]

4. Kritisch-rationalistisches Modell (Lutz Rössner)

Rössner versucht im Zusammenhang mit seiner Theorie der Sozialarbeit das Phänomen des abweichenden Verhaltens und damit auch die Frage nach dem Normalen zu klären. Ausgangspunkt seiner Überlegungen ist die These: »Es gibt sozialisiertes Verhalten.«[93] Sozialisation ist nie symmetrisch, sondern verläuft stets asymmetrisch, d. h. da jeder Mensch als Individuum unterschiedlich ist, kann es auch nicht symmetrisch sozialisierte Menschen geben. Da es keine symmetrische Sozialisation gibt, ist Asymmetrie normal. Eine Gesellschaft erwartet also nicht den völlig sozialisierten Menschen, sondern asymmetrisch sozialisierte Menschen, allerdings nur in bestimmten Grenzen.

Stimmt ein Verhalten mit den Normen einer Gruppe nicht überein, wird dieses als dissozialisiertes Verhalten oder Dissozialisation bezeichnet. Entscheidend ist nun, daß das gleiche Verhalten je nach der diagnostizierenden Gruppe einmal als sozialisiert und ein anderes Mal als dissozialisiert interpretiert werden kann.

Diese Überlegungen führen zu dem Ergebnis, daß es asymmetrisch sozialisierte Menschen gibt, die je nach diagnostizierender Gruppe toleriert oder nicht toleriert werden.

Zwei weitere Begriffe führt *Rössner* in diesem Zusammenhang ein: »asozialisiert« und »übersozialisiert«.

Bewegt sich eine Person außerhalb des tolerierten Asymmetrie-Spielraums der Gesellschaft, bezeichnet er diese als Asozialität.
Dissozialität unterscheidet sich von Asozialität dadurch, daß erstere von einer Gruppe, letztere von der Gesellschaft diagnostiziert wird. »Asozialität ist eine von allen Gruppen diagnostizierte Dissozialität. Dissozialität unterscheidet sich von Asozialität nur dadurch, daß jene nicht von allen Gruppen diagnostiziert wird.«[94]
Von »Übersozialität« spricht man, wenn ein Individuum den von der diagnostizierenden Instanz erwarteten Asymmetrie-Spielraum nicht (aus-)nutzt; dann weist das Individuum ebenfalls einen Asymmetrie-Mangel, eine »nicht normale Asymmetrie« auf. Es ist nicht »normalisiert«, nicht normal-asymmetrisch sozialisiert.
Unter »normal« versteht *Rössner* das, was der Norm einer diagnostizierenden Instanz entspricht. Normen sind keine fixen, sondern relative Größen, die sich von Gesellschaft zu Gesellschaft und auch innerhalb eines Zeitabschnittes ändern können. Deshalb sollte man davon ausgehen, daß es keine allgemeine Definition des normalen und des anormalen Verhaltens gibt.

»Beides gewinnt seinen Sinn erst vor einem bestimmten Komplex von anerkannten Normen, die in einer gegebenen Gesellschaft durchschnittlich befolgt werden. Das ist die sozialkulturelle Relativierung der Phänomene des normalen und des anormalen Verhaltens, die immer nur im Horizont eines bestimmten Gesellschaftstyps und darin auch immer nur in Bezug auf diese Entwicklungsphase dieses Typs verstanden werden können.«[95]

Zusammenfassend kann man nach *Rössner* sagen: Es gibt

• asymmetrisches Verhalten:	normales Verhalten
• dissozialisiertes Verhalten:	je nach Gruppe normales Verhalten
• übersozialisiertes Verhalten:	nicht normales Verhalten
• asozialisiertes Verhalten:	von der Gesellschaft als nicht normales Verhalten definiert

•

Rössner kommt zu dem Schluß: Wenn sozialer Wandel gewünscht wird, ist dissozialisiertes Verhalten notwendig und wünschenswert. Es wird nicht nur zu tolerieren, sondern zu fördern sein, und diese Aufgabe hat die Sozialpädagogik. Ziel einer Sozialpädagogik sollte nicht (Über-)Funktionalität sondern Disfunktionalität sein.
Normalität orientiert sich an Normen. Nicht jede Norm hat den gleichen Stellenwert und zieht bei Übertretung gleich starke Sanktionen nach sich. Dementsprechend unterscheidet *Rössner* zwischen Muß-, Soll- und Kann-Normen.

- *Kann-Normen:* Sie drücken sich vor allem in Gewohnheiten aus, deren Nichteinhaltung kaum ernsthaft verfolgt wird. Es können

denjenigen, der davon abweicht, jedoch insofern negative Sanktionen treffen, als seine soziale Anerkennung gemindert wird.
- *Soll-Normen:* Hierbei handelt es sich um Forderungen (Sitten), die zwar gesetzlich nicht verankert sind, deren Befolgung aber dennoch nachdrücklich erwartet wird. Man spricht hier auch von moralischen Forderungen im Gegensatz zu juristischen.
- *Muß-Normen:* Muß-Normen sind Gesetze, deren Nichtbeachtung strafrechtlich verfolgt wird. Die Einhaltung wird durch drastische Sanktionen erzwungen.[96]

Normen und dementsprechend Normalität kann man demnach nicht absolut definieren, sie sind stets auf eine bestimmte Gesellschaft und Gruppe bezogen und von daher interpretierbar. Kritisch ist zu diesen Überlegungen von *Rössner* anzumerken:

»Eine Auffassung von Wissenschaft jedoch, die die Zieldimension aus ihrem Reflexionszusammenhang ausschließt, die es bewußt offen läßt, was mit ihr geschieht, steht permanent in Gefahr, unkritisch bestehende Machtverhältnisse durch Bereitstellung der Mittel zu ihrer Verwissenschaftlichung, das heißt zu ihrer besseren organisatorischen Durchdringung, zu unterstützen.
Dies gilt insbesondere für eine kritisch-rationale Sozialpädagogik, die die Begriffe ›Norm‹, ›Normalität‹ und ›Soziale Kontrolle‹ in ihrer Theorie verwendet, Aussagen über den gesamtgesellschaftlichen Kontext aber als unwissenschaftlich verweigert... Die Ergebnisse stehen jedem zur Verfügung, jede Macht und sei sie noch so fragwürdig, kann sich ihrer bedienen.
Sozialpädagogik wird dadurch leicht zur bloßen Technologie, um ›Normalität‹ möglichst optimal herzustellen bzw. wiederherzustellen; wer Normalität definiert und wie, steht dabei nicht zur Diskussion. Mit anderen Worten: Sozialpädagogik wird potentielles Instrument der jeweils Herrschenden, um Abweichungen zu verhindern oder zu korrigieren, Anpassung und Konformität sicherzustellen.«[97]

Halten wir fest

Je nach theoretischem Ansatz versteht man unter abweichendem Verhalten ganz Verschiedenes.
Nach dem medizinischen Krankheitsmodell werden Auffälligkeiten als Ursache und nicht als Folge von sozialen Schwierigkeiten verstanden. Das verhaltenstheoretische Modell sieht abweichendes Verhalten nicht als Zeichen verborgener psychischer Defekte, sondern als Ergebnis sozialer Lernprozesse.
Nach Auffassung des Labeling-Modells ist abweichendes Verhalten ein ganzheitlicher Prozeß, an dem gesamtgesellschaftliche, gruppenspezifische, interaktionelle und individuelle Faktoren beteiligt sind.
Das kritisch-rationale Modell von *Rössner* unterscheidet zwischen

- a-symmetrischem Verhalten (normales Verhalten)

- dis-sozialisiertem Verhalten (je nach Gruppe normales Verhalten)
- über-sozialisiertem Verhalten (nicht normales Verhalten)
- a-sozialisiertem Verhalten (von der Gesellschaft als nicht normales Verhalten definiert).

Zum Abschluß dieser Thematik ein Gedicht eines unbekannten Verfassers:

Normal
Lisa ist zu groß.
Anna ist zu klein.
Daniel ist zu dick.
Emil ist zu dünn.
Fritz ist zu verschlossen.
Flora ist zu offen.
Cornelia ist zu schön.
Erwin ist zu häßlich.
Hans ist zu dumm.
Sabine ist zu clever.
Traudel ist zu alt.
Theo ist zu jung.

Jeder ist irgendetwas zu viel.
Jeder ist irgendetwas zu wenig.

Jeder ist irgendwie nicht normal.

Ist hier jemand,
der ganz normal ist?
Nein hier ist niemand,
der ganz normal ist.

Das ist normal.

2.10 Problem – differenziertes Denken

Sozialpädagogen, sagt man gerne nach, seien auf Probleme fixiert. Jeder Mensch hat Probleme, auch wenn er sich dessen oft nicht bewußt ist. Er muß nur lange genug mit einem Sozialpädagogen reden, dann wird er sich seiner Probleme bewußt werden. Ein Grund für diese Sichtweise liegt wahrscheinlich in der Tradition einer Soziologie als Krisenwissenschaft, so daß Soziologen immer zunächst nach Problemen und Krisen suchen.[98]

Aufgabe
Sind Sie der Meinung, daß ...

1. jeder Mensch Probleme hat,
2. es das Spezifikum von Sozialpädagogik ist, an den Problemen der Menschen anzusetzen?

zu 1. ____________________

____

zu 2. ____________________

____

Wahrscheinlich sind Sie auch der Meinung, daß Menschen eine sozialpädagogische Einrichtung aufsuchen können, ohne ein Problem zu haben. Wenn z. B. eine Familie ihr Kind im Kindergarten anmeldet, muß sie nicht unbedingt ein Problem mit dem Kind haben. Der Grund kann auch sehr einfach sein, dem Kind eine Chance zu geben, sich gemeinsam mit anderen Kindern zu entwickeln. Der Kindergarten kann dem Kind Hilfen bieten, die auch eine »gesunde« Familie nicht geben kann.
Natürlich könnte man sagen, die Familie hat eben doch ein Problem, nämlich, daß sie ihrem Kind dieses soziale Lernfeld nicht bieten kann.
Wenn man allerdings den Begriff »Problem« so weit faßt, ist das ganze Leben eines Menschen ein Problem. Er hat Probleme mit seiner Persönlichkeitsentfaltung, Probleme mit seiner Freiheit, Probleme als Demokrat, Probleme mit seiner Entscheidungsfähigkeit, Probleme mit seiner Identität, Probleme mit seinem Ich, seinem Leben usw..
Ein so weit gefaßter Begriff ist jedoch inhaltsleer und nichtssagend, so daß man ihn getrost fallen lassen kann. Was man vielfach als Problem bezeichnet, sind Chancen, Möglichkeiten, d. h. also positive statt negative Sichtweisen einer Situation. Versteht sich Sozialpädagogik als Pädagogik, ist es dringend angeraten, positiv zu denken. Wenn *Mollenhauer* z. B. als »Aspekte der sozialpädagogischen Tätigkeit«[99] nennt:

- Fürsorge, Planung, Diagnose
- Schutz
- Pflege
- Beratung,

gehen diese Tätigkeiten nicht unbedingt von Problemen aus, sondern bieten Hilfen bei der Persönlichkeitsentfaltung des Menschen. Wir sollten gerade in diesem Zusammenhang über unsere Sprache nachdenken. Denn mit der Sprache schafft sich der Mensch seine Welt. Differenziertes Sprechen ist nicht nur eine Stilfrage, sondern damit drückt sich das Verhältnis zur Wirklichkeit aus. *Bollnow* führt eine Reihe von

Beispielen an, aus denen man die Wichtigkeit der Differenzierung in der Sprache erkennen kann.

»Ein weiteres Beispiel … ist, daß viele Wüstenvölker zwischen grün und blau nicht unterscheiden können (weil dieser Unterschied in ihrer Welt keine Wichtigkeit hat), dagegen eine Fülle von Farbbezeichnungen zwischen gelb und braun haben, also in dem Bereich, der für ihre Lebenswelt entscheidend ist. Und das heißt wiederum nicht nur, daß sie mehr Namen haben, sondern daß sie auch mehr sehen können, daß die Wirklichkeit für sie in diesem Bereich reicher gegliedert ist.

Bei den Lappen gibt es Spezialbezeichnungen für das ein-, zwei-, drei- und vierjährige Rentier, 20 Worte für Eis, 41 für Schnee in allen Formen, 26 Verben für Gefrieren und Auftauen.

Einen weiteren Beleg liefert das ältere Arabisch mit seinen … zahllosen Ausdrücken für Kamel, Löwe usw.

Anstelle unseres Wortes ›Sand‹ verfügen ägyptische Beduinen über etwa 10 Ausdrücke, durch die sie die uns einheitlich erscheinende Gegebenheit ›Sand‹ nach Farbe, Konsistenz, Tragfähigkeit und sonstigen für sie wichtigen Beschaffenheitsmomenten aufgliedern.

Nordamerikanische Indianer haben für die verschiedenen Wolkenbildungen so viele Spezialausdrücke, daß diese mit dem lexikalischen Bestand einer Kultursprache nicht wiederzugeben sind …

Uns interessiert daran, daß sie auf gewissen für sie wichtigen Gebieten nicht nur eine größere Zahl von Wörtern besitzen, sondern daß sie mit Hilfe dieser Wörter auch sehr viel differenzierter wahrnehmen können, daß sie einfach vieles sehen, was wir von unserer Sprache her gar nicht sehen können.«[100]

Die Erkenntnis von *Wittgenstein* gilt hier: »Die Grenzen meiner Sprache bedeuten die Grenze meiner Welt.«[101] Worum es geht, ist die Tatsache, daß Sozialpädagogen ihre Sprache differenzierter einsetzen sollten. Wenn sie stets nur von Problemen sprechen, werden sie auch nur Menschen mit Problemen antreffen. Für den, der als einziges Werkzeug nur den Hammer kennt, ist jedes Problem ein Nagel.

Die Sprache prägt die Wahrnehmung und damit die Möglichkeit zu handeln.[102] Es wäre wünschenswert, würden Sozialpädagogen andere Begriffe als nur »Problem« in ihrer Arbeit verwenden und den Menschen positiv in seiner Auseinandersetzung mit sich und der Umwelt sehen. Wir haben für eine Vielzahl von Situationen nur den einen Begriff »Problem«, damit verkürzen wir entschieden die Sichtweise der Wirklichkeit. Eskimos, Beduinen, Indianer haben für den Bereich, der für sie lebenswichtig ist, ihr Arbeitsfeld darstellt, viele differenzierte Begriffe – der Sozialpädagoge kommt mit einigen wenigen aus. Diese Tatsache belegt, daß in der Praxis wie in der Ausbildung diesbezüglich ein großer Nachholbedarf besteht und noch viel aufgearbeitet werden muß.

Aufgabe
Machen Sie den Versuch, folgende Aufgabe zu lösen. Gehen Sie in zwei Schritten vor:

1. Schreiben Sie alle Begriffe auf, die Ihnen an Stelle von ›Problem‹ einfallen (brainstorming) z. B.: Schwierigkeiten, Not, Möglichkeiten, ...
2. Ordnen Sie die Begriffe in der Reihenfolge von eher positiv bis eher negativ,
   z. B.: + Wahlfreiheit
   + Möglichkeiten
   + Chancen
   ...
   ...
   – Problem
   – Schwierigkeiten
   – Not

Dabei kommt es nicht darauf an, ob die Reihenfolge auch logisch ist, es geht hier um die differenzierte Wahl von Begriffen, die ein Zeichen für differenziertes Denken in der Sache ist.

2.11 Jugendhilfe: Dritte Erziehungs- und Bildungsinstitution

2.11.1 Primäre Erziehungsinstitution: Familie

Aufgabe
Sind Sie der Meinung, daß die Familie in der industriellen Gesellschaft versagt hat? Sie hat viele Funktionen verloren und ist nicht mehr imstande, Kinder und Jugendliche auf ihre Aufgaben in unserer Gesellschaft genügend vorzubereiten.
Wie sehen Sie das?

Bis weit über das Mittelalter hinaus kannte man nur das »Hauswesen«, die Gemeinschaft mehrerer Generationen zuzüglich des Hausgesindes (Dienstboten, Angestellte). Mit der Entwicklung der industriellen Gesellschaft verlor das »Haus« entschieden an Bedeutung und es blieb nur noch die Familie, die sich immer mehr zur Kleinfamilie entwickelte. Im Zusammenhang mit der Auflösung der Großfamilie zeichnete sich auch ein Nachlassen in der Bewahrungs- und Erziehungsfähigkeit der Familie ab. Man sprach vom Funktionsverlust der Familie als Institution.

»Ihre bewahrende, gewöhnende Sitte und Gesittung bildende Kraft schien nachzulassen. Sie verlor durch die Veränderung ihrer inneren Struktur ihren Charakter als gesellschaftlicher und sittlicher Stabilitätsfaktor. Der Ausfall bis dahin selbstverständlicher Verhaltensweisen und Einrichtungen wird als beklagenswerte Lücke empfunden, dergestalt, daß das so durchbrochene soziale Gewohnheitsgerüst die Verwahrlosung des nunmehr ungeschützten einzelnen zur notwendigen Folge haben müsse...
Dabei wurde nicht nur das faktische Vorhandensein einer guten Erziehung in Frage gestellt, sondern die Erziehungsfähigkeit der Eltern wurde angezweifelt, teils weil die neuen Aufgaben, die durch die gesellschaftliche Einwirkung der Familienerziehung gestellt wurden, von den Eltern nicht mehr bewältigt werden konnten, teils weil man der Meinung war, die Familie in ihrem kritisierten Zustand sei schlechthin nicht in der Lage, eine geordnete Erziehung des Nachwuchses zu gewährleisten. Es haben sich die Verhältnisse des gesellschaftlichen Lebens mehr und mehr vervielfacht, die Bedürfnisse sich vermehrt, und die Berufsarten sind schwieriger und verwickelter geworden; infolgedessen erfordere auch die häusliche Erziehung eine neue Einstellung und neue Mittel, die aber der erziehenden Generation nicht zur Verfügung stünden, da sie in früheren Zeiten allgemeiner Einfachheit aufgewachsen sei.«[103]

Der Prozeß der Familienauflösung ist bis heute noch nicht abgeschlossen. Im *Achten Jugendbericht* wird die Situation von Kindern in der Familie beschrieben:

»1987 lebten 8,8 Mio. Kinder unter 15 Jahren in Familien, wobei 89,3 % in Familien mit beiden Eltern und 10,7 % in Familien mit nur einem Erziehungsberechtigten aufwuchsen...
Zwischen 1961 und 1987 ging der Anteil der Kinder unter 15 Jahren, die mit beiden Eltern zusammenlebten, von 93,3 % auf 89,3 % zurück...
Schwarz... schätzt die Anzahl von Stiefkindern auf ca. 10 % aller Kinder, so daß man heute davon ausgehen kann, daß mindestens 80 % aller Kinder bis zum 15. Lebensjahr bei ihren leiblichen Eltern aufwachsen, wohingegen 10 % mit nur einem Elternteil aufwachsen und weitere 10 % bei Stiefeltern...
Das Aufwachsen mit Geschwistern ist heute eine wesentlich seltenere Erfahrung als früher. Wuchsen 1961 15 % aller Kinder mit 4 und mehr Geschwistern auf, waren es 1987 nur noch 5 %. Der Anteil der Kinder, die alleine oder mit einem Geschwister aufwachsen, stieg von 1961 mit 66 % auf 80 % im Jahr 1987...
Ausdruck des Geburtenrückgangs in der Bundesrepublik Deutschland ist, daß die großen Familien weitgehend verschwunden sind, während die kleineren Familien mit ein und zwei Kindern deutlich zugenommen haben.«[104]

Rauschenbach kommt zu dem Ergebnis, daß durch die Zunahme von Scheidung, Trennung und Wiederverheiratung eine wachsende Zahl von Kindern die Familie nicht mehr als zeitüberdauernde, stabile Intimgruppe erfährt. »Kinder behalten ihre leiblichen Eltern nicht mehr selbstverständlich auch als soziale Eltern, sie werden zunehmend in Prozesse der neuerlichen Partnerfindung ihrer leiblichen Väter und Mütter involviert.«[105]

Halten wir fest
Trotz dieser Entwicklung in der Familie muß man festhalten, daß die Familie auch heute noch als primäre Erziehungsinstitution gilt, dies betont das KJHG ausdrücklich. Es heißt dort, »daß aufgrund der veränderten Lebensbedingungen von Familien ein erhöhter Bedarf an Unterstützung der Eltern bei der Wahrnehmung ihrer erzieherischen Verantwortung besteht.«[106]
Man kann nicht von einem Funktionsverlust der Familie sprechen, sondern von Funktionsverlagerung. Die Entwicklung der industriellen Gesellschaft hat der Familie eine Reihe neuer Aufgaben übertragen, die sie früher nicht kannte.
Zum Teil überforderten die neuen Aufgaben die Familien, so daß andere Erziehungs- und Bildungsinstitutionen zur Unterstützung der Familie notwendig wurden.

2.11.2 Sekundäre Erziehungs- und Bildungsinstitution: Schule

Aufgabe
Die Schule ist in unserer Gesellschaft eine dominante Bildungsinstitution. Sie bestimmt und entscheidet über Zeit und Zukunft junger Leute.
Inzwischen ist die Schule aber selbst zu einem sozialen Problem geworden. Immer mehr Schüler machen Lehrern ihre Arbeit schwer. Sie selbst brauchen von außen Hilfe. Diese wird ihnen in der Form der Schulsozialarbeit (eigentlich müßte es Schulsozialpädagogik heißen) angeboten. Ziel dieses Angebotes ist die partnerschaftliche Zusammenarbeit von Lehrern und Sozialpädagogen.
Haben Sie den Eindruck, daß Lehrer Sozialpädagogen ernsthaft als Partner anerkennen? Oder ist es nicht eher so, daß Sozialpädagogen in der Schule Befehlsempfänger, Pädagogen zweiter Ordnung sind, aber auf keinen Fall Partner?

Ein Blick in die Geschichte belegt, daß die heutige Schule viele Vorläufer hatte: Im 13. Jhdt. die kirchlichen Lateinschulen, im 14. Jhdt. die deutschen Schreib- und Leseschulen, im 18. Jhdt. die Industrieschulen. Mit dem preußischen »General-Landschul-Reglement« von 1763 forderte *Friedrich der Große* die Eltern auf, ihre Kinder in die Schulen zu schicken. Dieser Forderung kamen die unteren Sozialschichten nur lückenhaft nach. »Die tatsächliche Realisierung der Schulpflicht nahm in Deutschland über 200 Jahre in Anspruch.«[107] Neben der Erziehung in der Familie trat ein weiterer Bereich hinzu, eine sekundäre Erziehungs- und Bildungsinstitution.

»Dieser Vorgang, daß die überlieferte Erziehung nicht mehr ausreicht, daß sie ergänzt werden muß, daß es erforderlich wird, neue Formen und Wege der Erziehung zu erproben, auszugestalten und schließlich auch zu institutionalisieren, vollzieht sich nicht zum erstenmal. Eine unmittelbare Parallele stellt die anfangs abgelehnte, dann umstrittene, heute ganz selbstverständliche Ergänzung der Familienerziehung durch die Schule dar.

Zunächst erwarben sich Kinder und Jugendliche, abgesehen von der Gelehrtenbildung, die für die Bewältigung des Erwachsenenlebens unerläßlichen Kenntnisse und Fertigkeiten im Nachvollzug vorgegebener Handlungsvollzüge. In Haus und Hof, im Stall, auf dem Feld oder in der Werkstatt erfolgte auf diese Weise durch Vormachen und Nachahmen, durch Übermitteln elementarer Einsichten und Regeln und durch noch ganz unreflektiert eingeübte Anpassung an die vorgefundenen Verhaltensmuster die Vorbereitung auf die Wirklichkeit des Erwachsenenlebens.

Um sich in ihm bewähren zu können, bedurfte es noch nicht besonderer, von diesem Erwachsenenleben abgetrennter Formen der Erziehung. Mit einsetzendem Wandel in der Struktur der Gesellschaft, ablesbar etwa an der zunehmenden Differenzierung und Spezialisierung der Produktionsverhältnisse oder an der öffentlichen Verwaltung, reicht die traditionelle Erziehung, beschränkt auf den Bereich der Familie, nicht mehr aus. Von etwa 1770 an wird eine lebhafte Diskussion über die Notwendigkeit öffentlicher Schulen geführt. Die Vor- und Nachteile der öffentlichen und der privaten Erziehung werden wiederholt gegeneinander abgewogen. Das literarisch hervortretende Bürgertum entschied sich dabei noch 1793... dafür, die Kinder eigenen Standes vor der öffentlichen Erziehung zu bewahren, während für die niederen Volksklassen öffentliche Schulen unerläßlich seien.

Die Schule als Ort plan- und absichtsvoller spezifischer Hilfen zum Erwachsenwerden, als besondere Veranstaltung außerhalb der Familie, wird aber schließlich für alle Stände unerläßlich. Die Familie kann gar nicht, auch nicht durch den Hauslehrer, wie im gehobenen Bürgertum und Adel noch zu Beginn des 19. Jhdts. üblich, all das lehren und vermitteln, was immer mehr selbstverständliche Voraussetzung zum Eintritt in den Produktionsprozeß oder in eine Ausbildung und damit zugleich zur Bewältigung des Erwachsenenlebens wird. Während dieses Verlaufs hat die Schule den ihr zunächst durchaus anhaftenden Nothilfecharakter verloren.«[108]

> Rückblickend kann man festhalten: die vom Staat eingerichteten Volksschulen waren eine sozialpädagogische Schöpfung. Sie sollten angesichts der Erziehungsschwäche der Familie sozialpädagogische Erziehungshilfe leisten.

●

Gertrud Bäumer hat schon 1929 auf den ursprünglich sozialpädagogischen Charakter der Volksschule hingewiesen, wie er sich gerade zu Beginn der Industrialisierung zeigt. Sie schreibt:

»An sich ist die Schule natürlich auch – und erst recht – eine sozialpädagogische

Schöpfung. Ursprünglich hat ihr sogar, vor allem der unentgeltlichen öffentlichen Volksschule (Armenschule), die Eigenschaft angehaftet, der von der Gesellschaft gestellte Ersatz und die Ergänzung der unzulänglichen Leistung der Familien zu sein, Nothilfe.«[109]

»Diese ›Nothilfe‹ ist anfangs auch vom Staat u. a. sozialpädagogisch gemeint. Erst als im Laufe des 19. Jhdts. die Volksschule zur ›normalen Einrichtung‹ wird, verliert sie ihren Nothilfecharakter, wird von einer sozialpädagogischen zu einer allgemeinpädagogischen Einrichtung. Sie beschränkt sich auf die Bildungsaufgabe und überläßt die sozialpädagogischen Probleme der Erziehungsfürsorge. Die Schule wird dadurch einheitlicher, weil sie sich jetzt ungeteilt der Bildungsaufgabe zuwenden kann.«[110]

Bäumer meint zu dieser Entwicklung:

»Allerdings muß dabei in Betracht gezogen werden, daß die Schule diese Einheit nur durch eine gewisse Verengung erreichen konnte, dadurch, daß sie im wesentlichen ›Lehranstalt‹ wurde und um der fachlichen Durchbildung dieser engeren Aufgabe willen und von ihr hingenommen bewußt und unbewußt ausschloß, was jenseits ihrer Lehraufgabe lag. Schon der Name ›Lehrer‹ ist dafür charakteristisch. Es kann hier nur zunächst darauf hingewiesen werden, daß möglicherweise diese z. B. von *Pestalozzi* nicht gewollte Verengung einmal wieder gelockert wird, und daß in einer späteren Entwicklung, nachdem die soziale Erziehungsfürsorge sich selbst ausgestaltet, durchgebildet und abgerundet hat, sie mit der Schule von neuem in einer Synthese zusammenwachsen wird.«[111]

Diese Prognose *Bäumers* scheint in unserer Zeit neue Aktualität zu gewinnen, da die Schule sich immer mehr vor soziale und sozialpädagogische Aufgaben gestellt sieht. So entwickeln z. B. *Mörschner, Homfeld u. a.* ein Konzept einer sozialpädagogischen Schule.[112] *Kupffer* fordert dieses sozialpädagogische Engagement in der Schule angesichts der großen Probleme, die Kinder und Jugendliche mit der Schule haben bzw. die Schule mit Kindern und Jugendlichen.

»In Schulen, die nicht mehr Unterrichtsanstalten im herkömmlichen Sinne sind, sondern als Schulen getarnte, streckenweise chaotische Vormittagsmeetings, stellt sich neben vielen anderen Fragen auch die nach der Kompetenz der Pädagogen. Kompetenz wofür? In solchen Schulen ist der kompetente und tüchtige Profi nur noch teilweise Lehrer, denn der Unterricht, für den er ausgebildet ist, steht gar nicht mehr im Zentrum. Er wird vielmehr praktisch zum Sozialpädagogen … Auch die Schulsozialarbeit bleibt in ihrem Selbstverständnis hinter der Wirklichkeit zurück, denn sie geht ja noch davon aus, der Lehrer sei kompetent für den Unterricht, der Sozialarbeiter für alles übrige. In dieser Konzeption ist eine im ganzen funktionsfähige, klaren Zielen verpflichtete Schule vorausgesetzt, in der Schwierigkeiten nur Randerscheinungen sind.«[113]

Schule war seit *Herbart* identisch mit Pädagogik. *Herbart* hat dies bereits 1806 erklärt: « … keinen Begriff zu haben von Erziehung ohne Unterricht.«[114]

Von dieser engen Verbindung muß die Schule Abschied nehmen und erkennen, auch außerhalb von Schule geschieht Erziehung und zwar genauso wichtige und notwendige. Zum Teil muß man die pädagogische Vormachtstellung der Schule sogar in Frage stellen. Gerade in den letzten Jahren kommen erhebliche Zweifel auf. Die Schule macht krank und erzieht einseitig. Die Entwicklung der kognitiven Fähigkeiten wird gefördert, dagegen die Ausbildung emotionaler Kompetenzen, d. h. Erlebnis- und Gefühlsfähigkeit vernachlässigt.[115]

Halten wir fest
Schule hatte ursprünglich sozialpädagogischen Charakter. Die einseitige Verengung als Lehranstalt ist für die Schule, die Lehrer und Schüler von Nachteil. Es wäre wünschenswert, würden die Lehrer mit den Sozialpädagogen enger und partnerschaftlicher zusammenarbeiten zum Wohle der Schüler.

2.11.3 Tertiäre Erziehungs- und Bildungsinstitution: Sozialpädagogik

Aufgabe
Was ist Sozialpädagogik? Viele Menschen können mit dem Begriff so wie mit dem Berufsbild wenig anfangen. Sie sind der Meinung, sie hätten in ihrem Leben wohl kaum etwas mit solchen Einrichtungen zu tun.
Stimmt das? Tragen Sie Argumente zusammen, mit denen Sie Menschen, die so denken, überzeugen können, daß sie bereits sozialpädagogische Einrichtungen in Anspruch genommen haben und auch weiterhin darauf angewiesen sein werden.

Die Entwicklung zeigte, daß die Erziehung in der Familie durch eine weitere Institution ergänzt werden mußte: die Schule.
Nachdem das 19. Jhdt. die Schulpflicht, das flächendeckende Schulangebot und den Ausbau der Lehrerbildung gebracht hatte, entsteht die Sozialpädagogik gleichsam phasenverschoben. Neben Schule und Schulpädagogik entsteht eine neue pädagogische Institution: *Sozialpädagogik.*[116] *Thiersch* spricht vom Beginn eines »sozialpädagogischen Jahrhunderts«.[117]

> Bei der Umschreibung, was Sozialpädagogik ist, ging und geht man noch heute weitgehend von der Definition von *Gertrud Bäumer* aus: Der Begriff Sozialpädagogik »bezeichnet nicht ein Prinzip, dem die gesamte Pädagogik ... unterstellt ist, sondern einen Ausschnitt: alles was Erziehung, aber nicht Schule und nicht Familie ist. Sozialpädagogik bedeutet hier der Inbegriff der gesellschaftlichen und staatlichen Erziehungsfürsorge, sofern sie außerhalb der Familie und Schule liegt. Diese Erziehungsfürsorge entstand als ›Nothilfe‹. Das heißt, es wurde angenommen, daß Schule und Familie unter normalen und gesunden Verhältnissen als Erziehungsträger ausreichten.«[118]

Sozialpädagogik versteht sich nach dieser gängigen und meistverwendeten Umschreibung als eine Nothilfe-Einrichtung, eine negative Pädagogik. Weil die traditionellen Erziehungsfelder Familie und Schule dem gesellschaftlichen Wandel pädagogisch nicht gewachsen waren, entstand als Reaktion darauf Sozialpädagogik. Man kann also sagen, daß der Ursprung der Sozialpädagogik im pädagogischen Funktionsverlust der bisherigen Erziehungsinstitutionen lag. Die Bedeutung des Wortes »Erziehung« hatte sich als Aufgabe von Familie und Schule herausgebildet.

»Konnten Familie und Schule zunächst noch darauf insistieren, daß in ihnen die gewordene Gesellschaft und eine harmonisch festgelegte Tradition zu reproduzieren, der Nachwuchs in diese einzuüben sei, so sah und sieht sich die Sozialpädagogik dem Werden dieser Gesellschaft gegenübergestellt, d. h. konkret: den Schäden, die sie dem Menschen zufügt oder zuzufügen im Begriff scheint.«[119]

Es zeichnet sich eine kopernikanische Wende in der pädagogischen Arbeit ab, die darin besteht, daß man nicht mehr nach den Schwierigkeiten fragt, die der einzelne macht, sondern nach denen, die er hat.

> Da Familie und Schule nicht mehr allen Anforderungen der Erziehung und Bildung gerecht werden konnten, war ein dritter Erziehungsraum neben Familie und Schule notwendig. Diese dritte Erziehungs- und Bildungsinstitution war Sozialpädagogik.

»In dem Maße, in welchem Jugendarbeit (verstanden im Sinne von Sozialpädagogik, J. S.) sich aus einer vorwiegend privatpartikularen Organisation zu einer öffentlich, gesellschaftlichen Aufgabe für potentiell alle jungen Menschen entwickelt, wird ihre Verrechtlichung unumgänglich. Nach dem im Grundgesetz festgeschriebenen Verständnis bedarf jede Form der öffentlichen Erziehung einer rechtlichen Legitimation – schon angesichts des grundgesetzlich verbrieften Erziehungsprivilegs der Eltern. Mit der rechtlichen Anerkennung der öffentlichen Aufgabe reklamiert der Staat die Zuständigkeit für Jugendar-

beit für sich und tritt mit dem Anspruch der Ordnung und Regulierung dieses Praxisbereiches auf. Dies geschieht bereits durch die rechtlichen Normierungen im Reichsjugendwohlfahrtsgesetz von 1922, bzw. heute durch das seit dem 1. 1. 1991 in Kraft getretene Kinder- und Jugendhilfegesetz (KJHG).«[120]
Sozialpädagogik nach der Umschreibung von *G. Bäumer* als eigenständige Erziehungs- und Bildungsinstitution außerhalb von Familie und Schule wurde als Nothilfeinstitution gesehen. Wo Familie und Schule versagen, hat Jugendhilfe einzusetzen, d. h. sie reagierte auf Probleme bzw. Defizite, die in anderen Erziehungsräumen entstanden sind. Diese Sicht ist inzwischen von vielen Autoren korrigiert worden. Jugendhilfe ist nicht eine Einrichtung außerhalb von Familie und Schule, sondern ist ergänzend und unterstützend *neben* der Familie, *zwischen* Familie und Schule und/oder *neben* der Schule angesiedelt.
Die Begrenzung der *Bäumerschen* Definition auf das Außerfamiliäre und Außerschulische wurde z. B. von *Hornstein* »sowohl bildungspolitisch als auch pädagogisch zugunsten des Anspruchs auf Durchgängigkeit der sozialpädagogischen Fragestellung im Erziehungsfeld durchbrochen. Damit konnte nun auch die Sozialpädagogik in den sozialisationstheoretischen Hintergrund der modernen Bildungsdiskussion eingehängt und ihr besonderer Sozialisationsmodus im Kontrast zur Lernorganisation Schule profiliert werden. Sozialpädagogik ist weniger die Theorie einer »Lehre« und eines schulisch verstandenen »Lernens«, sondern die Theorie einer von individuellen oder kollektiven »Lagen« bzw. Problemen und Bedürfnissen ansetzende, auf die Lösung und Verarbeitung von Konflikten gerichtete Intervention, die mehr auf Aufklärung, Motivieren, Bewußtseinserweiterung gerichtet ist als auf Informationsvermittlung.«[121]
Mit der Sozialpädagogik ist eine pädagogische Provinz neu entstanden, derer jeder junge Mensch von der Geburt bis zu seiner relativen Mündigkeit bedarf. Damit wird neben der negativen eine positive Seite des Erziehungsfeldes aufgedeckt. Die jetzige Phase der Sozialpädagogik ist nach *Nahrstedt* fundamental von der früheren unterschieden.[122]
Geht es in der Familienerziehung z. B. um die Begriffe sorgen, pflegen, unterstützen, gewöhnen, einüben usw., in der Schulpädagogik um unterrichten, überliefern, einweisen, einüben usw., so in der Sozialpädagogik um schützen, pflegen, beraten. Bei diesen Begriffen fehlt der für die Sozialpädagogik typische Begriff der »Hilfe«. Nach *Mollenhauer* hat der Begriff der Hilfe eine zu allgemeine Bedeutung. Erziehen ist in irgendeinem Sinn immer Hilfe.

»Und umgekehrt ist die fürsorgerische Hilfe nicht schon ohne weiteres auch Erziehung, so z. B. die Altersfürsorge, die Gesundheitsfürsorge. Zur Erziehung wird sie erst, wenn sie nicht nur auf das Wohl des Hilfsbedürftigen, sondern auch auf seine Mündigkeit bedacht ist, d. h., wenn die fürsorgerische Maßnahme als Funktion einer Erziehungsmaßnahme erscheint, was zum Beispiel im Begriff Erziehungsfürsorge deutlich zum Ausdruck kommt.«[123]

Wir können zusammenfassen: Mit der Sozialpädagogik ist eine dritte Kraft, ein dritter Erziehungs- und Bildungsraum entstanden.[124] Mit diesem neuen Bereich muß die Gesellschaft eine Mehrleistung an Erziehung und Bildung erbringen. Dabei geht es nicht nur um Erziehung, sondern um Erziehung *und* Bildung.

Mit dem Bildungsbegriff hat zwischen 1750 und 1820 das Bürgertum in Deutschland einen Begriff geprägt, den es in anderen Ländern nicht gibt. »So ist beispielsweise in der englischen und französischen Sprache in den Worten ›education‹ und ›education‹ der Begriff der Bildung mit enthalten, während wir in der deutschen Sprache zwischen Erziehung (eher frühbestimmte verwertbare Zwecke) und Bildung (eher als zweckgebundenen Überschuß) unterscheiden...

Der deutsche Bildungsbegriff hatte in seiner Entstehungsphase einen progressiven Charakter. Er war die Fortsetzung des politischen Kampfes des Bürgertums mit pädagogischen Mitteln.«[125]

Halten wir fest

Sozialpädagogik versteht sich als dritte Erziehungs- und Bildungsinstitution. Erziehung und Bildung ist die gemeinsame, unteilbare Aufgabe von Familie, Schule und den mit Sozialpädagogik bezeichneten erzieherischen Aufgabengebieten. Sozialpädagogik versteht sich als Teilbereich neben Familie und Schule (Sozialpolitik, Justiz und Gesundheitswesen).

Sie wirkt neben Familie und Schule, aber auch mit ihnen zusammen und in sie hinein (Elternberatung, Schulsozialarbeit etc.) Insofern ist die Umschreibung von *Bäumer* in diese Richtung zu ergänzen.

Wir können also von drei gleichberechtigten Erziehungs- und Bildungsinstitutionen sprechen:

1. primäre Erziehungs- und Bildungsinstitution: Familie
2. sekundäre Erziehungs- und Bildungsinstitution: Schule
3. tertiäre Erziehungs- und Bildungsinstitution: Sozialpädagogik

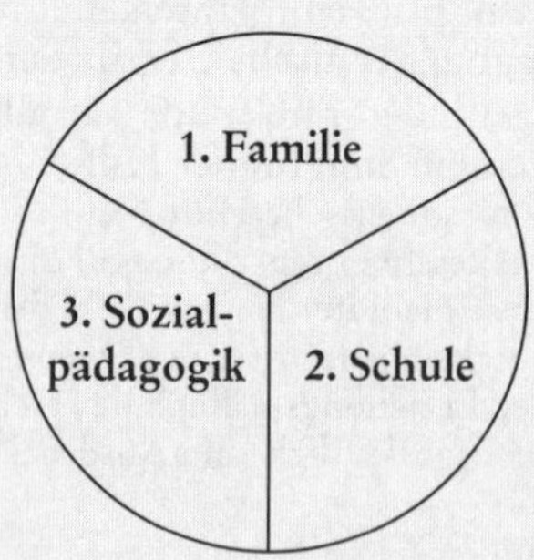

2.11.4 Notwendigkeit von Sozialpädagogik

Der geschichtliche Abriß der Jugendfürsorge läßt ihre Notwendigkeit erkennen. Bis zum Beginn des Industriezeitalters hatte die Jugendfürsorge die Aufgabe, durch Erziehung Kinder und Jugendliche in die Gesellschaft zu integrieren. Dabei verstand sich die Gesellschaft als stabile, statische Einrichtung, die nicht in Frage gestellt wurde. Kinder und Jugendliche fielen durch ihre Verwahrlosung aus der bestehenden Gesellschaft heraus, man mußte nicht die Gesellschaft, sondern die Verwahrlosten ändern.
Durch die Entwicklung der Industrialisierung seit dem 19. Jhdt. änderte sich dieses Bild. In der industriell-demokratischen Gesellschaft mit dynamischem Charakter verlieren Instanzen wie Familie, Kirche, Gemeinde, Klasse, Stand, Nachbarschaft etc. für die Individuen zunehmend an Bedeutung. »Sinn- und orientierungsstiftender Mittelpunkt des Lebens wird mehr und mehr der Arbeits- und Bildungsmarkt. Die Familie verliert ihre herkömmliche Rolle zunehmend, das gesamte familiäre Bindungs- und Versorgungsgefüge gerät unter wachsenden Individualisierungsdruck.«[126]
Dem neuen gesellschaftlichen Umbildungsprozeß waren die traditionellen Erziehungsfelder Familie und Schule nicht mehr gewachsen, ergibt die ausführliche Untersuchung von *Mollenhauer.*[127]
Die beginnende Industrialisierung, das Anwachsen der Städte, die zunehmende Mobilität, diese und ähnliche Entwicklungen leiteten ein Herauslösen des Menschen aus traditionell gewachsenen Bindungen, Glaubenssystemen, Sozialbeziehungen ein und führten zu der Erkenntnis, daß neue Hilfen und Maßnahmen über die Armenfürsorge hinaus notwendig waren.[128]
Diese neue, geforderte Einrichtung versprach man sich von der Sozialpädagogik.

> In dieser zweiten Phase der sozialpädagogischen Entwicklung findet die Sozialpädagogik in der gesellschaftlichen Umbruchsituation ihre Begründung. Neu an dieser Situation ist, daß die neuzeitliche Gesellschaft auf ihrem Weg in die Moderne systematische Risiken für ihre Mitglieder erzeugt und ihnen gleichzeitig jene Institutionen entzieht, die diese Risiken abfederten. Sozialpädagogik wird von der Gesellschaft deshalb installiert, weil die Gesellschaft ihren Mitgliedern Situationen zumutet, die von diesen nicht mehr so ohne weiteres bewältigt werden können, andererseits aber sozial überwunden werden müssen, um den Erhalt der Gesellschaft zu sichern.[129]

So ist die Sozialpädagogik von allen pädagogischen Einrichtungen am gesellschaftlichen Entwicklungsprozeß am unmittelbarsten beteiligt.

Sie arbeitet als relativ eigenständiger pädagogischer Bereich produktiv an der Veränderung der Gesellschaft mit. »Sie ist gleichsam das exponierteste pädagogische Experimentierfeld der Gesellschaft.«[130] Oder wie *Losche* es formuliert: »Tatsache ist, daß die Sozialarbeit (gemeint ist Soziale Arbeit, J. S.) aus ihrer Position an der Nahtstelle zwischen gesellschaftlichen Rahmen und individuellen Bedürfnissen, zwischen Theorie und Praxis, tendenziell schon immer der Sensor und Reizleiter für neue Impulse war und damit quasi zwangsweise Innovation schon immer angestrebter Bestandteil von Sozialarbeit sein mußte.«[131] Deshalb kann *Mollenhauer* auch folgern: »So produziert die Gesellschaft im Sozialpädagogen einen ihrer heftigsten Kritiker.«[132]
Für die heutige Situation der Gesellschaft gelten die Schlüsselbegriffe: *Pluralisierung* und *Individualisierung.* Nachdem die sinngebenden und orientierunggebenden Instanzen der vorindustriellen Gesellschaft weitestgehend entfallen, wird das moderne Leben durch die Pluralität von Lebenslagen und Individualisierung von Lebensverhältnissen charakterisiert.

»Pluralität von Lebenslagen meint die Unterschiedlichkeit von Lebensstrukturen, also die Unterschiedlichkeit von Strukturen von Stadt und Land, für Ausländer, Übersiedler und ›eingeborene‹ Deutsche, für Jungen und Mädchen; Pluralisierung meint aber auch die Unterschiedlichkeit der Lebensbedingungen, wie sie durch die Zugehörigkeit zu Jahrgangskohorten gegeben ist. Individualisierung der Lebensführung meint, daß tradierte Lebensformen und Deutungsmuster in ihrem Verständnis brüchig werden und sich damit neue, offenere Möglichkeiten der Lebensführung für Gruppen und für einzelne ergeben.«[133]

Individualisierung meint nicht das romantisch-bürgerliche Ideal der Einmaligkeit und Einzigartigkeit. Die neue Individualisierung geht einher mit Risikolagen im Innenleben des Menschen. Es werden soziale und psychische Destabilisierungen hervorgerufen, die psychosoziale Bewältigungsstrukturen erforderlich machen. *Rauschenbach* spricht in diesem Zusammenhang von »Patchwork-Identität«, »einer aus Einzelstücken zusammengesetzten, keineswegs harmonischen Identität.«[134]
In dieser gesellschaftlichen Lage wächst dem Erziehungssystem deutlicher als zuvor eine wichtige Aufgabe zu. Auf den Menschen kommen in der industriellen Risikogesellschaft neue Herausforderungen zu, die zu neuen sozialen Diensten auffordern. Sozialpädagogik wird immer wichtiger. Sozialpädagogik übernimmt die Aufgabe, Krisen zu bearbeiten und Hilfe, Orientierung zu geben bzw. zu vermitteln, Komplexität durchsichtig zu machen. Bezüglich der Jugendarbeit hat der Bundesminister für Jugend, Familie und Gesundheit in seinem Appell »Mehr Chancen für die Jugend« diese Notwendigkeit folgendermaßen formuliert:

»Die Verantwortung für eine neue Gesellschaft darf nicht allein den Eltern, der Schule oder den Betrieben überlassen werden. Wo Eltern aus Unkenntnis oder Ohnmacht versagen, wo die Praxis der Schule oft in der Wissensvermittlung endet, wo Betriebe auf Wirtschaftlichkeit und Gewinn ausgerichtet sind und die Freizeitindustrie den Verdienst am jugendlichen Konsumenten sucht, muß es die Jugendhilfe als eine gesellschaftliche Instanz geben, die den Gesamtzusammenhang der Bemühungen für eine freie und humane Gesellschaft im Auge hat und die Jugend als einen dynamischen Faktor zur Veränderung der Gesellschaft erkennt.«[135]

Geht man von der Unzulänglichkeit des Menschen als Grundkonstante aus, ist Sozialpädagogik eine normale und notwendige Reaktion der Gesellschaft auf soziale Probleme.[136]

Halten wir fest

Sozialpädagogik ist eine Erziehungs- und Bildungsinstitution, welche die in der neuzeitlichen Gesellschaft entstandenen Risiken abfedern hilft.

Sozialpädagogik arbeitet positiv an der Veränderung der Gesellschaft mit.

2.12 Sozialpädagogik – Zusammenfassung

In diesem Kapitel ging es um die zweite geschichtliche Entwicklungslinie der Fürsorge, die Jugendfürsorge. Bezüglich der Begriffe kann man auch hier wie bei der Sozialarbeit eine Sprachverwirrung feststellen: bis 1900 Jugendfürsorge, ab 1911 Jugendarbeit (Jugendpflege und Jugendfürsorge), ab 1922/24 Jugendwohlfahrtspflege (Jugendpflege und Jugendfürsorge), ab 1961 Jugendhilfe (Jugendpflege und Jugendfürsorge), ab 1991 Jugendhilfe (Jugendarbeit und Jugendsozialarbeit), seit 1844 Sozialpädagogik, seit 1967 Studium der Sozialpädagogik.

Mollenhauer, Wilhelm u. a. schlagen deshalb vor, den Begriff Sozialpädagogik für die Bewegung der zwanziger Jahre zu reservieren und den Gesamtkomplex der heutigen Angebote mit dem Begriff ›Jugendhilfe‹ zu bezeichnen. »Sozialpädagogik (ist) die Theorie derjenigen Erziehungsvorgänge, die im Jugendwohlfahrtsgesetz einen juristischen Niederschlag gefunden haben, die Theorie der Jugendhilfe.«[137]

Die Theorie der Jugendhilfe liefert die Sozialpädagogik. Sozialpädagogik ist allerdings nicht nur als Theorie zu verstehen, durch das Wort ›Pädagogik‹ ist auch immer gleichzeitig die Praxis gemeint.[138]

Weiterhin werden auch die Arbeitsfelder als sozialpädagogische Tätigkeitsbereiche und die Berufstätigen in diesen Feldern als Sozialpädagogen bezeichnet. Es wird deutlich, daß auch der Begriff Sozialpädagogik vielschichtig ist und einer näheren Klärung bedarf.

> Fassen wir die Überlegungen dieses Kapitels zusammen: Man unterschied in der Geschichte zwischen Erwachsenen- und Jugendfürsorge. Jugendfürsorge hatte immer eine erzieherische Intention. Die gesetzlichen Regelungen der Jugendfürsorge fanden vor allem im Reichsjugendwohlfahrtsgesetz (RJWG v. 1922), im Jugendwohlfahrtsgesetz (JWG v. 1961) und im Kinder- und Jugendhilfegesetz (KJHG v. 1991) ihren Niederschlag. Den theoretischen Rahmen für diesen erzieherischen Gesamtkomplex bot seit 1844 die Sozialpädagogik.

Entsprechend dieser Entwicklung kennen wir heute drei eigenständige Erziehungs- und Bildungsinstitutionen:

- *Primäre Sozialisationsagentur:* Familie, Verwandtschaft
- *Sekundäre Sozialisationsagentur:* Kindergarten, Schule, Studium, Beruf
- *Tertiäre Sozialisationsagentur:* Jugendhilfe (Jugendarbeit und Jugendsozialarbeit) – Sozialpädagogik

Jugendfürsorge und Sozialpädagogik, in ihrer historischen Entwicklung betrachtet, wurden zunächst als identische pädagogische Einrichtungen gesehen. Die gesellschaftliche Entwicklung hat jedoch eine Ausdifferenzierung der Sozialpädagogik notwendig werden lassen, so daß Jugendfürsorge bzw. Jugendhilfe zwar der zentrale Aufgabenbereich der Sozialpädagogik ist, jedoch nicht mehr der einzige. Die Gleichschaltung von Sozialpädagogik und Jugendhilfe ist bis heute noch daran zu erkennen, daß beide als dritte Erziehungs- und Bildungsinstitution bezeichnet werden. Dies darf nicht irritieren.
Jugendhilfe versteht sich als Kernzelle der Sozialpädagogik. Von daraus entwickelten sich durch ständige »Zellspaltungen« immer neue Arbeitsfelder. Heute ist die Jugendhilfe ein – zwar immer noch sehr wichtiger Teil – sozialberuflicher Handlungsbereich neben vielen anderen.
Jugendhilfe ist eine dritte Erziehungs- und Bildungsinstitution, eingebettet im übergeordneten Tätigkeitsfeld der Sozialpädagogik.[139]

Entwicklung der Sozialpädagogik und Jugendhilfe

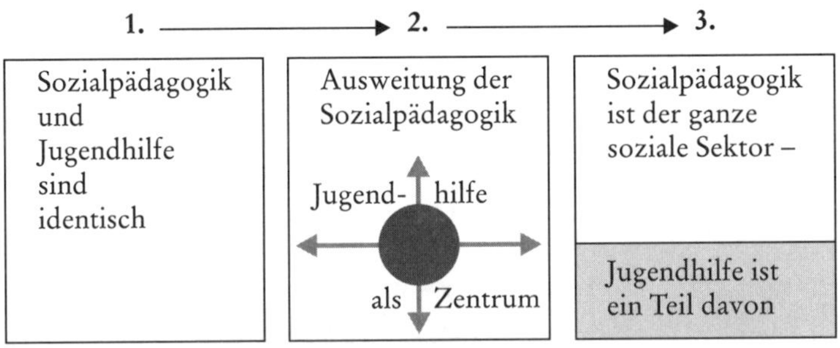

SP

Fassen wir diese Ausführungen über die einzelnen Schritte der Geschichte der Sozialpädagogik zusammen:

Was heißt Sozialpädagogik?

1. Sozialpädagogik ist die öffentliche (staatliche und private) Kinder- und Jugendfürsorge, die zum Ziel hat, durch vorbeugende und erzieherische Hilfsmaßnahmen Kinder und Jugendliche armer Leute vor der Verwahrlosung zu bewahren.
2. Sozialpädagogik ist die pädagogische Umsetzung der gesetzlich und administrativ organisierten öffentlichen Hilfsmaßnahmen für Kinder und Jugendliche.
3. Sozialpädagogik ist die Theorie der Jugendhilfe.
4. Sozialpädagogik ist der Inbegriff der gesellschaftlichen und staatlichen Erziehungsfürsorge, sofern sie außerhalb der Familie und Schule liegt.
5. Das Aufgabenfeld der Sozialpädagogik entwickelte sich im Laufe der Zeit weiter und versteht sich heute als öffentliches Hilfsangebot für Menschen aller Altersstufen. Sie bezieht sich nicht nur auf Verwahrlosung und abweichendes Verhalten, sondern es geht ihr um Erhaltung bzw. Wiederherstellung von Normalität eines Menschen.
6. Unter Sozialpädagogik versteht man heute sehr unterschiedlich strukturierte und konzipierte Einrichtungen und soziale Dienste.
   Sie umfaßt in ihrer Komplexität und Verschiedenartigkeit der Tätigkeitsfelder unterschiedliche Methoden, Handlungsebenen und Berufsgruppen.
   Sozialpädagogik ist eine soziale Berufsarbeit, der die unterschiedlichsten Aufgaben und Erziehungsfelder zugeordnet werden.

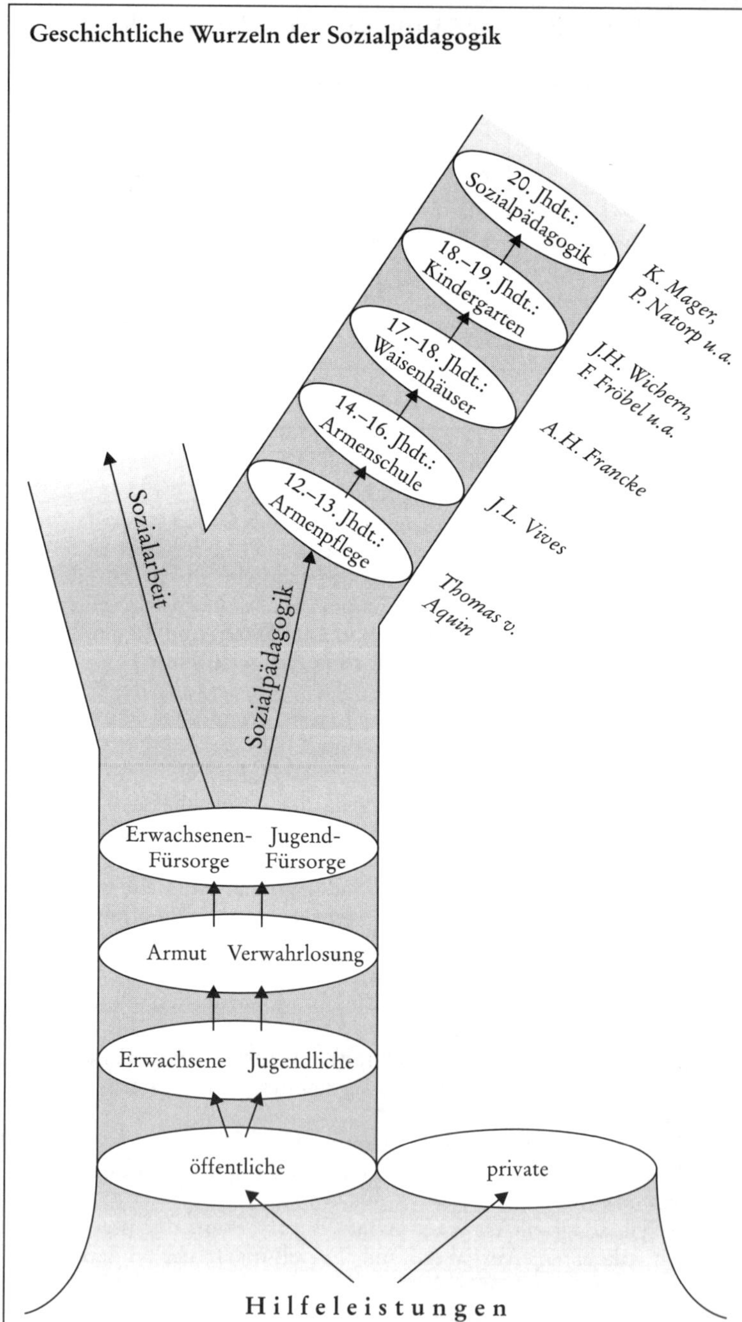
Geschichtliche Wurzeln der Sozialpädagogik
20. Jhdt.: Sozialpädagogik
18.–19. Jhdt.: Kindergarten
17.–18. Jhdt.: Waisenhäuser
14.–16. Jhdt.: Armenschule
12.–13. Jhdt.: Armenpflege
K. Mager, P. Natorp u. a.
J.H. Wichern, F. Fröbel u. a.
A.H. Francke
J.L. Vives
Thomas v. Aquin
Sozialarbeit
Sozialpädagogik
Erwachsenen-Fürsorge
Jugend-Fürsorge
Armut
Verwahrlosung
Erwachsene
Jugendliche
öffentliche
private
Hilfeleistungen

Lernfragen

L

1. Haben Sozialarbeit und Sozialpädagogik die gleichen geschichtlichen Wurzeln?
2. Worin lagen die Gründe für die Entstehung der öffentlichen Jugendfürsorge?
3. Wie wurden im Mittelalter Waisenkinder versorgt?
4. In welchen Einrichtungen wurden die Findel- und Waisenkinder untergebracht?
5. Welche zwei Formen der Erziehung für Waisenkinder gab es?
6. Was beinhaltete das Konzept von *J. L. Vives*?
7. Worum ging es in der Nürnberger Bettelordnung?
8. Was war das Besondere an den Halleschen Anstalten von *A. H. Francke*?
9. Welche Auffassung vertrat *Ph. J. Spener*?
10. Was war der besondere Verdienst von *C. Voght*?
11. Vor welchem Hintergrund entstand die Social-Pädagogik *(K. Mager, P. Natorp)*?
12. Wie sah die Konzeption von *J. H. Wichern* aus?
13. Wie die Konzeption von *Th. Fliedner*?
14. Worum ging es *F. Fröbel*?
15. Worum ging es der sozialpädagogischen Bewegung?
16. Wie ist der Zusammenhang von Jugendfürsorge und Sozialpädagogik zu sehen?
17. Was versteht man unter Sozialpädagogik?
18. Wann wurde in Deutschland das erste Jugendamt gegründet?
19. Welche Intention gab *G. Bäumer* dem RJWG?
20. Wie verstand man im Nationalsozialismus Jugendfürsorge?
21. Welche neuen Begriffe für Fürsorge und Fürsorgeamt führt das BSHG ein?
22. Wann trat das JWG in Kraft?
23. Wann trat das KJHG in Kraft?
24. Worum ging es dem preußischen Jugendpflegeerlaß von 1911?
25. Was versteht man unter dem Subsidiaritätsprinzip?
26. Wie ist heute das Verhältnis zwischen öffentlichen und freien Trägern geregelt?
27. Wie unterteilt das RJWG, JWG und KJHG den Bereich der früheren Jugendfürsorge?
28. War Jugendfürsorge schon immer erzieherisch und damit vorbeugend ausgerichtet?
29. Was besagt primäre, sekundäre, tertiäre Prävention?
30. Welchen Stellenwert räumt das KJHG der Prävention ein?
31. Was versteht man unter Verwahrlosung?
32. Was versteht man unter Dissozialität?
33. Was versteht man unter normal?
34. Was besagt das Normalitätsprinzip?

35. Welches sind die drei Kriterien für Normalität *(Böttcher)*?
36. Was versteht man unter Grundwelt und Basisregeln?
37. Was versteht man unter abweichendem Verhalten?
38. Was sagt dazu das medizinische Krankheitsmodell?
39. Worum geht es bei dem Experiment von *Rosenhan*?
40. Wie sieht das verhaltenstheoretische Modell abweichendes Verhalten?
41. Wie erklärt das Labeling-Modell abweichendes Verhalten?
42. Was versteht das kritisch-rationalistische Modell *(Rössner)* darunter?
43. Was versteht *Rössner* unter a-symmetrischem, dis-sozialisiertem, über-sozialisiertem und a-sozialisiertem Verhalten?
44. Was versteht man unter Kann-, Soll- und Muß-Normen?
45. Warum ist es wünschenswert, mit dem Begriff ›Problem‹ differenzierter umzugehen?
46. Kann man von einem Funktionsverlust der Familie sprechen?
47. Welche Probleme und Chancen bestehen zwischen der Schule und der Sozialpädagogik?
48. Wie definiert *G. Bäumer* Sozialpädagogik?
49. Welche Bedeutung hat die Sozialpädagogik in unserer Zeit?
50. Wie ist das Verhältnis von Familie, Schule und Sozialpädagogik zu sehen?
51. Wie könnte man umschreiben, was Sozialpädagogik heißt?

Weiterführende Literatur

Belardi, Nando (Hrsg.): Pädagogik. Sozialpädagogische Arbeitsfelder. Band 1. Frankfurt: Diesterweg Verlag 1980.

Böttcher, Hans: Sozialpädagogik im Überblick. Freiburg: Herder Verlag 1975.

Mollenhauer, Klaus: Die Ursprünge der Sozialpädagogik in der industriellen Gesellschaft. Weinheim: Beltz Verlag 1987 (1959).

Müller, C. Wolfgang: Einführung in die Soziale Arbeit. Weinheim: Beltz Verlag 1985.

Scherpner, Hans: Geschichte der Jugendfürsorge. Göttingen: Vandenhoeck & Ruprecht Verlag 1979 (1966).

Wolf, Antonius: Zur Geschichte der Sozialpädagogik im Rahmen der sozialen Entwicklung. Donauwörth: Auer Verlag 1977.

Anmerkungen

1. *Scherpner, H.:* Geschichte der Jugendfürsorge. Göttingen: Vandenhoeck & Ruprecht Verlag 1966, S. 19.
2. Ebenda, S. 29–30.
3. Ebenda, S. 72.
4. Ebenda, S. 73.
5. Ebenda, S. 74.
6. Ebenda, S. 75.
7. Ebenda, S. 78.
8. Ebenda, S. 100.
9. Ebenda, S. 110.
10. Ebenda, S. 116.
11. Ebenda, S. 96.
12. *Marburger, H.:* Entwicklung und Konzepte der Sozialpädagogik. München Juventa Verlag 1979, S. 25,26.
13. *Scherpner:* Geschichte . . ., ebenda, S. 140.
14. Ebenda, S. 148.
15. *Metzinger, A.:* Zur Geschichte der Erzieherausbildung. Frankfurt: Lang Verlag 1993, S. 37.
16. Ebenda, S. 43.
17. Ebenda, S. 47.
18. Vgl. *Müller, C. W.:* Einführung in die Soziale Arbeit. Weinheim: Beltz Verlag 1985, S. 88.
19. Vgl. *Metzinger:* Zur Geschichte . . ., ebenda, S. 82.
20. *Scherpner:* Geschichte . . ., ebenda, S. 163.
21. Vgl. *Wolf, A.:* Zur Geschichte der Sozialpädagogik. Donauwörth: Auer Verlag 1977, S. 68.
22. *Mollenhauer, K.:* Einführung in die Sozialpädagogik. Weinheim: Beltz Verlag 1964, S. 14–15.
23. *Wolf:* Zur Geschichte . . ., ebenda, S. 161.
24. *Wilhelm, Th.:* Zum Begriff der »Sozialpädagogik«. In: *Mollenhauer, K.* (Hrsg.): Zur Bestimmung von Sozialpädagogik und Sozialarbeit in der Gegenwart. Weinheim: Beltz Verlag 1966, S. 26,27,28.
25. Vgl. *Proksch, R.:* Allgemeine gesetzliche Grundlagen. In: *Textor, M.:* Allgemeiner Sozialdienst. Weinheim: Beltz Verlag 1994, S. 35.
26. Vgl. *Wolf:* Zur Geschichte . . ., ebenda, S. 110.
27. Vgl. *Belardi, N.* (Hrsg.): Pädagogik. Sozialpädagogische Arbeitsfelder. Band 1. Frankfurt: Diesterweg Verlag 1980, S. 70–71.
28. Vgl. *Müller, C. W.:* JugendAmt. Weinheim: Beltz Verlag 1994, S. 31; *Kühn, D.:* Jugendamt – Sozialamt – Gesundheitsamt. Neuwied: Luchterhand Verlag 1994, S. 23.
29. *Kühn:* Jugendamt . . ., ebenda, S. 26.
30. *Müller:* Einführung . . ., ebenda, S. 63–64.
31. Vgl. *Kühn:* Jugendamt . . .
32. *Metzinger:* Zur Geschichte . . ., ebenda, S. 127.
33. Vgl. *Belardi:* Pädagogik. Ebenda, S. 74.
34. *Proksch:* Allgemeine . . ., ebenda, S. 25.
35. *Puch, H.-J.:* Organisation im Sozialbereich. Freiburg: Lambertus Verlag 1994, S. 28.

36. *Junge, H./Lendermann, H. B.:* Das Kinder- und Jugendhilfegesetz (KJHG). Freiburg: Lambertus Verlag 1990, S. 14.
37. Vgl. *Puch:* Organisation ..., ebenda, S. 38.
38. *Giesecke, H.:* Die Jugendarbeit. 5., völlig neu bearb. Aufl. München: Juventa Verlag 1980 (1971), S. 13.
39. Ebenda, S. 13–14.
40. Ebenda, S. 91–92.
41. *Junge/Lendermann:* Das Kinder- und Jugendhilfegesetz ..., ebenda, S. 33–34.
42. *Junge/Lendermann:* Das Kinder- und Jugendhilfegesetz ..., ebenda, S. 47.
43. Vgl. *Konrad, F.-M.:* Sozialstaat und Pädagogik. In: Soziale Arbeit 6/1993, S. 186–189.
44. Vgl. *Böhnisch, L.:* Der Sozialstaat und seine Pädagogik. Neuwied: Luchterhand Verlag 1982, S. 24–25.
45. *Rauschenbach, Th.:* Sind nur Lehrer Pädagogen? In: Zeitschrift für Pädagogik 3/1992, S. 392.
46. Vgl. *Schmidt, H.-L.:* Theorien der Sozialpädagogik. Rheinstetten: Schindele Verlag 1981, S. 12–23.
47. Ebenda, S. 16; *Blatt, H.:* Konturen einer systematischen Sozialpädagogik. Moers: Verlag Agst 1992, S. 38–42.
48. *Bäuerle, W.:* Zur Entwicklung einer sozialen Technologie. In: Theorie und Praxis der sozialen Arbeit 12/1973, S. 162.
49. *Herriger, N.:* Präventives Handeln und soziale Praxis. Weinheim: Juventa Verlag 1986, S. 5.
50. Vgl. ebenda, S. 7.
51. Vgl. *Schmidt:* Theorien ..., ebenda, S. 20–21.
52. Vgl. *Herriger:* Präventives Handeln ..., ebenda, S. 9.
53. Ebenda, S. 9.
54. Ebenda, S. 10; eine ausführliche Auseinandersetzung mit verschiedenen Präventionskonzepten findet sich in: *Böllert, K.:* Zwischen Intervention und Prävention. Neuwied: Luchterhand Verlag 1995.
55. *Junge/Lendermann:* Das Kinder- und Jugendhilfegesetz ..., ebenda, S. 28.
56. Ebenda, S. 53.
57. Achter Jugendbericht. Hrsg.: Der Bundesminister für Jugend, Familie und Gesundheit. Bonn 1990, S. 85.
58. Ebenda, S. 86.
59. *Strasser, J.:* Sozialstaat. In: *Eyferth, H./Otto, H.-U./Thiersch, H.* (Hrsg.): Handbuch zur Sozialarbeit/Sozialpädagogik. Neuwied: Luchterhand Verlag 1987, S. 1092–1093.
60. Ebenda, S. 1094.
61. Vgl. »Die Zeit« vom 8. 11. 1991.
62. Vgl. ebenda.
63. Vgl. ebenda.
64. Vgl. *Dettling, W.:* Jugendhilfe in Deutschland. In: *Gernert, W.:* Das Kinder- und Jugendhilfegesetz 1993. Stuttgart: Boorberg Verlag 1993, S. 25.
65. Ebenda, S. 25.
66. Mollenhauer, K.: Die Ursprünge der Sozialpädagogik in der industriellen Gesellschaft. Weinheim: Beltz Verlag 1959 (1987), S. 40–41.

67. *Müller:* JugendAmt..., ebenda, S. 20.
68. *Thiersch, H.:* Lebensweltorientierte Soziale Arbeit. Weinheim: Juventa Verlag 1992, 25–26.
69. Vgl. ebenda, S. 30; Mollenhauer: Einführung..., ebenda, S. 45.
70. *Rössner, L.:* Theorie der Sozialarbeit. München: Reinhardt Verlag 1973, S. 104.
71. *Specht.* In: *Schweitzer, J.:* Therapie dissozialer Jugendlicher. Weinheim: Juventa Verlag 1987, S. 17.
72. *Mollenhauer, K.:* Einführung in die Sozialpädagogik. Weinheim: Beltz Verlag 1964, S. 42–43.
73. Ebenda, S. 47.
74. Ebenda, S. 48–49.
75. Ebenda, S. 50.
76. Vgl. *Meyer-Junglaussen, V.:* Geistige Behinderung und Erwachsenenbildung. Berlin: Marhold Verlag 1985, S. 34.
77. Ebenda, S. 35.
78. Ebenda, S. 36.
79. Vgl. *Böttcher, H.:* Sozialpädagogik im Überblick. Freiburg: Herder Verlag 1975, S. 191–192.
80. Ebenda, S. 191.
81. Vgl. *Böhnisch, L.:* Gespaltene Normalität. Weinheim: Juventa Verlag 1994, S. 35–42; *Böllert, K.:* Zwischen Intervention und Prävention. Neuwied: Luchterhand Verlag 1995, S. 60–104.
82. Ebenda, S. 36–37.
83. Vgl. *Thommen, B.:* Alltagspsychologie von Lehrern über verhaltensauffällige Schüler. Bern: Huber Verlag 1985, S. 107–149; *Sidler, N.:* Am Rande leben, abweichen, arm sein. Freiburg: Lambertus Verlag 1989, S. 55–112.
84. *Thommen:* Alltagspsychologie..., ebenda, S. 108.
85. Vgl. *Waller, H.:* Sozialmedizin. Stuttgart: Kohlhammer Verlag 1991, S. 14–15.
86. *Thommen:* Alltagsspychologie..., ebenda, S. 109.
87. Ebenda, S. 110.
88. Ebenda, S. 111.
89. Ebenda, S. 111.
90. Ebenda, S. 113.
91. Ebenda, S. 117.
92. Ebenda, S. 147.
93. *Rössner, L.:* Theorie der Sozialarbeit. München: Reinhardt Verlag 1973, S. 85.
94. Ebenda, S. 106.
95. Ebenda, S. 117.
96. Vgl. ebenda, S. 96.
97. *Marburger, H.:* Entwicklung und Konzepte der Sozialpädagogik. München: Juventa Verlag 1979, S. 171.
98. Vgl. *Pankoke, E.:* Sozialarbeit im Schatten von Modernisierungskrisen. In: *Oppl, H./Tomaschek, A.:* Soziale Arbeit 2000. Band 2. Freiburg: Lambertus Verlag 1986, S. 35.
99. *Mollenhauer:* Einführung..., ebenda, S. 95–116.
100. *Bollnow, O. F.:* Sprache und Erziehung. Stuttgart: Kohlhammer Verlag 1979, S. 123, 124.

101. Ebenda, S. 120.
102. Vgl. *Heiner, M.:* Reflexion und Evaluation methodischen Handelns in der Sozialen Arbeit. In: *Heiner, M.* u. a. (Hrsg.): Methodisches Handeln in der Sozialen Arbeit. Freiburg: Lambertus Verlag 1994, S. 102–183.
103. *Mollenhauer:* Die Ursprünge . . ., ebenda, S. 50.
104. Achter Jugendbericht . . ., ebenda, S. 36–37.
105. *Rauschenbach, Th./Gängler, H.* (Hrsg.): Soziale Arbeit und Erziehung in der Risikogesellschaft. Neuwied: Luchterhand Verlag 1992, S. 137.
106. *Junge/Lendermann:* Das Kinder- und Jugendhilfegesetz . . ., ebenda, S. 16.
107. *Belardi:* Pädagogik. Ebenda, S. 15.
108. *Furck, C.-L.:* Aufgaben der Sozialpädagogik in der Gegenwart. In: *Mollenhauer, K.* (Hrsg.): Zur Bestimmung von Sozialpädagogik und Sozialarbeit in der Gegenwart. Weinheim: Beltz Verlag 1966, S. 51.
109. *Bäumer.* In: *Wolf:* Zur Geschichte . . ., ebenda, S. 35.
110. *Wolf:* Zur Geschichte . . ., ebenda, S. 35.
111. *Bäumer.* In: *Wolf:* Zur Geschichte . . ., ebenda, S. 35–36.
112. Vgl. *Homfeldt, H. G./Lauff, W./Maxeimer, J.:* Für eine sozialpädagogische Schule. München: Juventa Verlag 1977; *Mörschner, M.:* Sozialpädagogik und Schule: München: Reinhardt Verlag 1988, S. 152–176.
113. *Müller, S.* u. a. (Hrsg.): Handlungskonzepte in der Sozialarbeit/Sozialpädagogik II. Bielefeld: AJZ Druck & Verlag 1984, S. 243–244.
114. *Furck.* In: *Mollenhauer:* Zur Bestimmung . . ., ebenda, S. 46.
115. Vgl. *Hottelet, H.* u. a.: Offensive Jugendhilfe. Stuttgart: Klett-Cotta Verlag 1978, S. 69.
116. Vgl. *Rauschenbach/Gängler:* Soziale Arbeit . . ., ebenda, S. 14.
117. *Thiersch:* Lebensweltorientierte . . ., ebenda, S. 241.
118. *Rössner, L.:* Sozialpädagogik. In: *Speck, J.* und *Wehle, G.* (Hrsg.): Handbuch pädagogischer Grundbegriffe. Band II. München: Kösel Verlag 1970, S. 467.
119. *Mollenhauer:* Einführung . . ., ebenda, S. 21.
120. *Münchmeier, R.:* Institutionalisierung pädagogischer Praxis am Beispiel der Jugendarbeit. In: Zeitschrift für Pädagogik 3/1992, S. 380.
121. *Hornstein.* In: *Böhnisch, L.:* Sozialpädagogik des Kindes- und Jugendalters. Weinheim: Juventa Verlag 1992, S. 56.
122. Vgl. *Nahrstedt, W.:* Entstehung und Aufgabe der Freiheiterziehung. In: Pädagogische Rundschau 1/1973, S. 96.
123. *Mollenhauer:* Einführung . . ., ebenda, S. 98.
124. Vgl. *Küchenhoff, W.:* Sozialpädagogik. In: *Rombach, H.* (Hrsg.): Wörterbuch der Pädagogik. Dritter Band. Freiburg: Herder Verlag 1977, S. 184.
125. *Belardi:* Pädagogik . . ., ebenda, S. 21.
126. *Knoll, A.:* Die Gestalt der Sozialarbeit. Hrsg.: Evangelische Fachhochschule Rheinland-Westfalen-Lippe. Band 20. Bochum 1993, S. 98.
127. Vgl. *Mollenhauer:* Die Ursprünge . . .
128. Vgl. *Rauschenbach/Gängler:* Soziale Arbeit . . ., ebenda, S. 148.
129. Vgl. ebenda, S. 69.
130. *Mollenhauer:* Einführung . . ., ebenda, S. 27.
131. *Losche, H.:* Invention – Innovation – Diffusion. In: *Sandmann, J.* (Hrsg.): Innovation statt Resignation. München: Fachhochschule München 1989, S. 5.

132. *Mollenhauer:* Einführung..., ebenda, S. 21.
133. *Thiersch:* Lebensweltorientierte..., ebenda, S. 20.
134. *Rauschenbach/Gängler:* Soziale Arbeit..., ebenda, S. 44.
135. *Hottelet:* Offensive Jugendhilfe. Ebenda, S. 109.
136. Vgl. *Otto, B.:* Der Mensch als problemlösendes Wesen. Weinheim: Deutscher Studien Verlag 1992, S. 14.
137. *Mollenhauer, K.:* Zur Bestimmung von Sozialpädagogik und Sozialarbeit in der Gegenwart. Weinheim: Beltz Verlag 1966, S. 27–28.
138. Vgl. *Mollenhauer:* Einführung..., ebenda, S. 13–14.
139. Vgl. *Schilling, J.:* Jugend- und Freizeitarbeit. Neuwied: Luchterhand Verlag 1991, S. 35.

3 Sozialpädagogik/Sozialarbeit – Soziale Arbeit

Werbung
Sozialpädagogik
Familien, Arbeitslose, Erziehung, Sucht, Frauen/Männer
BERATUNG, BETREUUNG
Tagesstätten, Heime, Krippen, Horte
KINDER
Altentagesstätten, Altenheime
ALTE MENSCHEN
Organisation, Veranstaltungen, Theater, Musik, Bewegung, Gestaltung, Städteplanung
KULTUR
Erwachsene, alte Menschen, Kinder, Jugend, Sport
FREIZEIT
Wir alle brauchen sie
MEDIZIN
Gesundheitsämter, Krankenhäuser, Kurhäuser, Reha-Kliniken
BILDUNG
Fortbildung, Weiterbildung
BEHINDERTE
Heime, Tagesstätten
ERWACHSENE
Erwachsenen-Bildung

3.1 Geschichtliche Linien von Sozialpädagogik und Sozialarbeit

In diesem dritten Kapitel geht es darum, die beiden getrennt dargestellten Linien der Erwachsenenfürsorge/Sozialarbeit und Jugendfürsorge/Sozialpädagogik zu einem Gesamtkomplex Soziale Arbeit zusammenzuführen. Dies soll nicht in der Form einer Gleichmacherei geschehen: etwa Sozialpädagogik und Sozialarbeit sind identisch, ein Unterschied besteht nicht mehr, sondern durch Herausarbeit der Besonderheiten von Sozialpädagogik und Sozialarbeit soll die Annäherung in ein gemeinsames Handlungssystem Soziale Arbeit geschehen.
Ich möchte aufzeigen, wie beide Linien sich einerseits zunächst weiter auseinanderentwickelt haben und worin die Gründe dafür lagen. Neben dieser Entwicklung ist eine zweite zu diskutieren, nämlich die Ausweitung der Arbeitsfelder und damit verbunden eine Annäherung von Sozialpädagogik und Sozialarbeit. Das Verhältnis pädagogischer und sozialer Tätigkeit muß deshalb neu bestimmt werden. Dies allerdings nicht in der Art, daß beide Begriffe synonym gebraucht werden, sondern daß nach dem Wesentlichen von Sozialpädagogik und Sozialarbeit gefragt wird. Am Schluß dieser Diskussion soll versucht werden, Sozialpädagogik aus dem Stand der bisherigen Diskussion zu definieren.
Ich stimme *Pfaffenberger* zu, wenn er aufzeigt, daß im deutschen Adjektivattribut »sozial« sowohl das »soziale« wie das »sozialpädagogische« das enthält, was im Englischen mit »social work« umschrieben wird. Deshalb schlägt er vor, von sozialpädagogisch-sozialer Arbeit zu sprechen. Nur beide Begriffe umfassen die ganze Breite der Sozialen Arbeit. Von daher würde man das Ganze entschieden verkürzen, würde man es um das Sozialpädagogische oder Sozialarbeiterische einseitig verändern.[1*] Historisch läßt sich eine Unterscheidung zwischen Sozialpädagogik und Sozialarbeit relativ leicht treffen.

3.1.1 Sozialarbeit

»Trotz gewandelter Begriffe läßt sich die soziale Hilfstätigkeit oder soziale Arbeit geschichtlich weit zurückverfolgen:

- Almosenpflege
- Armenpflege
- Armenfürsorge
- Fürsorge(tätigkeit)
- Wohlfahrtspflege
- Fürsorge
- Sozialarbeit

* Anmerkungen s. S. 189

sind in chronologischer Folge Bezeichnungen für das Bemühen um Menschen in Not – ursprünglich fast ausschließlich in wirtschaftlicher Not, später zunehmend auch in geistigseelischer und ›erzieherischer‹ Not.«[2] Sozialarbeit steht in direkter Folge von

- *Armenpflege:* Überwiegend privat ausgeübte Mildtätigkeit zur Linderung materieller Not einzelner;
- *Fürsorge:* Überwiegend beruflich ausgeübte persönliche Hilfe in individuellen Notlagen, wirtschaftliche Hilfe.
- *Wohlfahrtspflege:* Sorge für Notleidende und Gefährdete hinsichtlich ihres gesundheitlichen, sittlichen und wirtschaftlichen Wohls (Gesundheitsfürsorge, Erziehungsfürsorge, Wirtschaftsfürsorge);
- *Sozialarbeit:* Nachfolge der genannten Dienste. Ursprung ist Hilfe für äußere, materielle Not einzelner, und zwar für jeden Hilfsbedürftigen – ohne Ausnahme. Die Weiterentwicklung schließt auch psycho-soziale Probleme mit ein. Die Kategorie Hilfe bleibt dominant.[3]

Der Begriff Sozialarbeit dürfte 1925 erstmals verwendet worden sein zur Bezeichnung eines öffentlichen Programms mit der Gründung der »Gilde Soziale Arbeit«, ein Zusammenschluß von Männern und Frauen aus der Jugendbewegung. Nach einer Quelle von *Mühlum* allerdings dürfte der Begriff »Sozialarbeiter« bereits 1918 als Berufsbezeichnung genannt worden sein. 1929 spricht man bereits problemlos von »berufsmäßigen Sozialarbeitern«. »Die Vermutung ist daher nicht ganz von der Hand zu weisen, daß möglicherweise ›soziale Arbeit‹ als Begriff in die USA getragen und wörtlich mit social-work übersetzt wurde, um später als ›Sozialarbeit‹ nach Deutschland reimportiert zu werden; der Beweis dafür steht jedoch noch aus.«[4]
Sozialarbeit als Berufsbezeichnung ist vor allem auf die Frauenbewegung zurückzuführen. Die soziale Frauenschule in Berlin unter der Leitung von *Alice Salomon* (1908) bildete Wohlfahrtspflegerinnen aus, die seit 1959/61 »Sozialarbeiter« genannt werden.
Grundlegende Wissenschaften der Ausbildung von Sozialarbeitern sind die Soziologie, Psychologie und Rechtskunde.

3.1.2 Sozialpädagogik

Die geschichtliche Entwicklung der Sozialpädagogik ist komplexer als die der Sozialarbeit. Als Vorläufer und Beginn der Sozialpädagogik kann man die Einführung des Erziehungsgedankens in die Armenfürsorge sehen.
Den eigentlichen Begründer der Sozialpädagogik sieht man in *J. H. Pestalozzi,* seinem pädagogischen Denken und seinen Werken. Seine wegweisenden Überlegungen kann man als den Beginn der Sozialpädagogik bezeichnen. Der eigentliche Durchbruch zur sozialpädagogischen Erziehung wird mit *F. Fröbels* Einrichtung eines Kindergartens verbunden. Den Begriff »Sozialpädagogik« offiziell eingeführt hat 1848 *K. Mager.* Auch für den Tatbestand der Sozialpädagogik gab es in der Geschichte unterschiedliche Begriffe wie

- Jugendfürsorge
- Jugendpflege
- Jugendarbeit
- Jugendwohlfahrtspflege
- Jugendhilfe
- Sozialpädagogik.

Sozialpädagogik als Berufsbezeichnung hat als Vorläufer die Ausbildung als Kindergärtnerin und darauf aufbauend als Jugendleiterin. Die Jugendleiterinnenausbildung war eine Zusatzausbildung (1911), die man nach einer dreijährigen praktischen Tätigkeit als Kindergärtnerin absolvieren konnte. Jugendleiterinnen konnten auch an öffentlichen Schulen angestellt werden.
Seit 1878 wurden bereits durch *Henriette Schrader-Breymann* im Pestalozzi-Fröbel-Haus in Berlin Kindergärtnerinnen ausgebildet.
Die neue Berufsbezeichnung als »Sozialpädagogin« statt Jugendleiterin wurde 1967 eingeführt, fünf Jahre später als die Titulierung »Sozialarbeiter«. Man kann also die Ausbildung des Sozialpädagogen im wesentlichen als die Weiterentwicklung der Kindergärtnerinnenausbildung ansehen.
Als Leitwissenschaft der Sozialpädagogik wird eine sozialwissenschaftlich orientierte, gesellschafts- und handlungstheoretisch konzipierte Erziehungswissenschaft angegeben.

3.1.3 Sozialpädagogik – Sozialarbeit

Sozialarbeit als Almosenwesen und Armenfürsorge vor allem für Erwachsene versteht sich als Ersatz für schwindende familiäre und verwandtschaftliche *Sicherungsleistungen.*
Sozialpädagogik als Jugendfürsorge und Anstaltserziehung sieht sich dagegen als Ersatz für schwindende familiäre und verwandtschaftliche *Erziehungsleistungen.* Das Spezifische von Sozialpädagogik und Sozialarbeit kann man in Anlehnung an *Mühlum* in folgendem Schaubild zusammenstellen.[5]

Spezifikum von Sozialarbeit und Sozialpädagogik

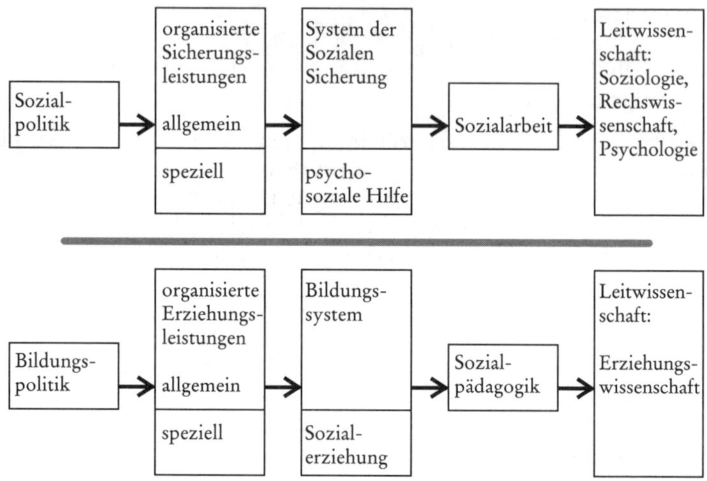

Die Entwicklung von Sozialpädagogik und Sozialarbeit kann man in verschiedene Phasen einteilen.[6]

Phase	Sozialarbeit	Sozialpädagogik
1. Phase (ca. bis 1830)	Vorläufer der Sozialarbeit – caritative Armenpflege	Vorläufer der Sozialpädagogik – Anstaltserziehung
2. Phase (ca. 1830–1880)	Entwicklung praktischer Fürsorgetätigkeit im 19. Jhdt	Entwicklung sozialerzieherischer Praxis im 19. Jhdt.
3. Phase (1880–1930)	Theoretische Begründung der Fürsorge und berufliche Ausbildung	Theoretische Grundlegung der Sozialpädagogik und die ›Sozialpädagogische Bewegung‹
4. Phase (seit 1960)	Moderne Sozialarbeit auf dem Weg zur Professionalisierung	Moderne Sozialpädagogik auf dem Wege zur Wissenschaft

3.2 Sozialarbeit kontra Pädagogik

Sozialarbeit wehrte sich gegen eine Pädagogisierung ihres Berufsfeldes. Diese Ablehnung wurde besonders deutlich und manifestierte sich in der Übernahme des amerikanischen Wortes »Social Work«. Man kopierte unkritisch ein amerikanisches System, »dem andere gesellschaftlich-historische Bedingungen zugrunde lagen und dessen Name ›Social Work‹, den man übernahm, eher einer mangelnden sprachlichen Differenziertheit entstammt, als daß er eine bestimmte geistige Richtung bezeichnet. Außerdem gingen die Methoden der Social Work häufig auf progressive sozialpädagogische Ansätze in Deutschland zurück: Die Einzelhilfe auf den individualpädagogischen Ansatz der Reformpädagogik; die Community organization zumindest teilweise auf das Elberfelder System; die Gruppenarbeit auf die Jugendbewegung und die *Lewin*'sche Feldtheorie, die zum Teil in Deutschland konzipiert wurde.«[7]

Im Gegensatz zur Pädagogik übernahm man weiterhin aus dem Amerikanischen die Anlehnung des Social Work an die Psychologie, Medizin und Jurisprudenz. Man verstand sich als Berater, Helfer, Partner, ähnlich dem Verhältnis von Arzt und Therapeut zum Patienten. Entsprechend übernahm die Sozialarbeit auch drei typische Begriffe aus der Fachsprache der Medizin und Jurisprudenz:

1. *Klient:* Die ursprüngliche lateinische Bedeutung des Ausdruckes ›Klient‹ bedeutet: Schutzbefohlener bzw. als ›Klientel‹ bezeichnete man den Kreis der Schutzbefohlenen eines Schirmherren. Später wandelte sich der Ausdruck, indem als Klient nur noch der Auftraggeber des Rechtsanwaltes bezeichnet wurde.

»Wer einen Rechtsanwalt in Anspruch nimmt, sucht Unterstützung, Schutz oder Hilfe, doch mit dem Unterschied, daß er aus freien Stücken darüber entscheidet, ob er sich in den Status eines Klienten begeben will oder nicht. Es war darum keineswegs abwegig oder Ausdruck einer administrativen Massenbehandlung, wenn man im »social work« dazu überging, den Hilfsbedürftigen als Klienten zu bezeichnen. Damit wurde ein zumindest für den ursprünglich helfenden Charakter des Rechtsanwaltsberufes wichtiges Kennzeichen übernommen, daß nämlich der Klient aus freien Stücken, als mündige Person, um die Dienstleistung des Rechtsanwaltes nachsucht. Es kommt hinzu, daß die Bezeichnung Klient einen indifferenten Charakter hat, denn als Klient braucht jemand nicht eo ipso immer auch arm zu sein oder umgekehrt: der als Klient bezeichnete Partner des Sozialarbeiters war damit nicht automatisch als Armer sozial gebrandmarkt, wohl aber wurde er als Einzelperson ernst genommen.«[8]

2. *Fall:* Ebenfalls aus dem Bereich der Jurisprudenz wurde der Begriff ›Fall‹ in den Sprachgebrauch von Sozialarbeit übernommen. Der einzelne wurde als Fall gesehen, dessen Probleme es zu lösen galt. Hierfür bedurfte es einer besonderen persönlichen Beziehung zwischen Helfer und Klient. Diese besondere Art der menschlichen Beziehung zwischen Helfer und Klient unterscheidet den »Sozialarzt« (Sozialarbei-

ter) von anderen helfenden Berufen und von der früheren Armenfürsorge.[9]

3. *Diagnose:* Als dritten Begriff übernahm die Sozialarbeit aus der Medizin den Begriff der Diagnose. Hierunter verstand man das Wissen und Können des Sozialarbeiters bei der Erfassung, Sichtung und Interpretation von sozio-ökonomischen und biographischen Fakten.[10]

Gegen die Übernahme dieser Fremdbegriffe gibt es in der gegenwärtigen Literatur erhebliche Einwände. Man bezeichnet dies als eine falsche Orientierung, als einseitige Ausrichtung an Disziplinen wie Medizin und Experimental-Psychologie, also an Wissenschaften naturwissenschaftlicher Art, welche die gesellschaftlichen und damit sozialwissenschaftlichen Vorgehensweisen systematisch ausblenden.[11]

> *Lüssi* fordert von der Sozialarbeit eine eigene Terminologie, die für das Selbstverständnis von Sozialarbeit von zentraler Bedeutung ist.[12]

Gegen eine »Klientifizierung« der Sozialarbeit wendet sich *Tuggener.*[13] Mit der Übernahme der medizinischen/juristischen Begriffe wird der Blick für die engeren und weiteren Umfeldbedingungen verdunkelt.[14]
Dazu kommt, daß der Klient weitestgehend nicht freiwillig zum Sozialarbeiter kommt und das Bild vom Partner als Arzt/Jurist so nicht stimmt; vielmehr ist der Sozialarbeiter eine vom Amt geschickte, autorisierte Person.[15]
Des weiteren beinhaltet der Begriff »Klient« einen antiemanzipatorischen Charakter. Nachdem der Klient den Rechtsanwalt (freiwillig) aufgesucht hat, übernimmt dieser auf Grund seiner beruflichen Kompetenz das Handlungskonzept. Er schlägt die einzelnen Schritte des Vorgehens vor, denen der Klient nur mangels fehlender Kenntnis zustimmen kann. Der Rechtsanwalt vertritt den Klienten und löst für ihn das Problem.
Dieses Verständnis widerspricht der Vorstellung einer aktiven, selbstverantwortlichen Mitarbeit des Hilfesuchenden. Der Klient ist derjenige, der durch Beratung zur Selbsthilfe gelangen soll. Da dieser Aspekt zu wenig im Begriff ›Klient‹ zum Ausdruck kommt, sollte man ihn besser nicht verwenden.
Auch aus pädagogischer Sicht sind gegen den Begriff »Klient« Vorbehalte anzumelden. Ähnlich wie man in der Medizin von Patienten spricht und damit im praktischen Umgang häufig den Patienten als Objekt einer medizinischen Leistung betrachtet, besteht die Gefahr in der Sozialen Arbeit, daß der Begriff »Klient« eher einen Objektbezug statt einen Subjektbezug zu einer Person nahelegt. Ich meine, man sollte den Begriff »Klient« möglichst vermeiden und von konkreten

Personen (-gruppen) sprechen. Nicht mein »Klient«, sondern »Frau X« und »Herr Y«.

Aufgabe
Diskutieren Sie folgende These: Tätigkeiten eines Sozialarbeiters sind auf keinen Fall pädagogischer Art.

Die bewußte und demonstrative Ablehnung der Pädagogik durch die Sozialarbeit ist auf ein falsches Verständnis der Pädagogik zurückzuführen. Mit Pädagogik verband man das traditionelle, strenge, väterliche, autoritäre Verhalten des Erziehers in der Familie wie Schule. »Man verstand Pädagogik als ein rein vertikales Beziehungsverhältnis; das Herabneigen des Mündigen und Heraufziehen des Unmündigen bzw. des ständig für unmündig Erklärten und die Ausübung erzieherischen Drucks.«[16]
Die Ablehnung übersah, daß man Erziehung im Sinne des 18. und 19. Jhdts. verstand und daß sich der Bereich der Erziehung deutlich verändert hatte. Unterschiedliche Vorstellungen von Erziehung führten zu diesem Mißverständnis. Das Gesamtsystem erzieherischer Institutionen, wie das Verständnis von Erziehung hat sich jedoch erweitert und geändert.

»Die Alltagsbedeutung des Wortes Erziehung reicht nicht mehr aus, um den Umkreis dessen, auf das sich die von ihm ausgegangene Theorie bezieht, zu umschreiben. Das hat die Erziehungswissenschaft schon immer empfunden und deshalb von Erziehung und Bildung gesprochen. Aber auch diese Erweiterung erweist sich heute schon als unstatthafte Beschränkung: mehr und mehr verwendet auch die Erziehungswissenschaft den Begriff des Lernens, der von allen heute gebräuchlichen und auf unseren Gegenstand anzuwendenden sich durch die größte Allgemeinheit auszeichnet. Diese Veränderung in der erziehungswissenschaftlichen Theorie muß derjenige berücksichtigen, der es unternimmt, seine Tätigkeit gegen ›Erziehung‹ abzugrenzen.«[17]

Versteht man Erziehung in diesem Sinn, muß sich Sozialarbeit nicht von der Sozialpädagogik abgrenzen, bzw. das Argument für ihre ablehnende Haltung ist hinfällig.
Sozialarbeit würde auch ihre Geschichte und geschichtliche Entwicklung falsch verstehen bzw. negieren, würde sie sich als un-pädagogisches Arbeitsfeld sehen. So versucht z. B. *Konrad* eine grundsätzliche pädagogische Orientierung der modernen Sozialarbeit von ihren Anfängen her zu begründen.[18] Er kommt in seiner Analyse zu dem eindeutigen Schluß, daß Sozialarbeit eine pädagogische Auffassung

hatte. »Pflege und Erziehung von Menschen, teils von Erwachsenen, teils von Heranwachsenden, gehören zum Wesen aller Fürsorge.«[19] »Auch in der konfessionellen Wohlfahrtspflege ... wird der Erziehungsgedanke akzeptiert. Dort finden wir Ende der 20er Jahre vermehrt Versuche, die eigenen Grundlagen theoretisch neu zu durchdenken und dabei die bemerkenswerte eindeutige Feststellung: Wir stimmen dem Erziehungsgedanken der Fürsorge restlos zu.«[20]

> Das Ergebnis der Untersuchung von *Konrad* lautet: »In erster Linie sollte deutlich geworden sein, daß die Sozialarbeit in Deutschland in ihren Anfängen als Profession über eine pädagogische Grundorientierung verfügte, und zwar keineswegs als eine von außen aufgezwungene vormundschaftliche, sondern kraft eigenständiger Politik der Frauenbewegung. Die Identität dieser frühen Sozialarbeit war klar und eindeutig: Sie folgte dem Prinzip der ›geistigen Mütterlichkeit‹ und sie pflegte eine pädagogische Herangehensweise an ihre ›Fälle‹. Daß sie aus diesem Grunde der geisteswissenschaftlichen Pädagogik gegenüber eine gewisse rezeptive Offenheit besaß, kann nicht verwundern.«[21]

Auch andere Untersuchungen kamen zu dem Ergebnis, daß sozialarbeiterisches Tun im Kern pädagogisches Tun ist. Wenn es der Sozialarbeit z. B. um das Ziel Hilfe zur Selbsthilfe geht, dann ist dies ein pädagogischer Vorgang, man kann den Schluß ziehen, daß es im sozialen Bereich wohl kaum a-pädagogische Tätigkeiten gibt. »Diejenigen Praktiken der Sozialarbeit, die kaum noch als pädagogische Phänomene interpretiert werden können, sind verschwindend gering. Es ist zu fragen, ob sie dennoch so ins Gewicht fallen, daß eine ausdrückliche Unterscheidung sinnvoll ist. Der Katalog eines amerikanischen Lehrbuches der Sozialarbeit bringt nur zwei Tätigkeiten des Sozialarbeiters unter insgesamt mehr als 15, bei denen der pädagogische Charakter fraglich ist: Materielle Unterstützung und Altenhilfe.«[22] Und selbst bei diesen beiden Tätigkeiten muß man fragen, ob sie ohne erzieherische Absicht durchgeführt werden. Menschen jeglichen Alters (also auch Senioren) sollen lernen, mit materiellen Zuwendungen umzugehen, bzw. unabhängig davon zu werden. Es wäre sehr verhängnisvoll, würde man z. B. Senioren die Lernfähigkeit absprechen. Zu einem gleichen Ergebnis gelangt *Sachße,* der eine Tendenz der Pädagogisierung auf drei Ebenen feststellt:

1. »Die Klientel sozialer Arbeit hat sich verändert. Sie besteht nicht mehr nur aus den Randgruppen der Gesellschaft, den Fürsorgezöglingen, Kranken, Obdachlosen und Kriminellen. Sozialarbeit resozialisiert nicht mehr nur die in irgendeiner Form ›Devianten‹, sie wird zunehmend zum Bestandteil der ›Durchschnittssozialisation‹ der Menschen in unserer Gesellschaft ...
2. Sozialarbeit überschreitet zunehmend die Grenzen der traditionellen

Berufsfelder in Fürsorge und Vorschule und wirkt in immer weitere gesellschaftliche Bereiche hinein, die bislang privater Selbstregulierung oder der ausschließlichen professionellen Kompetenz anderer Berufe überlassen waren... Dabei werden zwei Tendenzen auffällig: Zum einen scheinen sich die Grenzen von Bildungsinstitutionen und Sozialarbeit zunehmend zu verwischen. So werden Bildungseinrichtungen wie Schule und Volkshochschule, aber auch Einrichtungen gewerkschaftlicher Bildung durch sozialarbeiterische Interventionen ergänzt; umgekehrt übernimmt die Sozialarbeit Aufgaben, die herkömmlicherweise Bildungsinstitutionen zugerechnet wurden... Ja, die Sozialarbeit ist eben im Begriff, unter dem Stichwort ›Kulturarbeit‹ den gesamten sozio-kulturellen Lebenszusammenhang der Menschen zum Gegenstand ihres Handelns zu machen...

3. Auf der dritten Ebene schließlich ist eine bewußte Pädagogisierung der Sozialarbeit selbst ihrer Methoden und Arbeitsweisen zu verzeichnen... Dieser Prozeß der Pädagogisierung von Sozialarbeit ist Ausdruck eines Prozesses rapider Vergesellschaftung von Sozialisation.«[23]

Halten wir fest
Historisch betrachtet, kann man Sozialarbeit und Sozialpädagogik relativ leicht unterscheiden.
Die Ablehnung der Pädagogik durch die Sozialarbeit basierte auf einem veralteten Verständnis von Pädagogik. In der Sozialarbeit wie Sozialpädagogik geht es immer um pädagogische Maßnahmen.

3.3 Ausbreitung und Differenzierung von Sozialpädagogik

Aufgabe
Geschichtlich betrachtet war die Zielgruppe der Sozialpädagogik ›verwahrloste‹ Kinder und Jugendliche. Was hat sich verändert, wenn man aus der heutigen Sicht die Zielgruppe der Sozialpädagogik betrachtet?

In den letzten 20 Jahren ist eine immense Ausweitung und Zersplitterung der Aufgaben sozialer Berufe in neue gesellschaftliche Bereiche unverkennbar zu beobachten. Neue Zielgruppen werden erschlossen und neue Tätigkeitsfelder geschaffen. Man kann von einer gewaltigen und kontinuierlichen Expansion der öffentlichen Erziehung und der sozialen Dienste sprechen.

»Es entsteht nach und nach das gegenwärtige, breite und kaum überschaubare Bild vielfältiger Tätigkeiten: Sozialpädagogen arbeiten in Fach-, Ehe-, Familien-, Lebens- und Altenberatungsstellen, in Jugend- und Sozialämtern, in der Jugendgerichtshilfe, im Strafvollzug, in Anstalten (z. B. für Behinderte), in Erziehungsheimen, Wohnheimen, Erholungsheimen und Kliniken, in Wohngemeinschaften (mit ehemaligen Strafgefangenen oder Suchtabhängigen), in Jugendgruppen, Jugendhäusern, Jugendverbänden, Straßensozialarbeiterteams, in Ausländergruppen, in Berufsqualifikationsprogrammen, in Kindertagesheimen, Schularbeitszirkeln, Kindergärten, auf Abenteuerspielplätzen und Jugendfarmen, in Bildungsstätten, in Gewerkschaften und kirchlichen Verbänden, sie arbeiten vielfältig zusammen mit betroffenen Gruppen und Bürgerinitiativen.«[24]

Sozialpädagogik präsentiert sich mit diesem vielseitigen Angebot inzwischen als selbstverständliches Verbundsystem von pädagogischen und sozialen Diensten mit dem Ziel der Unterstützung und Gestaltung von Lebensqualität. *Lüders* und *Winkler* sprechen von der »Normalisierung der Sozialpädagogik«[25] und dies in fünffacher Hinsicht in bezug auf:

1. Quantitative Nachfrage: Eine enorme quantitative Zunahme des sozial-pädagogischen Personals ist festzustellen.
2. Qualitative Nachfrage: Sozialpädagogik befaßt sich nicht nur mit schwierigen und gefährdeten Kindern und Jugendlichen, sondern mittlerweile mit nahezu jedem Sozialisationsfeld. Die Grenzen zwischen problematischen und normalen Lebenslagen werden in wachsendem Maße unscharf.
3. Prävention: Sozialpädagogik hat nicht nur Integrations- und Kontrollfunktion, sondern zunehmend lebenslagenstützende Aufgaben.
4. Immer mehr Einrichtungen nehmen sozialpädagogisches Fachwissen in Anspruch: Politik, Verwaltung, Wirtschaft.
5. Sozialpädagogik entwickelt sich zu einer eigenen wissenschaftlichen Disziplin.

> »Aufs Ganze gesehen können diese Entwicklungen in der These zusammengefaßt werden, daß das Vorhandensein und die Inanspruchnahme von Sozialpädagogik mittlerweile auf allen Ebenen und in nahezu jeder Hinsicht zur Normalität geworden ist, bzw. gerade wird.«[26]

Sozialpädagogik wird geradezu gesellschaftlich normalisiert, dies ist vergleichbar mit dem Bildungswesen und den Einrichtungen im Vorschulbereich.

In zwei Bereichen kann man eine Erweiterung der Zielgruppe innerhalb der Sozialpädagogik feststellen:

1. Im Bereich der Jugendhilfe: Sie hat eine Funktionserweiterung im Zuge der Ausweitung und Ausdifferenzierung des öffentlichen Erziehungssystems erfahren.

»Jugendhilfe muß durch sozialpädagogische Hausaufgabenhilfe, Erziehungsberatungsstellen, Kinderhorte, Schulsozialarbeit – aber auch durch die allgemeine Jugendarbeit in Jugendgruppen und Jugendzentren – Beiträge zur ›sozialen Reproduktion des Schülerseins‹ leisten, da die Schule in der Regel nicht in der Lage ist, die von ihr verbrauchten psychischen und sozialen Energien der Schüler selbst wiederherzustellen. Diese Aufgabe sollen die in den Alltag ausgelagerten, schulischen Leistungsanforderungen stützen und Möglichkeiten zur Verarbeitung schulischer Erfahrungen und Kompensation schulischer Mißerfolgserlebnisse bieten. Sie versucht, dem Schulalltag gleichsam eine andere Welt entgegenzusetzen.«[27]

Jugendhilfe hat in ihrem Aufgabenfeld nach Auffassung von *Böhnisch* von der strafenden und kontrollierenden Fürsorge vornehmlich für die Arbeiterbevölkerung einen historischen Funktionswandel vollzogen.[28] Ihre Zielgruppe sind nicht mehr nur verwahrloste und gefährdete Kinder und Jugendliche, sondern die gesamte Jugend. Die industrielle Risikogesellschaft und die mit ihr hervorgebrachten Gefährdungen lassen es geboten erscheinen, die zu beobachtenden pädagogischen und sozialen Defizite durch gezielte Maßnahmen und Einrichtungen zu beseitigen, zu vermindern oder auszugleichen. Dies gilt nicht nur für einen bestimmten Teil der Jugendlichen, sondern die ganze Jugend bedarf prophylaktischer, stützender und korrigierender Hilfe. Auch die ›normalen‹, nicht auffälligen Jugendlichen bedürfen sozialpädagogischer Unterstützung.

2. Hilfe brauchen nicht nur Kinder und Jugendliche, auch Erwachsene bedürfen in der konfliktreichen Industriegesellschaft sozialpädagogischer Hilfen, d. h. Sozialpädagogik befaßt sich inzwischen mit Menschen aller Altersgruppen (vom Kind bis zum älteren Menschen). Indem man den Erziehungsbegriff weiter gefaßt hat und Erziehung und Bildung als lebenslangen Lernprozeß versteht, findet man selbst im Altersheim Funktionen und Vorgänge, die als eindeutig erzieherisch bezeichnet werden können.

Sozialpädagogik hat es mit körperlich gesunden, kranken, behinderten und süchtigen Menschen zu tun. Nach einer Untersuchung von *Klüsche,* der allerdings die Berufsgruppe der Sozialpädagogen und Sozialarbeiter zusammenfaßt, sehen sich über 70 % einem Erwachsenen – Klientel gegenüber, ebenfalls 70 % haben es mit Heranwachsenden zu tun und 13 % arbeiten mit älteren Menschen.[29] Zu den fünf wichtigsten Funktionen ihrer Tätigkeit zählen Sozialpädagogen/Sozialarbeiter:[30]

Funktionen	%
Soziale Stützfunktion	79,2
Kriseninterventionsfunktion	73,8
Erziehungsfunktion	51,7
Familiäre Ersatzfunktion	27,2
Materielle Ersatzfunktion	26,8

Windisch u. a. untersuchten die »Verteilung der Beschäftigungsgruppen über das Spektrum der Arbeitsfelder«[31] und fanden folgende Verteilung: Sozialpädagogen/Sozialarbeiter insgesamt (Sozialarbeiter/Sozialpädagogen/Erzieher/sonstige sozialpädagogische Berufsträger/Beschäftigte ohne sozialpädagogische Ausbildung/ZDL/Praktikanten) sind tätig im Bereich:

Arbeitsfelder	%
Elementarbereich	36,4
Behindertenbereich	10,4
Erziehungshilfe	10,2
Jugendarbeit	8,9
Allgemeine Soziale Dienste	8,5

Das Ergebnis dieser Studie ist: »Die Felder beruflicher Sozialpädagogik/Sozialarbeit haben sich unter gegenwärtigen gesellschaftlichen Bedingungen gegenüber den klassischen Bereichen sozialer Arbeit (Gesundheits-, Jugend- und Familienfürsorge) erweitert und erheblich differenziert...
Indessen erweisen sich die klassischen Arbeitsfelder als vorherrschend, wenn man nur die Anteile der beschäftigten Sozialarbeiter/Sozialpädagogen ins Auge faßt. An erster Stelle präsentieren sich die Allgemeinen Sozialen Dienste (17,8 %), dicht dahinter die Erziehungshilfen (16,5 %) und Jugendarbeit (16,3 %). In diesen drei dominanten Arbeitsfeldern zusammen ist rund die Hälfte der Sozialarbeiter/Sozialpädagogen tätig.«[32]

Ziel sozialpädagogischen Arbeitens ist die Prävention. Diese beschränkt sich nun nicht nur auf Kinder und Jugendliche, sondern aus ihrem Selbstverständnis heraus schließt sie automatisch auch die Gruppe der Erwachsenen mit ein. Man kann Gefahren nur dann verhindern, wenn alle am Prozeß beteiligten Personen des Umfeldes mit in die Planung einbezogen werden. Insofern sprengt die Prophylaxe den engen Rahmen der Zielgruppe von Kindern und Jugendlichen und erweitert sich auf alle Altersgruppen.

Auf diesen Punkt macht auch das Kinder- und Jugendhilfegesetz aufmerksam und zeigt, daß unspezifische Hilfe und Beratung in fast allen nur denkbaren Lebenslagen vonnöten ist. »Beratung braucht in der Tendenz jeder und jede in der immer komplexer werdenden Gesellschaft. Sie beschränkt sich aber nicht auf bereits eingetretene Notstände. Diese gilt es gerade zu verhindern, deshalb ist in besonderem Maße vorbeugendes Handeln, Prophylaxe geboten.«[33]

Halten wir fest
Das Aufgabengebiet von Sozialpädagogik umfaßt nicht nur Kinder- und Jugendarbeit, sondern neue Zielgruppen und Tätigkeitsfelder sind im Laufe der Zeit hinzugekommen, so daß wir heute sagen können: Überall dort, wo sich Menschen um die Erhaltung, Verbesserung oder Wiederherstellung ihrer Lebensqualität bemühen, kann Sozialpädagogik beratende Hilfestellung geben bzw. sich sozialberuflich engagieren oder in Anspruch genommen werden.

3.4 Sozialpädagogik und Gesundheit

Aufgabe
Diskutieren Sie folgende These: Zu den sozialpädagogischen Aufgaben zählt auch die Gesundheitserziehung. Inwiefern hat Sozialpädagogik etwas mit Gesundheit zu tun?

Diese Frage soll in drei Schritten/Aspekten beantwortet werden: 1. geschichtlicher Aspekt, 2. Aspekt der Gesundheit und 3. Aspekt des Wohlbefindens.

3.4.1 Geschichte

Ähnlich wie die Jugendfürsorge zeigt auch die Gesundheitsfürsorge eine von der Armenpflege abgespaltene Entwicklung. Somit gibt es eigentlich drei große Sozialbereiche[34]:
- materielle Not: Erwachsenenfürsorge = Sozialamt
- sittliche Not: Jugendfürsorge = Jugendamt
- gesundheitliche Not: Gesundheitsfürsorge = Gesundheitsamt

Es ist nicht genau bekannt, welche Städte in der kommunalen Gesundheitsfürsorge als erste Vorläufer ein Gesundheitsamt einrichteten. Vermutlich war die erste Stadtarztstelle 1873 in Stuttgart. Ab 1919 gab es fast überall in Deutschland Gesundheitsämter. Von Anfang an arbeiteten Fürsorgerinnen und Ärzte in diesem Sozialbereich zusammen. Die Familienfürsorge (heute: Allgemeiner Sozialer Dienst, ASD) übernahm nicht nur Aufträge der Jugend- und Sozialämter, sondern auch des Gesundheitsamtes.
Daß Sozialpädagogik mit Gesundheit und Gesundheitserziehung etwas zu tun hat, belegt die Geschichte. Bis zum Ende des 18. Jhdts. war Gesundheitserziehung ein wesentlicher Bestandteil der Pädago-

gik. Sollten die sozialpädagogischen Maßnahmen z. B. von *J. L. Vives* oder des *Elberfelder Systems* greifen, galt es als oberstes Prinzip, zunächst für die Gesundheit der Armen zu sorgen. Deshalb wurde auch stets ein Arzt zur Begutachtung der Lebenssituation armer Familien herangezogen. Sehr deutlich wurde der Zusammenhang von (Sozial-) Pädagogik und Gesundheit durch *A. H. Francke* hergestellt. Er legte z. B. großen Wert darauf, daß die Erzieher seiner Anstalten auf Anzeichen von Schwäche oder Krankheit achteten und sofort einen Arzt konsultierten.
Ausschlaggebend für das Eingreifen des Staates in die Gesundheitserziehung war eine militärische Musteruntersuchung junger Männer im rheinischen Industriegebiet. Die Untersuchung stellte bei diesen schwere Gesundheitsschäden fest. Aufgrund dieser Tatsache erließ der Staat Schutzvorschriften über die Beschäftigung jugendlicher Arbeiter in Fabriken (vgl. 2. Kap.).

3.4.2 Gesundheit

Zum gesundheitlichen Wohlbefinden von Kindern und Jugendlichen in Deutschland einige Daten repräsentativer Studien:

- Etwa 12 bis 15 Prozent aller Kinder haben eine frühkindliche Hirnschädigung. Die Tendenz ist steigend.
- Repräsentative Studien kommen im Durchschnitt zu der Schätzung, wonach etwa 10 bis 12 Prozent aller Kinder im Grundschulalter an psychischen Störungen leiden. Im Jugendalter muß man mit 15 bis 20 Prozent rechnen. Auch hier ist die Tendenz steigend.
- Etwa 7 bis 10 Prozent aller Kinder und Jugendlichen sind von chronischen Krankheiten betroffen. Die Tendenz ist auch hier steigend.
- Etwa drei Prozent aller Jugendlichen muß man als alkoholsüchtig einstufen (120 000 bis 150 000).
- Etwa 50 000 bis 70 000 Jugendliche gehören zum harten Kern der Drogenabhängigen.
- Etwa in über 300 000 Fällen pro Jahr müssen wir von körperlichen und/oder sexuellen Mißhandlungen an Kindern und Jugendlichen unter 18 Jahren sprechen.
- Nach einer Studie des Düsseldorfer Instituts für Umwelthygiene enthält das Blut von Großstadtkindern erheblich mehr krebserregendes Benzol als das Blut von Kindern in kleineren Städten. Danach haben sechsjährige Kinder in Köln 71 Prozent mehr Benzol im Blut als gleichaltrige Kinder in kleineren Städten.
- In einer großen Zahl von Familien ist heute eine zuverlässige physische, psychische, soziale und emotionale Pflege der Kinder kaum noch gewährleistet. Viele Familien sind mit ihren Aufgaben überfordert.
- Die Schule als zentrale gesellschaftliche Organisation des Kinder- und Jugendalters trägt nach übereinstimmenden Untersuchungen wesentlich zur Entstehung jugendlicher Sinnkrisen bei. Etwa 40 Prozent aller Schüler lehnen die Schule ab und weisen Schulverdrossenheit und Schulunlust auf. Die Schule macht die Schüler krank, das ist das übereinstimmende Ergebnis medizinischer Untersuchungen.

Aufgabe
Was verstehen Sie unter Gesundheit? Versuchen Sie eine Umschreibung.

Ausgangspunkt und Maßstab für Definitionen von Gesundheit ist die Umschreibung der Weltgesundheitsorganisation (WHO) in ihrer viel beachteten Konstitution (1946).

»Gesundheit ist der Zustand des völligen körperlichen, seelischen und sozialen Wohlbefindens und nicht nur das Freisein von Krankheit und Gebrechen.«

»Obwohl der Gesundheitsbegriff der WHO wegen seines normativen und utopischen Charakters vielfach kritisiert worden ist, gibt er doch für die aktuelle Diskussion weiterhin einen Definitionsmaßstab.«[35]

- psychisches Wohlbefinden besagt: sich ausgeglichen und kompetent fühlen;
- physisches Wohlbefinden meint: sich gesund und fit fühlen;
- soziales Wohlbefinden beinhaltet: sich geliebt und gebraucht fühlen.[36]

Zwei wichtige Aspekte werden in dieser Definition der WHO miteinander verbunden: *Gesundheit* und *Wohlbefinden.* Die Definition der WHO wurde in der *»Ottawa Charta«* (1986) weiterentwickelt.
»Gesundheitsförderung wird als ein Prozeß beschrieben, der allen Menschen ein höheres Maß an Selbstbestimmung über die eigene Gesundheit ermöglichen soll. Um jedem Menschen die Möglichkeit zu geben, ein persönliches Gesundheitsverständnis zu entwickeln und persönliche Gesundheitsziele zu definieren, ist es nach dieser Charta notwendig, daß sowohl einzelne als auch Gruppen ihre Bedürfnisse befriedigen, ihre Wünsche und Hoffnungen wahrnehmen und verwirklichen sowie ihre Umwelt beeinflussen können. Gesundheit wird ausdrücklich als ein wesentlicher Bestandteil des alltäglichen Lebens verstanden, wobei in gleicher Weise die Bedeutung sozialer und individueller Ressourcen herausgearbeitet wird.
Die WHO betont, daß Gesundheitsförderung eine gesundheitsgerechte Gestaltung der sozialen und natürlichen Umwelt erreichen will und zugleich jedem einzelnen Menschen die notwendigen Kompetenzen zu vermitteln hat, um seine persönliche Gesundheit zu verbessern. Gesundheit wird als eine von mehreren Voraussetzungen für eine optimale Lebensqualität gewertet.«[37]

•

Nach der *Charta von Ottawa* wird Gesundheit entsprechend neu gefaßt:

- Gesundheit ist eine im Rahmen der gesellschaftlichen und individuell optimierbaren Möglichkeiten zu entwickelnde Fähigkeit;
- Gesundheit ist zugleich eine private und öffentliche Sache;
- Gesundheit ist als eine erwünschte Ganzheit aus Leib, Seele und Geist, Sozial- und Umweltbezügen des Menschen aufzufassen.[38]

Angeregt durch diese Definition und die Diskussion in der aktuellen und interdisziplinären Forschung definiert *Hurrelmann* Gesundheit »als Zustand des objektiven und subjektiven Befindens einer Person, der gegeben ist, wenn diese Person sich in den physischen, psychischen und sozialen Bereichen ihrer Entwicklung in Einklang mit den eigenen Möglichkeiten und Zielvorstellungen und den jeweils gegebenen äußeren Lebensbedingungen befindet. Gesundheit ist beeinträchtigt, wenn sich in einem oder mehreren dieser Bereiche Anforderungen ergeben, die von der Person in der jeweiligen Situation und der jeweiligen Phase im Lebenslauf nicht erfüllt und bewältigt werden können. Die Beeinträchtigung kann sich in Symptomen der sozialen, psychischen und physisch-physiologischen Auffälligkeit manifestieren.
Gesundheit ist demnach kein passiv erlebter Zustand des Wohlbefindens, sondern ein aktuelles Ergebnis der jeweils aktiv betriebenen Herstellung und Erhaltung der sozialen, psychischen und körperlichen Aktionsfähigkeiten eines Menschen im gesamten Lebenslauf. Soziale, ökonomische, ökologische und kulturelle Lebensbedingungen bilden den Rahmen für die Entwicklungsmöglichkeiten von Gesundheit für jede einzelne Person. Der Zustand Gesundheit spiegelt in diesem Sinne immer auch die subjektive Verarbeitung und Bewältigung gesellschaftlicher und sozialer Verhältnisse wieder. Gesundheit ist dann gegeben, wenn eine Person konstruktiv Sozialbeziehungen aufbauen kann, sozial integriert ist, die eigene Lebensgestaltung an die wechselhaften Belastungen des Lebensumfeldes anpassen kann, dabei individuelle Selbstbestimmung sichern und den Einklang mit den biogenetischen, physiologischen und körperlichen Möglichkeiten herstellen kann. Gesundheit kann deshalb auch als das jeweils aktuelle Resultat einer gelingenden Sozialisation verstanden werden.«[39]

Seine Überlegungen faßt *Hurrelmann* im folgenden Schaubild zusammen:[40]

Abhängigkeits- und Bestimmungsfelder von Gesundheit

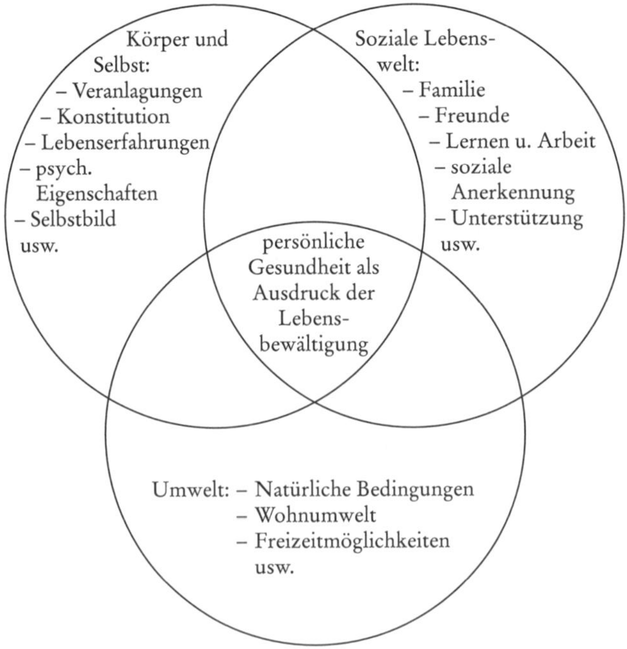

Diese Auffassung von Gesundheit geht nicht von der alten medizinschen Vorstellung aus, daß ein Bazillus die Hauptursache für Krankheiten ist, sondern es ist der Streß, der diese Position eingenommen hat.

»Die neueren Ansätze im medizinischen Bereich gehen insbesondere vom Streßkonzept und vom Modell der Risikofaktoren aus. Gesundheit und Krankheit werden als multifaktoriell angesehen: Krankheit wird als ein Versagen der Anpassung von Regulationsmechanismen auf physiologischer, psychischer und sozialer Ebene und Gesundheit entsprechend als gelungene Anpassung eines Menschen an körperliche, seelische und soziale Bedingungen und Belastungen aufgefaßt.«[41]

Dieses Verständnis von Gesundheit bzw. Krankheit setzt genauso viele soziologische, psychologische und (sozial-) pädagogische wie medizinische Kenntnisse voraus.

»Die physiologischen, chemischen und biologischen Aspekte der Gesundheitsbeeinträchtigung sind nicht mehr die einzig relevanten, um Behandlungen, Pflege und Wiederherstellung der körperlichen und seelischen Kräfte zu bewirken...

Der ganze Mensch in all seinen Verhaltensbereichen und Persönlichkeitsdimensionen wird zum Thema der Behandlung; der alleinige Blick auf den partiell Kranken, dessen sonstige Lebensgewohnheiten und Lebensbedingungen ausgeklammert bleiben, ist nicht mehr ausreichend.«[42]

Bei all diesen Konzepten handelt es sich um präventive, prophylaktische Maßnahmen, die möglichen Störungen der Persönlichkeitsentfaltung und Beeinträchtigung der Gesundheit in einem frühen Stadium zuvorkommen sollen. *Hurrelmann* empfiehlt in Anlehnung an die Einteilung in primäre, sekundäre und tertiäre Prävention von präventiver, korrektiver/supportiver/kurativer und kompensatorischer/rehabilitativer *Intervention* zu sprechen. Darunter versteht er:[43]

- *präventive Intervention:* Sie steht für alle Maßnahmen, die einsetzen, bevor es zu den ersten Ereignissen in Gestalt von psychosozialen und psycho-physiologischen Beeinträchtigungen der Persönlichkeitsentwicklung kommt.
- *korrektive/supportive/kurative Intervention:* Darunter versteht man unterstützende (supportive) oder heilende (kurative) Interventionen, das als negativ bewertete Ereignis zu korrigieren, abzuwenden oder zu heilen, um negative Folgen des Ereignisses für die weitere Persönlichkeitsentfaltung abzuwenden.
- *kompensatorische/rehabilitative Intervention:* Hierdurch wird die Vermeidung weiterer Verfestigung von Beeinträchtigungen und Störungen angesprochen. Sodann geht es um einen Ersatz für den Ausgleich von Schäden, so wie um Hilfe, trotz der Störungen und Beeinträchtigungen noch ein erträgliches Leben zu führen.

Hurrelmann analysiert in seiner Untersuchung die Belastungs- und Streßfaktoren in den Bereichen Familie, Schule und Freizeit/ökosoziale Umwelt und identifiziert die Risiken und Belastungen für eine gesunde Entwicklung von Kindern und Jugendlichen. »Die zentrale Annahme der Ausführungen war, daß durch die Lebensbedingungen in Familie, Schule und Freizeit/Umwelt auch der persönliche Lebensstil von Kindern und Jugendlichen stark geprägt wird. Dieser persönliche Lebensstil kann einerseits als ein Risiko für die gesunde Persönlichkeitsentwicklung gewertet werden – dann nämlich, wenn z. B. Fehlernährung, Überernährung, Bewegungsmangel, gefährliches Verkehrsverhalten, übermäßiger Alkoholkonsum, Drogenkonsum, Zigarettenrauchen, Arzneimittelgebrauch, ungeschütztes Sexualverhalten und hektische Tagesorganisation (um einige der wichtigsten verhaltensbedingten Risiken zu nennen) zu einem festen, gewohnheitsmäßigen Stil der alltäglichen Lebensführung und/oder zu den eingeschliffenen Mustern der Bewältigung von Anforderungen des Alltagslebens in Familie, Schule und Freizeit geworden sind.«[44] Die Belastungsfaktoren in den verschiedenen Lebensbereichen stellt er in der unteren Tabelle zusammen.[45]

Belastungsfaktoren

Lebensbereich	*Beispiele für Risiken und Belastungen*	*Beispiele für gesundheitsbeeinträchtigende Folgen*	*Beispiele für Maßnahmen*
Familie	– Trennung der Eltern – Mehrfachbelastung der Eltern – gespannte Familienverhältnisse	– psychosoziale Auffälligkeiten – psychophysiologische Beeinträchtigungen – Mißhandlungen	– Kindertagesbetreuung – Nachbarschaftshilfe – Familienberatung – finanzielle Familienhilfen
Schule	– Leistungs- und Statusdruck – überhöhte Leistungsmotivation – Sinndefizite – unsichere Berufsperspektive	– Leistungsstörungen – Nervosität und Unruhe – Drogenkonsum – Aggressivität	– Verbesserung des Schulklimas – schülerbezogener Unterricht – flexible Schulwahlmöglichkeit
Freizeit/ öko-soziale Umwelt	– einseitige Stimulierung der Sinne – Wertirritationen – Desorientierungen – unausgewogenes Konsumgüterangebot – Luftverschmutzung – Schadstoffbelastung von Wasser, Boden und Nahrung – Gefährdung im Straßenverkehr	– Hyperaktivität – Konzentrationsstörungen – Angst- und Affekt-syndrome – Depressive Syndrome – Stoffwechselstörungen – allergische Reaktionen – Krebskrankheiten – Unfallschäden	– Verbesserung des Freizeitangebots – Stärkung der individuellen Aneignungskraft – Umweltschutzgesetz – Hygienebestimmungen – Erschließung von Straße und Wohnwelt als Lebensraum

Hurrelmann interessiert in diesem Zusammenhang die Frage, »wie Kinder und Jugendliche möglichst frühzeitig in ihrer Persönlichkeitsentwicklung unterstützt und gestärkt werden können, um ihnen unangenehme Gesundheitsbeeinträchtigungen zu ersparen. Dabei sollen vor allem solche Aktivitäten und Maßnahmen zur Sprache kommen, die auf Verbindungen und Vernetzungen zwischen verschiedenen Institutionen und Trägern beruhen.
Ziel ist die Umsetzung eines Programms der Gesundheitsförderung, verstanden als ein integratives Präventionskonzept, das auf die Entwicklung gesunder Lebensbedingungen abstellt. Institutionell gesehen setzt Gesundheitsförderung eine enge Verflechtung von medizinischen Einrichtungen, anderen Institutionen des Gesundheitswesens, psychologischen Beratungsstellen, Einrichtungen der Bildungs-, Jugend- und Familienarbeit und allen weiteren Einrichtungen voraus, die sich auf junge Menschen konzentrieren. Nur so ist es möglich, sozial, ökologisch und kulturell reichhaltige und anregende Lebensräume für Kinder und Jugendliche zu schaffen, die eine Entwicklung in Würde und Selbständigkeit für die jüngsten Gesellschaftsmitglieder ermöglichen.«[46]

Daß Sozialpädagogik bei der Umsetzung dieses Programms der Gesundheitserziehung, -bildung, -aufklärung, -beratung und -förderung eine zentrale Stellung einnimmt, dürfte nach allem, was bisher über Sozialpädagogik und ihre Aufgaben gesagt wurde, nicht schwer einzusehen sein. Gesundheitsförderung gehört zu den Aufgaben der Sozialpädagogik.

3.4.3 Aspekt: Wohlbefinden

Aufgabe
Gesundheit wird mit dem Begriff Wohlbefinden umschrieben. Was verstehen Sie unter Wohlbefinden?

Die Alltagssprache kennt eine Fülle von Bezeichnungen für das Erlebnis des Wohlbefindens: Freude, Heiterkeit, Zuversicht, Liebe, Dankbarkeit, Befriedigung, Wohlbehagen, Lust, Verzückung, Geborgenheit, Vertrauen, Entspanntheit, Sicherheit, Ausgeglichenheit, Zufriedenheit, Gesundheit, Erfüllung, Glück, Sinn u.v. a.m..
Es handelt sich um ein recht schillerndes und schwer faßbares Phänomen. *Becker* gibt einen Überblick über Theorien der noch recht jungen Wohlbefindens-forschung[47] und *Mayring* stellt 52 Meßinstrumente subjektiven Wohlbefindens zusammen.[48] Dennoch muß man von einem Chaos der Definitionen sprechen. Zur Überwindung derartiger begrifflicher Unklarheiten schlägt *Becker* die Unterscheidung in *aktuelles Wohlbefinden* (= augenblickliche Befindlichkeit) und *habituelles Wohlbefinden* (= relativ stabile Eigenschaft) vor.[49] Seine Überlegungen hat er im folgenden Schaubild zusammengefaßt:[50]

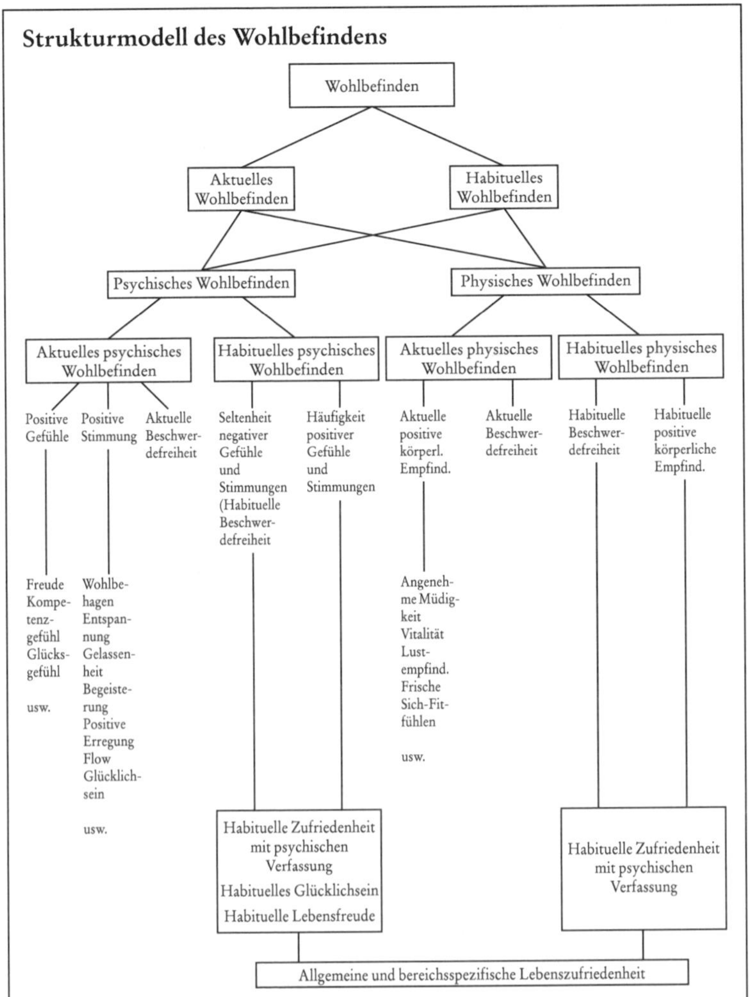

Neben diesen beiden Aspekten fügt *Becker* noch einen dritten hinzu: *Wohlbefinden als Prozeß.* Mit dieser Entscheidung läßt sich das Phänomen Wohlbefinden, so *Becker,* terminologisch klären.[51] Eine weitere Übersicht, aus welchen Faktoren sich Wohlbefinden zusammensetzt, gibt *Dann* im folgenden Schaubild.[52]

Faktoren des Wohlbefinden

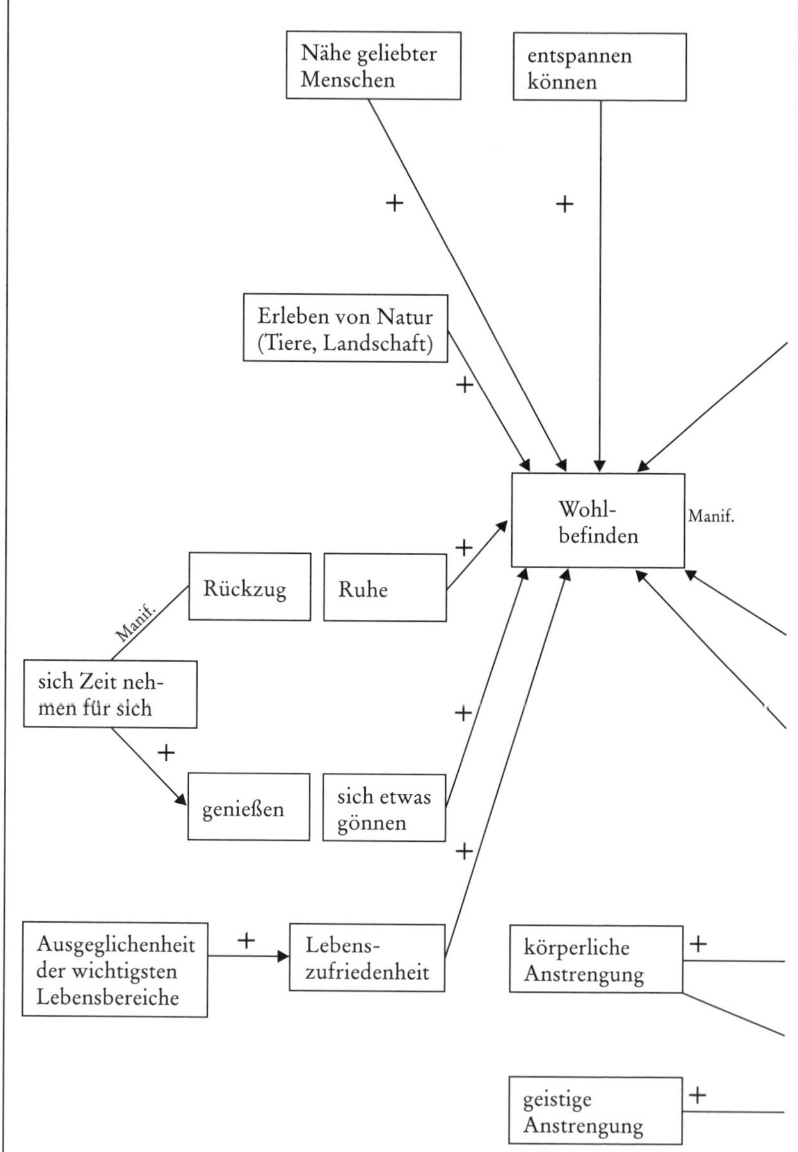

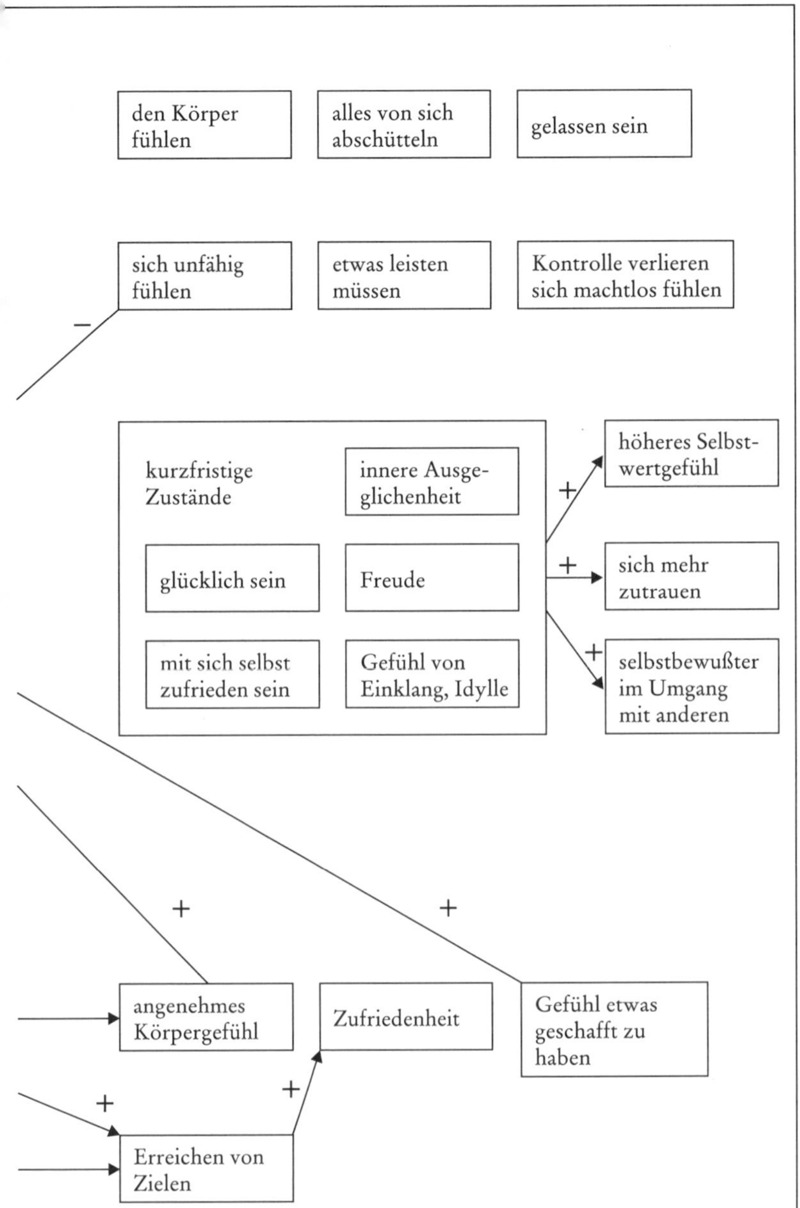
den Körper fühlen
alles von sich abschütteln
gelassen sein
sich unfähig fühlen
etwas leisten müssen
Kontrolle verlieren sich machtlos fühlen
–
kurzfristige Zustände
innere Ausgeglichenheit
glücklich sein
Freude
mit sich selbst zufrieden sein
Gefühl von Einklang, Idylle
+
höheres Selbstwertgefühl
+
sich mehr zutrauen
+
selbstbewußter im Umgang mit anderen
+
+
angenehmes Körpergefühl
Zufriedenheit
Gefühl etwas geschafft zu haben
+
+
Erreichen von Zielen

Einen anderen Ansatz vertritt *Grupe.* Er versucht Wohlbefinden aus anthropologischer Sicht zu beschreiben. Wohlbefinden ist als ein existentielles und zugleich privates, soziales und kulturell bedingtes Grundphänomen des menschlichen Lebens zu bezeichnen. Wohlbefinden versteht sich als eine positive Grundbefindlichkeit des Menschen.[53]

»Es ist von unterschiedlichen Bedingungen körperlicher, seelischer und sozialer Art sowohl aktuell als auch langfristig bestimmt. Zwar ist es einerseits ein eher privates Phänomen, das nicht nur in hohem Maße von individuellen Voraussetzungen abhängig ist, sondern auch von persönlicher Einschätzung und Bewertung bestimmt wird; andererseits aber steht es unter dem Einfluß von kulturellen und sozialen Wertvorstellungen. Im Wohlbefinden zeigt sich eine Realität unmittelbarer Art, in der Subjektives und Objektives nicht voneinander geschieden sind. Es kennzeichnet den Menschen in dem veränderlichen und zugleich dynamisch-offenen Verhältnis zu sich selbst, zu seinem Körper und zu seiner sozialen und kulturellen Umwelt. Es ist nichts Stabiles und Festes, vielmehr instabiler Teil eines instabilen und deshalb ständig neu zu stabilisierenden Mensch-Umwelt-Verhältnisses . . .

Da das Befinden mithin nicht etwas ganz und gar Natürliches ist, sondern immer auch von spezifischen Wertorientierungen abhängt, nach denen sich ein Individuum richtet oder die in der Kultur, der es zugehört, vorherrschend sind, kann es auch keine allgemeine Definition dessen geben, was Wohlbefinden ist.«[54]

Grupe macht auf einen ganz wichtigen Aspekt aufmerksam: »Wohlbefinden ist kein Ziel, das direkt angestrebt werden könnte. In der Regel wird es sich auf dem (Um-) Weg über andere Tätigkeiten einstellen. Wer es direkt anstrebt, der wird es vermutlich verfehlen. Wohlbefinden als zu erbringende und zu bewertende Leistung, als kontrollierbares Ergebnis geplanter und organisierter Lern- und Unterrichtsprozesse – das geht nicht auf.«[55]

Erziehung kann nur die psychische Disposition des einzelnen ansprechen[56], sie kann Voraussetzungen schaffen, Erfahrungen vermitteln, äußere Bedingungen schaffen, Lernsituationen arrangieren, Angebote bereitstellen, Handlungen und Erfahrungen anbieten, die sich für das Erreichen von Wohlbefinden als günstig erweisen, ob es sich am Ende tatsächlich einstellt, liegt letztlich außerhalb ihrer Möglichkeiten.[57] Wohlbefinden ist ein Teil des Menschen, und nur er als Subjekt kann dieses Gefühl herstellen und erleben. Dieses zu beachten, ist für den (Sozial-) Pädagogen wichtig. Seine Aufgabe besteht im Arrangement von Handlungs-, Erfahrungs- und Erlebnissituationen, in denen der Mensch seine Persönlichkeit entfalten und sich gesund/wohl fühlen kann. Hier allerdings hat Sozialpädagogik gegenüber allen anderen sozialen Berufen, die im Gesundheitswesen tätig sind, besondere Kompetenzen.

Geht man von diesem Verständnis der Gesundheit aus, kann Gesundheitserziehung, -bildung und -förderung nicht Aufgabe einer einzelnen Institution wie z. B. des Gesundheitsamtes sein, sondern sie muß als »Querschnittsaufgabe der gesamten kommunalen (Selbst-) Verwaltung verstanden werden«[58]; es muß eine Vernetzung aller sozialberuflichen Handlungsbereiche zu einem gemeinsamen Handlungssystem angestrebt werden. In diesem Verbund sozialer Dienstleistungen kann Sozialpädagogik eine zentrale Stellung einnehmen. Denn von ihrem Verständnis der Ganzheit und der Persönlichkeitsentfaltung des Menschen kommen ihr im Bereich von Gesundheit/Wohlbefinden verstärkt Kompetenzen zu. Sozialpädagogik dürfte von allen infrage kommenden Institutionen die offenste und flexibelste soziale Einrichtung sein, die am ehesten diese Aufgaben kompetent angehen kann (vgl. 5. Kap.).

Halten wir fest

Gesundheit versteht man als Zustand völligen körperlichen, seelischen und sozialen Wohlbefindens. Gesundheit steht in Wechselwirkung zur Gestaltung von sozialer und natürlicher Umwelt.

Durch präventive, korrektive/supportive/kurative und kompensatorische/reabilitative Intervention soll Gesundheit gesichert, hergestellt bzw. Störungen so beeinflußt werden, daß ein erträgliches Leben noch möglich ist.

Gesundheit besagt Wohlbefinden. Wohlbefinden ist ein existenzielles, privates, soziales und kulturelles Grundphänomen des Menschen.

Um Gesundheit/Wohlbefinden zu erreichen, ist eine Vernetzung sozialer Dienstleistungen notwendig. Sozialpädagogisch/soziale und medizinische Einrichtungen müssen zusammenarbeiten. Der Sozialpädagogik kommt bei dieser Vernetzungsarbeit eine entscheidende Aufgabe zu.

Man kann die *These* aufstellen: Krankheit mag zu einem (großen) Teil in die Zuständigkeit der Medizin fallen (was ihr z. Z. nicht unbestritten zugestanden wird).

Gesundheit fällt in den Aufgabenbereich der Erziehung. Gefordert sind die drei Erziehungs- und Bildungsinstitutionen Familie, Schule/Beruf und Sozialpädagogik, die einen je unterschiedlichen Anteil an der Gesundheitserziehung übernehmen. Der Sozialpädagogik dürfte dabei eine führende Rolle zukommen.

3.5 Erziehung, Bildung, Lernen

Im Zusammenhang mit der Ausbreitung und Differenzierung von Sozialpädagogik bezüglich der Zielgruppe und ihrer Aufgaben muß noch ein weiterer Punkt in unsere Überlegungen einbezogen werden: Erziehung, Bildung und Lernen umschreiben das sozialpädagogische Handlungsfeld.

Aufgabe
Auch hier sollten Sie zunächst einmal die Begriffe klären:
1. Was versteht man unter Erziehung?
2. Was unter Bildung?
3. Was unter Lernen?

3.5.1 Erziehung

Erziehung verstand man bis ins 18./19. Jhdt. als ein absichtliches, planvolles Handeln der Erwachsenen am Kind bzw. Jugendlichen. Grundlage für dieses Verständnis war das Generationsverhältnis: »Die erwachsene, mündige Generation führt die nachwachsende in die jeweils herrschenden Normen und gesellschaftlichen Rollen ein.«[59]
Die Bedeutung von Erziehung entsprang einer Gesellschaft, in der die erzieherische Tätigkeit im Bereich der Familie und Schule lag. Außerhalb dieser Institutionen gab es keine Erziehung. Zudem bezog sich der Begriff auf die Zielgruppe von Kindern und Jugendlichen, sie allein zählten zu der Gruppe der zu Erziehenden.
Da pädagogisches Denken und Handeln kulturelle Phänomene und damit geschichtlich bedingt sind, änderte sich folglich auch im Laufe der Geschichte ihr Selbstverständnis.

Entsprechend dieses geschichtlichen Wandels muß Erziehung heute neu definiert werden. »Unter Erziehung werden soziale Handlungen verstanden, durch die Menschen versuchen, das Gefüge der psychischen Dispositionen anderer Menschen mit psychischen und (oder) sozial-kulturellen Mitteln dauerhaft zu verbessern oder seine als wertvoll beurteilten Komponenten zu erhalten.«[60]

Erziehung ist nicht identisch mit dem Begriff der Sozialisation. Sozialisation ist der übergeordnete Begriff, der alle geplanten pädagogischen Maßnahmen und ungeplanten Wirkungen umfaßt. Erziehung wird in zwei Teilbereiche untergliedert:

- funktionale Erziehung
- intentionale Erziehung.

Geht es bei der intentionalen Erziehung um bewußte, geplante, absichtliche Erziehung, versteht sich funktionale Erziehung als unbewußte, unabsichtliche Erziehung.
Sozialisation als umfassender Begriff enthält funktionale und intentionale Erziehung, allerdings verbunden mit einem Wechsel der Perspektive: der Begriff Sozialisation geht von dem Individuum, dem Lernenden aus.

Ähnlich wie man Erziehung von Sozialisation unterscheiden muß, darf man Erziehung mit Pädagogik nicht gleichsetzen. Pädagogik ist die Wissenschaft von der Erziehung. Allerdings tritt Pädagogik immer häufiger hinter die Bezeichnung Erziehungswissenschaft zurück, weil man in ihr nicht deutlich genug ausgedrückt findet, daß es sich dabei um eine Wissenschaft handelt. Pädagogik meint demzufolge nicht primär die Erziehungspraxis; man sollte darum auch stets von Lehrern und Erziehern sprechen und diese nicht Pädagogen nennen.
Wenn gegenwärtig also auch beide Titel, Pädagogik und Erziehungswissenschaft, Bezeichnungen der Wissenschaft von Erziehung sind, so greift der Begriff Erziehungswissenschaft häufig doch weiter aus als der der Pädagogik.[61]

3.5.2 Bildung

Nach *Giesecke* ist ein Trend weg vom staatlichen Erziehungsanspruch und hin zur Bildungsdienstleistung festzustellen.[62] Der Bildungsbegriff trat etwa in der Mitte des 18. Jhdts. auf. Während es bei der Erziehung um einen utilitaristischen Begriff ging, der Mensch muß erzogen werden, ging es bei der Bildung um die Entfaltung der Individualität. Unter Bildung versteht man das Bemühen, den Menschen in die Lage zu versetzen, sich gegenüber der Gesellschaft kritisch und distanziert zu verhalten. Bildung hat eine individuelle und eine soziale Komponente.
Die Aufgabe der Erziehung lag vor allem in der Familie (primäre Erziehungsinstitution). Sie sollte Kindern und Jugendlichen die Werte und Normen einer Gesellschaft vermitteln. Nach Auffassung der Neuhumanisten, z. B. *Humboldts,* sollte die Familie durch die Schule eine Erweiterung des Erziehungsangebots erfahren, indem die Schule sich dem Bildungsauftrag in besonderer Weise verpflichtet fühlte. »Grundkategorien der Bildungsidee« waren für *Humboldt* »Individualität«, »Universalität« und »Totalität«. Sehr vereinfacht heißt das: Wenn ein Mensch geboren wird, ist er noch kein Individuum. Er muß durch den Prozeß der Bildung seine Individualität erst herausarbeiten.
Das Ziel der Bildung ist »Totalität«, d. h. die Entwicklung möglichst aller individueller Fähigkeiten, aber nicht additiv und unverbunden nebeneinander, sondern so, daß daraus eine mit der ganzen Person integrierte Version wird, daß »Identität« entstehen kann.
Bildung war jedoch nicht nur für Kinder und Jugendliche gedacht, sondern eine »Volksbildung« wurde angestrebt. Damit erweiterte sich die Zielgruppe: Bildung bezog sich auf alle Altersgruppen, war ein lebenslanger Prozeß.
Unter Allgemeinbildung versteht man heute die Fähigkeit eines Menschen, kritisch, sachkompetent, selbstbewußt und solidarisch zu denken und zu handeln. Bildung bedeutet: Sie ist für alle Menschen da und bietet allseitige, vielfältige Entfaltung aller Möglichkeiten eines Menschen.

3.5.3 Lernen

Erziehung und Bildung können nicht das ganze Umfeld umschreiben, sie sind auf Erweiterung angewiesen. Dies wurde in der Erziehungswissenschaft schon lange erkannt, so daß für alle pädagogischen Bemühungen ein Oberbegriff gewählt wurde: *Lernen.* Immer mehr setzt sich dieser Begriff in der Erziehungswissenschaft durch.
Unter Lernen versteht man allgemein eine Verhaltensänderung, Kompetenzerweiterung, Qualifikation. Lernen ist das Aufnehmen, Verarbeiten und Umsetzen von Informationen. Pädagogisch gesehen bedeutet Lernen die Verbesserung oder den Neuerwerb von Verhaltens- und Leistungsformen und ihren Inhalten. Nach *Giesecke* ist Lernen im allgemeinsten Sinne »die produktive und auf Förderung angewiesene Fähigkeit des Menschen, Vorstellungen, Gewohnheiten, Einstellungen, Verhaltensweisen und Fähigkeiten aufzubauen bzw. zu verändern.«[63]

»Lernen meint aber meist noch mehr, nämlich die Änderung bzw. Verbesserung der diesen Verhaltens- und Leistungsformen vorausgehenden und sie bestimmenden seelischen Funktionen des Wahrnehmens und Denkens, des Fühlens und Wertens, des Strebens und Wollens, also eine Veränderung der inneren Fähigkeiten und Kräfte, aber auch der durch diese Fähigkeiten und Kräfte aufgebauten inneren Wissens-, Gesinnungs- und Interessenbestände des Menschen. Die Verbesserung oder der Neuerwerb muß aufgrund von Erfahrungen, Probieren, Einsicht, Übung und Lehre erfolgen und muß dem Lernenden den künftigen Umgang mit sich oder der Welt erleichtern, erweitern oder vertiefen. Das Lernen muß ihm helfen, sich selbst besser zu verwirklichen, d. h. sich selbst besser in die Welt hineinzuleben, und das Lernen muß ihm auch helfen, die Inhalte und Forderungen der Gesellschaft angemessen zu verstehen und zu erfüllen, d. h. ihnen besser gewachsen zu sein. Wir hoffen nach dem gelungenen Abschluß eines Lernprozesses, daß wir gleiche, ähnliche und neue Aufgaben des Lebens besser lösen können. Lernen umfaßt auch den Abbau von Verhaltens- und Leistungsformen, die den Lernenden den Umgang mit sich oder der Welt erschweren, beengen oder verflachen.«[64]

Diese Überlegungen über Erziehung, Bildung und Lernen machen deutlich, daß sich die Zielgruppe der Sozialpädagogik von den Kindern und Jugendlichen hin zu allen Lebensgruppen erweitert hat. Lernen ist ein lebenslanger Prozeß.
Sozialpädagogik ist nach dieser Entwicklung nicht nur eine Erziehungs- und Bildungsinstitution neben Familie und Schule, sondern Sozialpädagogik versteht sich als gleichberechtigte dritte Erziehungs-, Bildungs- und Lerninstitution neben Familie und Schule. Ihre Zielgruppe sind Menschen aller Altersgruppen. In der Erziehung und Bildung in Familie und Schule steht der *Werdungsprozeß* des Menschen zum Menschen im Vordergrund, in der Sozialpädagogigk geht es um die *Bewährung* des Gewordenen, um den Selbstbestimmungsversuch des Menschen prophylaktisch zu sichern bzw. metaphylaktisch wiederherzustellen.[65]

Halten wir fest
Sozialpädagogik ist eine neben Familie und Schule gleichberechtigte und ebenso wichtige dritte Erziehungs-, Bildungs- und Lerninstitution.
Ihre Zielgruppe sind Menschen aller Altersgruppen und ihre Aufgabe ist es, den Selbstbestimmungsversuch des Menschen prophylaktisch zu sichern bzw. metaphylaktisch wiederherzustellen.

3.6 Positiv-Pädagogik kontra Notstands-Pädagogik

Aufgabe
»Was, Sozialpädagogik studierst du? Bist du noch zu retten? Ich dachte, du studierst etwas Anständiges. Sozialpädagogen haben es doch mit kaputten, alkoholabhängigen, asozialen, kriminellen Menschen zu tun.
Wie kann man nur so etwas studieren!«
Was sagen Sie dazu? Ist Sozialpädagogik eine Negativ-Pädagogik?

Sozialpädagogik ist kein Thema von besonderem öffentlichen Interesse. Vielfach verbindet sich mit Sozialpädagogik ein negatives Bild. Man umschreibt sie mit Begriffen wie »Pannenhilfe«, »Reparaturwerkstätte für Defizite«, »Flickschuster der Nation«, »Notstandspädagogik«, »Lückenbüßer«, »soziale Feuerwehr«, »zuständig für Brunnenstürze«, »Räumkommando«; sie arbeitet in den »Hinterhöfen der Menschheit«, »Randständigkeit ihrer Arbeit«, hat »Sisyphos als Schutzpatron« und ähnliche Umschreibungen.
Dieses negative Image der Sozialpädagogik ist sowohl aus der Sicht der Geschichte, als auch von ihren Inhalten und Aufgaben her gesehen keineswegs begründet. Sozialpädagogik ist eine positive Pädagogik. Einige Argumente:

- *Geschichte:* »Es gibt zwei historische Verfahren für die beiden Berufe, die in unserer Zeit durch die beiden Begriffe ›Sozialarbeit‹ und ›Sozialpädagogik‹ beharrlich getrennt oder durch den Begriff ›Soziale Arbeit‹ unschlüssig zusammengebunden werden. Der eine führt zurück ins spätmittelalterliche Zucht- und Arbeitshaus und ist mit den Funktionsmerkmalen ›Arme zur Arbeit erziehen‹ und ›unschuldige, arbeitslose Arme verwahren und versorgen‹ negativ gekennzeichnet; der andere führt zurück in den Kindergarten und die Kinderbewahranstalt des 19. Jhdts. und ist durch die Funktionsmerkmale ›Kinder berufstätiger Mütter verwahren‹ und ›Kinder bürgerlicher Eltern über die Familienerziehung hinaus fördern‹ positiv besetzt.«[66]

- *Sozial:* Der Begriff »sozial« ist in vielen Bereichen merkwürdigerweise negativ besetzt, allerdings wohl nur im Zusammenhang mit Sozialpädagogik und Sozialarbeit. In anderen Wortverbindungen käme man nicht auf eine negative Vorstellung wie z. B. bei Sozial-Ethik, Sozial-Psychologie, Sozial-Staat, Sozial-Demokratie, Sozial-Forschung, Sozial-Geschichte, Sozial-Kunde, Sozial-Medizin, Sozial-Politik, Sozial-Recht, Sozial-Struktur, Sozial-Wissenschaft, Sozial-Wesen u. a. oder soziale Frage, soziale Marktwirtschaft, sozialer Wandel, soziale Sicherheit, soziales Lernen, soziale Wahrnehmung u. a. Im Zusammenhang mit Sozial-Pädagogik muß entschieden auf einen Imagewandel hingearbeitet werden, Pädagogik ist immer positiv.

- *Pädagogik: Mollenhauer* fragt sich,

»ob ein dieserart negativer theoretischer Ansatz für das Selbstverständnis der sozialen Arbeit zuträglich, ob er überhaupt notwendig ist, ... ob eine entsprechende Theorie auf Grundbegriffen basieren darf, in denen eine solche Abwertung der gegenwärtigen Sozialordnungen vorausgesetzt wird ...

Vor allem die neuen sozialpädagogischen Einrichtungen können ihre theoretische Begründung und Einheit nur in der positiven, durch die Gesellschaft neu gestellten Erziehungsaufgabe erfahren. So handelt es sich beispielsweise in Jugendpflege, Betriebspädagogik, Elternberatung nicht primär um die Behebung von Mißständen, sondern je um einen neuen Komplex der Gesamtaufgabe gesellschaftlicher Eingliederung. Soziale Arbeit ist, im Ganzen gesehen, so wenig und so viel Behebung einer menschlichen Not, wie es jede andere Maßnahme ist, die getroffen wird, um den einzelnen in ein positives Verhältnis zur Gesellschaft zu setzen.

Wenn andererseits aber der Begriff ›Not‹ anthropologisch gedeutet würde, dergestalt, daß mit ihm auf ein Grundphänomen alles ... menschlichen Daseins gewiesen werden soll, dann würde die Allgemeinheit dieses Begriffs alle kulturell – sozialen Erscheinungen betreffen und wiederum eine besondere Theorie der sozialen Arbeit erst erforderlich machen. Das Problem wäre nicht gelöst, sondern lediglich verschoben.

So scheint nun der Sache nach eine positive Begründung der sozialen Arbeit notwendig und einzig angemessen zu sein. Eine solche Theorie aber, auch als grundlegende theoretische Bestimmung in der sozialen Ausbildung, wäre mit der Pädagogik in der spezifischen Form der Sozialpädagogik gegeben.«[67]

- *Zielvorstellung:* In der Pädagogik und ebenfalls in der Sozialpädagogik geht es um Zielvorstellungen wie Mündigkeit, Emanzipation u. a.

Bereits aus der Geschichte der Sozialpädagogik kann man nachweisen, daß der »eigentliche Ursprung ... in dem Emanzipationsbedürfnis der Gesellschaft vom Staat seit Beginn des 19. Jahrhunderts liegt ... Von dieser Ursprungssituation her besitzt die Sozialpädagogik bereits eine positive, mit der neuen Zielvorstellung der Gesellschaft unmittelbar verbundene Aufgabenstellung.«[68]

Mollenhauer kommt in seiner Analyse über die »Ursprünge der Sozialpädagogigk in der industriellen Gesellschaft« zu dem Ergebnis: »Die sozialpädagogische Aufgabe besteht mithin in jedem Falle darin, ein akutes, mit der Struktur der modernen Gesellschaft neues Erziehungsbedürfnis zu befriedigen, das nicht ohne weiteres auf eine Minderwertigkeit, sondern auf eine Andersartigkeit dieser Gesellschaft zurückzuführen ist.«[69]

- ***Dienstleistung:*** Sozialpädagogik ist wie Pädagogik allgemein ein Dienstleistungsberuf. Diese Dienstleistungsarbeit ist ein positives Angebot, *Olk* nennt es eine ›Normalisierungsarbeit‹.[70]

Bürger besitzen soziale Rechte und es ist die Bürgeraufgabe von Sozialpädagogen, ihnen zu helfen, diese zu realisieren, z. B. im KJHG und BSHG sind diese Rechtsansprüche festgelegt.
Man muß erkennen, daß Sozialpädagogik einerseits in vielen Arbeitsfeldern Dienstleistungen erbringt, aber andererseits auch bereits breite Aufgabenfelder wie z. B. Therapie, ambulante Dienste, Altenheime, Pflegeheime, Jugendclubs u. a. an kommerzielle Anbieter verloren hat bzw. im Begriff ist zu verlieren.
Will Sozialpädagogik nicht auf gesellschaftliche Restphänomene, wie Nichtseßhaftigkeit, Arbeit mit Strafentlassenen, Arbeit mit Abhängigen, Aussiedlern, Asylanten, Arbeitslosen u. a. zurückgedrängt werden, muß sie ihre Aufgabe zumindest ähnlich wie andere Dienstleistungsinstitutionen konzipieren. »Dienstleistungen stellen nicht nur auf Investitionen in Einzelhaushalten ab, vielmehr verstehen sie sich darüber hinaus auf dem Sektor der Gemeinwesenarbeit als Investitionen in Aufhebung von Isolation und in neuen Formen der Gemeinschaftssicherung.
Soziale Dienste sind – neben anderen – Träger der Wohlfahrtsproduktion. Ihr Ziel ist es, die sozialen Kosten der bisherigen hochindustriellen Lebensweise zu vermindern und die Defizite der benachteiligten Gruppen, Regionen und Lebensbereiche zu beseitigen.«[71]

- ***Menschenbild:*** Entscheidend für die Arbeit des Sozialpädagogen ist sein Menschenbild. Wenn er kein positives Menschenbild hat, er nicht vom positiven Wesen der Bestrebungen eines Menschen überzeugt ist, kann er anderen kaum helfen.

Das negative Image des Sozialpädagogen ist z. T. auch deswegen entstanden, weil man stets von Problemen, Konflikten des Menschen ausgeht. Jedem Menschen werden mehr oder minder Probleme unterstellt.
Wendt meint hierzu: »Kein Studium von Schwächen ohne Erforschung von Stärken. In welcher Weise in sozialen Diensten und Einrichtungen personale und strukturierte Unterstützung erfolgen und sonstwie geholfen werden kann, läßt sich auch im konkreten Fall nicht ausmachen ohne Kenntnis von den Weisen und von den Bedingungen des Gelingens.«[72]
Oder wie es *Pankoke* formuliert: »Man sollte den Menschen nicht nur

in seinen persönlichen Schwächen, sondern auch in den aktiven oder aktivierbaren sozialen Stärken ernst nehmen.«[73]

Es muß jedoch um eine Pädagogik schlecht bestellt sein, die glaubt, sie müsse bei ihrer Zielgruppe zunächst Probleme entdecken bzw. ihr bewußt machen, um sich selbst und ihre Arbeit zu legitimieren. Hier ist ein gründliches Umdenken in der Sozialpädagogik erforderlich. Eine positive Pädagogik ist notwendig.[74]

Halten wir fest

Sozialpädagogik ist eine positive Pädagogik. Dies belegt die Geschichte der Sozialpädagogik. Gleichfalls läßt sich diese These auch aus dem Selbstverständnis von Pädagogik, ihrer Zielvorstellung und ihrem Menschenbild belegen. Auch das Wort ›sozial‹ besagt zunächst einmal nichts Negatives.

Man muß entschieden dafür eintreten und der Öffentlichkeit verdeutlichen, daß Pädagogik, d.h. auch Sozialpädagogik immer positiv zu sehen ist.

3.7 Sozialpädagogik als Steuerfunktion

Sozialpädagogik hat sich bezüglich der Zielgruppen und Aufgaben ausgebreitet. Sie versteht sich als dritte Erziehungs-, Bildungs- und Lerninstitution gleichberechtigt neben Familie (primäre Erziehungsinstitution) und Schule (sekundäre Erziehungsinstitution) und sieht sich als positive Pädagogik, die für Personen aller Altersstufen Lernangebote unterbreitet.

Sozialpädagogik übernimmt eine gesellschaftskritische, innovative Führungsrolle. Sie ist der dynamische Teil der Pädagogik. »Von der Sozialpädagogik werden neue Aufgabenfelder der Gesellschaft aufgegriffen, pädagogisch aktiviert und nach ihrer Entwicklung verselbständigt.«[75]

Sie entwickelt neue Schwerpunkte. Sobald sich die Grundstrukturen der neuen pädagogischen Felder klarer abzeichnen, erfolgt eine Ausgliederung des Handlungsfeldes als Schwerpunkt der Sozialpädagogik. Die Phase der Schwerpunkte hat 1969 begonnen: Vorschulerziehung, außerschulische Jugendbildung (Jugendarbeit), Sonderpädagogik, Freizeitpädagogik (seit 1970) und setzt sich weiter fort.

Der Sozialpädagogik ist eine Tendenz zur Reduktion von Komplexität durch Schwerpunktbildung und Ausgliederung neuer konsolidierter pädagogischer Handlungs- und Theoriebereiche eigen. Die Sozialpädagogik erschließt diesen neuen Bereich und verhilft ihm zu einer relativ eigenständigen Selbständigkeit.

Als pädagogisches Pionierfeld und Innovationsinstrument der Gesellschaft bleiben die einmal aufbereiteten und danach ausgegliederten neuen Sozialpädagogiken im Bereich der Sozialpädaogik jedoch zumindest rudimentär erhalten. Dadurch bleibt die inhaltliche Bestimmungsmöglichkeit des Begriffs Sozialpädagogik komplex, wird eine klare Abgrenzungsmöglichkeit zu den ausgegrenzten Feldern nie ganz möglich. Der Begriff der Sozialpädagogik zeichnet sich damit durch eine inhaltliche Unschärfe aus.[76]

3.8 Sozialpädagogik/Sozialarbeit – Soziale Arbeit: Synonyme Begriffe?

Aufgabe

»Diese Arbeitshypothese zieht sich durch alle Bereiche des sozialpädagogischen Arbeitsfeldes. So regeln die rechtlichen Grundlagen... in erster Linie die Beziehungen zwischen Sozialarbeiter und Klient, die für eine solche Verhaltensbeeinflussung für notwendig erachtet werden. Auch das professionelle Selbstwertgefühl des Sozialarbeiters findet immer wieder seine Sicherheit und Bestätigung in der konkreten Beziehungsarbeit am Menschen. Die heute in der Sozialpädagogik anzutreffenden Methoden sind in der Hauptsache Verfahren der Verhaltensbeeinflussung. Mit dieser Arbeitshypothese kann die Sozialarbeit handlungsfähig bleiben; denn ohne diese Hypothese würden ja wiederum die Funktionen in den Vordergrund rücken und die Sozialarbeit auch symbolisch belasten, die von den Institutionen gesetzt sind, in denen Sozialpädagogen angestellt sind...

So sieht also der historische Wandel im Erscheinungsbild der Sozialarbeit/Sozialpädagogik aus...

Die Sozialpädagogik/Sozialarbeit hat mit dieser modernen strategischen Funktionszuweisung... ein typisch sozialstaatlich geprägtes Profil erhalten.«[77]

Wenn Sie diesen Text lesen, was fällt Ihnen auf: Wie werden die Begriffe Sozialpädagogik und Sozialarbeit verwendet?

Finden Sie es für die Sache förderlich, wenn man die Begriffe Sozialpädagogik/Sozialarbeit völlig undifferenziert und beliebig gemixt gebraucht?

In den vorausgegangenen Ausführungen habe ich dargestellt, wie sich Sozialpädagogik bezüglich der Zielgruppe und ihrer Aufgaben ausgeweitet hat. Ähnliches muß man auch von der Sozialarbeit sagen. Auch sie bezieht sich auf alle Altersstufen und sieht ihre Arbeit im pädagogischen Bereich (Lernen) angesiedelt.

»Damit hat die Sozialarbeit die jahrzehnte alten Grenzen zur Sozialpädagogik überschritten. Und auch die Sozialpädagogik ist dabei, diese Grenzen zu überschreiten: zum einen gibt sie ... mit der Revision der Vorstellung, daß Erziehung und Bildung notwendig an bestimmte Altersgrenzen gebunden seien, mehr und mehr ihre Beschränkung auf ihre traditionelle Zielgruppe (Kinder und Jugendliche) auf, um sich auch Erwachsenen und alten Menschen zuzuwenden, und zum anderen sucht sie zur Bewältigung von Sozialisationsdefiziten und -schäden auch nach sozialtherapeutischen und gesellschaftspolitischen Lösungen.«[78]

In der Praxis wie Wissenschaft stellt sich nun die Frage: Worin unterscheidet sich Sozialarbeit und Sozialpädagogik? Sind beide Arbeitsbereiche identisch und kann man die beiden Begriffe synonym verwenden? Verschiedene Antworten werden gegeben:

- *Antwort der Praxis:* Sozialpädagogen und Sozialarbeiter arbeiten ohne Unterschied in gleichen Arbeitsfeldern. Deutlich wird dies an den Stellenausschreibungen, in denen gleichermaßen Sozialpädagogen/Sozialarbeiter gesucht werden. Nicht mehr das Studium der Sozialpädagogik bzw. der Sozialarbeit ist ausschlaggebend, sondern ob die berufliche Qualifikation für das Arbeitsfeld ausreicht. Nicht mehr nach Studienabschlüssen, sondern nach Arbeitsfeldern wird unterschieden.

- *Antwort der Hochschule:* Mit der Einführung der Fachhochschulen (1971/72) konnte man sich nicht auf eine einheitliche Sprachregelung einigen. Es gibt die Bezeichnungen: Fachhochschule für Sozialwesen und Fachbereiche Sozialpädagogik und Sozialarbeit. Auch der erworbene Abschluß wird in den einzelnen Bundesländern unterschiedlich bezeichnet, z. B. in Berlin, Bayern, Hamburg und Schleswig-Holstein wird eine einheitliche Berufsbezeichnung ›Diplom Sozialpädagoge‹ verliehen, den ›Diplom Sozialarbeiter‹ gibt es nicht.
  In der Studienreformdiskussion war man bestrebt, die Differenzierung in zwei Studiengänge aufzuheben und sie in einen einheitlichen Begriff zusammenzufassen: Sozialwesen. Doch allgemein kann man feststellen, daß sich dieser Begriff so nicht durchgesetzt hat.

- *Antwort der Theorie:* Das uneinheitliche Bild wird in der Literatur sehr deutlich. Einige Autoren verwenden Sozialpädagogik/Sozialarbeit synonym und wechseln die Begriffe in ihren Ausführungen lediglich aus sprachstilistischen Gründen, verstehen inhaltlich unter beiden Begriffen das gleiche. Andere Autoren klären die Begriffe nicht, gehen auf die Problematik gar nicht ein, häufig verweisen sie in einer Fußnote auf die sehr gründliche Studie von *Mühlum,* auf die ich noch näher eingehen werde.

»Die Frage, was jeweils unter Sozialarbeit/Sozialpädagogik zu verstehen ist bzw. ob beide Begriffe identisch zu verwenden sind, ist nicht abschließend geklärt. Sie wird entweder pragmatisch gelöst, umgangen, ausgeschlossen oder es wird letztlich (still-schweigend) vorausgesetzt, daß jedermann weiß, was mit diesen beiden Begriffen gemeint ist, um der mühevollen definitorischen Arbeit, die häufig auch nur begrenzte Bedeutung hat, auszuweichen. Dies ist aus der für die deutsche Sozialarbeit/Sozialpädagogik charakteristischen geschichtlichen Entwicklung verständlich.«[79]

Diese Unklarheit und Diffusität der Verwendung der Begriffe Sozialpädagogik/Sozialarbeit in der Praxis, Ausbildung und Theorie tragen erheblich zur unklaren Vorstellung von Sozialpädagogik/Sozialarbeit in der Öffentlichkeit bei und fördern nicht gerade das Berufsimage.
Vor allem bereitet der Begriff Sozialpädagogik Probleme, so daß *Mollenhauer* zu dem Schluß kommt: »Die Vieldeutigkeit des Ausdrucks ›Sozialpädagogik‹ ist alles andere als fruchtbar; sie ist in hohem Maße lästig und verwirrend, sie fördert nicht eine sinnvolle Diskussion, sondern verhindert sie. Unter solchen Umständen wäre es wünschenswert, daß das Wort verschwände und nicht mehr über dies, sondern nur noch über die Sache geredet werden müßte.«[80]
Der Begriff Sozialpädagogik hat sich bis heute etabliert und es gibt keine hinreichende Begründung, ihn nicht beizubehalten.

Im folgenden soll der Stand der Diskussion in der Literatur zusammengetragen werden, um auf diese Weise abschließend zu einer Klärung des Begriffs und des Verhältnisses von Sozialpädagogik und Sozialarbeit zu gelangen.

3.9 Zum Verhältnis von Sozialpädagogik zur Sozialarbeit

In Anlehnung an *Mühlum* lassen sich in der Literatur prinzipiell sieben Möglichkeiten zur Bestimmung des Verhältnisses von Sozialpädagogik und Sozialarbeit in der beruflichen und gesellschaftlichen Wirklichkeit und entsprechend bei der theoretischen Ortsbestimmung unterscheiden:[81]

1.	*Divergenztheorem:* Sozialpädagogik und Sozialarbeit sind eindeutig getrennt: Sozialpädagogik // Sozialarbeit.
2.	*Subordinationstheorem:* Sozialpädagogik und Sozialarbeit stehen in einem Verhältnis der Über-Unterordnung: Sozialpädagogik ↓ Sozialarbeit ↑
3.	*Substitutionstheorem:* Sozialpädagogik und Sozialarbeit sind austauschbar: Sozialpädagogik ↔ Sozialarbeit
4.	*Identitätstheorem:* Sozialpädagogik und Sozialarbeit stimmen vollständig überein: Sozialpädagogik = Sozialarbeit
5.	*Alternativtheorem:* Sozialpädagogik und Sozialarbeit sind durch neue Begriffe zu ersetzen: Sozialpädagogik →Sozialerziehung Sozialarbeit →Sozialtherapie

6.	*Konvergenztheorem:* Sozialpädagogik und Sozialarbeit nähern sich einander an: Sozialpädagogik → ← Sozialarbeit
7.	*Subsumtionstheorem:* Sozialpädagogik und Sozialarbeit sind trotz berufsspezifischer Unterschiede so ähnlich, daß sie ein gemeinsames Handlungssystem begründen: Sozialpädagogik + Sozialarbeit = Soziale Arbeit

Im folgenden sollen die einzelnen Erklärungsansätze näher beschrieben werden.

3.9.1 Divergenz

Nach dieser Vorstellung sind Sozialpädagogik und Sozialarbeit aufgrund ihrer Geschichte zwei eigenständige Handlungsbereiche. Ihr Selbstverständnis und ›Wesen‹ zielt auf unterschiedliche Objektbereiche: Sozialpädagogik geht es um Erziehung, Sozialarbeit um Fürsorge; Sozialpädagogik hat Erziehungswissenschaft als Leitdisziplin; Sozialarbeit dagegen Soziologie, Politik und Rechtswissenschaft. Eine Zusammenlegung beider Bereiche würde den Verzicht wichtiger sozialer Dienstleistungen in unserer Risikogesellschaft bedeuten.
Diese Auffassung vertreten nicht nur ›alte‹ Autoren wie z. B. *Lattke* sondern auch ›junge‹, neuere Autoren *(Lüssi, Konrad, B. Müller).*

- *Lattke, Herbert* (1962): »Wer Sozialarbeit einfach als Sozialpädagogik bezeichnet, verkennt das Wesen beider. Er wird beiden Seiten nicht gerecht.«[82]
- *Kronen, Heinrich* (1983): »Insoweit bewirkt Sozialarbeit auch Verhaltensänderung, aber stets von außen nach innen: von den Verhältnissen auf das Verhalten, nicht in umgekehrter Richtung. Und insofern ist die Sozialarbeit klar geschieden von der Sozialpädagogik... Der Begriffsumfang der Sozialarbeit ist hier gegenüber dem Landläufigen wieder auf ein früheres Maß zurückgeschnitten; die Ausweitung ins Sozialpädagogische wird zurückgenommen.«[83]
- *Lüssi, Peter* (1992): »Die vieldiskutierte Frage, ob überhaupt ein wesentlicher Unterschied zwischen Sozialarbeit und Sozialpädagogik besteht, ist im wahrsten Sinne des Wortes akademisch... Die Praktiker kennen den Unterschied sehr gut, und als sich die Soziale Arbeit noch nicht in ein vielfältiges Tätigkeitsspektrum aufgefächert hatte, sondern es einfach ›Fürsorger‹ und ›Erzieher‹ gab, bestand diesbezüglich auch gar kein theoretisches Problem... Das ist sachlich gut und erfreulich, aber kein Grund zu theoretischer Blindheit betreffend die typologische Differenz von Sozialarbeit und Sozialpädagogik.«[84]
- *Konrad, Franz-Michael* (1993): »Wenn, was zu erwarten ist, sich Sozialarbeit und Sozialpädagogik weiter auseinanderentwickeln, um früher oder später ihre Schrägstrichexistenz (Sozialarbeit/Sozialpäd-

agogik) zu beenden und sich auf ihr je eigenes Proprium besinnen, dann müßte die Sozialarbeit jedoch wissen, daß auch sie eine lange wirksame pädagogische Vergangenheit hat.«[85]

3.9.2 Subordination

Vertreter dieser Richtung diskutieren, ob Sozialpädagogik oder Sozialarbeit der übergeordnete Begriff ist.

Sozialarbeit als Oberbegriff

- *Iben, Gerd* (1969): »Betrachtet man den Begriff der Sozialarbeit als Nachfolgebegriff für ›Wohlfahrtspflege‹, so kann man ... sagen, daß Sozialarbeit der umfassendere Bereich ist, der reine Versorgungsleistungen ohne pädagogische Absicht, z. B. in Altersheimen, Heilstätten u. ä., mitbetrifft, während Sozialpädagogik nur Bereiche mit pädagogischen Intentionen bezeichnet ... Sozialarbeit ist das größere Arbeitsfeld innerhalb dessen die Sozialpädagogik einen breiten Raum einnimmt.«[86]
- *Rössner, Lutz* (1973): »Wie gesagt, wir sind der Meinung, den Begriff Sozialarbeit vorziehen zu sollen, weil er zum einen der internationalen Fachsprache entspricht und weil er zum anderen weiter ist; denn unter ihm sind auch Maßnahmen zu subsumieren, die nicht erzieherisch (im strengen Sinne) sind.«[87]

Sozialpädagogik als Oberbegriff

Geht man von der Geschichte der beiden Berufsrichtungen aus, ist der Begriff »Sozialpädagogik« der ältere. Bereits 1844 wurde er von *Karl Mager* und infolge auch für die erzieherischen Tätigkeiten außerhalb von Familie und Schule benutzt. Demgegenüber wurde der Begriff »Sozialarbeit« erst seit 1918, »Sozialarbeiter« 1928 als »behördliche Sozialarbeit« und 1945 durch die Übernahme des amerikanischen Verständnisses von ›social work‹ gebräuchlich. D. h. der ältere Begriff ist Sozialpädagogik und damit ist auch ihr Anspruch als Oberbegriff gerechtfertigt.

•

- *Rohde, Bernhard* (1989): »Ich möchte allerdings noch einen wesentlichen Schritt weitergehen und für die ausschließliche Verwendung des Begriffs ›Sozialpädagogik‹ plädieren, denn nach meiner Ansicht kommen in allen (traditionellen und sich neu entwickelnden) sozialen, sozialpädagogischen Arbeitsfeldern pädagogische Intentionen zum Tragen...
Auch die Bereiche der Sozialarbeit, ob nun mit den herkömmlichen Vokabeln als ›Fürsorge‹, ›soziale Hilfe‹ oder ›Wohlfahrtspflege‹ bezeichnet, sind Felder mit (potentiell) pädagogischer Struktur...
Insofern könnte nach meiner Auffassung künftig auf den Begriff ›Sozialarbeit‹ völlig verzichtet werden, da der Terminus ›Sozialpädagogik‹ ihn nicht nur gleichwertig ersetzt, sondern das Anliegen der mit ihm bezeichneten Arbeit deutlicher herausstellt.«[88]

3.9.3 Substitution

Unter diesem Theorem versteht man die beliebige Austauschbarkeit der Begriffe Sozialpädagogik und Sozialarbeit. Dieses Verständnis kommt dem Identitäts – Modell sehr nah. In der neueren Fachliteratur wird die Substitutions-These als fast durchgängiges Vorgehen vertreten. Die Autoren unterscheiden nicht zwischen den Begriffen Sozialpädagogik und Sozialarbeit und gebrauchen sie bzw. tauschen sie beliebig aus, was große Verwirrungen auslöst, da der Leser häufig nicht weiß, auf was der Autor seine Überlegungen bezieht, auf Sozialpädagogik oder auf Sozialarbeit.

- *Böhmisch, Lothar* (1982): »Dies scheint mir legitim, da sich diese Studie auf die Jugendhilfe und damit auf jenen Bereich der (wesentlich umfassenderen) Sozialarbeit beschränkt, der durch die Konzepte und Methoden der Sozialpädagogik geprägt ist.«[89]
- *Ausschreibung einer Professorenstelle an einer Fachhochschule* (1993):
»Methoden der Sozialarbeit«: Das Lehrgebiet umfaßt die Grundlagen der sozialpädagogischen Methoden (unter anderem Einzelfallhilfe, soziale Gruppenarbeit, Gemeinwesenarbeit) unter Berücksichtigung der Methodenintegration ins Grund- und Hauptstudium des Studienganges Sozialwesen.« (Die Zeit vom 12. 3. 1993)
Anmerkung: Es geht um die Stelle »Methoden der Sozialarbeit«, genannt werden »sozialpädagogische Methoden«, die allerdings allgemein als ›klassische Methoden der Sozialarbeit‹ bekannt sind. Die Lehre soll im Studiengang ›Sozialwesen‹ stattfinden. Hier werden die Begriffe und das Verständnis von Sozialarbeit, Sozialpädagogik, Sozialwesen scheinbar beliebig eingesetzt und gebraucht.

3.9.4 Identität

Sozialpädagogik und Sozialarbeit sind identisch, stimmen völlig überein, ist die Meinung vieler Praktiker wie Theoretiker. »Sozialarbeit und Sozialpädagogik werden häufig zusammen genannt, als wären sie zwei Seiten der gleichen Medaille.«[90]
Ausgedrückt wird dieses Verhältnis durch die Schreibweise der ›und‹ – Verbindung von Sozialpädagogik und Sozialarbeit, oder zunehmend durch die neue Form Sozialpädagogik/Sozialarbeit.[91]

- *Gehrmann, Gerd/Müller, Klaus* (1981): »Wir verwenden diese Begriffe (Sozialarbeit/Sozialpädagogik) synonym und reden im folgenden nur von Sozialarbeit.«[92]

- *Böhmisch, Lothar* (1982): »In dieser Studie werden die Begriffe ›Sozialpädagogik‹ und ›Sozialarbeit‹ synonym verwendet oder auch zusammengestellt (Sozialarbeit/Sozialpädagogik).«[93]

- *Lowy, Louis* (1983): »Nach einem Übereinkommen der Begleitkommission der Bundeskonferenz der Rektoren und Präsidenten kirchlicher Fachhochschulen der Bundesrepublik Deutschland wird für dieses Gutachten Sozialarbeit/Sozialpädagogik synonym verwendet.«[94]
- *Buddrus, Volker* (1984): In der Fußnote verweist er darauf: »Ich benutze im folgenden die Begriffe Sozialpädagogik und Sozialarbeit als sinngleich.«[95]
- *Schmitz, Marcel* (1984): »Der Einfachheit halber wird im folgenden nur Sozialarbeit geschrieben, dennoch ist immer beides, Sozialarbeit und Sozialpädagogik, gemeint.«[96]
- *Trabandt, Henning* (1989): »Sozialarbeit und Sozialpädagogik (auch ›soziale Arbeit‹) werden hier und im folgenden synonym benutzt.«[97]
- *Haupt, Bernhard/Kraimer, Klaus* (1991): »Die Begriffe (Sozialarbeit/Sozialpädagogik) werden synonym verwendet. Neuerdings gilt der Begriff soziale Arbeit als Überbegriff. Eine Begriffserklärung steht allerdings noch aus.«[98]
- *Vahsen, Friedhelm* (1992): »Von Beginn an war Sozialpädagogik – hier synonym mit Sozialarbeit gebraucht – eine unruhige Disziplin.«[99]

3.9.5 Alternative

Die unbefriedigende Trennung von Sozialarbeit und Sozialpädagogik in Praxis und Theorie, die damit verbundene Unschärfe der Begriffe und das noch immer nicht abgeschlossene Bemühen um ihre theoretische Fundierung führte zu einigen Versuchen, das Problem mit Hilfe neuer Termini zu lösen. *Mühlum* nennt drei disskussionswürdige Versuche.[100]

Agogik – Soziagogik

In der niederländischen Literatur (z. B. *M.v. Beugen*) hat sich der Begriff ›Agogik‹ inzwischen durchgesetzt.[101]

●

> Man unterteilt die Arbeit mit unterschiedlichen Gruppen in:
>
> – Pädagogik – auf Kinder und Jugendliche bezogen
> – Andragogik – auf Erwachsene bezogen
> – Gerontagogik – auf alte Menschen bezogen
>
> Agogik drückt die Gemeinsamkeit dieser Disziplinen zusammenfassend aus und wird als Wissenschaft vom Führen und Leiten verstanden.

Mit Agogik wäre ein Begriff gefunden, in dem Sozialpädagogik und Sozialarbeit aufgehoben sind. *Böttcher* hält die niederländischen Vorschläge für sinnvoll und übernimmt sie für seine Darstellung von Sozialpädagogik.
● *Böttcher, Hans* (1975): »Ich halte die Vorschläge der zitierten Autoren für sinnvoll und möchte ›Agogik‹ ganz allgemein interpretieren als Wissenschaft und Lehre vom helfenden Führen und führendem Helfen.«[102] Für den deutschsprachigen Raum machte *Tuggener* 1971 den Vorschlag, generell von ›Agogik‹ bzw. ›Soziagogik‹ zu sprechen.[103] Allerdings hat sich diese Sprachregelung in Deutschland nicht durchgesetzt und somit auch nicht zur Klärung von Sozialpädagogik und Sozialarbeit beigetragen.

Sozialerziehung – Soziales Lernen

Die ersten theoretischen Modelle von *Diesterweg, Natorp, Nohl* u. a. belegen, daß es in der Sozialpädagogik vor allem um Sozialerziehung geht. Sie ist das Zentrum aller pädagogischen Bemühungen. Vielfach wird heute auch Sozialpädagogik mit dem Synonym im Sinne von ›Sozialem Lernen‹ gebraucht. Allerdings zeigt sich, daß diese Umschreibung keine terminologische Alternative für Sozialpädagogik und Sozialarbeit darstellt.

Sozialbehandlung – Sozialtherapie

»Wie den Begriffen Sozialerziehung und Soziales Lernen eine Schlüsselrolle für die Sozialpädagogik der letzten 20 Jahre zukommt, so steht für die Sozialarbeit das Begriffspaar psycho-soziale Hilfen und Sozialtherapie im Zentrum der (Selbst-) Bestimmungsversuche.«[104] Zur

Kennzeichnung der vielschichtigen sozialen Arbeit hat der Begriff Sozialtherapie zweifellos seine Berechtigung. »Präzise mit Inhalt gefüllt, könnte er auch zur Profilierung des Berufs beitragen.«[105] Allerdings muß man sehen, daß unzureichende Konzepte und Ausbildungen in der Sozialarbeit und Sozialpädagogik nicht zu einem bloßen Etikettenschwindel als ›Sozialtherapie‹ führen darf. Sozialpädagogen und Sozialarbeiter sind nicht als Therapeuten ausgebildet und sollten ohne eine Zusatzausbildung auch nicht in entsprechenden Arbeitsfeldern tätig sein.

Jugendhilfe – Pädagogik

Der radikalste Vorschlag geht dahin, den Begriff Sozialpädagogik am besten abzuschaffen und durch einen anderen zu ersetzen.

- *Wilhelm, Theodor* (1966): »Unser radikaler Vorschlag geht daher dahin, den Begriff Sozialpädagogik für jene nach dem ersten Weltkrieg hervorgehobene, von *Herman Nohl* intonierte Theorie der Lebenshilfe an gefährdeten und verwahrlosten Jugendlichen zu reservieren. Er würde dann nur noch als historischer Begriff Verwendung finden...
Es ist eine neue Sprachregelung erforderlich. Sie könnte etwa so aussehen, daß der Gesamtkomplex mit dem Namen ›Jugendhilfe‹ belegt wird und innerhalb desselben folgende drei Teilbereiche unterschieden werden: Jugenderziehungshilfe, ... Jugendberufshilfe ..., Jugendkulturhilfe...
Mit einer in Jugenderziehungshilfe, Jugendberufshilfe und Jugendkulturhilfe untergliederten Jugendhilfe scheint mir die neue pädagogische Provinz einigermaßen sachgerecht angemessen. Der Name ›Sozialpädagogik‹ sollte dagegen für jene Bewegung der zwanziger Jahre reserviert werden.«[106]
- *Mollenhauer, Klaus* (1966): Er argumentiert ähnlich. Es ist müßig, nach dem Wesen der Sozialpädagogik zu fragen, da sich die Einrichtungen der Jugendhilfe recht gut auch ohne diese Wesensfrage beschreiben lassen. Nach *Mollenhauer* ist der »Ausdruck Sozialpädagogik... demnach gleichbedeutend dem Ausdruck ›Theorie der Jugendhilfe‹. Der Wortbestandteil ›sozial‹ wäre nur geschichtlich motiviert; der Sache nach ist seine Wahl nicht geboten. Es ist, wenn man will, eine Verlegenheitslösung, nur dadurch motiviert, daß sich der Terminus den schon vorhandenen Bezeichnungen Familienpädagogik, Schulpädagogik, Berufspädagogik einreihen läßt.«[107]
- *Danckwerts, Dankwart* (1981): Er schlägt ebenfalls vor, von der überkommenen Tätigkeitsdefinition Sozialarbeit und Sozialpädagogik abzugehen und die funktionalen Zusammenhänge anzusprechen, »also von sozialer Arbeit und sozialer Erziehung auszugehen. Durch diesen ›Kunstgriff‹ wäre es möglich, die wenig fruchtbare Diskussion über und Gemeinsamkeiten von Sozialarbeit und Sozialpädagogik zu vermeiden.«[108]
- *Liening, Herbert* (1975): Sozialpädagogik hält er für einen ›ver-

brauchten Begriff‹, den es abzuschaffen gilt. Das Wort Sozialpädagogik sollte nur für die Bezeichnung jener historischen Epoche verwendet werden, die sich aus dem Nothilfecharakter einer Erziehungsfürsorge abgeleitet verstand. »Es geht immer um das Erzieherische, die Pädagogik, die sich durch die soziale Dimension geradezu definiert, nicht aber durch ›Soziales‹ sich klassifizieren läßt. Das Wort ›Sozialpädagogik‹ wäre eine Übereinstimmung wie der weiße Schimmel.«[109]

- *Winkler, Michael* (1988): »Der Sozialpädagoge ist mithin Pädagoge – aber er ist Pädagoge unter spezifischen Bedingungen; der Sozialpädagoge erzieht – aber er leistet spezifische Erziehung. Gleich der Heilpädagogik stellt sich die Sozialpädagogik in ihrer konkreten, unmittelbaren Praxis als der radikale Ernstfall von Pädagogik dar, vielleicht sogar als der Normalfall der Erziehung...
Nie aber ist Sozialpädagogik eine andere Pädagogik...
Es handelt sich um die Einsicht, daß es im Blick auf das konkrete Handeln, auch auf die konkreten Probleme keine Sozialpädagogik, sondern nur Pädagogik gibt; erst dort, wo die Bedingungszusammenhänge der Probleme und des Handelns reflektiert werden, ergibt sich ein Begriff der Sozialpädagogik.«[110]

All diese alternativen Vorschläge bemühen sich um eine inhaltliche Bestimmung von Sozialpädagogik und Sozialarbeit. Die Begriffe Sozialpädagogik und Sozialarbeit allerdings haben sie nicht verschwinden lassen. Vielmehr muß man nach dieser Diskussion feststellen, daß sich die beiden Begriffe etabliert haben und es wenig Sinn hat, Alternativen zu überlegen. Sozialpädagogik und Sozialarbeit umschreiben am besten den von ihnen gemeinten Sachverhalt und sollten deshalb nicht mehr zur Diskussion stehen. Da die Begriffe sich fest eingebürgert haben, sollte die Diskussion eher dahingehen, sie zu präzisieren, damit die pädagogischen und sozialen Defizite erfaßt und überwunden werden.

3.9.6 Konvergenz

Die Konvergenz-These besagt, daß die Teilbereiche Sozialpädagogik und Sozialarbeit zu einem Gesamten zusammenwachsen (konvergieren). Hauptvertreter dieser These sind vor allem *Pfaffenberger, Mollenhauer* und *Tuggener.* Sie hat in ihrer Folge viele Fachvertreter gefunden.

- *Pfaffenberger, Hans* (1966): Er war der erste, der sich für eine Vereinheitlichung von Sozialpädagogik und Sozialarbeit einsetzte. Sein Argument lautet:

»Die soziale und sozialpädagogische Arbeit muß aber als einheitliches Funktionssystem gesellschaftlicher Hilfen gesehen und verstanden werden. Der Versuch, das sozialpädagogische Ganze aufzulösen durch Zerlegung in seine Elemente – das Soziale und das Pädagogische –, würde den Wesenskern der Sozialpädagogik treffen und zerstören, der gerade in dieser Verbindung des Pädagogischen und des Sozialen, von Erziehung und Bildung, von Ermöglichung menschlicher Freiheit, Entfaltung und Selbstverwirklichung und ihren äußeren, auch materiellen Voraussetzungen und Bedingungen liegt. Jede Zweiteilung, jede Trennung des Gesamtbereichs in Sozialarbeit und Sozialpädagogik zieht künstliche Grenzen, erschwert Zusammenarbeit und Weiterentwicklung und ist ein Hindernis für die Zukunft des gesamten Bereichs. Diese Zweiteilung ist historisch geworden, teils zufällig entstanden, teils aus heute überholten und nicht mehr gegebenen Bedingungen hervorgegangen. Sie ist aber heute keinesfalls mehr sachlich zu begründen und zu verteidigen. Alle Versuche, zu einer Zweiteilung des Gesamtbereiches in Sozialarbeit und Sozialpädagogik zu kommen... versagen angesichts der Realität, da sie natürlich Gewachsenes und immer stärker Zusammenwachsendes künstlich zerschneiden und bloße Akzentuierung und Gesamtverteilung zu grundsätzlichen Unterschieden und konstituierenden Merkmalen von Gegenstands- und Arbeitsbereichen hypostasieren würden.«[111]

Dieser Text gilt als klassischer Beleg für die Begründung der Konvergenz-These. Um die Konvergenz von Sozialpädagogik und Sozialarbeit darzustellen, führt *Pfaffenberger* die Schrägstrich – Notation ›Sozialpädagogik/Sozialarbeit‹ ein, »um deutlich zu machen, daß es sich um ursprünglich aus verschiedenen Wurzeln herkommende und aus verschiedenen Vorläufern zusammenwachsende Teilgebiete eines Gesamtfeldes handelt, die nicht weiter gespalten, sondern zur Identität zusammengeführt werden müssen.«[112]

Besonders hinzuweisen und festzuhalten ist, daß *Pfaffenberger* bei seiner Schrägstrich-Notation eine Reihenfolge von Sozialpädagogik und Sozialarbeit bewußt eingeführt hat. Ihm geht es nicht nur um die Einheit des Funktionssystems Sozialpädagogik und Sozialarbeit, sondern innerhalb dieser Gesamtheit hat Sozialpädagogik Präverenz. Das Vorbeugende, Pädagogische hat immer Vorrang vor der nachgehenden, metaphylaktischen Hilfe und Unterstützung. Diese Schrägstrichlösung hat weitgehend Anerkennung gefunden. Allerdings gibt es zwei Richtungen:

1. *Sozialpädagogik/Sozialarbeit:* Die Präferenz liegt bei der Sozialpädagogik. Vertreter dieser Folge sind Wissenschaftler, die von der Erziehungswissenschaft herkommen und diese als Leitdisziplin ansehen (z. B. *Thiersch, Rauschenbach, Winkler* u. a.)
2. *Sozialarbeit/Sozialpädagogik:* Sozialarbeit und Sozialpädagogik sind identisch (Identitäts-These), deswegen ordnet man die beiden

Bereiche alphabetisch, d.h. ›Arbeit‹ (A) steht vor ›Pädagogik‹ (P).

Es ist recht unverständlich, wieso die Schrägstrichformulierung Sozialarbeit/Sozial-pädagogik vertreten wird, denn für die Haltbarkeit der Identitäts-These gibt es in der Literatur keine Belege. Im Gegenteil, die Vertreter der Schrägstrich-Notation und vor allem die grundlegende Arbeit von *Mühlum,* auf die sich fast alle berufen, bevorzugen die Konvergenz- bzw. die Subsumtions-These. Konvergenz besagt jedoch, wie wir im folgenden noch sehen werden, keineswegs Identität. Hier muß man vielen Theoretikern und Praktikern grobe Nachlässigkeit vorwerfen, die sicher nicht der gemeinsamen Sache dienlich ist.

- *Mollenhauer, Klaus* (1966): Gleichzeitig wie *Pfaffenberger* behandelt auch *Mollenhauer* das Thema und spricht von einer Integration, partiellen Konvergenz.[113]
- *Tuggener, Heinrich* (1971): Der Schweizer *Tuggener* hat in seiner Habilitationsschrift das Thema aufgegriffen und ist dabei zu dem gleichen Ergebnis gekommen, daß eine Tendenz zur Konvergenz deutlich erkennbar ist.[114]

Mühlum hat das Verhältnis von Sozialpädagogik und Sozialarbeit, mit dem Ziel zu einer theoretischen und gesellschaftlichen Ortsbestimmung von Sozialpädagogik und Sozialarbeit zu gelangen, sehr ausführlich und richtungsweisend untersucht. Seine Ausführungen gelten für viele Autoren als Beleg für ihr Vorgehen, Sozialpädagogik und Sozialarbeit gleichzusetzen, was häufig durch einen Verweis in der Fußnote erfolgt.[115]
Mühlum als Kronzeuge für die Identitäts-These anzuführen, ist jedoch völlig falsch:

1. *Mühlum* gebraucht die Reihenfolge Sozialpädagogik/Sozialarbeit.
2. Er spricht von einer Konvergenz von Sozialpädagogik und Sozialarbeit.
3. Er vertritt als Ergebnis seiner Studie die Subsumtions-These, was im folgenden angezeigt werden soll.

Man muß festhalten, »daß die Konvergenz noch nicht erfolgt ist. Die Differenzen zwischen den beiden Handlungsfeldern haben sich einerseits in dem Maße verringert, daß man es für sinnvoll hält, beide nicht länger getrennt zu sehen und zu behandeln. Die Gemeinsamkeiten von Sozialarbeit und Sozialpädagogik reichen aber andererseits auch nicht aus, um für sie einen gemeinsamen Namen zu finden. Der Versuch, den Doppelbegriff ›Sozialarbeit/Sozialpädagogik‹ durch den neu geschaffenen Begriff ›Sozialwesen‹ abzulösen und damit eine Einheit herzustellen, hat sich bislang nicht durchgesetzt.«[116]

3.9.7 Subsumtion

Die Doppelbegriff – Lösung Sozialpädagogik/Sozialarbeit als Konvergenz ist die zur Zeit gängigste Formulierung. Hinzu ist eine weitere Überlegung gekommen: Man sucht einen gemeinsamen Oberbegriff für Sozialpädagogik und Sozialarbeit. *Pfaffenberger* schließt »beide Teilbereiche, immaterielle und materielle Hilfen, im Begriff ›*Sozialwesen*‹ zusammen, der alle Maßnahmen, Instrumente und Interventionsweisen zur Verwirklichung des Sozialstaats umfaßt.«[117] Dagegen scheint ein anderer Begriff inzwischen allgemeine Anerkennung zu finden: *Soziale Arbeit.*

»Soziale Arbeit ist um die Jahrhundertwende bereits als alle Bereiche der Wohlfahrtspflege, Fürsorge, Armenpflege, Liebestätigkeit usw. umfassender Oberbegriff üblich gewesen. Die Praxis wurde soziale Berufsarbeit genannt und ausgebildet wurde zum sozialen Beruf... In den letzten zehn Jahren wurde der Begriff ›Soziale Arbeit‹ wieder entdeckt, und es scheint, daß er sich durchsetzt.«[118]

Mühlum kommt in seiner Untersuchung zu dem Ergebnis: Es »überzeugt nach allem sachlich und auf Zukunft gesehen wohl am ehesten die Zusammenfassung gemäß dem Subsumtionstheorem, auch wenn bis in die jüngste Vergangenheit erst Konvergenzen konstatiert werden.«[119] Sowohl die geschichtliche, praktische wie systematische Untersuchung führen nach *Mühlum* zu dem Schluß, daß beide ein gemeinsames Handlungssystem ›soziale Arbeit‹ (er verwendet hier die adjektive Form) bilden. Schlußfolgerung von Mühlum ist:

»Zusammengefaßt erscheint danach das Subsumtionstheorem zumindest derzeit am überzeugendsten, weil es die totale Trennung und Auseinanderentwicklung (Divergenz) ebenso vermeidet, wie die Absetzung und Über-Unterordnung eines Bereichs (Subordination) und stattdessen realistischer die tatsächliche Entwicklung in Richtung zunehmender Übereinstimmung und Interdependenz bei noch verbleibenden Unterschieden aufgreift... Weder die Divergenzthese, die von eindeutig abgrenzbaren Bereichen ausgeht, noch die Identitätsthese, die eine völlige Übereinstimmung voraussetzt, kann derzeit überzeugend belegt werden. Unstrittig ist dagegen eine Tendenz zur Vereinheitlichung... Mit der Bestätigung des Konvergenz-Theorems ist das Beziehungsproblem jedoch nicht endgültig geklärt, denn weder ist damit die zeitweise vorgeschlagene Subordination eines Bereiches, noch die – auf prinzipiellen Gleichrang beruhende – Substitution schlüssig abzuleiten. Und allenfalls spekulativ ist ein Fluchtpunkt der Konvergenz im Sinne der Identität anzugeben. Als Ergebnis der Untersuchung wird daher das Subsumtionstheorem als überzeugendste Lösung angesehen:
Weitgehende Übereinstimmung im Grundsätzlichen (Wertorientierung, Wissensbasis, Interventionsrepertoire) und weiterbestehende ausbildungs- und arbeitsfeldspezifische Unterschiede (Schwerpunktbildung, Affinitäten, Berufsidentität) legen es nahe, die eingeführten Bezeichnungen beizubehalten und den übergreifenden Begriff ›soziale Arbeit‹ zu subsumieren. «[120]

Halten wir fest
Sozialpädagogik und Sozialarbeit sind nicht zwei total verschiedene Bereiche, sie sind auch nicht völlig identisch. Vielmehr kann man feststellen, daß Sozialpädagogik und Sozialarbeit zu einem Gesamten zusammenwachsen (konvergieren).
Die Konvergenzthese besagt jedoch nicht die Aufgabe, Auflösung bzw. Verschmelzung beider Bereiche, sondern eine Zusammenentwicklung von Sozialpädagogik und Sozialarbeit in Richtung zunehmender Übereinstimmung unter Berücksichtigung ihrer Eigenständigkeit und Eigenart.
Um dies auszudrücken, sollte man die Schrägstrich-Notation Sozialpädagogik/Sozialarbeit wählen.
Beide Teilbereiche kann man in dem Begriff ›Soziale Arbeit‹ zusammenfassen.

3.10 Auswertung von Stellenausschreibungen

Der These, daß man in der Praxis schon lange nicht mehr zwischen Sozialpädagogik und Sozialarbeit unterscheidet, bin ich nachgegangen, indem ich die Stellenausschreibungen in der Wochenzeitung »Die Zeit« von September 1993 bis August 1994 diesbezüglich ausgewertet habe. Folgende Kategorien wurden aufgestellt:

Stellenausschreibungen für:
1. Sozialpädagoge
2. Sozialarbeiter
3. Sozialpädagoge/Sozialarbeiter
4. Sozialarbeiter/Sozialpädagoge
5. Erzieher
6. Div. Berufsbezeichnungen

Als Ergebnis konnte festgestellt werden:

Stellenausschreibungen (N = 569)	%
Sozialpädagogen	29,3
Sozialarbeiter	13,7
Sozialpädagogen/Sozialarbeiter	11,8
Sozialarbeiter/Sozialpädagogen	25,3
Erzieher	8,8
Div. Berufsbezeichnungen	11,1

Dieses Ergebnis macht deutlich:

1. In der Praxis wird sehr wohl zwischen Sozialpädagogen und Sozialarbeitern unterschieden (43,0 %).
2. Faßt man die Gruppen Sozialpädagogen und Sozialpädagogen/Sozialarbeiter zusammen (41,1 %) und gleichfalls Sozialarbeit und Sozialarbeit/Sozialpädagogik (39,0 %), so zeigt sich, daß in der Praxis fast zu gleichen Teilen zwischen beiden Berufsgruppen unterschieden wird.
3. Die Identitätsthese kann nicht aufrecht erhalten werden.

Die Stellenausschreibungen wurden unter einem weiteren Gesichtspunkt untersucht: Unterscheiden Träger die beiden Berufsgruppen?

Träger / Beruf	kommunaler Träger % (N = 97)	Wohlfahrtsverbände % (N = 176)
Sozialpädagogik	**20,6**	**27,3**
Sozialarbeit	**14,4**	**22,2**
Sozialpädagogik/ Sozialarbeit	**11,3**	**10,8**
Sozialarbeit/ Sozialpädagogik	**41,2**	**21,6**
Erzieher	**6,2**	**8,5**
Div . Berufs- bezeichnungen	**6,2**	**9,7**

Diese Ergebnisse machen deutlich:

1. In über einem Drittel der Ausschreibungen unterscheiden kommunale Träger zwischen Sozialpädagogen und Sozialarbeitern (35,0 %); allerdings wählen sie überwiegend (52,5 %) die Schrägstrich-Notation vor allem in der Form Sozialarbeit/Sozialpädagogik (41,2 %).
2. Die Wohlfahrtsverbände dagegen differenzieren weit deutlicher als die komunalen Träger zwischen Sozialpädagogik (27,3 %) und Sozialarbeit (22,2 %); die Schrägstrich-Notation wird nur in einem Drittel (32,4 %) der Ausschreibungen gewählt.

Sozialpädagogen und Sozialarbeiter arbeiten in den gleichen Berufsfeldern, behaupten viele. Ich bin dieser These nachgegangen, indem ich die Stellenausschreibungen nach Tätigkeitsfeldern unterschieden habe.

Tätigkeitsfelder / Stellenausschreibung	Jugendarbeit N 100 %	Beratung N 68 %	Heimerziehung N 67 %	Psychiatrie N 52 %	Behindertenarbeit N 78 %	Krankenhaus N 94 %
Sozialpädagogik	31,0	25,0	38,8	38,5	29,5	27,7
Sozialarbeit	2,0	22,1	7,5	15,4	21,8	28,7
Sozialpäd./ Sozialarbeit	12,0	14,7	7,5	11,5	10,3	6,4
Sozialarbeit/ Sozialpäd.	20,0	33,8	9,0	30,8	24,4	37,2
Erzieher	15,0	1,5	14,9	1,9	3,8	0,0
Diverse Berufsbezeichnungen	20,0	2,9	22,4	1,9	10,3	0,0

Als Ergebnis kann man festhalten:

1. Zwischen Sozialpädagogik und Sozialarbeit wird auch bezüglich der Tätigkeitsfelder z. T. deutlich unterschieden. Fast die Hälfte aller Stellenausschreibungen sind an Sozialpädagogen bzw. Sozialarbeiter gerichtet.
2. Sozialpädagogische Arbeitsfelder sind vor allem Jugendarbeit und Heimerziehung, d. h. pädagogische Arbeitsfelder. In diesem Bereich sind auch Erzieher überwiegend tätig. Auffällig ist der hohe Anteil der Stellenausschreibungen für Sozialpädagogen im Bereich von Psychiatrie und Krankenhaus.
3. Es dominiert deutlich die Schrägstrich-Notation Sozialarbeit/Sozialpädagogik gegenüber anderen Möglichkeiten.

Die Auswertung der Stellenausschreibungen hat den Nachteil, daß man bezüglich der Interpretation nur Vermutungen anstellen kann. Man kann kaum Rückschlüsse daraus ziehen, was der Praktiker konkret dazu meint. Deshalb habe ich 53 Sozialpädagogen befragt:

- »Sehen Sie zwischen Sozialpädagogik und Sozialarbeit Unterschiede?«

Unterschiede	N = 53	%
ja	N = 36	67,9
nein	N = 12	22,6
unwesentliche	N = 5	9,4

- »Worin bestehen die Unterschiede?«

Unterschiede (N = 36)	%
Sozialarbeit beinhaltet besonders Verwaltung, Recht, Einzelhilfe, etc.	41,6
Sozialpädagogik ist eher erzieherisch orientiert	50,0
Sozialpädagogik arbeitet eher präventiv	8,3

Diese Antworten widerlegen die These, daß die Praktiker nicht zwischen Sozialpädagogik und Sozialarbeit unterscheiden. Sie setzen die beiden Berufsfelder nicht gleich (Identitäts-These), sondern sehen den Schwerpunkt der Sozialpädagogik vor allem im Pädagogischen und den der Sozialarbeit in der Verwaltung und Einzelhilfe.

Halten wir fest

Die Auswertung der Stellenausschreibung und Befragung von Sozialpädagogen belegen, daß die Identitäts-These keineswegs zutrifft. Träger wie Praktiker unterscheiden sehr wohl zwischen den Berufsfeldern der Sozialpädagogik und Sozialarbeit.

Die Schrägstrich-Notation Sozialarbeit/Sozialpädagogik dominiert, wobei man sich jedoch fragen muß, ob die Träger bewußt die Reihenfolge Sozialarbeit/Sozialpädagogik wählen oder eher eine alphabetische Anordnung übernehmen.

Eine kleine Gruppe von Trägern unterscheidet dagegen bewußt zwischen den beiden Berufsfeldern, indem sie sich für die Schrägstrich-Notation Sozialpädagogik/Sozialarbeit entscheiden.

Die Ergebnisse belegen die Konvergenz-These, jedoch unter Berücksichtigung der besonderen Spezifika von Sozialpädagogik und Sozialarbeit.

Man könnte das Ergebnis auch so zusammenfassen: Die sozialen Aufgaben sind sehr vielfältig. Die Träger suchen Mitarbeiter, die als Sozialpädagogen oder Sozialarbeiter ausgebildet sind. Die Träger schreiben die Stelle aus und beschreiben die Aufgaben. Damit definieren die Träger die soziale Tätigkeit ihrer Einrichtung. Sie stellen nun in Sozialer Arbeit ausgebildete Personen ein, die sich für die konkrete Arbeit besonders eignen.

3.11 Sozialpädagogik – Zusammenfassung

Sozialpädagogik und Sozialarbeit haben sich inhaltlich wie in bezug auf ihre Zielgruppe im Laufe der Zeit weiterentwickelt und damit ausgeweitet. Es entstand die Frage nach dem Verhältnis von Sozialpädagogik und Sozialarbeit. Die Diskussion von möglichen Thesen, wie Sozialpädagogik und Sozialarbeit zueinander stehen könnten, ergab, daß man der *Subsumtionsthese* zustimmen sollte.

Man sollte nicht mehr hinter diesen Ergebnisstand zurückfallen und nicht eine erneute Diskussion über das Verhältnis von Sozialpädagogik und Sozialarbeit beginnen. Sozialpädagogik und Sozialarbeit sind zwei Teilbereiche eines Gesamtsystems, die sich in vielen Praxisfeldern überschneiden und viele gemeinsame wissenschaftliche, ausbildungstheoretische und praktische Bezugspunkte haben. Dies führt jedoch *nicht zu einer völligen Identität beider Bereiche, sondern zu einer Konvergenz, die jedoch beiden Teilen eine gewisse Eigenständigkeit erhält.* Dies kann man am besten dadurch ausdrücken, daß man von *Sozialer Arbeit* mit den beiden Schwerpunkten Sozialpädagogik und Sozialarbeit spricht. Allerdings variiert die Schreibweise. »Einmal wird der Begriff wie ein Eigenname groß geschrieben, dann wieder wird das Adjektiv ›sozial‹ kleingeschrieben.«[121] Man sollte *einheitlich von Sozialer Arbeit* als Eigenname sprechen und die ›Arbeit‹ nicht mit einem Adjektiv ›sozial‹ spezifizieren. Bezüglich des Begriffs Sozialwesen: *Das Studium der Sozialpädagogik/Sozialarbeit sollte man mit dem gemeinsamen Oberbegriff ›Sozialwesen‹ bezeichnen.*

»Bei der Organisationsform in einen Fachbereich bzw. als eine Fachrichtung hat sich der Oberbegriff ›Sozialwesen‹ eindeutig durchgesetzt, der aber aus sprachlichen Gründen für die Ableitung einer Berufsbezeichnung unbrauchbar ist.«[122] Den Praktiker kann man wohl schwer als ›Sozialweser‹ bezeichnen.

•

Somit hätte man eine Klärung für unterschiedliche Bereiche:

- Studium: Sozialwesen mit dem Schwerpunkt Sozialpädagogik und/oder Sozialarbeit
- Praxis: Soziale Arbeit (Eigenname)
- Praktiker: Sozialpädagogen bzw. Sozialarbeiter (nicht z.B. ›soziale Arbeiter‹)

Mit diesem Vorschlag schließe ich mich nicht dem Vorgehen von *Staub-Bernasconi* an, die eine Alternative zu dem Sozialpädagogik/Sozialarbeit – Dilemma darin sieht, indem sie »Soziale Arbeit als Ganzes und als Wissenschaft als Antwort auf die sozialen Probleme, die durch die Industrialisierung entstanden sind und einer Lösung bedürfen, bestimmt. Soziale Arbeit als Wissenschaft gibt reflexive Antworten und Soziale Arbeit als Praxis gibt tätige Antworten auf die sozialen Probleme.«[123]

Ich stimme *Staub-Bernasconi* wie auch *Engelke*, der die Anregung von *Staub-Bernasconi* übernimmt und ›Soziale Arbeit als Wissenschaft‹, ›Soziale Arbeit als Praxis‹ und ›Soziale Arbeit als Ausbildung‹ einteilt, nicht zu, weil dadurch ein Begriff inhaltlich derart überfrachtet ist, so daß er zu viel und gleichzeitig zu wenig aussagt. Hiermit wird das Problem nur auf einen anderen Begriff verlagert. Das gleiche Problem hatten wir bereits mit dem Begriff ›Sozialpädagogik‹: Sozialpädagogik als Wissenschaft, Sozialpädagogik als Praxis und Sozialpädagogik als Ausbildung. Insofern führt der Vorschlag von *Staub-Bernasconi* und *Engelke* meines Erachtens nicht weiter. Auch sein Vergleich mit anderen Disziplinen, z. B. Medizin und Recht, kann so nicht zutreffen. Denn auch in diesen klassischen Disziplinen unterscheidet man zwischen Wissenschaft, Ausbildung und Praxis. Der Arzt (Praktiker) studiert Medizin (Ausbildung), die sich aus vielen Wissenschaftsrichtungen zusammensetzt wie z. B. Biologie, Physik, Heilkunde, etc. (Wissenschaft).

Kraimer kommt zu der abschließenden Bemerkung, daß die »gebräuchliche Schrägstrichverbindung ›Sozialpädagogik/Sozialarbeit‹ ... zwar immer deutlicher zugunsten des Oberbegriffs Soziale Arbeit zurücktritt. Der Stand der Diskussion ... läßt jedoch eine abschließende Bewertung und Begriffsneubestimmung genereller Art nicht zu.«[124]

Die entscheidende Frage dieser Untersuchung lautet: Was heißt Sozialpädagogik? Nachdem die geschichtlichen Linien von Sozialarbeit und Sozialpädagogik herausgearbeitet und ihr Verhältnis zueinander diskutiert wurde, können wir die Überlegungen der ersten drei Kapitel vorläufig und als Ausgangspunkt für unsere weiteren Überlegungen zusammenfassen:

SP

Was heißt Sozialpädagogik?
Geschichtlich betrachtet war Sozialpädagogik Jugendfürsorge, die sich der verwahrlosten Kinder und Jugendlichen annahm.
Sozialpädagogik ist die pädagogische Ausgestaltung dessen, was die Sozialpolitik in gesetzlichen Rahmenbedingungen den Bürgern an Rechten und Pflichten zugesprochen hat.
Sowohl was die Zielgruppe wie auch ihre Aufgaben betrifft, hat sich das Selbstverständnis von Sozialpädagogik heute deutlich verändert.
Zielgruppe der Sozialpädagogik sind Menschen aller Altersstufen. Ihre Aufgabe besteht nicht in erster Linie in der Betreuung verwahrloster Jugendlicher, sondern ihre Aufgabe ist primär präventiv zu verstehen, d. h. es geht ihr um Erhaltung bzw. Wiederherstellung von Normalität. Um dieses Ziel ist Sozialpädagogik als dritte Erziehungs-, Bildungs- und Lerninstitution bemüht.

Die folgenden Überlegungen dieser Arbeit dienen der weiteren Klärung unserer zentralen Frage: Was heißt Sozialpädagogik? Am Schluß der Kapitel steht jeweils als Zusammenfassung ein Versuch einer Umschreibung dessen, was man unter Sozialpädagogik verstehen kann. Diese Nominaldefinitionen zusammengenommen ergeben annähernd ein Gesamtbild von Sozialpädagogik.

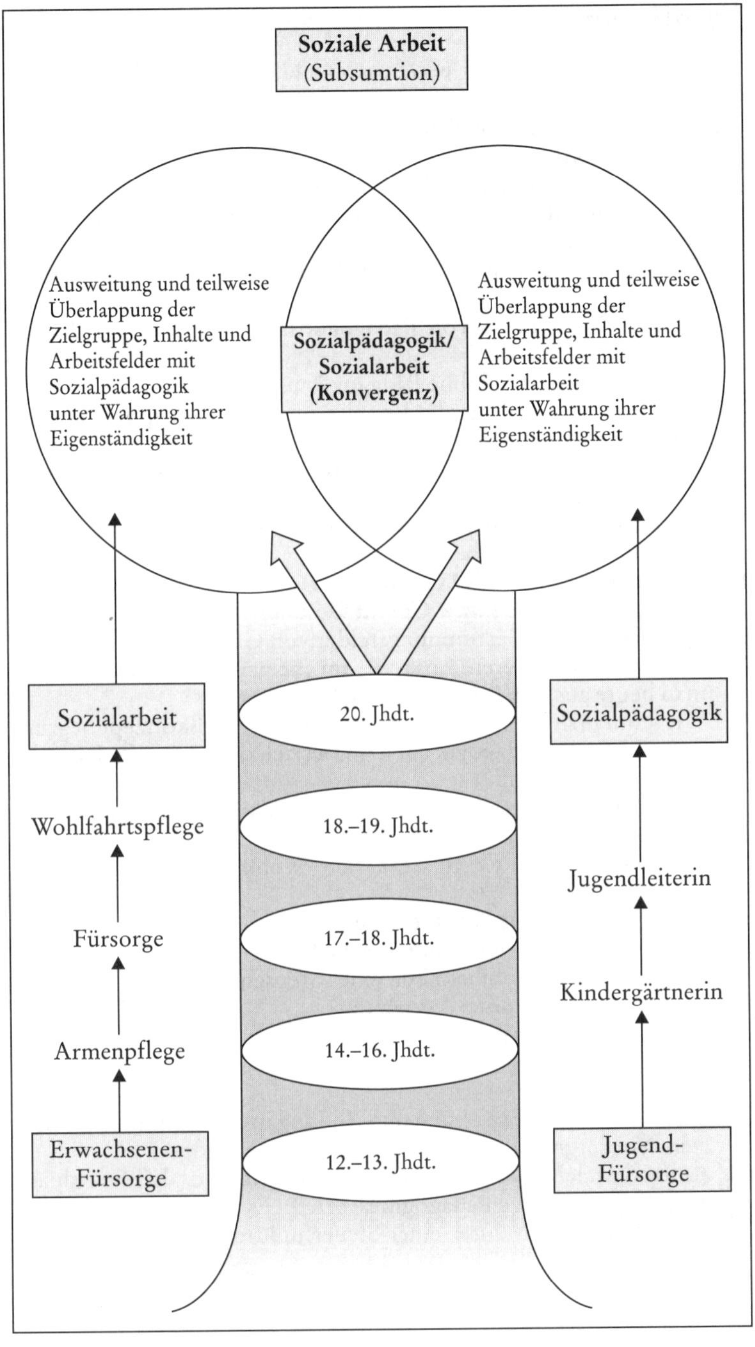
Soziale Arbeit
(Subsumtion)
Ausweitung und teilweise Überlappung der Zielgruppe, Inhalte und Arbeitsfelder mit Sozialpädagogik unter Wahrung ihrer Eigenständigkeit
Sozialpädagogik/
Sozialarbeit
(Konvergenz)
Ausweitung und teilweise Überlappung der Zielgruppe, Inhalte und Arbeitsfelder mit Sozialarbeit unter Wahrung ihrer Eigenständigkeit
Sozialarbeit
20. Jhdt.
Sozialpädagogik
Wohlfahrtspflege
18.–19. Jhdt.
Jugendleiterin
Fürsorge
17.–18. Jhdt.
Kindergärtnerin
Armenpflege
14.–16. Jhdt.
Erwachsenen-Fürsorge
12.–13. Jhdt.
Jugend-Fürsorge

L

Lernfragen

1. Wie kann man Sozialarbeit aus geschichtlicher Sicht umschreiben?
2. Wie kann man Sozialpädagogik aus geschichtlicher Sicht umschreiben?
3. Warum wehrte sich Sozialarbeit gegen eine Pädagogisierung?
4. Welche Begriffe übernahm Sozialarbeit aus der Medizin bzw. Rechtssprechung?
5. Was kann man kritisch gegen die Übernahme dieser Begriffe einwenden?
6. Welches Verständnis von Pädagogik lag der ›alten‹ Sozialarbeit zugrunde?
7. Kommt Sozialarbeit ohne Pädagogik aus?
8. Was versteht man unter der Erweiterung der Zielgruppe von Sozialpädagogik?
9. Was versteht man unter der Erweiterung der Aufgaben von Sozialpädagogik?
10. Hat sich aus geschichtlicher Sicht Sozialpädagogik schon sehr früh mit Gesundheit befaßt?
11. Wie definiert die WHO Gesundheit?
12. Wie definiert die *Ottawa Charta* Gesundheit?
13. Welches sind die Bestimmungsfelder von Gesundheit?
14. Von welchen neueren Ansätzen im medizinischen Bereich geht man heute aus, um Gesundheit zu bestimmen?
15. Wie kann man im Zusammenhang mit dem Streßkonzept begründen, daß Sozialpädagogik auch im Bereich der Gesundheitsförderung aktiv sein muß?
16. In welche drei Bereiche kann man Interventionen unterteilen?
17. Was versteht *Becker* unter Wohlbefinden?
18. Aus welchen Faktoren setzt sich Wohlbefinden nach *Dann* zusammen?
19. Wie versteht *Grupe* Wohlbefinden?
20. Welche Aufgaben übernimmt Sozialpädagogik in bezug auf die Förderung von Wohlbefinden eines Menschen?
21. Was versteht man unter Erziehung?
22. Was unter Sozialisation?
23. Was unter Bildung?
24. Was unter Lernen?
25. Was steht bei der Erziehung und Bildung in der Familie und Schule im Vordergrund und was bei der Sozialpädagogik?
26. Anhand welcher Aspekte kann man begründen, daß Sozialpädagogik eine positive Pädagogik ist?
27. Was versteht man unter einer Steuerfunktion der Sozialpädagogik?
28. Worin sind die Gründe für die Unklarheit des Begriffs ›Sozialpädagogik‹ zu sehen?

29. Was besagt die Divergenz-These?
30. Was besagt die Subordinations-These?
31. Was besagt die Substitutions-These?
32. Was besagt die Identitäts-These?
33. Was besagt die Alternativ-These?
34. Was besagt die Konvergenz-These?
35. Was besagt die Subsumtions-These?
36. Welche der Thesen findet heute in der Literatur die meiste Anerkennung?
37. Was besagt die Schrägstrich-Notation?
38. Bestätigen die Ergebnisse der Stellenausschreibungen die Identitäts-These?
39. Für welchen Bereich sollte man den Begriff ›Sozialwesen‹ verwenden?
40. Welche Lösung wird mit dem Begriff ›Soziale Arbeit‹ angestrebt?
41. Wie kann man abschließend das Verhältnis von Sozialpädagogik und Sozialarbeit umschreiben?

Weiterführende Literatur

Mühlum, Albert: Sozialpädagogik und Sozialarbeit. Hrsg.: Deutscher Verein für Sozialpädagogik und private Fürsorge. Frankfurt: Eigenverlag 1981.

Anmerkungen

1. Vgl. *Pfaffenberger, H.:* Das Theorie- und Methodenproblem der sozialpädagogischen und sozialen Arbeit. In: *Röhrs, H.* (Hrsg.): Die Sozialpädagogik und ihre Theorie. Frankfurt: Akademische Verlagsgesellschaft 1968, S. 43.
2. *Mühlum, A.:* Sozialpädagogik und Sozialarbeit. Hrsg.: Deutscher Verein für Sozialpädagogik und private Fürsorge. Frankfurt: Eigenverlag 1981, S. 64.
3. Vgl. ebenda, S. 33.
4. Ebenda, S. 32.
5. Vgl. ebenda, S. 130.
6. *Mühlum:* Sozialpädagogik . . ., ebenda, S. 59–134, bes. S. 64, 94, 133.
7. *Iben, G.:* Die Sozialpädagogik und ihre Theorie. In: Zeitschrift für Pädagogik 4/1969, S. 393.
8. *Tuggener, H.:* Der Klient – Versuch über den Bedeutungswandel eines Begriffs. In: *Staub-Bernasconi, S.* u. a. (Hrsg.): Theorie und Praxis der Sozialen Arbeit. Bern: Haupt Verlag 1983, S. 39–57, 70–71.
9. Vgl. ebenda, S. 71.
10. Vgl. ebenda, S. 72.

11. Vgl. *Gehrmann, G./Müller, K. D.:* Quo vadis Sozialarbeit? Weinheim: Beltz Verlag 1981, S. 49.
12. Vgl. *Lüssi, P.:* Systemische Sozialarbeit. Bern: Haupt Verlag 1992, S. 45.
13. *Tuggener:* Der Klient . . ., ebenda, S. 52–54.
14. Vgl. *Oppl, H./Weber-Falkensammler, H.* (Hrsg.): Ganzheitliche Arbeit im Gesundheitswesen. Band 3. Frankfurt: Diesterweg Verlag 1986, S. 11.
15. Vgl. *Hollstein, W./Meinhold, M.* (Hrsg.): Sozialpädagogische Modelle. Frankfurt: Campus Verlag 1977, S. 33.
16. *Iben:* Die Sozialpädagogik . . ., ebenda, S. 382.
17. *Mollenhauer, K.* (Hrsg.): Zur Bestimmung von Sozialpädagogik und Sozialarbeit in der Gegenwart. Weinheim: Beltz Verlag 1966, S. 43.
18. Vgl. *Konrad, F.-M.:* Sozialarbeit und Pädagogik. In: Soziale Arbeit 6/1993, S. 183.
19. Ebenda, S. 185.
20. Ebenda, S. 185.
21. Ebenda, S. 189.
22. *Mollenhauer:* Zur Bestimmung . . ., ebenda, S. 44.
23. *Sachße, Ch.:* Die Pädagogisierung der Gesellschaft und die Professionalisierung der Sozialarbeit. In: *Müller, S.* u. a. (Hrsg.): Handlungskompetenz in der Sozialarbeit/Sozialpädagogik II. Bielefeld: AJZ Druck & Verlag 1984, S. 284–286.
24. *Thiersch, H./Rauschenbach, Th.:* Sozialpädagogik/Sozialarbeit: Theorie und Entwicklung. In: *Eyferth, H./Otto. H.-U./Thiersch, H.* (Hrsg.): Handbuch zur Sozialarbeit/Sozialpädagogik. Neuwied: Luchterhand Verlag 1987, S. 998–999.
25. *Lüders, Ch./Winkler, M.:* Sozialpädagogik – auf dem Weg zu ihrer Normalität. In: Zeitschrift für Pädagogik 3/1992, S. 363–364.
26. Ebenda, S. 364.
27. *Böhnisch, L.:* Der Sozialstaat und seine Pädagogik. Neuwied: Luchterhand Verlag 1982, S. 23.
28. Vgl. ebenda, S. 24.
29. Vgl. *Klüsche, W.:* Professionelle Helfer – Anforderungen und Selbstdeutungen. Aachen: Kersting Verlag 1990, S. 49.
30. Vgl. ebenda, S. 51.
31. *Windisch, M.* u. a.: Beschäftigungssituation und Perspektiven von Sozialarbeitern und Sozialpädagogen. In: Neue Praxis 1/1989, S. 45.
32. Ebenda, S. 45.
33. *Erler, M.:* Soziale Arbeit. Weinheim: Juventa Verlag 1993, S. 127.
34. Vgl. *Kühn, D.:* Jugendamt – Sozialamt – Gesundheitsamt. Neuwied: Luchterhand Verlag 1994.
35. *Hurrelmann, K.:* Familienstreß, Schulstreß, Freizeitstreß. Weinheim: Beltz Verlag 1990, S. 61.
36. Vgl. *Becker, P.:* Theoretische Grundlagen. In: *Abele, A./Becker, P.* (Hrsg.): Wohlbefinden. Weinheim: Juventa Verlag 1991, S. 16.
37. *Hurrelmann:* Familienstreß . . ., ebenda, S. 184.
38. Ebenda, S. 31.
39. Ebenda, S. 62.
40. Vgl. ebenda, S. 63.
41. Ebenda, S. 67.

42. Ebenda, S. 10–11.
43. Vgl. ebenda, S. 189–190.
44. Ebenda, S. 181.
45. Vgl. ebenda, S. 182.
46. Ebenda, S. 181–183.
47. Vgl. *Becker:* Theoretische Grundlagen. Ebenda, S. 13–49.
48. Vgl. *Mayring, Ph.:* Die Erfassung subjektiven Wohlergehens. In: *Abele, A./Becker, P.* (Hrsg.): Wohlbefinden. Weinheim: Juventa Verlag 1991, S. 51–70.
49. Vgl. *Becker:* Theoretische Grundlagen. Ebenda, S. 13.
50. Vgl. ebenda, S. 14.
51. Vgl. ebenda, S. 43.
52. Vgl. *Dann, H.-D.:* Subjektive Theorien zum Wohlbefinden. In: *Abele, A./Becker, P.* (Hrsg.): Wohlbefinden. Weinheim: Juventa Verlag 1991, S. 113.
53. Vgl. *Grupe, O.:* Bewegung, Spiel und Leistung im Sport. Schorndorf: Hofmann Verlag 1982, S. 194.
54. Ebenda, S. 197.
55. Ebenda, S. 199.
56. Vgl. *Schilling, J.:* Didaktik/Methodik der Sozialpädagogik. Neuwied: Luchterhand Verlag 1993, S. 130–132.
57. Vgl. *Grupe:* Bewegung . . ., ebenda, S. 198–199, 200.
58. *Hurrelmann:* Familienstreß . . ., ebenda, S. 185.
59. *Giesecke, H.:* Einführung in die Pädagogik. Weinheim: Juventa Verlag 1990, S. 74.
60. *Brezinka.* In: *Giesecke:* Einführung . . ., ebenda, S. 68.
61. Vgl. Wörterbuch der Pädagogik. Freiburg: Herder Verlag 1977, S. 325–332.
62. Vgl. *Giesecke:* Einführung . . ., ebenda, S. 91.
63. Ebenda, S. 48.
64. *Roth, H.:* Pädagogische Psychologie des Lehrens und Lernens. Hannover: Schroedel Verlag 1973, S. 188.
65. Vgl. *Schmidt, H.-L.:* Theorien der Sozialpädagogik. Rheinstetten: Schindele Verlag 1981, S. 279.
66. *Müller, C. W.* (Hrsg.): Einführung in die Soziale Arbeit. Weinheim: Seltz Verlag 1985, S. 14.
67. *Mollenhauer, K.:* Die Ursprünge der Sozialpädagogik in der industriellen Gesellschaft. Weinheim: Beltz Verlag 1959 (1987), S. 130.
68. *Nahrstedt, W.:* Freizeitpädagogik in der nachindustriellen Gesellschaft (1). Neuwied: Luchterhand Verlag 1974, S. 87.
69. *Mollenhauer:* Die Ursprünge . . ., ebenda, S. 124.
70. *Olk, Th./Otto, H.-U.* (Hrsg.): Soziale Dienste im Wandel (1). Neuwied: Luchterhand Verlag 1987, S. 175.
71. *Oppl, H./Tomaschek, A.:* Soziale Arbeit 2000. Freiburg: Lambertus Verlag 1986, S. 100.
72. *Wendt, W. R.* (Hrsg.): Sozial und wissenschaftlich arbeiten. Freiburg: Lambertus Verlag 1994, S. 16.
73. *Pankoke, E.:* Sozialarbeit im Schatten von Modernisierungskrisen. In: *Oppl, H./Tomaschek, A.* (Hrsg.): Soziale Arbeit 2000. Band 2. Freiburg: Lambertus Verlag 1986, S. 37.
74. Vgl. *Mollenhauer, K.:* Die Ursprünge . . ., ebenda, S. 130 ff.; *Giesecke, H.:* Wozu noch Jugendarbeit? In: deutsche jugend 10/1984, S. 447.

75. Vgl. *Nahrstedt, W.:* Freizeitberatung. Göttingen: Vandenhoeck & Ruprecht Verlag 1975, S. 31.
76. *Nahrstedt, W.:* Die Bedeutung der Freizeitpädagogik für die Sozialpädagogik. In: Wollenweber, H. (Hrsg.): Sozialpädagogik in Wissenschaft und Unterricht. Paderborn: Schöningh Verlag 1978, S. 70.
77. *Böhnisch:* Der Sozialstaat ..., ebenda, S. 21, 24, 26.
78. *Marburger:* Entwicklung ..., ebenda, S. 149.
79. *Lowy, L.:* Sozialarbeit/Sozialpädagogik als Wissenschaft im angloamerikanischen und deutschsprachigen Raum. Freiburg: Lambertus Verlag 1983, S. 18.
80. *Mollenhauer:* Zur Bestimmung ..., ebenda, S. 32.
81. *Mühlum:* Sozialpädagogik ..., ebenda, S. 19.
82. *Lattke, H.:* Sozialpädagogische Gruppenarbeit. Freiburg: Lambertus Verlag 1962, S. 47.
83. *Kronen, H.:* Sozialpädagogik. In: *Herchen, H.-A.* (Hrsg.): Aspekte der Sozialpädagogik. Frankfurt: Haag + Herchen Verlag 1983, S. 96, 101.
84. *Lüssi:* Systemische Sozialarbeit. Ebenda, S. 50–51.
85. *Konrad:* Sozialarbeit ..., ebenda, S. 189.
86. *Iben:* Die Sozialpädagogik ..., ebenda, S. 394.
87. *Rössner:* Theorie ..., ebenda, S. 122.
88. *Rohde, B.:* Sozialpädagogische Hochschulausbildung. Frankfurt: Lang Verlag 1989, S. 14.
89. *Böhnisch:* Der Sozialstaat ..., ebenda, S. 5.
90. *Tuggener, H.:* Social work. Weinheim: Beltz Verlag 1971, S. 21.
91. Vgl. *Furrer, M.:* Stichworte zum Verhältnis von Sozialpädagogik und Sozialarbeit heute. In: *Cassee, P.* u. a. (Hrsg.): Betrifft: Sozialpädaqogik in der Schweiz. Bern: Haupt Verlag 1984, S. 95.
92. *Gehrmann/Müller:* Quo vadis ..., ebenda, S. 48.
93. *Böhnisch:* Der Sozialstaat ..., ebenda, S. 5.
94. *Lowy:* Sozialarbeit ..., ebenda, S. 19.
95. *Buddrus. V.:* Sozialpädagogische, alltägliche und sozialwissenschaftliche Anteile von Handlungskompetenz. In: *Müller, S.* u. a. (Hrsg.): Handlungskompetenz in der Sozialarbeit/Sozialpädagogik II. Bielefeld: AJZ Verlag 1984, S. 184.
96. *Schmitz, M.:* Funktionsbestimmung der Sozialarbeit und die Moderne. Bielefeld: Kleine Verlag 1984, Fußnote.
97. *Trabandt, H./Werr, R.:* Prävention in der Sozialen Arbeit. Opladen: Westdeutscher Verlag 1989.
98. *Haupt, B./Kraimer, K.:* Die Heimatlosigkeit der Sozialarbeit/Sozialpädagogik. In: Pädagogische Rundschau 2/1991, S. 193.
99. *Vahsen, F.* (Hg.): Paradigmenwechsel in der Sozialpädagogik. Bielefeld: Böllert-KT Verlag 1992, S. 7.
100. Vgl. *Mühlum:* Sozialpädagogik ..., ebenda, S. 37.
101. Vgl. *Beugen, M. van:* Agogische Intervention: Planung und Strategie. Freiburg: Lambertus Verlag 1972.
102. *Böttcher:* Sozialpädagogik ..., ebenda, S. 29.
103. Vgl. *Tuggener:* Social work. Ebenda, S. 154.
104. *Mühlum:* Sozialpädagogik ..., ebenda, S. 44.
105. Ebenda, S. 47.
106. *Wilhelm, Th.:* Zum Begriff der Sozialpädagogik. In: *Mollenhauer, K.*

(Hrsg.): Zur Bestimmung von Sozialpädagogik und Sozialarbeit in der Gegenwart. Weinheim: Beltz Verlag 1966, S. 24, 27–28, 30.
107. *Mollenhauer:* Zur Bestimmung . . ., ebenda, S. 38.
108. *Danckwerts, D.:* Zur Theorie der Sozialarbeit und Sozialpädagogik. In: *Kerkhoff, E.* (Hrsg.): Handbuch Praxis der Sozialarbeit und Sozialpädagogik. Band 1. Düsseldorf: Schwann Verlag 1981, S. 36.
109. *Liening, H.:* »Sozialpädagogik« – ein verbrauchter Begriff. In: Pädagogische Rundschau 11/1975, S. 904.
110. *Winkler, M.:* Eine Theorie der Sozialpädagogik. Stuttgart: Klett Verlag 1988, S. 100–101.
111. *Friedländer, W./Pfaffenberger, H.:* Grundbegriffe und Methoden der Sozialarbeit. Neuwied: Luchterhand Verlag 1966, S. XXXI.
112. *Pfaffenberger, H.:* Plädoyer zur Errichtung eines wissenschaftlichen Studienganges Sozialwesen. In: Caritas 4/1993, S. 156.
113. Vgl. *Mollenhauer:* Zur Bestimmung . . ., ebenda, S. 32–45.
114. Vgl. *Tuggener:* Sozialwork. Ebenda, S. 24–25, 149–154.
115. Vgl. z. B. *Trabant/Werr:* Prävention . . .: »›Sozialarbeit‹ und ›Sozialpädagogik‹ (auch ›soziale Arbeit‹) werden hier und im folgenden synonym benutzt; vgl. zur Begriffsdebatte A. Mühlum«, S. 93.
116. *Engelke, E.:* Soziale Arbeit als Wissenschaft. Freiburg: Lambertus Verlag 1993, S. 114.
117. *Pfaffenberger:* Plädoyer . . ., ebenda, S. 157.
118. *Engelke:* Soziale Arbeit . . ., ebenda, S. 115
119. *Mühlum:* Sozialpädagogik . . ., ebenda, S. 318.
120. Ebenda, S. 319, 322.
121. Engelke: Soziale Arbeit . . ., ebenda, S. 115.
122. *Pfaffenberger, H.:* Diplom Sozialpädagoge/Diplom Sozialpädagogin. Diplom Sozialarbeiter/Diplom Sozialarbeiterin. Blätter der Berufskunde. Band 2. Hg. Bundesanstalt für Arbeit. Nürnberg 1986, S. 6.
123. *Engelke:* Soziale Arbeit . . ., ebenda, S. 118.
124. *Kraimer, K.:* Die Rückgewinnung des Pädagogischen. Weinheim: Juventa Verlag 1994, S. 11.

4 Theorie-Modelle

Werbung

Sie sind der Meinung,
Sozialpädagogen
können lediglich **Kaffee** trinken,
Wollsocken stricken und
unnütze **Diskussionen** führen?

Dieses allgemeine Bild des Sozialpädagogen ist längst **überholt!** **Sozialpädagogen** von heute sind flexible, selbständige, eigenverantwortliche Mitarbeiter, die durch Kreativität und Teamgeist bestechen. Durch ihre umfangreiche Ausbildung sind sie in der Lage, ihr kritisches Weltbild global für die Hilfsbereitschaft anderer Menschen umzusetzen.

4.1 Theorievielfalt und -wirrwarr

Im ersten und zweiten Kapitel wurde Sozialarbeit und Sozialpädagogik in ihrer geschichtlichen Entwicklung vor allem aus der Sicht der Praxis und ihrer Konzepte beschrieben. Zusammengeführt wurden die beiden Entwicklungslinien im dritten Kapitel, in dem es um das Verhältnis von Sozialpädagogik und Sozialarbeit zueinander ging.
Hier geht es darum, Sozialpädagogik aus der Sicht einiger theoretischer Ansätze zu erklären und inhaltlich zu begründen. Dabei sind zwei Theorie-Blöcke zu unterscheiden:

- **Klassische Theorie-Modelle:** Hierzu gehören Klassiker wie *Mager, Diesterweg, Natorp, Nohl, Bäumer* und *Mollenhauer, Giesecke.* Sie versuchen zu erklären, was Sozialpädagogik ist und welchen Stellenwert sie in der Gesellschaft und Erziehung einnimmt.
- **Neuere Theorie-Modelle:** Vertreter sind u. a. *Thiersch, Winkler, Engelke, Staub-Bernasconi u. a.* Ihnen geht es nicht um den Nachweis, was Sozialpädagogik ist, vielmehr gehen sie bereits von der Klärung dieser Frage aus und versuchen inhaltlich zu erarbeiten, welche Aufgaben und welcher Theorieansatz ihr gemäß ist und wie sich Sozialpädagogik als wissenschaftliche Disziplin etablieren kann.

In den letzten 10 Jahren kann man eine rege Entwicklung in der theoretischen Reflektion der Sozialpädagogik feststellen. Es wurden eine Reihe theoretischer Modelle entwickelt. Sie alle im einzelnen hier darzustellen, würde zu weit führen. Deshalb treffe ich eine Auswahl.
Von den Klassikern, man müßte bei *Pestalozzi* und *Schleiermacher* beginnen, werde ich nur die theoretischen Ansätze von *Nohl,* Bäumer, *Mollenhauer* und Giesecke darstellen, auf Ansätze z. B. von *Willmann, Tews, Fischer, Kerschensteiner, Rissmann, Rein, Mager, Diesterweg, Natorp u. a.* möchte ich nicht näher eingehen. Auch von den neueren theoretischen Modellen (nach 1970/80) greife ich ebenfalls nur zwei – allerdings einflußreiche und z. Z. in der Literatur häufig diskutierte – Ansätze heraus. Theoriefragmente wie das historisch-materialistische Modell, kritisch-rationale Modell, Life-Model, sozio-ökologische Modell, Lebenslage-Modell, Netzwerk-Modell, Situations-Modell u. a. kann ich hier nicht berücksichtigen.

•

> *Zetterberg* beschreibt die Erwartung unseres Jahrhunderts an die Wissenschaft sehr anschaulich: »Eine der ansprechendsten Ideen unseres Jahrhunderts ist die Vorstellung, daß die Wissenschaft zur Lösung sozialer Probleme herangezogen werden kann. Wenn die Physik des 18. Jahrhunderts uns den modernen Ingenieur gab und die Biologie des 19. Jahrhunderts den modernen Arzt, so träumt die Sozialwissenschaft des 20. Jahrhunderts davon, der Menschheit den Sozialpraktiker geben zu können, der sich in wissenschaftlicher Weise mit den sozialen Problemen befaßt.«[1*]

Diese Erwartung hat sich jedoch bis heute noch nicht erfüllt. Einige Autoren bezweifeln, ob eine inhaltlich geschlossene sozialpädagogische Theorie überhaupt möglich ist; andere beklagen, daß der Stand der Theoriediskussion unbefriedigend ist, in vielfältige, miteinander wenig korrespondierende Fragerichtungen zersplittert, unüberschaubar und okkupiert durch nicht immer ergiebige Prioritäten. Andere sprechen von einem »Theorie-Dilemma«[2] und »Theoriewirrwarr«[3] und konstatieren »lediglich erste Ansätze«[4], »Suchbewegungen«[5], Sozialpädagogik und Sozialarbeit als Wissenschaft zu begründen.
Staub-Bernasconi beschreibt die Situation so: »Im deutschsprachigen Raum sitzt sie immer noch – und dies seit bald 100 Jahren – im Wartesaal von Academia, dieweil Disziplinen wie Touristikwissenschaft, Filmwissenschaft, Sport- und Bewegungswissenschaften, Polizei-, Pflege- und jüngst sogar Rockmusikwissenschaft ... inzwischen akademische Dignität erlangt haben.«[6]
Optimistischer dagegen sieht *Engelke* die Entwicklung zu einer Theorie der Sozialen Arbeit. »Zurück kann man auch nicht mehr hinter die Tatsache, daß es in der und für die Soziale Arbeit inzwischen eine große Fülle von Ansätzen, Konzepten, Modellen und Theorien gibt. Das von der Sozialen Arbeit als Wissenschaft hervorgebrachte Theorie-Ensemble ist bunt, vielgestaltig und mehrschichtig, wie das Handlungsfeld der Sozialen Arbeit selbst.«[7] Nach *Engelke* verfügt Soziale Arbeit als Wissenschaft über eine beachtliche Anzahl von Theoriefragmenten und Theorien. Das Material ist umfangreicher, als vermutet oder beklagt wird.[8] Häufig ist der Begriff ›Theorie‹ vielfach nicht angebracht, deshalb schlägt *Engelke* auch vor, besser von Theoriefragmenten zu sprechen. »Fragmente sind unvollständige Werke, Bruchstücke eines Ganzen. Theoriefragmente sind keine vollständigen wissenschaftlichen Theorien.«[9]
»Die vielen Fragmente resultieren zum Teil aus der in der Sozialen Arbeit – wie in anderen Wissenschaften auch – verbreiteten Mode, möglichst eigene Theorien zu entwerfen und als neue Theorien zu propagieren. Die Ansprüche eigen und neu verraten in der Regel nur

---

* Anmerkungen s. S. 247

mangelnde Literaturkenntnisse und eine geringe Bereitschaft der AutorInnen, sich mit den Gedanken anderer Menschen zu befassen.«[10] Unterschiedlich werden die Theoriefragmente in der Literatur klassifiziert:

- *Marburger, Helga* (1979): Sie nennt drei Positionen:[11]

- kritisch-rationalistische Position *(Rössner)*
- kritisch-emanzipatorische Position *(Mollenhauer, Giesecke)*
- historisch-materialistische Position *(Khella, Hollstein, Meinhold,* u. a.)

- *Schmidt, Hans-L.* (1981): Er faßt die Theorieentwürfe in fünf Kategorien:[12]

- transzendental-philosophischer Ansatz
- geisteswissenschaftlich-hermeneutischer Ansatz
- kritisch-rationaler Ansatz
- dialektisch-kritischer Ansatz
- marxistischer Ansatz

- *Mühlum, Albert* (1986): Auch er zählt in seiner Systematik drei Theorieansätze:[13]

- sozialintegrativ
- kritisch-emanzipatorisch
- systemverändernd

- *Engelke, Ernst* (1992): Er nennt vier Schulen der Theoriebildung (und Theorien) in der Sozialen Arbeit:[14]

- technologisch-normalisierend ausgerichtete Schule
- hermeneutisch-alltagsorientiert ausgerichtete Schule
- ökosozial-managend ausgerichtete Schule
- prozessual-systemisch ausgerichtete Schule

Das Zueinander der einzelnen Schulen und ihre Bedeutung kritisiert *Engelke* recht hart.

»Schaut man sich die Publikationen der Protagonisten an, so fällt auf, daß sie einander nicht nur oder wenig beachten. *Lutz Rössner* beklagt zwar ein häufig anzutreffendes Reviersicherungsverhalten einzelner Ressortvertreter, sichert sein eigenes Revier aber bis heute ebenfalls ab und erwähnt die anderen AutorInnen in seinen Publikationen nicht. *Hans Thiersch* verhält sich genauso wie *Rössner;* für die Theorien von *Rössner, Wendt* oder *Staub-Bernasconi* hat er keinen Platz übrig ... *Wendt* ... berücksichtigt ... weder die Arbeiten von *Rössner* noch von *Thiersch.*«[15]

•

Das Nebeneinander verschiedener Theoriefragmente, ihre Vielfalt und Differenziertheit des Wirklichen, der Menschen wie der Gesellschaft und ihrer Problematiken kann man nicht mit der Kategorie »richtig« oder »falsch« beurteilen, sondern es gibt nur das richtige Gespräch aller Ansätze untereinander. »Es ist ein menschliches Problem, wenn man sich (s)einen Ansatz zur ganzen Weisheit macht. Theoretisch richtig und praxistauglich kann ein neuer Ansatz sein, ohne daß alle anderen, früheren Ansätze dadurch falsch und untauglich sein oder werden müssen. Die Idee der Koexistenz, Interaktion und Komplementarität von Theorien wird von SozialwissenschaftlerInnen immer wieder gefordert, aber äußerst selten gelebt.«[16]

4.2 Sozialpädagogik nach *Herman Nohl* (1879–1960)

?

Aufgabe
Lesen Sie bitte folgenden Text, der 1928 geschrieben wurde, und fragen Sie sich, inwieweit er heute noch aktuell sein könnte.
»Es muß aber immer erst ein Unglück passiert sein, das die Jugendhilfe danach wieder gutzumachen sucht. Hier liegt meines Erachtens der schwere Konstruktionsfehler im Aufbau der ganzen Arbeit. Worauf alles ankäme, wäre: der Arbeit der Jugendhilfe eine positive Wende zu geben, die das Jugendamt zu einem selbständigen Organ der Volkserziehung machte, dessen große Aufgaben natürlich auch das Heilen aufgebrochener Schäden wäre, dessen vorausgehende, primäre Leistung aber eine aufbauende Arbeit an unserer Jugend ... ist.«

Herman Nohl und seine ehemalige Schülerin, *Gertrud Bäumer*, haben sich um eine gemeinsame theoretische Basis der Jugendfürsorge und Jugendpflege bemüht. *Nohl* selbst hat keine Definition von Sozialpädagogik gegeben, sondern *Bäumer* eine in seinem Sinne und für heute weitestgehend noch gebräuchliche Definition. Insofern möchte ich hier zunächst den theoretischen Ansatz von *Nohl* darlegen und in Ergänzung dazu anschließend die weiterführenden Überlegungen von *Bäumer* folgen lassen.
Herman Nohl ist der erste Ordinarius für Pädagogik in Preußen (1920) und, wie er gerne betont, der Nachfolger *Herbarts* in Göttingen. Da *Nohl* selbst keine Definitionen von Sozialpädagogik gibt, kann man aus seinen Ausführungen nur schließen, daß Sozialpädago-

gik mit der Jugendwohlfahrtspflege identisch ist und die sozialpädagogischen Bemühungen im wesentlichen auf das Kinder- und Jugendalter beschränkt sind. Nach Überlegungen von *Wollenweber* führt der unklare Gebrauch des Terminus Sozialpädagogik zu Mißverständnissen. Sozialpädagogik wird von *Nohl* verschiedentlich als ein Bereich bestimmt, der gleichwertig neben dem der Normalpädagogik mit seinen Ausprägungen als Schulpädagogik, Familienpädagogik, Berufspädagogik usw. steht. *Nohl* schreibt:

»Immer deutlicher erkennt auch die Theorie der Pädagogik, die bisher nur Schulpädagogik war, die riesige Ausdehnung ihres Arbeitsfeldes, beginnend mit der Säuglingsfürsorge und Müttererziehung über Kindergarten, Hort und Warteschulen zu dem großen Schulsystem in all seinen Verzweigungen als zu einer großen Einheit, zu Jugendpflege als Pädagogik der Schulentlassenen, Fürsorgeerziehung und Gefangenenerziehung, die auch die normale, die physisch oder moralisch kranke Jugend aufnimmt und endlich zu Universität, Volkshochschule und Elternschule, die die Erwachsenen noch erfassen und den pädagogischen Geist in jede Familie und alle Organisationen beruflichen Lebens tragen wollen.«[17]

Ausgangspunkt der Überlegungen von *Nohl* und *Bäumer* waren der gesetzliche Hintergrund des Reichsjugendwohlfahrtsgesetzes (RJWG) von 1922 und das Jugendgerichtsgesetz (JGG) von 1923, die sie entscheidend mitgeprägt haben. Es galt nun, die öffentliche Erziehungsfürsorge durch ein theoretisches Modell abzusichern und zu begründen. So versteht *Nohl* auch die Sozialpädagogik als Theorie und Praxis der Jugendhilfe.

Seinen theoretischen Ansatz einer Sozialpädagogik findet *Nohl,* Wortführer der Sozialpädagogischen Bewegung der Weimarer Zeit, in der konkreten Notsituation der Jugend. Sie befand sich in einer sittlichen, körperlichen und sozialen Not, »wie sie im Laufe des 19. Jahrhunderts durch die Entwicklung der Industrie, der Großstädte, der Arbeits- und Wohnverhältnisse, aber auch der allgemeinen Aufklärung über die Völker hereingebrochen ist: die Auflösung aller Bindungen, die den einzelnen Menschen halten, ohne die er ins Bodenlose fällt, und die sich daraus ergebende Wertlosigkeit des Menschen.«[18]

Deshalb richtet sich die Sozialpädagogik darauf, »wie in dieser gesellschaftlichen Situation die natürlichen Haltepunkte in Familie, Betrieb und Öffentlichkeit gefestigt und durch ergänzende sozialerzieherische Hilfen wie Horte, Heime, Beratungsstellen gesichert werden können.«[19]

Von dieser konkreten Situation und Praxis einer Sozialpädagogik ging *Nohl* aus und versuchte, Gesetzmäßigkeiten zu finden, um den Sozialpädagogen darüber aufzuklären, wie die Not entstanden ist und was er daraus für die Praxis für Konsequenzen zu ziehen hat.

Die wichtigsten Aspekte seiner Theorie sind:

4.2.1 Geistige Energien

•

> Die ›geistigen Energien‹ liefern den Bezugsrahmen seiner Theorie. »Eine geistige Bewegung wie die Jugendwohlfahrtsarbeit entspringt nicht wie ein Bergquell aus der freien Fülle, einem Überfluß des Herzens, sondern ist das Schicksal einer Not. Diese Not in ihrer ganzen konkreten grausamen Gestalt diktiert auch die Züge der geistigen Gegenwirkung, die sie überwinden soll ... So vielseitig die Not ist, so viele Gegenkräfte wird sie aus dem System des Lebens wachrufen.«[20]

Von diesen Überlegungen ausgehend analysiert *Nohl* fünf wirksame Energien, die versucht haben, die entstandene allgemeine Not, speziell aber die Not Jugendlicher, zu erklären und ihr zu begegnen.

- *Erste geistige Energie:* Sozialismus der Arbeiterbewegung (1848): Diese Bewegung erklärt die Not vor dem Hintergrund des ökonomischen Verhältnisses und Klassenkampfes mit dem Ziel der klassenlosen Gesellschaft.

- *Zweite geistige Energie:* Innere Mission (1849): »Bewußt gegen den Sozialismus und aufgrund einer anderen Deutung der Ursache von Not, nämlich als Verwahrlosung bedingt durch Glaubenslosigkeit, Gottentfremdung, wobei die äußere Not ... letztlich doch nur ein Symptom dieses ›neuen Heldentums‹ ist, setzt die Innere Mission ... als Erziehungsziel die Wiedergeburt durch Seelsorge und freie Liebestätigkeit, eben Innere Mission.«[21] Wiederherstellung der christlichen Familie und einer christlichen Lebensordnung ist das Ziel.[22]

- *Dritte geistige Energie:* Frauenbewegung (um 1870): Die Frauenbewegung deutet die Not als verursacht durch den mangelhaften Einsatz der besonderen Kräfte und Fähigkeiten der Frau. Ziel muß es deshalb sein, den Einfluß der Frau als geistig-sittlichen Untergrund der Familie und damit der ganzen Gesellschaft wiederzugewinnen.[23]

- *Vierte geistige Energie:* Sozialpolitische Bewegung (ab 1870): Parallel zur Frauenbewegung, besonders von männlicher Seite getragen, entstand die sozialpolitische Bewegung, vertreten durch den Verein für Sozialpolitik, die Soziale Praxis sowie die evangelisch-sozialen Kongresse. »Sie mobilisierten den Staat, um gegen die Not der einzelnen Klasse, die sich nicht selber helfen kann, und gegen die Gefahr, die sich von ihr den anderen Klassen und der Gemeinschaft droht, eine soziale Gesetzgebung zu stellen: ›Schutz der Arbeitsverhältnisse, Fabrikgesetzgebung, Heimarbeiterschutz, Kampf gegen die Kinderarbeit, Arbeiterversicherung und soziale Medizin, Kampf gegen die Seuchen, die Säuglingssterblichkeit, die Gewerbekrankheiten, Unfall und Invalidität‹.«[24]

- *Fünfte geistige Energie:* Jugendbewegung (um 1900): Alle vier geistigen Gegenbewegungen hatten eine wesentliche gemeinsame Grenze: »Sie machten halt vor der geistigen Kultur dieses Bürgertums des 19. Jahrhunderts selbst, vor der Erkenntnis der letzten eigentlichen Ursache der Not am Wendepunkt zum 20. Jahrhundert, der Einsicht nämlich, daß unsere Kultur als Ganzes auch in ihrer geistigen Form in eine Krise getreten sei. Von dieser Erkenntnis her eine Gegenbewegung ins Leben gerufen und ihr auch pädagogischen Ausdruck verliehen zu haben, sieht *Nohl* allein als Verdienst der Volkshochschulbewegung, der pädagogischen Reformbewegung überhaupt, besonders aber der Jugendbewegung.
Die geistige Energie der Jugendbewegung ist somit die am tiefsten greifende, in der sozialen Arbeit den eigentlichen sozialpädagogischen Impuls erst ganz freilegende fünfte Kraft, die getragen ist vom Bewußtsein von der Not unserer Kultur, der die innere Bindung an ein Ideal fehlt und ein Wille, diese Not aus einem neuen Menschentum heraus zu beheben, dessen wesentlicher Zug ein neues Gemeinschaftsbewußtsein ist.«[25]

Schmidt stellt die fünf geistigen Energien oder auch Gegenbewegungen in einer Graphik anschaulich dar (S. 204).[26]

4.2.2 Individuum und Gemeinschaft

Nohl ist beeinflußt von der Reformpädagogik und des Neuhumanismus, dessen Ansatz das Individuum ist. Das Recht des Individuums auf sein eigenes Wohl gilt als vorrangiges Ziel und Aufgabe der Sozialpädagogik. Durch dieses Ziel ist auch das Besondere und die Autonomie der Sozialpädagogik gegenüber anderen gesellschaftlichen Mächten und Institutionen begründet. »Während Innere Mission dem hilfsbedürftigen Individuum die religiöse Zielsetzung aufoktroyiert, während die Staatspolitik zu einseitig die Reibungslosigkeit politischer Abläufe intendiert, vertritt die Sozialpädagogik das Recht des Individuums auf sein irdisches und eigenes Glück, auf sein eigenes Wohl.«[27]
Nohl formuliert dieses Anliegen:

»Dieser Genuß des Lebens und diese Entfaltung der Kräfte, die ein Leben lebenswert machen, ist aber ein absolut berechtigtes Moment der menschlichen Existenz.
Solche Befriedigung des Subjektes gehört allerdings in den Sinn des Lebens und keine Ethik oder Religion kann auf sie verzichten ... Die neue Einstellung der Wohlfahrtspflege ist die Anerkennung dieses Lebensrechtes jedes Individuums, zu seinem Wohlsein zu kommen. Sie tritt nicht bloß mit der Frage irgendwelcher objektiven Werte fordernd an das Individuum heran, sondern sieht sich zunächst dem armen hilflosen Ich gegenüber, das nach seinem Glück strebt, und bejaht die Berechtigung seiner Triebe, zu wohnen und zu essen, zu arbeiten und seine Muße zu haben, wie ein Mensch, sein Liebesverlangen wie sein Elternrecht, vor allem auch sein Recht, erzogen zu werden, um seiner selbst willen zur Entfaltung seiner Tüchtigkeit ... Aber wo ich mich pädago-

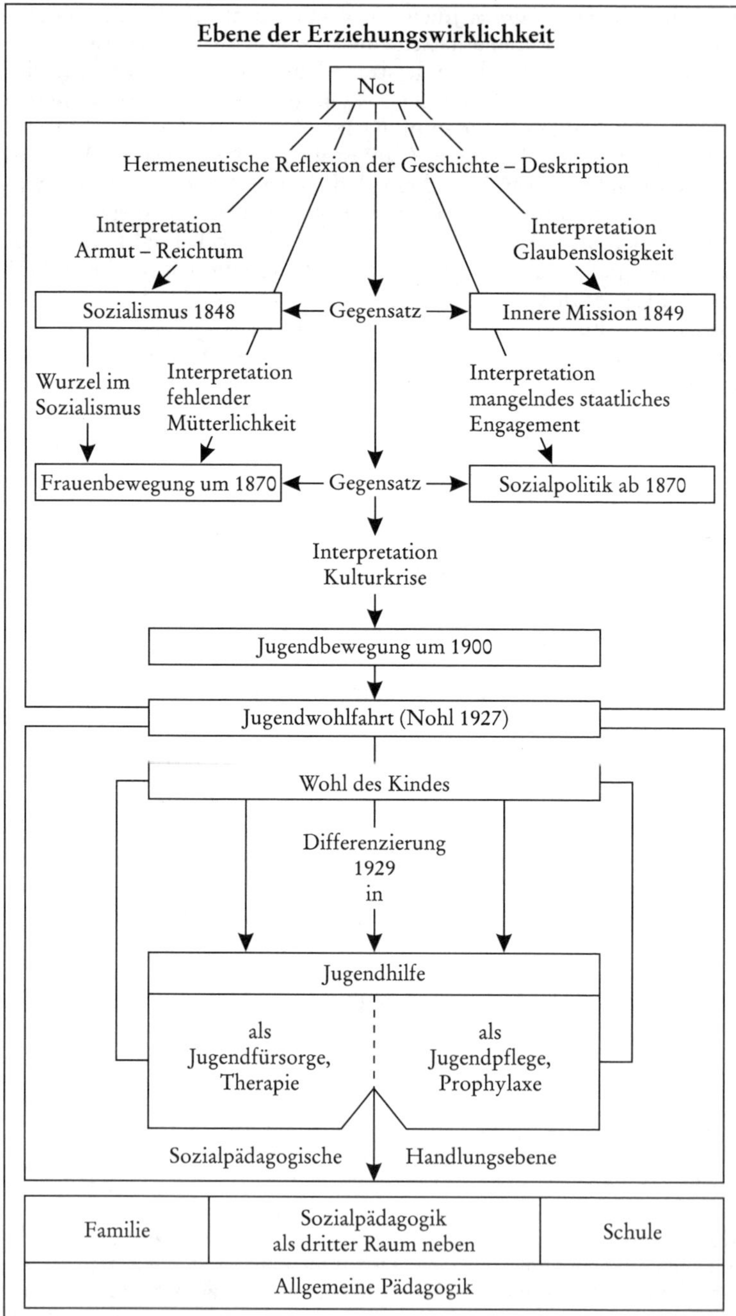
Ebene der Erziehungswirklichkeit
Not
Hermeneutische Reflexion der Geschichte – Deskription
Interpretation
Armut – Reichtum
Interpretation
Glaubenslosigkeit
Sozialismus 1848
Gegensatz
Innere Mission 1849
Wurzel im
Sozialismus
Interpretation
fehlender
Mütterlichkeit
Interpretation
mangelndes staatliches
Engagement
Frauenbewegung um 1870
Gegensatz
Sozialpolitik ab 1870
Interpretation
Kulturkrise
Jugendbewegung um 1900
Jugendwohlfahrt (Nohl 1927)
Wohl des Kindes
Differenzierung
1929
in
Jugendhilfe
als
Jugendfürsorge,
Therapie
als
Jugendpflege,
Prophylaxe
Sozialpädagogische
Handlungsebene
Familie
Sozialpädagogik
als dritter Raum neben
Schule
Allgemeine Pädagogik

gisch um den anderen bemühe, muß er wissen: man will dich nicht werben für eine Partei, für eine Kirche, auch nicht für den Staat, sondern – der Unterschied ist so gering, wie wenn man die Hand umdreht, und ist doch entscheidend – diese Hilfe gilt zunächst und vor allem dir, deinem einsamen Ich, deinem verschütteten, hilferufenden Menschentum.«[28]

»Diese Grundeinstellung der neuen Pädagogik ist entscheidend dadurch charakterisiert, daß sie ihren Ausgangspunkt unbedingt im Zögling hat, das heißt, daß sie sich nicht als Vollzugsbeamten irgendwelcher objektiven Mächte dem Zögling gegenüber fühlt, des Staats, der Kirche, des Rechts, der Wirtschaft, auch nicht einer Partei oder Weltanschauung, und daß sie ihre Aufgabe nicht in dem Hinziehen des Zöglings zu solchen bestimmten vorgegebenen objektiven Zielen erblickt, sondern ... daß sie ihr Ziel zunächst in dem Subjekt und seiner körperlich-geistigen Entfaltung sieht.«[29]

Neu ist bei diesem Ansatz von *Nohl* das Engagement für das Recht des Individuums aus sozialpädagogischer Sicht. Deshalb lehnt *Nohl* auch ab, den einzelnen als einen »Fall« zu sehen. Für ihn ist jeder Mensch primär als Einzelperson in ihrer einmaligen Situation zu sehen und zu respektieren.

»Diese Parteilichkeit aber für den Heranwachsenden muß damit vermittelt werden, daß Pädagogik in ihren Institutionen ebenso wie in ihrem Umgang immer auch Repräsentant der Gesellschaft und ihrer Möglichkeiten und Erwartungen ist. Erziehung soll (so bereits *Schleiermacher*) so eingerichtet werden, ... daß die Jugend tüchtig werde einzutreten in das, was sie vorfindet, aber auch tüchtig in die sich darbietenden Verbesserungen mit Kraft einzugehen. Pädagogik soll die Heranwachsenden befähigen, sich in der Gesellschaft zu behaupten und als entscheidungsfähige Subjekte ihres eigenen Lebens sich für gesellschaftlich bessere, weiterführende Möglichkeiten zu engagieren.«[30]

Mit dieser sozialpädagogischen Sicht des Individuums fällt *Nohl* nun nicht hinter die Aussagen von *Natorp* zurück, sondern für ihn sind Individual- und Sozialerziehung nur zwei Seiten der einen Aufgabe der Volksbildung. Da *Nohl* selbst aus dem Gemeinschaftserleben der Jugendbewegung kommt, weiß er auch um den besonderen Wert der Gemeinschaft und sieht diese auch als einen Eckpfeiler seiner Sozialpädagogik.

4.2.3 Pädagogischer Bezug

Von zentraler Bedeutung für die Sozialpädagogik nach *Nohl* sind seine Überlegungen zum ›pädagogischen Bezug‹ (das »geistige Zentrum der Jugendwohlfahrtsarbeit«[31]), der bis heute in der Pädagogik einen Stellenwert hat.

Im pädagogischen Bezug sind Erzieher und Edukant in gleichem Maße an die objektive Welt und ihre Werte gebunden. Damit ist der Erzieher stets auf ein Doppeltes verpflichtet: auf die Förderung des Individuums und auf die Realisierung einer Wertordnung.

Nohl beschreibt den pädagogischen Bezug: »... daß das letzte Geheimnis der pädagogischen Arbeit der richtige pädagogische Bezug ist, das heißt das eigene schöpferische Verhältnis, das Erzieher und Zögling verbindet... Dieser pädagogische Bezug und die in ihm gelegene Bindung müssen gewiß im einzelnen sehr verschieden sein, dem normalen Kinde gegenüber anders wie dem debilen oder dem psychopathischen, schließlich jedem Individuum gegenüber ganz individuell, aber in irgendeiner Form sind sie die Voraussetzung jeder fruchtbaren pädagogischen Arbeit.«[32]

4.2.4 Notstands-Pädagogik – Positive Pädagogik – Prophylaxe

Ausgangspunkt der Überlegungen von *Nohl* war die Notsituation der Kinder und Jugendlichen, für die ja die geistigen Energien als Gegenbewegung nach Lösungen suchten. Insofern führten die anfänglichen Aussagen zur Sozialpädagogik zu dem Schluß: Sozialpädagogik ist eine Art Notstands-Pädagogik.

> Mit seinen Überlegungen zur Individualität und zum pädagogischen Bezug leitet *Nohl* bezüglich der Jugendwohlfahrtsarbeit wie der Schule eine »kopernikanische Umdrehung der pädagogischen Arbeit«[33] ein. Die Aufmerksamkeit richtet sich jetzt nicht mehr so sehr auf die Schwierigkeiten, die der einzelne macht, sondern vielmehr eher auf die Schwierigkeiten, die er hat.

Ziel der sozialpädagogischen Hilfe ist das Wohl und die Anerkennung des Lebensrechts jedes einzelnen, zu seinem Wohlsein zu kommen, so wie es der Name Jugendwohlfahrtsarbeit ausdrückt. Diese Aufgabe sollte das neu gegründete Jugendamt übernehmen, was allerdings in einer Bürokratie des Jugendamtes weitestgehend nicht geschah. Die Jugendämter liefen Gefahr, zu einer bloß nachträglichen Hilfeleistung in dringendsten Fällen zu werden und das Individuum zum ›Fall‹ abzustempeln. Gegen diese Sicht des Jugendamtes wehrte sich *Nohl.*
Er stellte fest: »Die Arbeit der öffentlichen Jugendhilfe und insbesondere der Jugendämter ist, soweit ich sehe, erwachsen aus der Hilfe gegen den einzelnen Notfall, der allerdings so massenhaft auftrat, daß dem Fürsorger der Charakter der Individualhilfe fast zu verschwinden drohte. Es muß aber immer erst ein Unglück passiert sein, das die Jugendhilfe danach wieder gutzumachen sucht. Hier liegt meines Erachtens der schwere Konstruktionsfehler im Aufbau der ganzen Arbeit. Worauf alles ankäme, wäre: der Arbeit der Jugendhilfe eine positive Wendung zu geben, die das Jugend-amt zu einem selbständigen Organ der Volkserziehung machte, dessen große Aufgaben natürlich auch das Heilen aufgebrochener Schäden wäre, dessen vorausgehende, primäre Leistung aber eine aufbauende Arbeit an unserer Jugend – soweit sie nicht in der Schule stattfindet – im Zusammenhang unserer gesamten Volksbildung ist.«[34]

Aufgabe der Jugendämter darf nicht sein, die »Wagen, die aus dem Gleis gesprungen sind, wieder auf die Schienen zu bringen«[35], sondern ihre Arbeit muß eine positive Wende nehmen. »Sie ist konzentriert auf die Krankheit, sie sollte aber auf die Gesunderhaltung konzentriert sein... Es müßte sich das ganze Schwergewicht unserer Arbeit von der Heilung und Rettung irgendwie verwahrloster und kranker Jugend auf die Vorbeugung, von der Therapeutik auf die Prophylaxe verlagern.«[36] Der Nerv der Jugendhilfe liegt nach *Nohl* in dieser neuen positiven Sicht der Sozialpädagogik: sie ist primär vorbeugend, prophylaktisch.

In diesem Zusammenhang kritisiert *Nohl* auch die Arbeit des Fürsorgers. »Man vergleicht den Fürsorger gern mit dem Arzt und die modernsten Begriffe sind soziale Diagnose und Therapeutik. Mir scheint diese Analogie aber durchaus irreführend zu sein, wenigstens, wenn damit das Ganze dieser Arbeit gemeint sein soll. Dieses Ganze ist nicht heilend, sondern pädagogisch, d. h. positiv aufbauend, und die Therapeutik gilt für den Notfall.«[37]

4.2.5 Kritische Würdigung

Positiv muß zum theoretischen Modell von *Herman Nohl* angemerkt werden:

- Er erkennt die Notwendigkeit, daß man das Individuum in seiner konkreten Notlage sehen muß, übersieht jedoch nicht auch seine Bezogenheit zur Gemeinschaft.
- Will man dem einzelnen helfen, bedarf es eines positiven Verhältnisses zu ihm, dies drückt sich im pädagogischen Bezug aus.
- Entscheidend für seine Sozialpädagogik ist die kopernikanische Wende hin zur Vorbeugung, Prophylaxe.

Diese Überlegungen einer Theorie der Sozialpädagogik haben den Verlauf und die weitere Entwicklung der Sozialpädagogik nach dem Zweiten Weltkrieg bis in die jüngste Zeit entscheidend geprägt.
Kritisch anzumerken ist, daß er den positiven Aspekt zu idealistisch bewertet hat. Man muß vorbeugende und nachgehende Hilfe als gemeinsames Angebot bzw. Aufgabe der Sozialpädagogik sehen.
In seiner Konzeption geht er nicht von den wirtschaftlichen und politischen Interessen aus, sondern allein von den Bedürfnissen der Individuen.

»Da seine Theorie den Ausgang von den in der Praxis vorgegebenen Ansätzen nimmt, das heißt den vom RJWG geschaffenen Institutionen und Einrichtungen ebenso wie den aus Arbeits- und Anstaltserziehung der vorangehenden Jahrhunderte stammenden Maßnahmen, fließen deren Motivationen, sofern sie nicht aus sozialpädagogischen Prinzipien widersprechend zurückgewiesen werden, in seinem Ansatz mit ein. Da er aber das Selbstverständnis der Praxis nicht in Frage stellt, bleibt ihm ein Großteil ihrer objektiven Intentionen und Motive unaufgedeckt, so daß sich Ideologien der Praxis in seiner Theorie reproduzieren. Damit wird die Realisierbarkeit der von *Nohl* geforderten Pädagogisierung der Jugendhilfe, der Wende zum Kind und der absolut vorrangigen Berücksichtigung seiner Bedürfnisse zweifelhaft, denn Motivationen, die man nicht kennt, lassen sich weder daraufhin befragen, ob sie dem ›Wohl‹ des Kindes entgegenstehen, noch für den eigenen Ansatz außer Kraft setzen.«[38]

4.3 Sozialpädagogik nach *Gertrud Bäumer* (1873–1954)

Gertrud Bäumer war führend in der deutschen Frauenbewegung und von 1919–1933 Ministerialrätin im Reichsinnenministerium. Sie hat an dem RJWG entscheidend mitgewirkt und den sozialpädagogischen Charakter des RJWG am klarsten herausgearbeitet und in der Reichsregierung durchgesetzt. »Der Sinn des Gesetzes sei Erziehung im allgemeinsten Sinne des Wortes. Erziehung nicht als Nothilfe im Falle fehlender oder ungenügender Familienerziehung, sondern gesellschaftliche Erziehung, welche die prinzipiell gesetzten Grenzen von Familienerziehung und Schulbildung überschreiten müsse.«[39]
Die theoretischen Abhandlungen über Sozialpädagogik finden sich in dem 1929 von *Nohl* und *Pallat* herausgegebenen 5. Band des Handbuches der Pädagogik mit dem Titel ›Sozialpädagogik‹.

In diesem Band definiert *Bäumer* ganz im Sinne von *Nohl,* was Sozialpädagogik ist: »Im Aufbau dieses Buches ist der Begriff der Sozialpädagogik in einem ganz besonderen Sinne gebraucht. Er bezeichnet nicht ein Prinzip, dem die gesamte Pädagogik, sowohl ihre Theorie wie ihre Methoden, wie ihre Anstalten und Werke – also vor allem die Schule – unterstellt ist, sondern einen Ausschnitt: alles, was Erziehung, aber nicht Schule und nicht Familie ist. Sozialpädagogik bedeutet hier den Inbegriff der gesellschaftlichen und staatlichen Erziehungsfürsorge, sofern sie außerhalb der Schule liegt.«[40]

»Diese Erziehungsfürsorge entstand als ›Nothilfe‹. Das heißt, es wird angenommen, daß Schule und Familie unter normalen und gesunden Verhältnissen als Erziehungsträger ausreichten. Was neben ihnen als Erziehungsfürsorge entsteht, füllt Lücken in der normalen Leistung der Familie. Von der Anschauung aus, daß in der Ausfüllung dieser Lücken eine besondere Mehrleistung der Gesellschaft zu sehen sei, taucht hier das Wort ›sozial‹ auf. An sich ist die Schule natürlich auch – und erst recht – eine sozialpädagogische Schöpfung. Ursprünglich hat ihr sogar, vor allem der unentgeltlichen öffentlichen Volks-

schule (Armenschule), die Eigenschaft angehaftet, der von der Gesellschaft gestellte Ersatz und die Ergänzung der unzulänglichen Leistung der Familie zu sein, ›Nothilfe‹. Die Entwicklung des öffentlichen Bildungswesens bietet hier in gewisser Hinsicht zur – viel später einsetzenden Entwicklung der Erziehungsfürsorge – eine Parallele. Ursprünglich lag die Verantwortung für die gesamte Bildung des Kindes bei der Familie. In der Differenzierung der Kulturgebiete übte sie diese Bildungsaufgabe nicht mehr selbst aus, sondern übertrug sie und bezahlte dafür ... Erst im 18. Jahrhundert erscheint der Staat mit seiner selbständigen und unmittelbaren Anteilnahme an der Erziehung der Jugend (nicht als Beauftragter der Familie) mit Schulzwang ... zunächst noch so, daß normalerweise die Familie zu bezahlen hatte, und die unentgeltliche Schule Nothilfe für Arme war. Bis klar hervortrat, daß die Schulbildung grundsätzlich einen neuen Träger gewonnen hatte, der nicht nur Lückenbüßer der Familie im Bedarfsfall war. Ein Teil der Erziehungsaufgaben löste sich von der Familie ab, wurde Teil des öffentlichen Erziehungssystems und veränderte mit dem Träger zugleich sein Wesen und seine Methoden ...
Dann aber entwickelte sich auch auf diesen Gebieten erziehlicher Träger außerhalb der Schule ein neues System mit einem Träger, dem normalerweise – und nicht nur ausnahmsweise – gewisse Leistungen in dem Ganzen der von Familie, Gesellschaft und Staat getragenen Bildung des Nachwuchses zufielen ... Die Sozialpädagogik überschreitet hier die Sphäre der ›Nothilfe‹ und wird ein fruchtbarer Zuwachs, ein gesundes Produkt neuer gesellschaftlicher Kräfte ...
Die Sozialpädagogik setzte ein bei einzelnen Mißständen, die sich aus der wirtschaftlichen und sozialen Entwicklung ergaben. Sie wurde durch Gefahren gerufen, die dem Kinderschicksal drohten und versuchte zu schützen und zu heilen. Aber dieses Stadium negativer Aufgaben ist das Provisorium eines anderen: mit der gesellschaftlichen Struktur ändert sich die Grundlage eines öffentlichen Erziehungssystems ...
Diese Mittel weitsichtiger, vorauswirkender Organisation dafür einzusetzen, daß das Leben der Jugend bildend sei, ist die wahrhaftig nicht hoffnungslose Aufgabe, der neue positive Sinn der Sozialpädagogik.«[41]

Die bis heute wohl bekannteste und auch noch gebräuchlichste Definition von Sozialpädagogik kommt von *Bäumer:* Sozialpädagogik ist alles was Erziehung, aber nicht Schule und nicht Familie ist. »Erstmals in der Geschichte der Pädagogik wird hier Sozialpädagogik als differentielle Pädagogik theoretisch und historisch begründet.«[42] Man muß allerdings festhalten, daß *Bäumer* selbst nicht wie *Nohl* eine Theorie der Sozialpädagogik entwickelt hat, sondern ihr entscheidender Beitrag liegt in dem Versuch einer Definition von Sozialpädagogik. Über ihre Definition ist sie eigentlich in der theoretischen Diskussion bis heute bekannt und wird weiterhin diskutiert.

Halten wir fest

Nach *Nohl/Bäumer* ist Sozialpädagogik ein eigenständiger dritter Erziehungsbereich neben Familie und Schule. Sie richtet sich an Kinder- und Jugendliche mit dem Ziel, ihnen Hilfe zukommen zu lassen. Ihr Ausgangspunkt ist zunächst eine Notsituation, jedoch entwickelt sie sich zu einer positiven Pädagogik, die vor allem vorbeugend, aber auch nachbereitend tätig ist.
Viele Autoren, die sich auch heute noch auf die Definition von *Nohl/Bäumer* berufen, haben im Laufe der Zeit die Definition in einem entscheidenden Wort verändert, was zu einem irreführenden Verständnis Anlaß gibt. Oft heißt es: Sozialpädagogik ist ein Erziehungsbereich *außerhalb* von Familie und Schule. Diese Formulierung entspricht nicht der Intention von *Nohl/Bäumer,* und sie vermittelt einen ganz anderen Akzent. Sozialpädagogik steht *neben* Familie und Schule als eigenständige dritte Erziehungs-, Bildungs- und Lerninstitution. Sie ist nicht nur außerhalb von Familie und Schule tätig, sondern wirkt in sie hinein und arbeitet mit ihnen zusammen (z. B. Schulsozialpädagogik, Erziehungs- und Elternberatungsstellen usw.). Familie, Schule und Sozialpädagogik verstehen sich als drei Erziehungs-, Bildungs- und Lerninstitutionen, die alle je nach ihrer spezifischen Zielvorstellung ihren eigenen Beitrag zur Persönlichkeitsentfaltung des Individuums in der Gesellschaft leisten. Alle drei Institutionen stehen in Kooperation und Wechselbeziehung. Sozialpädagogik ist demnach auch nicht mehr Lückenbüßer für das Versagen der Familie und/oder der Schule, sondern sie übernimmt einen Teil der gesellschaftlichen und staatlichen Aufgaben für Kinder und Jugendliche (bei *Nohl/Bäumer* ist Sozialpädagogik stets nur auf Kinder und Jugendliche beschränkt).

Diese Gleichstellung aller drei Einrichtungen schließt auch automatisch aus, daß das Entstehen von Sozialpädagogik in dem Versagen der anderen Bereiche begründet ist, was man häufig in der Literatur finden kann. Weil die Familie und die Schule versagt haben, ist Sozialpädagogik wie Phönix aus der Asche entstanden und übernimmt korrigierende Funktionen. Diese Einstellung ist nicht nur falsch, sondern auch gefährlich. Es dürfte nicht schwerfallen, ebenfalls in sozialpädagogischen Einrichtungen pädagogisches Versagen nachzuweisen, sie kritisch zu bewerten. Vielmehr sollte man davon ausgehen, daß alle drei Einrichtungen sich positiv um Erziehung, Bildung und Lernen des Individuums bemühen. Einseitige Kritik ist abzulehnen.

Nach diesen Überlegungen kann man Sozialpädagogik umschreiben: Sozialpädagogik ist eine dritte eigenständige Erziehungs-, Bildungs- und Lerninstitution neben Familie und Schule, die sich geschichtlich (hermeneutisch) aus den fünf geistigen Bewegungen/Energien entwickelt und zum Ziel das Wohl des Kindes bzw. Jugendlichen hat. Die Jugendwohlfahrt bzw. Jugendhilfe bezeichnet die rechtliche, die Sozialpädagogik die inhaltliche (theoretische) und praktische Seite dieses Arbeitsfeldes.

4.4 Sozialpädagogik nach *Klaus Mollenhauer* (1928)

Aufgabe
Sozialpädagogik ist eine Notstandspädagogik ohne besondere Bedeutung in unserer Gesellschaft. So erleben Sozialpädagogen häufig ihr Berufsfeld in der Praxis. Dieser Auffassung möchte ich einige zentrale Aussagen von *Mollenhauer* gegenüberstellen:

- Die Gesellschaft produziert im Sozialpädagogen einen ihrer heftigsten Kritiker.
- Sozialpädagogik ist am gesellschaftlichen Fortschritt unmittelbar beteiligt.
- Eine positive Begründung der Sozialpädagogik ist notwendig und einzig angemessen.

Sind diese Aussagen von *Mollenhauer* reine Utopie oder können sie als Ausgangspunkt für das Selbstverständnis von Sozialpädagogik dienen?

Einige Autoren zählen *Mollenhauer* zu der Gruppe der Klassiker[43] und dies aus zwei Gründen:

- *Mollenhauer* führt die Arbeiten von *Nohl/Bäumer* zeitgemäß weiter und versteht sich in ihrer Tradition.[44]
- Die Arbeiten *Mollenhauers* sind Grundlage für fast alle neueren Arbeiten über Sozialpädagogik. Auf seine Überlegungen greifen viele Autoren zurück, setzen sich mit ihnen auseinander, kritisieren und führen sie weiter fort.

Er hat der Sozialpädagogik so viele Denkanstöße gegeben, daß man ihn zu Lebzeiten bereits zu den Klassikern der Sozialpädagogik zählen kann. Als Beispiel seien hier *Homfeld* u. a. genannt, die belegen: »Mehr als jeder andere sozialpädagogische Theoretiker hat, trotz zahlreicher

weiterführender Arbeiten ... in den letzten 15 Jahren *Mollenhauer* zur Strukturierung und Systematisierung sozialpädagogischer Theoriebildung beigetragen. Zahlreiche Vertreter der Sozialpädagogik beziehen und berufen sich auf die Forschungsergebnisse *Mollenhauers.* Die Tatsache, daß in der überwiegenden Zahl der Beiträge sozialpädagogischer Theoriebildung sowie auch in den Lehrmeinungen sozialpädagogischer Dozenten und auch in fast allen pädagogischen Lexika neueren Datums auf die frühen Arbeiten *Mollenhauers* zurückgegriffen wird«[45], gilt für viele als Beleg, ihn zu den Klassikern zu zählen.
Mollenhauer gehört zu den führenden Vertretern der neuen gesellschaftskritischen Sozialpädagogik. Diese Richtung bezeichnet man entweder in Anlehnung an *Nohl* als den »geisteswissenschaftlich-hermeneutischen« Ansatz oder in Anlehnung an die kritische Theorie *(Horkheimer, Adorno, Habermas)* als »kritisch-emanzipatorische« Position.
Im folgenden sollen die wichtigsten Aspekte des theoretischen Ansatzes von *Klaus Mollenhauer* aufgezeigt werden. Seine Arbeiten über Sozialpädagogik kann man in zwei Phasen einteilen: die sozialpädagogische Phase von 1959 bis 1968 und die nach-sozialpädagogische Phase von 1968 bis 1978, in der er Sozialpädagogik eher am Rande im Zusammenhang mit erziehungswissenschaftlichen Themen behandelt.[46] Im folgenden beziehe ich mich vor allem auf die erste Phase.

4.4.1 Problematik des Begriffes »Sozialpädagogik«

»Mit dem Ausdruck ›Sozialpädagogik‹ als einem erziehungswissenschaftlichen Terminus hat es eigene Schwierigkeiten. Obwohl er seit gut 100 Jahren im Gebrauch ist, wechselt seine Bedeutung immer noch von Autor zu Autor, von Interessengruppe zu Interessengruppe. Man tut deshalb gut, keine Übereinkunft vorauszusetzen, sondern zu sagen, wovon zu sprechen man beabsichtigt.«[47]

»Jedermann verbindet mit dem Wort ›Schulpädagogik‹ Vorstellungen, die vielleicht nicht allzu grob voneinander abweichen; jedenfalls weiß jedermann, wovon nach einem solchen Titel die Rede sein wird: von der Schule nämlich und dem, was in ihr geschieht. Ähnlich, wenn auch nicht ganz so gut, geht es der Berufspädagogik, vielleicht auch noch der Heilpädagogik. Das ist nun bei der Sozialpädagogik – schon des möglicherweise unglücklich gewählten Wortes wegen – entschieden anders. Nicht genug, daß schon das Wort durchaus offen läßt, wovon die Rede sein soll – was ist das ›Soziale‹? Läßt es sich überhaupt aus irgendeiner Erziehung, wo und wie auch immer sie geschehen mag, herauslösen und als ein gesondertes Feld der Erziehung bestimmen? – es wird als Terminus in der Fachliteratur in sehr verschiedenem Sinne gebraucht, auf jeweils ganz andere Sachverhalte bezogen, als ein Begriff anderer Art konzipiert.«[48]

Auch der Versuch, Sozialpädagogik dadurch zu bestimmen, indem man nach dem Wesen der Sozialpädagogik fragt, muß scheitern.

> **Aufgabe**
> Tragen Sie Argumente zusammen, die belegen, daß Sozialpädagogik in unserer Gesellschaft eine notwendige Erziehungs-, Bildungs- und Lerninstitution ist.

Statt nach dem Wesen von Sozialpädagogik zu forschen, schlägt *Mollenhauer* vor, nach den Ursachen für die Entstehung sozialpädagogischer Einrichtungen zu fragen.
»Nicht die Versuche, die leidige Vieldeutigkeit des Wortes ›sozial‹ zum Ausgangspunkt der Theorie zu machen, sondern allein die Analyse der Struktur des Geschehens scheint mir erfolgversprechend zu sein. Wie man den Bereich, in dem solches Geschehen dann stattfindet, bezeichnet und die dazugehörende Theorie überschreibt, ist ein relativ unwichtiges Problem und mir nahezu gleichgültig, sofern nur über die in Rede stehende Sache Einigkeit erzielt und deutliche Vorstellungen entwickelt werden können.«[49]

4.4.2 Gesellschaftlicher Wandel als Grund für die Entstehung von Sozialpädagogik

Sozialpädagogik ist eine Funktion der Gesellschaft. »Sie ist ein Bestandteil desjenigen pädagogischen Systems, das durch dic industrielle Gesellschaft hervorgebracht wurde. Von ihrem Beginn an und in allen ihren Formen war sie eine Antwort auf Probleme dieser Gesellschaft, die der Sozialpädagoge zu Erziehungsfragen umformulierte.«[50]
Vor allem drei Bedingungskomplexe sieht *Mollenhauer* als Ursache für das Entstehen von Sozialpädagogik an:

»– das soziale Bewußtsein des 19. Jahrhunderts, das dem tatsächlichen Strukturwandel nicht entspricht;
- die organisatorischen Vorstellungen von Gesellschaft, die in den Begriffen ›Volkserziehung‹ und ›Nationalerziehung‹ implizit enthalten sind;
- und in dem Phänomen ›Verwahrlosung‹, so wie es aus der historischen Perspektive gedeutet wurde.«[51]

In diesem Sinne spricht *Mollenhauer* auch von einer ›sozialpädagogischen Verlegenheit‹ der Gesellschaft, weil sie nicht imstande ist, die durch die sozialen Veränderungen der industriellen Gesellschaft entstandenen Lücken mit den ihr zur Verfügung stehenden Mitteln zu schließen.

Sozialpädagogik versteht sich als Einrichtung, die dem Werden der Gesellschaft gegenübersteht, »d. h. konkret: den Schäden, die sie dem Menschen zufügt oder zuzufügen im Begriff scheint. So produziert die Gesellschaft im Sozialpädagogen einen ihrer heftigsten Kritiker... So ist die Sozialpädagogik, um ihrer eigenen Wirksamkeit willen, gezwungen, in ihre Konzeption aufzunehmen, worauf jede persönliche Hilfe immer wieder verwiesen wird: die objektiven Bedingungen der entstehenden Hilfsbedürftigkeit wie der Hilfe selbst. Mit der Pädagogisierung der Gesellschaft hat sich der Umfang der erzieherisch bedeutsamen Fakten oder genauer: der Umfang dessen, über das erzieherisch nachgedacht und das in das erzieherische Handeln mit einzubeziehen ist, enorm erweitert.«[52]
»Sie ist gleichsam das exponierte pädagogische Experimentierfeld der Gesellschaft... Am gesellschaftlichen Fortschritt ist sie deshalb unter allen pädagogischen Aufgabenbereichen allein unmittelbar beteiligt.«[53]

4.4.3 Funktionsverlust von Familie und Schule als Grund für die Entstehung von Sozialpädagogik

Die Bedeutung von Erziehung hatte sich in einer Gesellschaft gebildet, in der die erzieherische Verantwortung bei der Familie und Schule lagen. Sie waren das eigentliche »Reservat« der Erziehung. Die Entstehung von Verwahrlosung führt *Mollenhauer* auf zwei Ursachenkomplexe zurück: »Verwahrlosung als Funktion eines gesellschaftlichen Zustandswesens und einer entsprechenden Erziehung.«[54]

»Das Entstehen der Sozialpädagogik ist daher abhängig von bestimmten Schwierigkeiten, die im allgemeinen pädagogischen Zusammenhang auftauchen: von der Unzulänglichkeit der schulischen Erziehung, der Familienerziehung, der pädagogischen Leistung der Berufswelt; von der mangelhaften sozialen Bindung, dem Auftreten eines unkontrollierten Raumes im Leben der Jugend, den auftretenden Erziehungsschwächen.«[55]

»Was hier immer wieder kritisiert wurde, ist in erster Linie ein Funktionsverlust der Familie als Institution. Ihre bewahrende, gewöhnende, Sitte und Gesittung bildende Kraft schien nachzulassen. Sie verlor durch die Veränderung ihrer inneren Struktur ihren Charakter als gesellschaftlicher und sittlicher Stabilitätsfaktor.«[56]

In besonderem Maße wird die Schule und ihre Form des Unterrichts kritisiert. »In demselben Maß, in welchem die Fähigkeit zu Lehren zugenommen hat, hat die Fähigkeit zum Erziehen abgenommen, und es steht z. T. die Wirksamkeit der Schule als Lehranstalt in umgekehrtem Verhältnis zu ihrer Wirksamkeit als Erziehungsanstalt.«[57]

4.4.4 Ziele und Aufgaben der Sozialpädagogik – Positiv-Pädagogik

Die Aufgaben einer Sozialpädagogik umschreibt *Mollenhauer:*
»Die sozialpädagogische Aufgabe besteht mithin in jedem Falle darin, ein akutes, mit der Struktur der modernen Gesellschaft wesensmäßig gegebenes und im Vergleich zur alten Gesellschaft neues Erziehungsbedürfnis zu befriedigen, das nicht ohne weiteres auf eine Minderwertigkeit, sondern auf eine Andersartigkeit dieser Gesellschaft zurückzuführen ist.«[58]
»Obwohl nun aber das Ziel – die Selbstbestimmung des einzelnen als soziale Mündigkeit – in positiven Formulierungen erscheint, bleibt der Ansatz und besonders eine Theorie der Not und Nothilfe als Grundlage der sozialen Arbeit doch immer dadurch charakterisiert, daß sie sich an dem Vorgang einer Reparatur orientiert, daß sie sich bezieht auf eine eingetretene Schädigung des jeweiligen Lebensraumes. Es erhebt sich die Frage, ob ein dieserart negativer theoretischer Ansatz für das Selbstverständnis der sozialen Arbeit zuträglich, er überhaupt notwendig ist..., ob eine entsprechende Theorie auf Grundbegriffen basieren darf, in denen eine solche Abwertung der gegenwärtigen Sozialordnungen vorausgesetzt wird...
Vor allem die neuen sozialpädagogischen Einrichtungen können ihre theoretische Begründung und Einheit nur in der positiven, durch die Gesellschaft neu gestellten Erziehungsaufgabe erfahren. So handelt es sich beispielsweise in der Jugendpflege, Betriebspädagogik, Elternberatung nicht primär um eine Behebung von Mißständen, sondern je um einen neuen Komplex der Gesamtaufgabe gesellschaftlicher Eingliederung. Soziale Arbeit ist, im Ganzen gesehen, so wenig und so viel Behebung einer menschlichen Not, wie es jede andere Maßnahme ist, die getroffen wird, um den einzelnen in ein positives Verhältnis zur Gesellschaft zu setzen...«

> So scheint uns der Sache nach eine positive Begründung der sozialen Arbeit notwendig und einzig angemessen zu sein. Eine solche Theorie aber, auch als grundlegende theoretische Bestimmung in der sozialen Ausbildung, wäre mit der Pädagogik in der spezifischen Form einer Sozialpädagogik gegeben.«[59]

Die positive Wende der Sozialpädagogik vollzieht sich von der bloßen Nothilfe zur eigenwertigen und selbstverständlichen Erziehungsleistung für den Normalfall.
Sozialpädagogische Leitziele sind der inhaltliche Ausdruck dieser wesenhaften Struktur sozialpädagogischen Denkens; in ihnen sollte das dialektische Verhältnis von sozialer Eingliederung des einzelnen und Gestaltung der gesellschaftlichen Ordnung in einem Idealbild überwunden werden. Denn Aufgabe der Sozialpädagogik ist es, einen Gleichgewichtszustand herzustellen zwischen den Bedürfnissen und Motiven des einzelnen und den mit der Struktur der modernen Gesellschaft gegebenen Anforderungen.

4.4.5 Sozialpädagogische Tätigkeiten

Mollenhauer unterscheidet die erzieherischen Tätigkeiten in Familie, Schule und Sozialpädagogik.[60]

- Familienerziehung: sorgen, pflegen, unterstützen
- Schulpädagogik: unterrichten, überliefern, einweisen, einüben usw.
- Sozialpädagogik: schützen, pflegen, beraten

Unter den sozialpädagogischen Tätigkeiten versteht *Mollenhauer:*

- *Schutz*

»1. Der aktuelle Schutz der heranwachsenden Generation vor den konkreten Schädigungen hervorrufenden Erscheinungen der modernen Gesellschaft und

2. der prinzipielle Schutz vor dem ganzen Ernst und Zwang des Erwachsenen daseins, das als ein in bestimmter Weise vergesellschaftetes Dasein immer schon eine Reduktion dessen gewesen ist, was als menschenwürdig denkbar wäre...

Damit ist gesagt, daß immer zweierlei im Kinde und Jugendlichen zu schützen ist: seine soziale Gesundheit und seine Humanität.«[61]

- *Pflege*

Mit »Pflege« meint *Mollenhauer* die »Pflege von Formen, Tätigkeiten und Inhalten, also das, was mit dem Wort Kultivierung im engeren Sinne gemeint ist.«[62]

- *Beratung*

»Beratung« versteht er als wesentliche Funktion eines jeden sozialpädagogischen Erziehungsvorganges. »Es wäre aber unzureichend und dem Phänomen nicht angemessen, wollte man Beratung als spezifische Form pädagogischer Tätigkeiten auf den Umgang mit Erwachsenen, vornehmlich Eltern, beschränken. Sie findet auch im erzieherischen Umgang mit den jungen Menschen selbst statt und hat hier sogar ihren sozialpädagogisch entscheidenden Ort.«[63]

> Sozialpädagogik ist entsprechend diesen Überlegungen die Theorie desjenigen pädagogischen Bereichs, dessen typische Probleme mit den Funktionen des Schutzes, der Pflege und der Beratung in Zusammenhang stehen.

4.4.6 Sozialpädagogik als eigenständige dritte Institution – Definition

Die traditionellen erzieherischen Institutionen wie Familie und Schule erlitten einen pädagogischen Funktionsverlust, der vorerst nicht ausgeglichen werden konnte und der sich vornehmlich in akuter Gefährdung, Verwahrlosung und Kriminalität der Jugend auswirkte. Die Sozialpädagogik füllte diese Lücke. Entsprechend versucht *Mollenhauer* Sozialpädagogik zu definieren, wobei er den Bereich von Sozialpädagogik nicht nur in eine Definition gefaßt hat, sondern man kann drei Definitionsentwicklungen unterscheiden.

- **Allgemein gefaßte, weite Definition**

»Die Sozialpädagogik umfaßt alle jene Aufgaben, die in industriellen Gesellschaften als besondere Eingliederungshilfen notwendig geworden sind und gleichsam an den pädagogischen Konfliktstellen dieser Gesellschaft entstehen. Es gibt sie in diesem Sinne erst, seit die gesellschaftlichen Vorgänge einer pädagogischen Kritik unterzogen wurden und es augenfällig wurde, daß die traditionellen Erziehungswege nicht mehr ausreichen, um den Vorgang des Heranwachsens zu sichern.«[64]

»Die Gesamtheit der institutionellen Mittel, die bereitgestellt wurden, um diese Diskrepanz auszugleichen, ihren praktischen und theoretischen Zusammenhang, nennen wir somit die Sozialpädagogik.«[65]

»Sozialpädagogik ist die Praxis und Theorie einer Erziehung; allerdings nicht der Erziehung im allgemeinen, oder der Erziehung, insofern sie auf Gruppen oder Gesellschaft überhaupt bezogen ist, sondern sie ist die Theorie und Praxis eines pädagogischen Bereichs.«[66]

- **Enggefaßte, spezielle Definition**

Sozialpädagogik ist die Theorie und Praxis der Jugendhilfe. »Danach ist Sozialpädagogik die Theorie derjenigen Erziehungsvorgänge, die im Jugendwohlfahrtsgesetz einen juristischen Niederschlag gefunden haben, die Theorie der Jugendhilfe.«[67]

»Mir scheint, daß die gesellschaftliche Entwicklung selbst uns hier ein plausibles Kriterium geliefert hat: die Jugendhilfe – Gesetzgebung. Will man sich nicht immer wieder mit meines Erachtens müßigen Grundsatzerwägungen aufhalten, die in der Regel ohnehin praktisch folgenlos sind, dann scheint es mir sinnvoll zu sein, den Ausdruck ›Sozialpädagogik‹ als den Inbegriff jener Berufsvollzüge und darauf gerichteter wissenschaftlicher Theorien zu verstehen, die in der Jugendhilfe – Gesetzgebung (gegenwärtig noch vorwiegend das JWG und JGG) umrissen, wenngleich nach ihren Grenzen hin nicht scharf abgesetzt sind.«[68]

Mollenhauer konstatiert, daß sich das Erziehungswesen um einen neuen institutionellen Bereich erweitert hat. »Seitdem gliedert sich das Erziehungswesen in Familienerziehung, Schule, Berufsausbildung und Jugendwohlfahrt bzw. – mit dem neueren Ausdruck – Jugendhilfe.«[69]

- **Ausweitung der Definition**

Marburger kommt in ihrer Untersuchung zu dem Ergebnis, daß *Mollenhauer* diese enge Definition inzwischen aufgegeben und alle Menschen nunmehr in die Betrachtung miteinbezogen hat. »Sozialpädagogik wird damit der Begriff für eine Theorie spezieller Sozialisationshilfen für die Bewältigung der im Laufe der lebenslangen Sozialisation auftretenden Konflikte, Hilfen, die sowohl auf eine Änderung des Individuums, eine Erweiterung seiner kognitiven, emotionalen und psychomotorischen Kompetenz zielen, als auch auf die Beseitigung der diesem Konflikt zugrundeliegenden, häufig systemimmanenten Ursachen.«[70]

Sozialpädagogik nach K. Mollenhauer

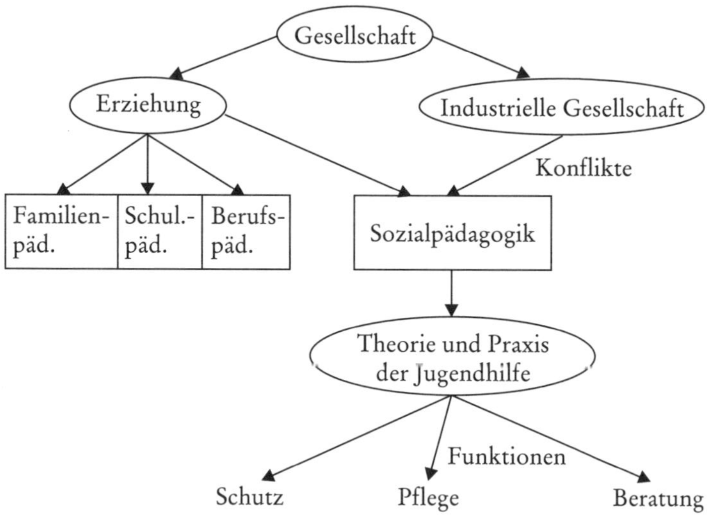

4.5 Sozialpädagogik nach *Hermann Giesecke* (1932)

4.5.1 Defensive Sozialpädagogik

Wenn man das Werk von *Mollenhauer* einer kritischen Würdigung unterzieht, muß man die zwei Phasen seines Schaffens berücksichtigen. Die erste Phase kann man als defensive und die zweite als offensive Sozialpädagogik bezeichnen. Diese Wende im Verständnis von Sozialpädagogik wird besonders von *Giesecke* eingeleitet.[71]

»Jahrzehntelang war die deutsche Sozialpädagogik defensiv eingestellt... Defensive Sozialpädagogik war im Ganzen eine Art von gesellschaftlicher Subkultur, in der trotz aller formalen Rechtsstaatlichkeit bürgerliche Rechte und bürgerliche Umgangsformen weitgehend suspendiert blieben. Sie existierte im Schatten öffentlicher Aufmerksamkeit, festgelegt auf die Rolle einer sozialen Feuerwehr, die erst dann und möglichst unauffällig in Aktion treten sollte, wenn das Feuer ausgebrochen war. Defensive Sozialpädagogik blieb also fixiert auf die Beseitigung punktueller Schadens-Symptome, eine Rückmeldung an die Gesamtgesellschaft darüber, daß diese Schäden Probleme und Widersprüche des gesamtgesellschaftlichen Systems selbst signalisierten, blieb unerwünscht und wurde kaum praktiziert.«[72]

Die Verspätung der Sozialpädagogik entstand deshalb, weil die Sozialpädagogik nicht über Veränderungsmöglichkeiten der Bedingungen verfügte, die das Eingreifen nötig machten.

4.5.2 Offensive Sozialpädagogik

Demgegenüber entwickeln *Giesecke, Mollenhauer* (in seiner zweiten Phase) u. a. eine neue gewandelte, offensive Sozialpädagogik. Diese ist dadurch charakterisiert, »daß sie diese traditionelle Rolle durchbricht, daß sie die überlieferte sozialpädagogische Theorie und Praxis als Teil der gesamtgesellschaftlichen Praxis und Ideologie begreift, als Symptom ihrer Widersprüche und ungelösten Probleme; daß sie die Prinzipien der Grundrechte, der Rechtsstaatlichkeit und der zunehmenden Demokratisierung für ihren Gegenstand entdeckt und übernimmt, daß sie Tatsachen und Intentionen mit wissenschaftlichen Erkenntnissen und Theorien konfrontiert.«[73]

Offensive Sozialpädagogik untersucht die Ursachen der Mißstände in ihrem gesellschaftlichen Zusammenhang. »Sie reflektiert nicht nur die eigens zum Zwecke der Erziehung geschaffenen Institutionen, sondern darüber hinaus, die gesellschaftlichen und politischen Prozesse und Konstellationen, welche die Sozialisationssituation und -lage von Kindern und Jugendlichen bestimmen... Diese Aufgabe ist präventiv und offensiv.«[74]

Ziel einer offensiven Sozialpädagogik ist die Veränderung der Gesellschaft. Dabei bedeutet Veränderung nicht gleich die Herbeiführung einer anderen Gesellschaftsordnung oder sogar eines revolutionären Umsturzes, sondern man steht zur gegenwärtigen bürgerlich-demokratischen Gesellschaft und mißt sie an ihren eigenen Ansprüchen nach Freiheit, Gleichheit, Gerechtigkeit und Glück.

Dabei handelt es sich nicht um eine Zielsetzung, die für die bestehende Gesellschaftsordnung als Bedrohung gilt, sondern im Gegenteil um die konsequente Wahrnehmung demokratisch-rechtsstaatlicher Prinzipien.

Es gilt, Menschen, vor allem junge Menschen, zu befähigen, »in dieser Gesellschaft sowohl auszuhalten und in ihr zu leben als auch sich von ihr zu distanzieren und aktiv zu innovieren... Um Unterdrückung und Unterprivilegierung politisch überwinden zu können, bedarf es nicht nur des politischen Kampfes im Sinne der objektiven Demokratisierung, sondern auch zahlreicher Lernprozesse.«[75]
Offensive Sozialpädagogik begreift sich als Frage nach den sowohl gesellschaftlich als auch individuell bedingten Notlagen, Behinderungen und Konflikten, die einem befriedigenden Dasein als mündiger Bürger in einer mündigen Gesellschaft entgegenstehen und als die Suche nach wirksamen Möglichkeiten ihrer Verhütung und emanzipativen Bewältigung. Wenn sich Sozialpädagogik so versteht, ist eine Beschränkung des Arbeitsgebietes auf den Bereich außerhalb von Elternhaus und Schule sowie auf Kinder und Jugendliche weder notwendig noch sinnvoll.

»Aus der Erkenntnis der modernen Erziehungswissenschaft, daß die Begriffe Erziehung und Bildung ein im Grunde lebenslanges, prozeßhaftes Lerngeschehen umschreiben, daß auch im Hinblick auf die Fähigkeit, neue Erfahrungen zu machen, Lernen nicht beschränkt ist auf ein bestimmtes Lebensalter, zog kritisch-emanzipatorische Sozialpädagogik die Konsequenz, sich auch Erwachsenen und alten Menschen zuzuwenden. Sozialpädagogik wird damit der Begriff für eine Theorie spezieller Sozialisationshilfen für die Bewältigung der im Lauf der lebenslangen Sozialisation auftretenden Konflikte.«[76]

Als letzte Konsequenz könnte man sagen: »Sozialpädagogik ist nichts als der verschärfte, der radikale Fall aller Erziehung *(v. Hentig)*. Sie könnte getrost in Pädagogik und Politik aufgehen... Sozialpädagogik als besondere Disziplin wäre demnach überhaupt unnötig... Sie arbeitet somit letztlich an ihrer Selbstaufhebung, sie ist bemüht, sich selbst überflüssig zu machen.«[77]
Die von *Giesecke* angestoßene und von *Mollenhauer, Hornstein, Thiersch, Iben* u. a. aufgegriffene Idee einer offensiven Sozialpädagogik wurde von *Marburger, Schmidt* u. a. weiter fortgesetzt und ist heute allgemeiner Stand des Verständnisses von Sozialpädagogik.

Halten wir fest
Nach *Giesecke* kann man Sozialpädagogik etwa so umschreiben: Sozialpädagogik ist eine dritte Erziehungs-, Bildungs- und Lerninstitution, die auf ein lebenslanges Lernen aller Altersschichten ausgerichtet ist.
Ihr Ziel ist die im Grundgesetz und anderen Gesetzen verbürgte Veränderung des einzelnen hinsichtlich seiner persönlichen Kompetenzen und Veränderung der Gesellschaft im Hinblick auf eine freiheitlich-demokratische Gesellschaft.
Dabei sind gesellschaftliche Rahmenbedingungen so zu gestalten, daß die darin enthaltenen Widersprüche aufgedeckt und beseitigt werden.
Ihre Aufgaben sind präventiv und offensiv; ihre Pädagogik ist positiv. Sozialpädagogik ist die Praxis und Theorie nicht einer allgemeinen, sondern einer speziellen Erziehung.

4.6 Sozialpädagogik nach *Hans Thiersch* (1935)

Einige Autoren möchten *Thiersch* gleichfalls zu den Klassikern zählen, da auch er sich seit langem mit Sozialpädagogik beschäftigt, sein Theorieansatz breite Anerkennung gefunden hat und sein Modell Grundlage für neue Denkansätze bietet.[78]
Andere kritisieren *Thiersch,* weil er bei seinen Überlegungen nicht andere Theorien der Sozialpädagogik berücksichtigt, vielmehr nur seinen Ansatz immer wieder in wenigen Verbesserungen variiert. Zum Beispiel meint *Engelke,* daß »die Überarbeitung seines Beitrages ›Theorie der Sozialarbeit/Sozialpädagogik‹ in dem Wörterbuch Soziale Arbeit von *Dieter Kreft/Ingrid Mielenz* (Hrsg.)... allein darin (besteht), seine eigene Publikation von 1986 ins Literaturverzeichnis nachzutragen und in die neue Auflage eines anderen Werkes einzufügen.«[79]
Trotz dieser Kritik zählt die Theorie der Sozialpädagogik nach *Thiersch,* die er »lebensweltorientierte Sozialpädagogik« nennt, zu den wichtigsten Versuchen, Sozialpädagogik inhaltlich zu klären. *Thiersch* nimmt unter den deutschen Erziehungswissenschaftlern, die sich mit Sozialpädagogik befassen, eine einflußreiche Stellung ein. Seine Auffassungen über Sozialpädagogik sind in den relevanten Fachzeitschriften und Handbüchern veröffentlicht und werden in der fachwissenschaftlichen Diskussion berücksichtigt. Um *Thiersch* ist eine »Tübinger Schule der Sozialpädagogik« entstanden.
Thiersch geht es nicht mehr wie noch z. B. *Mollenhauer* darum zu begründen, warum Sozialpädagogik entstanden ist und welche Funktion sie in der Gesellschaft innehat, sondern für ihn ist Sozialpädago-

gik ein nicht mehr wegzudiskutierendes Faktum, das es nun vielmehr gilt, inhaltlich zu füllen. Ihm geht es weniger um die Frage: Was ist Sozialpädagogik?, sondern: Welche Aufgabe hat Sozialpädagogik? Den theoretischen Ansatz von *Thiersch* kann man in zwei Theoriestränge teilen:

- Zentrale Dimensionen sozialpädagogischer Theoriebildung
- Lebensweltorientierte Sozialpädagogik.

4.6.1 Zentrale Dimensionen sozialpädagogischer Theoriebildung

Thiersch hält den Stand der Theoriediskussion als »unbefriedigend, in vielfältige, miteinander wenig korrespondierende Fragerichtungen zersplittert, unüberschaubar und okkupiert durch nicht immer ergiebige Prioritäten.«[80] Um diesem Übel zu begegnen, stellt *Thiersch* fünf zentrale Dimensionen für eine sozialpädagogische Theoriebildung auf.

- *Lebenswelt der Adressaten:* »Erstes Hauptstück einer Theorie der Sozialpädagogik/Sozialarbeit ist die Frage nach den Lebensverhältnissen und – defiziten ihrer Adressaten.«[81] Sozialpädagogik/Sozialarbeit muß die Lebenserfahrungen und -welten der Menschen kennen, mit denen sie es zu tun hat. Sozialpädagogik/Sozialarbeit – für Thiersch ist diese Reihenfolge üblich und er legt Wert darauf – geht dabei zunächst von der Normalität des Alltags und erst sekundär von den Schwierigkeiten aus, die eine Person hat.
- *Gesellschaftliche Funktionen:*

»Zweites zentrales Hauptstück einer Theorie der Sozialpädagogik/Sozialarbeit ist die Frage nach der gesellschaftlichen Funktion sozialpädagogischer Institutionen und Interventionsformen... Die Sozialpädagogik ist nicht im ökonomisch-politischen Zentrum der Staatstätigkeit, sondern in den Lebensbereichen lokalisiert. Sie bearbeitet soziale Konflikte und ihre psychosozialen Auswirkungen aus der Perspektive und im Mikrokosmos der individuellen Lebensbereiche. Gerade deshalb ist sie aber nicht autonom, sie ist auch – vermittelt – den sozialstaatlichen Mechanismen ausgesetzt. Ohne direkte Zugriffsmöglichkeiten einer materiellen Existenzsicherung ihrer Adressaten ist sie vornehmlich als ein (offizieller) Repräsentant des gesellschaftlichen Normengefüges in die Lebensverhältnisse der Betroffenen involviert... Man wird Sozialpädagogik/Sozialarbeit vom Vorwurf des Maulheldentums nicht freisprechen können. Es ist unübersehbar, wie wenig es der Sozialpädagogik/Sozialarbeit gelingt, konkrete Kritik an den mächtigen Institutionen der Gesellschaft, also der Arbeitswelt, der politischen Administration, der Justiz, der Medizin oder der Schule so zu äußern, daß sie öffentlich wahrgenommen wird und die zugrundeliegenden Probleme angegangen werden.«[82]

- *Sozialpädagogische Institutionen:*

»Das dritte Hauptstück einer Theorie der Sozialpädagogik/Sozialarbeit ist die Frage nach der Herausbildung ihrer spezifischen Institutionen. In diesem Zusammenhang kommen die disziplinierenden, unterdrückenden und stigmatisierenden Mechanismen von sozialpädagogischen Institutionen und ihren spezifischen Leistungen ins Blickfeld der kritischen Analyse.«[83]

- *Sozialpädagogisches Handeln:* Institutionalisierung von Sozialpädagogik/Sozialarbeit geht einher mit einer zunehmenden Professionalisierung.

»Professionalisierung, die in ihrer Arbeitsform verantwortlich, überprüfbar und ausweisbar gestaltet sein muß, bildet ... eigene Handlungs- und Sprachmuster aus und dabei auch eine Distanz zur Klientel, die immer auch Herrschaft beinhaltet. Es stellt sich also die Gretchenfrage, inwieweit durch pädagogische Professionalisierung Lebensfelder und -aufgaben, die besser der Selbstregulierung im Alltag, d. h. der Kompetenz der eigenen Erfahrungen überlassen bleiben sollten, umstrukturiert und damit enteignet bzw. ›kolonialisiert‹ werden.«[84]

Entscheidend in diesem Zusammenhang ist, daß Sozialpädagogik/Sozialarbeit ihre Arbeit reflektiert. Selbstkritik sollte zum konstitutiven Merkmal von sozialpädagogischer Handlungskompetenz werden.

- *Wissenschaftskonzept der Sozialpädagogik: Thiersch* sieht in der Erziehungswissenschaft die Leitwissenschaft für Sozialpädagogik/Sozialarbeit, allerdings muß sich diese sozialwissenschaftlich orientieren und sich als kritische Handlungswissenschaft verstehen.

Theorie der Sozialpädagogik nach Thiersch

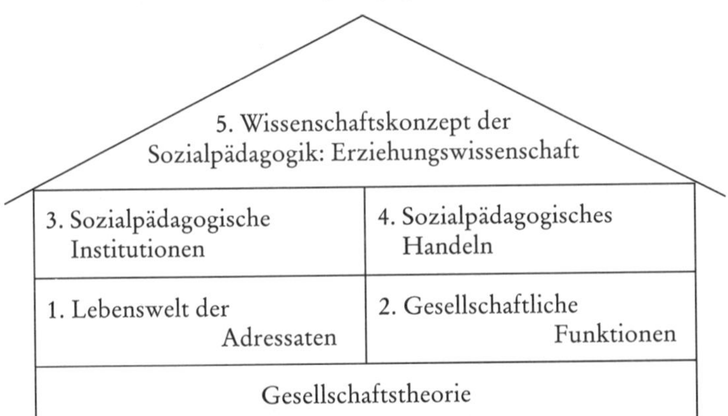

4.6.2 Lebensweltorientierte Sozialpädagogik

Aufgabe
Bevor ich Ihnen den lebensweltorientierten Ansatz von *Thiersch* vorstelle, versuchen Sie selbst, sich Gedanken darüber zu machen, was man unter einer lebensweltorientierten Sozialpädagogik verstehen könnte?

Die allgemeinen Überlegungen zu einer sozialpädagogischen Theorie setzt *Thiersch* in seinem theoretischen Konzept einer lebenweltorientierten Sozialen Arbeit konkret um. Lebenswelt muß man nach *Thiersch* in zwei Bereiche unterteilen:

- *Lebenswelt als Selbstverständlichkeit:* Hierunter versteht man die lebensweltliche Wirklichkeit, in der wir uns selbstverständlich vorfinden, uns zu Hause fühlen, uns auskennen und gefordert werden. In dieser Lebenswelt versucht der Mensch zurechtzukommen, indem er sein Handeln durch Typisierung, Routine und selbst aufgestellte Regeln entlastet.

»Pragmatik, Routinisierung, Typisierung der Lebenswelt bedeutet auf der einen Seite Sicherheit und Entlastung; man kann im Vertrauen darauf leben, daß die anderen die Welt so sehen, wie man selbst sie sieht, daß man, weil man dazugehört, mit den anderen zugleich auch sich selbst akzeptieren kann, man lebt im Vertrauen. Pragmatik und Routinisierung aber können auch bedeuten, daß man in Verhältnissen lebt, die sich eingespielt haben, bei gegebenen unzulänglichen Ressourcen, bei gegebenen sozialen Spannungen, bei gegebenen Macht- und Unterdrückungsverhältnissen; man gewöhnt sich daran... Die Rede von Lebenswelt muß also immer bezogen sein auf ein Maß gelingenden Lebens, darauf also, ob und wie sich Menschen in ihr als Subjekte ihrer selbst erfahren können, ob und wie in ihnen Praxis... als akzeptiertes produktives, sinnhaftes und selbstbestimmtes Leben möglich ist.«[85]

- *Lebenswelt als Aufgabe:* Die zweite Sicht der Lebenswelt meint eine Wirklichkeit, die in unserer Zeit offensichtlich schwierig, mühsam, herausfordernd und z. T. überfordernd ist.

»Lebenswelt will bewältigt werden; es braucht besondere, aufwendige Anstrengungen, um ihr gewachsen zu sein.«[86] »Im Zeichen der zunehmenden Vergesellschaftung von Lebensaufgaben angesichts einer Pluralisierung und Individualisierung der Lebensverhältnisse kompliziert sich das Leben, Hilfen zur Bewältigung der Normalität werden nötig. Sozialpädagogische Aufgaben erweitern sich von hier aus zu lebensorientierten Hilfen zur Lebensbewältigung.«[87] »Lebenswelten sind in ihren Aufgaben und Möglichkeiten bestimmt durch unterschiedliche Ressourcen, über die sie verfügen. Unsere Gesellschaft muß verstanden werden als Zweidrittel/Eindrittel-Gesellschaft, als Gesellschaft also, in der eine größere Gruppe von Menschen in ihren Verhältnissen gut und zufriedenstellend zurechtkommt und eine kleinere Gruppe am Rande lebt.«[88]

Des weiteren ist die neue Lebenswelt charakterisiert durch die beiden Pole: Pluralität der Lebenswelten und Individualisierung der Lebensführung. Tradierte Lebensformen wie Wohnen, Lernen, Zusammenleben, Arbeiten werden brüchig, enthalten allerdings auch neue Chancen. Diese Situation beinhaltet für viele Menschen Forderung wie auch z. T. Überforderung. Um seine Lebenswelt nun jedoch wieder übersichtlich und gestaltbar zu machen, »brauchen viele – und offensichtlich zunehmend mehr Menschen – Anregungen, Unterstützung und Beratung... Es wird zunehmend notwendig, Beziehungen zu stiften und soziale Bezüge, Netze und Lebensräume zu schaffen.«[89]

- *Lebensweltorientierte Sozialpädagogik:* Lebensweltorientierte Soziale Arbeit ist kein neues Programm. *Thiersch* legt Wert darauf, daß sie lediglich einen Aspekt darstellt. »Es scheint mir ein fatales Mißverständnis, wenn sich der Titel einer lebensweltorientierten sozialen Arbeit zunehmend als Titel für soziale Arbeit überhaupt einbürgert... Es wäre die Verdinglichung nur eines Aspektes im weiteren Kontext einer Theorie der sozialen Arbeit.«[90]

Lebensweltorientierte Sozialpädagogik bedeutet nach *Thiersch* fünferlei:

- »Soziale Arbeit agiert mit Respekt vor den Verständnis- und Handlungsmustern der AdressatInnen in ihrer Lebenswelt; sie sieht sich vor allem auch eingebunden in ihren räumlichen, zeitlichen und sozialen Erfahrungsraum, also in die Ressourcen und sozialen Netze ihrer Lebenswelt...
- Lebensweltorientierte soziale Arbeit agiert in den gegebenen Verhältnissen immer im Zwiespalt zwischen entlastender, guter Selbstverständlichkeit und Verdrängung, Einschränkung; sie agiert mit der kritischen Frage danach, inwieweit sich Menschen in den gegebenen Verhältnissen realisieren können; sie drängt auch auf Veränderung und Verbesserung, begründet auf Wertungen.
- Respekt vor der Lebenswelt der AdressatInnen bedeutet, daß soziale Arbeit es mit Menschen zu tun hat, die sich als Regisseure ihres Lebens zu beweisen haben; traditionell-pädagogische Muster der Vorgaben werden unangemessen; soziale Arbeit kann nur Aushandlungsprozesse über Lösungen anstreben, die der Eigensinnigkeit der Erfahrung der AdressatInnen gerecht werden...
- Indem lebensweltorientierte soziale Arbeit mit der Brüchigkeit... konfrontiert ist, bemüht sie sich um verläßliche Verhältnisse, überschaubare Lebensräume, aktivierbare Ressourcen; diese aber muß sie immer auch inszenieren, schaffen.

- Lebensweltorientierte soziale Arbeit ist der schwierige Balanceakt zwischen Respekt und Veränderung, zwischen Respekt, Bewertung und Kritik, zwischen Respekt und Neugestaltung. Dieser Balanceakt ist um so heikler, als Sozialarbeit ihrerseits nur über die Mittel professioneller, institutioneller geregelter Hilfen verfügt.«[91]

Dieses allgemeine Konzept einer lebensweltorientierten sozialen Arbeit hat *Thiersch* durch fünf *Handlungsmaxime* konkretisiert. Zum Beispiel im *Achten Jugendbericht,* bei dem er entscheidend mitgearbeitet hat, werden solche Handlungsmaxime als Orientierung für die weitere Entwicklung Sozialer Arbeit formuliert.[92]

- *Prävention:* Früher wurde Jugendhilfe aktiv, wenn Probleme auftraten, das Kind schon in den Brunnen gefallen war.

»Demgegenüber setzt sich zunehmend eine präventive Orientierung durch: Sie zielt – als primäre Prävention verstanden – auf lebenswerte, stabile Verhältnisse, auf Verhältnisse also, die es nicht zu Konflikten und Krisen kommen lassen, und – als sekundäre Prävention verstanden – auf vorbeugende Hilfen in Situationen, die erfahrungsgemäß belastend sind und sich zu Krisen auswachsen können... Demgegenüber sind Hilfen in akuten Situationen als Maßnahmen auf der dritten Stufe konzeptuell nachgeordnet – aber natürlich im Aufgabenspektrum der Jugendhilfe besonders wichtig und notwendig aufwendig.«[93]

Präventive Maßnahmen, dies sind begleitende, unterstützende und ambulante Maßnahmen, sollen ausgebaut und die stationären abgebaut werden. Hierbei handelt es sich um eine ›revolutionäre‹ Umstrukturierung der Sozialen Arbeit.

- *Dezentralisierung/Regionalisierung:* »Lebensweltorientierte Jugendhilfe bedeutet Dezentralisierung und Regionalisierung der Leistungsangebote. Innerhalb der Institutionalisierungskritik in der Jugendhilfe wird zunehmend deutlich, wie sehr die Zentralisierung von Angeboten... einherging mit der Erschwerung der Zugangsmöglichkeiten für die Adressaten.«[94] Es geht dabei um die Erreichbarkeit der Angebote vor Ort und auf die Verlagerung von Zuständigkeiten an die Basis und die daraus resultierende Planung und Kooperation der beteiligten Personen.

»Das Konzept der Dezentralisierung füllt sich inhaltlich erst in dem der Regionalisierung. Regionalisierung meint die Einbettung der Arbeit in die gleichsam gewachsenen, konkreten lokalen und regionalen Strukturen, wie sie gegeben sind in den Lebenswelt- und Alltagstraditionen und in den sozialen Versorgungsangeboten, Regionalisierung also meint die Verortung der sozialen Arbeit z. B. in einem Stadtbezirk mit seinen alten Arbeiterkulturen oder mit seinem Netz kirchlicher Einrichtungen oder mit seinem Geflecht von Nachbarschafts- und Freundschaftssystemen.«[95]

- *Alltagsnähe:* «Lebensweltorientierte Jugendhilfe will mit ihren Leistungsangeboten nicht nur regional erreichbar, sondern im Alltag der

Kinder/Heranwachsenden und Familien zugänglich sein. Gegenüber der mit Institutionalisierung und Professionalisierung gegebenen Tendenz zur Distanz zum Alltag versucht lebensorientierte Jugendhilfe institutionelle, organisatorische und zeitliche Zugangsbarrieren abzubauen, mit ihren Angeboten im Erfahrungsraum der Adressaten unmittelbar präsent zu sein.«[96]

- *Integration – Normalisierung:* Wenn lebensweltorientierte soziale Arbeit bestimmt ist durch Einheit und Prävention, darf sie nicht zwischen Personen mit besonderen Belastungen unterscheiden. Angebote sozialer Arbeit verstehen sich als Normalangebote für alle Menschen. Damit erweitert die Soziale Arbeit ihr Leistungsangebot an Menschen, auch an solche im normalen Leben.
- *Partizipation:* «Wenn lebensweltorientierte Jugendhilfe darauf hinzielt, daß Menschen sich als Subjekte ihres eigenen Lebens erfahren, ist Partizipation eines ihrer konstitutiven Momente.«[97] Wesentliche Merkmale der Partizipation sind Freiwilligkeit, Mitbestimmung und Selbsthilfe.

> Lebensweltorientierte Sozialpädagogik nach diesen Strukturmaximen konzipiert, hat zur Folge, daß erstens Soziale Arbeit sich immer einmischen wird. Dabei wird Einmischung offensiv verstanden als Notwendigkeit, Grenzen zu sprengen, z. B. in der Sozialpolitik, Arbeitsmarktpolitik, Schulpolitik, Wohnungspolitik, Familienpolitik u. a., um die lebensweltbezogenen Ansprüche der Adressaten zu vertreten. Zum zweiten erfordert eine lebensweltorientierte Soziale Arbeit vom Sozialpädagogen hohe Reflexivität und Souveränität als Sicherheit in der eigenen Position, die einhergehen muß mit der Fähigkeit zur Selbstkritik.

4.6.3 Kritische Würdigung

Thiersch hebt hervor, daß das lebensweltorientierte Konzept nur ein Aspekt einer sozialpädagogischen Theorie darstellt, daß es andere weitere gibt und man diesen Aspekt nicht für das Ganze der Sozialen Arbeit setzen sollte. Gleichfalls sieht und diskutiert er auch Grenzen seines Theorieansatzes. Besonders hervorzuheben ist sein Bemühen, diesen Ansatz auch in die konkrete politische Ebene einzuführen und dessen Relevanz aufzuzeigen, was er durch seine Mitarbeit als Mitglied der Sachverständigenkommission bei der Erstellung des *Achten Jugendberichts* (1990) dokumentiert hat. Die Reichweite und Ergiebigkeit des Konzeptes wurde und wird in vielen Veröffentlichungen diskutiert und überprüft.
Kritisch anzumerken ist die fehlende Kooperation mit anderen ähnlichen Theorieansätzen. Das lebensweltorientierte Modell hat Vorgänger und ähnlich konzipierte Ansätze wie z. B. das *Life Model (Lebens-*

weltmodell) von *Germain/Gitterman,* das *Netzwerkmodell* von *Wendt* oder den *Soziotop-Ansatz* von *Rothe* und *Wendt.* Sie alle zeichnen sich durch den einen Denkansatz aus, »der soziale Arbeit und soziale Probleme konsequent als interdependentes Gefüge von räumlicher Umwelt, sozialer Struktur, sozialen Beziehungen und Interventionen versteht.«[98] Leider zeigt *Thiersch* nicht die Zusammenhänge und Unterschiede zu diesen Theorieansätzen auf.

Halten wir fest
Sozialpädagogik orientiert sich an der Lebenswelt ihrer Adressaten und gibt Hilfestellung zur Bearbeitung sozialer Konflikte. Sie arbeitet professionell und präventiv. Ihre Arbeit versteht sie als Normalangebot für alle Menschen.
Eine wichtige Aufgabe der Sozialpädagogik besteht darin, Hilfeangebote zu vernetzen, eine Infrastruktur herzustellen und soziale Angebote zu regionalisieren.
Lebensweltorientierte Sozialpädagogik geht von der Freiwilligkeit, Mitbestimmung und Selbsthilfe des einzelnen aus. Sie versteht sich als offensive Einmischung im Sinne des Adressaten.

4.7 Systemische Sozialpädagogik

In unserer Alltagssprache benutzen wir häufig in bestimmten Zusammenhängen den Begriff »System«. Wir sprechen vom Wirtschaftssystem, Bildungssystem, Gesundheitssystem, Planetensystem, Computersystem, Sozialsystem, politisches, philosophisches, naturwissenschaftliches System u. a.
Die Systemtheorie hat sich inzwischen zu einer Hauptströmung des zeitgenössischen Denkens entwickelt und in fast allen Wissenschaftsbereichen Eingang gefunden so z. B. in Physik, Chemie, Biologie, Psychologie, Betriebswirtschaft, Medizin, Erkenntnistheorie, Philosophie, Naturwissenschaften und auch Sozialwissenschaften. Sie ist, so *Knoll,* zu einer fast universellen Anerkennung als bedeutende basistheoretische Formulierung von Sozialpädagogik/Sozialarbeit gelangt.[99] In fast allen neueren theoretischen Modellen der Sozialen Arbeit werden Grundgedanken der Systemtheorie verarbeitet.
Gerade weil diese Theorie universellen Anspruch erhebt, muß sich auch die Soziale Arbeit mit einem solchen Globalkonzept beschäftigen und nach seiner Relevanz fragen.

Aufgabe
Als Einstieg in die Systemtheorie betrachten Sie die folgenden Personen. Deuten Sie durch Kreise an, wie diese Personen zueinander stehen könnten.

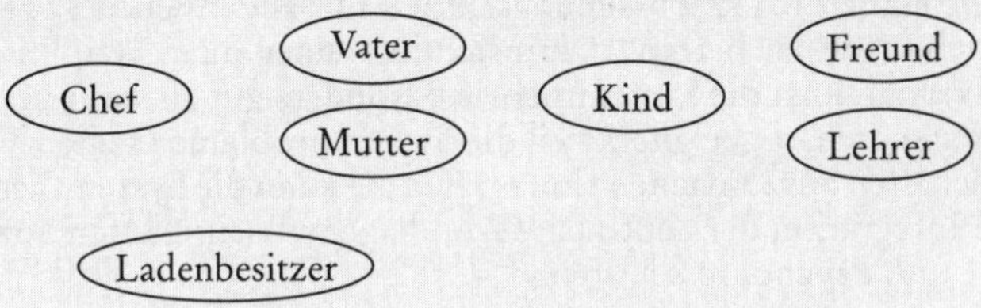

Jede Person ist ein System und der Zusammenschluß mehrerer Personen bildet wiederum ein neues System. Die Personen (Systeme) könnte man z. B. folgendermaßen zu Gruppen (Systemen) zusammenschließen:

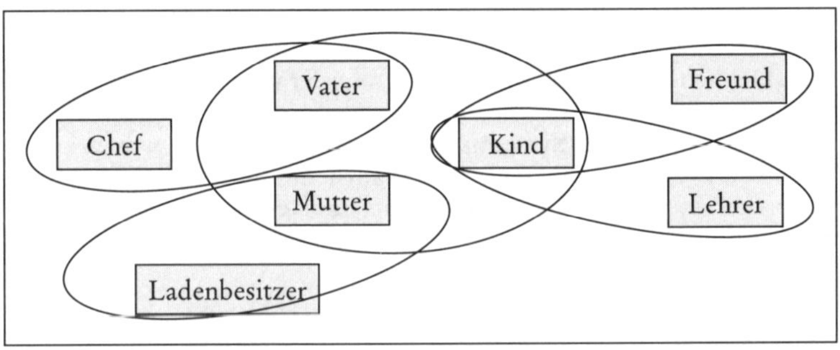

Im folgenden möchte ich die wichtigsten Elemente der Systemtheorie kurz darstellen. Dabei orientiere ich mich u. a. an folgender Literatur: *Hollstein-Brinkmann, Lüssi, Knoll, Ludewig* und *Pfeifer-Schaupp.*

4.7.1 Bedeutung systemischen Denkens

Der Systemanspruch ist bereits relativ alt. Schon im 18. Jhdt. sprach *Kant* vom »System des pädagogischen Wissens«[100]. Die eigentlichen Begründer sind *Kurt Lewin, Talcott Parsons, L. Moreno* im allgemeinen und *Ludwig von Bertalanffy* im speziellen, der als der eigentliche Begründer gilt. In Deutschland geht der Systembegriff auf *Durkheim* zurück und wurde vor allem von *Niklas Luhmann* in seinem Hauptwerk »Soziale Systeme: Grundriß einer allgemeinen Theorie« (1984) zur Systemtheorie entwickelt.

> »Mit der Systemtheorie wird nun der Versuch unternommen, eine allgemeine Theorie sozialer Systeme mit universellem Anspruch ... zu entwerfen. Hinsichtlich einer fachspezifischen Universalität nimmt die Systemtheorie für sich in Anspruch, einen einheitlichen Forschungsansatz für alle Ebenen sozialer Beziehungen zu liefern ... Hinsichtlich einer interdisziplinären Universalität ist die Systemtheorie besonders gut als integrierende Wissenschaft geeignet, weil die Systemprobleme in allen Wissenschaften auszumachen sind ... Für die kann die Systemtheorie eine Integration der zentralen Grundlagenwissenschaften Soziologie und Psychologie leisten.«[101]

Luhmann beschreibt diesen Anspruch: »Jeder soziale Kontakt wird als System begriffen bis hin zur Gesellschaft als Gesamtheit der Berücksichtigung aller möglichen Kontakte. Die allgemeine Theorie sozialer Systeme erhebt mit anderen Worten den Anspruch, den gesamten Gegenstandsbereich der Soziologie zu erfassen und in diesem Sinne universelle soziologische Theorie zu sein.«[102] Die Systemtheorie setzt das lineare Paradigma, welches bislang das wissenschaftliche Denken bestimmte, zwar nicht außer Kraft, aber überholt es.
Was ist das Charakteristische des systemischen Denkens im Vergleich zum ›alten‹ Denken? Systemische Vorgehensweise ist weniger eine Technik als vielmehr ein Denk- und Wahrnehmungsmodell. Man kann vier Kriterien aufstellen, die den Wandel der Denkweise und Anschauung deutlich machen:

- *Vom Teil zum Ganzen:* »Charakteristisch für die alte Denkweise ist die Annahme, daß in jedem noch so komplexen System die Dynamik des Ganzen aus den Eigenschaften der Teile verstanden werden könne. Im Gegensatz dazu versteht man in der neuen Denkweise die Teile aus der Dynamik des Ganzen zu verstehen. Im Mittelpunkt der Betrachtung stehen nicht Grundbausteine, sondern Organisationsmuster.
- *Von Objekten zu Beziehungen:* Aus der Sicht des Systemdenkens wird jedes »Objekt«, jeder »Teil«, als Muster in einem untrennbaren Netzwerk von Beziehungen verstanden. Die wesentlichen Eigenschaften eines solchen Objektes erwachsen aus dessen Beziehungen zu anderen Objekten. Dies gilt auch für jedes lebende System als Ganzes. Sein Wesen erwächst aus seinen Beziehungen zur Umwelt. Systemdenken ist daher immer auch Umweltdenken.
- *Von Strukturen zu Prozessen:* Das alte Denken ging von fundamentalen Strukturen aus, die durch Kräfte und Wechselwirkungsmechanismen aufeinander einwirkten und so Prozesse hervorbrachten. Das neue Denken sieht Struktur und Prozeß als komplementäre Begriffe. Jeder Prozeß betrifft Strukturen, und jede Struktur ist Ausdruck von Prozessen. Systemdenken ist Prozeßdenken.
- *Von Objektivitäten zur Konstruktion der Wirklichkeit:* Im alten Paradigma glaubte man an eine objektive Beschreibung der Wirklichkeit, unabhängig vom Beobachter und vom Vorgang des Erkennens. Im neuen Paradigma setzt sich

immer mehr die Überzeugung durch, daß das Verstehen des Erkenntnisprozesses integraler Teil jeder Naturbeschreibung sein muß. Ein lebendes System konstituiert sich einerseits durch seine Beziehungen zur Umwelt (siehe Kriterium Nr. 2), bringt andererseits aber auch diese Umwelt hervor. Es nimmt Umwelteinflüsse selektiv wahr und konstruiert so seine Umwelt.«[103]

Der systemische Ansatz hat ein anderes Weltbild als das alte Modell, das von der Denkweise der *Newtonschen* Physik und dem Menschenbild des *Descartes* bestimmt ist. Die Unterschiede der beiden Weltbilder kann man stichwortartig so skizzieren:[104]

Mechanistisches Weltbild	Ganzheitlich-systemisches Weltbild
Bisher standen im Vordergrund:	Jetzt erhalten Bedeutung:
– Hierarchie	– Vernetzung
– Maschinenweltbild	– lebende Organismen
– Organisation	– Selbstorganisation
– Führungskraft als Macher	– Führungskraft als Entwickler
– Druck ausüben	– gedeihenlassen, Energien freisetzen
– Objektivität	– Subjektivität
– Ursachen-Wirkungs-Denken	– Denken in Wechselwirkungen
– Richtig/falsch-Beurteilungen	– Beurteilung nach Funktionalität
– geplanter Wandel	– Balance zwischen Verändern und Bewahren

Halten wir fest

Das Denken in linearen Zusammenhängen geht davon aus, daß jede Ursache eine Wirkung, also auch jede Wirkung eine Ursache hat. Das systemische Denken dagegen geht von zirkulären Zusammenhängen aus, das sowohl die Wechselwirkung zwischen Ursache und Wirkung als auch den Beobachter dieser Zusammenhänge miteinbezieht.

4.7.2 Begriffsklärung

Was versteht man unter einem System? Bisher konnte der Begriff nicht einheitlich definiert werden. Etymologisch gesehen ist System ein komplexes, zusammengesetztes Gebilde, das von anderen abgrenzbar ist. Sehr knapp definiert *Ludwig von Bertalanffy* den Begriff System:

»Ein System ist eine Menge (in mathematischem Sinn) von Elementen, zwischen denen Wechselwirkungen bestehen. Beispiele sind ein Atom als System physikalischer Elementarpartikel, eine lebende Zelle als System sehr zahlreicher organischer Verbindungen oder enzymatischer Reaktionen, eine menschliche Gesellschaft als System vieler Individuen, die in den verschiedenen Beziehungen zueinander stehen.«[105]

Hall und *Fagan* bieten eine inzwischen bereits klassisch gewordene Definition an: »Ein System ist ein Aggregat von Objekten und Beziehungen zwischen den Objekten und ihren Merkmalen.«[106] Nach Diskussion verschiedener Systemansätze formuliert *Ludewig* eine eigene Definition:

»Systeme sind Einheiten, die ein Beobachter durch Unterscheidung als zusammengesetzt und abgegrenzt konstituiert. Ist einmal das System – eben durch eine Unterscheidung des Beobachters – entstanden, kann es für alle weiteren Belange als selbstreferentiell betrachtet und wie folgt beschrieben werden: Die Systemgrenzen erweisen sich als Funktion, die das Gebilde zugleich von seiner Umwelt trennt und an diese bindet. System, Komponenten, Relationen und ihre Umwelt sind wechselseitig bedingt. Die Relationen der Komponenten konstituieren diese Selektion. Systemspezifische Merkmale entstehen gemeinsam mit den emergierenden Komponenten. Komponenten, Relationen und Grenzen entstehen gleichzeitig und begründen die selbstreferentielle Organisation des Systems. Systeme verarbeiten – oder ›prozessieren‹, im Sinne der Kybernetik – nur Eigenzustände; Veränderungen werden also nicht kausal von außen bewirkt, sondern folgen auf Prozesse in den Relationen zwischen den Komponenten.«[107]

Nach einer Definition von *Watzlawick* ist ein System ein Ensemble, »welches aus verschiedenen Bausteinen oder Elementen besteht. Diese Bausteine sind durch Beziehungen untereinander verknüpft. Die Eigenschaften der Systeme werden durch die nachfolgenden Systemgesetze beschrieben. Alle lebenden Systeme bestehen aus Subsystemen und einer sie umgebenden Umwelt.«[108]

4.7.3 System und Systemzugehörigkeit

• *Ganzheit und Übersummation:* Systemisches Denken geht davon aus, daß der Mensch ein soziales Wesen ist und entsprechend zahlreichen Sozialsystemen angehört z. B. Familie, Firma, Sportverein usw.. Diese einzelnen Systeme muß man als Ganzes verstehen. Das Ganze, wiederum bestehend aus einer Summe von Teilsystemen, ist immer etwas anderes als die Summe seiner Teile, vergleichbar mit einem Kreis, der aus vielen einzelnen Punkten besteht. Durch die Teilsysteme erhält das Gesamtsystem zusätzliche Qualitäten verliehen. Dabei sind die einzelnen Teilsysteme offen und stehen im ständigen Austausch. Es gibt einfache und komplexe Systeme.

- *Sub- und Suprasystem:* Jedes System kann man in ein Makro-, Meso-, und Mikrosystem unterteilen, d. h. es gibt verschiedene Systemebenen, in denen größere und kleinere Systeme enthalten sein können. »Das größere, umfassendere System liegt auf der höheren Systemebene und wird bezüglich des kleineren Systems Suprasystem genannt. Das kleinere System, das Teil des größeren ist, liegt auf der tieferen Systemebene und heißt in bezug auf das größere System Subsystem.«[109]

– *Mikrosystem:* Als Mikrosystem werden kleine Kollektive in funktionaler Abhängigkeit oder Beziehungen stehende Einigkeiten bezeichnet wie z. B. Familie, Freundeskreis, Geschäftspartner.
– *Mesosystem:* Mesosysteme sind vermittelnde Instanzen wie z. B. Ämter oder soziale Dienstleistungssysteme. Auf dieser Ebene finden informelle Wechselbeziehungen statt, dann nämlich, wenn zwei Mikrosysteme z. B. Schule und Elternhaus miteinander in Beziehung treten. In diesem Fall befinden sich die beiden Mikrosysteme auf der Mesosystemebene.
– *Makrosystem:* Im Gegensatz zum Mikrosystem versteht man unter einem Makrosystem ein übergeordnetes Gebilde wie z. B. den Staat, große organisierte Institutionen, Gesellschaften.

- *Exosystem:* Auf der Exosystemebene befinden sich alle Institutionen, in die das Individuum nicht direkt eingebunden ist, die aber Einfluß auf es nehmen wie z. B. die Polizei oder die Verwaltung. Allerdings gibt es auch hier Veränderungen. Wenn z. B. ein Individuum von einer Institution der Exosystemebene in Anspruch genommen wird, wird das Exosystem für die Person zum Mesosystem.
- *Hierarchie:* Unter Hierarchie versteht man in der Systemtheorie nicht einen Machtbegriff, er zeigt lediglich den Umstand, daß die jeweiligen Elemente eines Systems wiederum als Systeme und das System selbst als Element eines umfassenderen Systems angesehen werden kann. Der Hierarchiebegriff versteht sich also als Ordnungsbegriff. Es ist z. B. möglich, daß eine einzelne Familie ein ganzes Verwandschaftssystem beherrscht, obwohl sie nur ein Subsystem im Suprasystem Verwandschaft darstellt.
- *Umwelt- und Referenzsystem:* Zur Umwelt zählt alles, was nicht Referenzsystem ist, d. h. alle anderen Systeme außer das, von dem aus ich denke. Das Referenzsystem steht in Beziehung zu einer Vielzahl von Umwelt-Systemen. Als Referenzsystem bezeichnet man dasjenige System, von dem aus man das andere System denkt. Das Referenzsystem kann sowohl das Subsystem wie auch das Suprasystem sein. Zum Beispiel ist die Familie im Bezug zur Verwandschaft ein Subsy-

stem, jedoch in Bezug zu den Kindern ein Suprasystem. Der Unterschied zwischen dem höheren und niedrigeren System besagt jedoch keine Machthierarchie aus, wie wir gesehen haben.

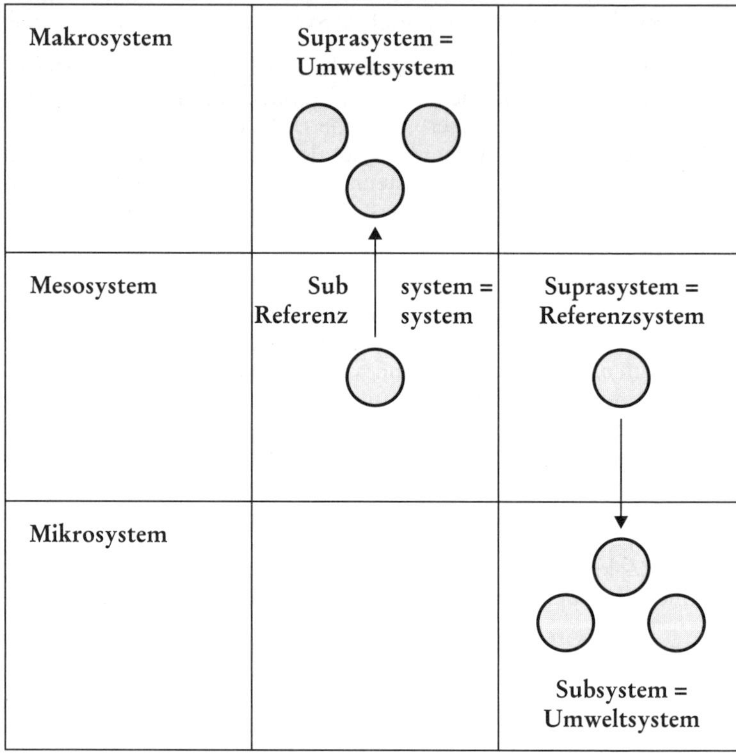

4.7.4 Systemmerkmale

• *Systemgrenze:* Ob jemand einem Sozialsystem angehört oder nicht, hängt von der Systemgrenze ab, die er zur Umwelt aufgebaut hat und wie er sich von ihr abgrenzt. Sie besitzt jedoch eine Flexibilität, durch die die Trennungslinie der Systeme verändert werden kann. Systemgrenzen sind Umweltausgrenzungen, die der Erhaltung des Systems dienen.

• *Umweltoffenheit:* Jedes System ist offen zur Umwelt. Diese Eigenschaft ist wesentlich für die Freiheit des Systems. Lebende Systeme sind offen. »Dennoch hat ein System Grenzen. An diesen Grenzen spielt sich aber der Kontakt und der Austausch mit anderen Systemen ab. Wenn sich ein System nach außen abschließt, ist es auf Dauer nicht überlebensfähig oder es entwickelt sich zumindest dysfunktional.«[110]

- *Homöostase, Fließgleichgewicht:* Offenheit und Homöostase sind zwei weitere Eigenschaften eines Systems. Indem ein System mit anderen in Beziehung tritt, muß es ständig Energien aufnehmen und abgeben. Das System ist bemüht, Balance zu halten und seine Eigenständigkeit zu wahren. Aus dieser Tatsache ist zu entnehmen, daß Systeme dynamisch sind und ihr Zusammenwirken Prozeßcharakter hat. »Das dynamische Gleichgewicht eines lebenden Systems zeichnet sich durch ständige, wechselseitig verknüpfte Fluktuationen aller Variablen aus. Um gesund zu sein, muß das System flexibel sein, und seine Flexibilität hängt davon ab, wie viele seiner Variablen in Fluß gehalten werden. Je dynamischer der Zustand des Systems, desto größer seine Flexibilität, desto stärker seine Fähigkeit, sich Umweltveränderungen anzupassen.«[111] *Tuggener* unterscheidet drei Gleichgewichts-Modelle:[112]

- *Innerpersönliches Gleichgewicht:* Bedürfnisse erzeugen Gleichgewichtsstörungen, die nach einem Ausgleich rufen. Eine Störung des Gleichgewichts wird als innerer Spannungszustand registriert, mit dem sich Gefühle des Unbehagens, der Bedrohung und der Angst verbinden können. Dies widerstrebt aber der Grundtendenz des Gesamtorganismuses zur Erhaltung der Stabilität. Die Bedürfnisbefriedigung ist daher das Mittel zur Wiederherstellung des Gleichgewichts. Das wiederum gefundene Gleichgewicht zeigt sich im Gefühl des Wohlbefindens.
- *Soziales Gleichgewicht:* Es bezeichnet die Beziehungen zwischen den Menschen. Stimmen die Beziehungen zwischen Personen, ist das Gleichgewicht hergestellt. Treten Veränderungen im sozialen Beziehungssystem ein, bedeutet das eine Störung des Gleichgewichts und dies fordert nach einem Ausgleich. Wohlbefinden ist eine Funktion von Gleichgewichtszuständen, Störungen von Ungleichgewichtszuständen.
- *Gleichgewicht zwischen sozialen Systemen:* Hierunter versteht man das Gleichgewicht zwischen Gruppen und dem sozialen System. Auch zwischen diesen Systemen können Störungen und Belastungen auftreten; beide sind unterschiedlich belastbar.

Die Aufgabe Sozialer Arbeit ist es, Regulationshilfe zu leisten, denn jedes System besitzt eine Selbstregulationsfähigkeit. Ist diese überspannt bzw. überlastet, bedarf der Mensch einer Hilfe, die sein persönliches, soziales Gleichgewicht mit dem sozialen System in Einklang bringt.
Diese Überlegungen kann man sich im Bild eines Mobiles vorstellen.

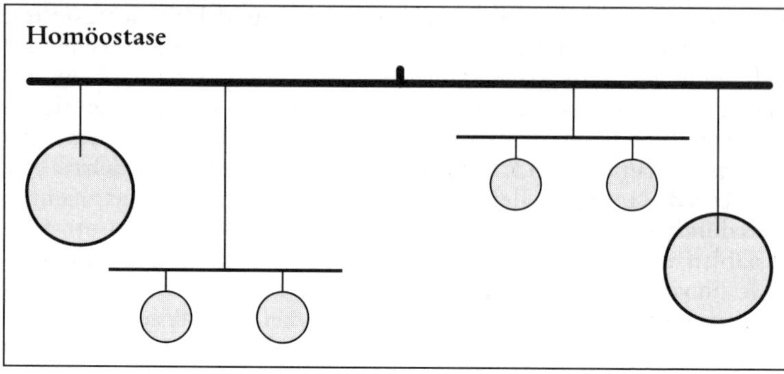

• *Interaktion und Kommunikation:* Der Austausch der Systeme erfolgt ausschließlich über Interaktion und Kommunikation. Kriterien für diese Kommunikation sind dabei Variabilität (d. h. veränderliche), und Selektion (d. h. auswählende Kriterien). Solche Systeme werden auch selbstreferentielle (reflexive) Systeme genannt.
• *Rückkoppelungs- oder Feedback-Prinzip:* Innerhalb eines Systems gibt es Rückkopplungsmechanismen, die dafür sorgen, daß das System sich selbst Auskunft über seinen Zustand gibt und sich dadurch selbsttätig regelt. Dies setzt eine gewisse Systemtransparenz voraus, d. h. die Kenntnis des Systems über sich selbst.

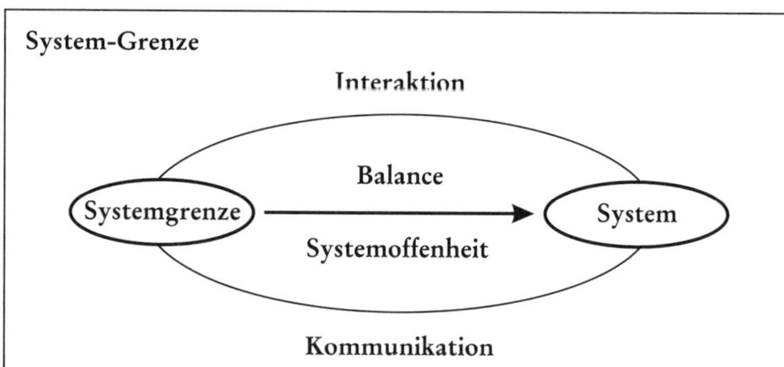

4.7.5 Systemfunktionalität

• *Sinn, Finalität:* Lebende, offene Systeme haben immer einen Sinn. Der Sinn leitet sich aus kulturellen Werten und sozialen Normen ab. Unterschiedliche Sozialsysteme haben auch unterschiedlichen Sinn bzw. Zweck. Man spricht vom inneren und äußeren Systemzweck.
• *Lineares und systemisches Handeln:* Das Handeln in der Sozialen Arbeit war bis heute weitestgehend durch ein lineares Vorgehen bestimmt. Der Adressat wurde als Individuum betrachtet, das ein Pro-

blem in sich trägt. Es folgte eine Einzelbehandlung, welche die Umwelt nicht wesentlich einbezog. Im Zentrum des Denkens und Handelns steht der einzelne Mensch.
Das systemische Handeln sieht den Adressaten als Symptomträger eines gestörten Umfeldes. Deshalb wird im systemischen Handlungskonzept bei einer Störung immer der ganze Bereich, das gesamte Umfeld berücksichtigt.

- *Funktion:* Alle menschliche Interaktion und Kommunikation erfüllt neben dem Ziel auch eine Funktion. »Ist diese auf den Systemzweck ausgerichtet, bezeichnen wir die betreffende Interaktion als ›systemfunktionell‹ oder einfach funktionell. Entsprechend sind Handlungen (von Systemangehörigen), die dem Systemzweck direkt oder indirekt zuwiderlaufen, dysfunktionelle Handlungen. Funktionelles Handeln aller Systemangehörigen macht, daß das System als Ganzes richtig, d. h. zweckentsprechend funktioniert. Ein solches System nennen wir ein funktionelles System ... Ein System, das nicht zweckentsprechend funktioniert, ist ein dysfunktionelles System. Es gibt drei Arten von System – Dysfunktionalität:

– Funktionsausfall: Eine Funktion fällt aus, wenn der Systemzweck (voll) erfüllt werden soll ...
– Fehlfunktion: Das System erfüllt nicht den vom Systemsinn gegebenen Systemzweck, funktioniert also falsch ...
– Funktionskonflikt: Das System kann nicht zweckentsprechend funktionieren, weil entscheidende Systemangehörige gegeneinander handeln. Sie kooperieren nicht und verhalten sich insofern dysfunktionell. Es besteht also ein systeminterner Konflikt, der bewirkt, daß das System entweder blockiert ist oder falsch funktioniert.«[113]

System-Sinn

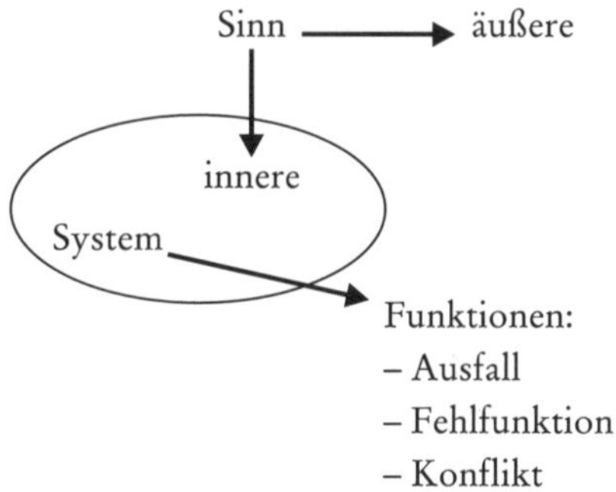

4.7.6 Systembeziehungen

- *Positive Systembeziehungen:* Von positiven Systembeziehungen spricht man, wenn sie dem Sinn bzw. dem Systemzweck aller beteiligten Systeme entsprechen.
- *Negative Systembeziehungen:* Analog zu den drei Arten von Systemdysfunktionalität gibt es auch hier drei Ausprägungen:

– Mangelnde Systembeziehungen: Es besteht überhaupt keine Beziehung.
– Zweckfremde Systembeziehung: Die Interaktionen zwischen den Systemen verlaufen reibungslos, aber sie widersprechen dem Zweck mindestens eines der beteiligten Systeme.
– Systemkonflikt: »Bei dieser Form negativer Systembeziehung behindern sich die Systeme gegenseitig in ihrem zweckentsprechenden Funktionieren oder mindestens eines der beteiligten Systeme wird behindert, und zwar so, daß es seinen Systemzweck nicht zu erfüllen vermag. Solche Störungen eines anderen Systems kann beabsichtigt sein, aber ebensogut unabsichtlich geschehen.«[114]

Systembeziehungen

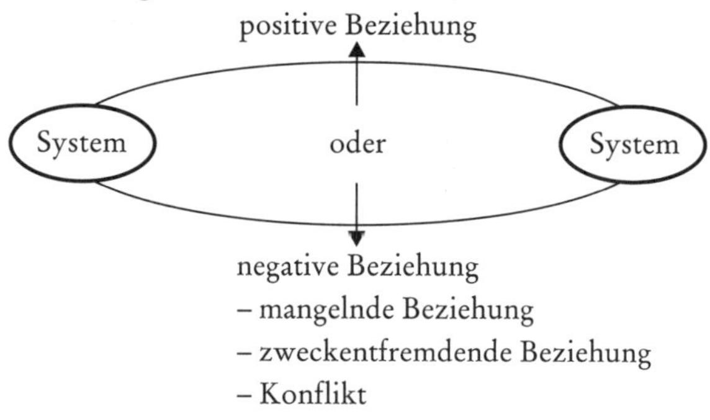

4.7.7 Methoden systemischen Handelns

Eine zentrale Rolle systemischen Handelns spielt die Erstellung einer Diagnose, die bereits ein Bestandteil der Problemlösung ist.
Der Sozialpädagoge sollte sich im Vorfeld einige Fragen stellen bzw. Fakten bedenken:

– Eine systemische Diagnose ist nicht als statische Aufnahme von Daten zu verstehen, sondern stellt eine bildliche Prozeßbeschreibung dar.
– Die empfindlichen und kritischen Prozesse eines Wirkungsgefüges und der Beziehungen zueinander gilt es ausfindig zu machen.
– Eine Diagnose beginnt immer mit der Frage: Was ist das Problem?

- Die Diagnose soll herausfinden, warum ein System so und nur so und nicht anders auf bestimmte Umwelten reagiert. Von außen herangetragene Bewertungen im Sinne von gut/schlecht, richtig/falsch verhindern oder erschweren das Verständnis für diese Funktionsweisen.
- Der Sozialpädagoge muß sich fragen, was die Vor- und Nachteile einer Situation sind; welche Chancen und Gefahren sich dadurch ergeben.
- Systeme sind selbstorganisatorisch. Sie verarbeiten Impulse von außen in der ihnen entsprechenden Art und Weise mit dem Ziel der Identitätserhaltung.[115]

Konkret umgesetzt geschieht systemisches Handeln in der Sozialpädagogik in folgenden Schritten, dabei beziehe ich mich auf familientherapeutische Schulen, die bereits eine langjährige Erfahrung in der systemtheoretischen Praxis besitzen.

• *Diagnose:* Zuerst wird eine Diagnose erstellt, die aus drei Teilen besteht:

- *Genogramm:* Es zeigt die Verknüpfung der Systeme untereinander auf, hinterfragt Ziele und Zweck des Systems und versucht, ihre sinngebende Funktion zu erfassen und zu lernen, sich besser im System und mit dem System zu entwickeln und zu verändern.
- *Netzwerk:* Die Verknüpfungen werden dargestellt, um fehlende oder irreführende wie auch mögliche neue Systembeziehungen erkennen zu können.
- *Ressourcen:* Es wird eruiert, wo Hilfspotentiale bestehen und wie diese eingesetzt werden können. Die Arbeit richtet sich nicht auf Probleme, die jemand hat, sondern auf die Zusammenhänge, in deren Licht bestimmte Verhaltensweisen von anderen problematisch angesehen werden.

• *Hilfeplan:* Im Anschluß an die Diagnose wird ein Hilfeplan erstellt, der in regelmäßigen Abständen überprüft und gegebenenfalls korrigiert wird (zirkulares Vorgehen). Wichtig für den systemischen Berater ist die Einsicht, daß er für die Veränderung einer Person nicht verantwortlich ist. Sein Ziel ist es,

- das Problem zu benennen,
- die Vernetzung zu verdeutlichen,
- Ressourcen aufzuzeigen.

Das Annehmen und Umsetzen des Hilfeplans ist ausschließlich Angelegenheit eines jeden Systems (Person).

4.7.8 Systemische Soziale Arbeit – Praktikabilität

Die Systemtheorie findet seit Jahren zunehmend in verschiedenen Wissenschaftsbereichen eine breite Beachtung und Anwendung. Sozialpädagogen/Sozialarbeiter sperren sich zum Teil gegen die System-

theorie, weil zumindest ihre Begrifflichkeit etwas Mechanisches, Konstruiertes an sich hat. Das Persönliche, Individuelle, die inneren Erfahrungen und Erlebnisse können im systemischen Denken nicht erfaßt werden. Dieser Einwand ist z. T. berechtigt.
Man darf nicht übersehen, daß man von einer einheitlichen Systemtheorie nicht sprechen kann und daß die Systemtheorie nicht die einzig richtige oder mögliche Theorie ist, die ihren jeweiligen Gegenstand in jeder möglichen Hinsicht erfaßt. Universalität beinhaltet keinen Alleinvertretungs- und Erklärungsanspruch.
Systemtheorie versteht sich als gedankliches Begreifen, als praktisches Prinzip, sie gilt als Modell für eine Art Verstehensrahmen, aber ersetzt nicht das Verstehen selber. *Lüssi,* der eine ›Systemische Sozialarbeit‹ entwickelt hat, verweist auf diesen Zusammenhang:
»Auch eine Sozialarbeitslehre, wie die unsrige, deren tragende Prinzipien systemischer Art sind, enthält also vieles, was mit Systemik nichts zu tun hat... Eine Sozialarbeitslehre muß nicht a priori systemisch sein...
Auch ein so viel erschließendes theoretisches Konzept, wie es das System-Modell ist, erklärt dem Sozialarbeiter nicht alles und gibt ihm nicht überall einen Schlüssel zum problemlösenden Handeln.«[116] Trotz dieser Einschränkungen bietet sich die Systemtheorie dem Sozialpädagogen/Sozialarbeiter als hilfreiches Problemlösungsmodell an. *Lüssi* stellt die These auf: »Der Sozialarbeiter kann optimale Sozialarbeit nur leisten, wenn er systemisch denkt und handelt.«[117]

●

Als die wichtigsten Hilfen für die Praxis kann man festhalten:

- Systemik liefert zwar keine Rezepte für die Praxis, wohl aber liefert sie ein Erklärungsmodell, um die Hintergründe, Beziehungen, Verbindungen, das ganze Beziehungsgeflecht einer Person zu deuten. »Sobald der Sozialarbeiter das Individuum in seiner Systemzugehörigkeit sieht, erkennt er, daß viele Konflikte, die man gemeinhin für persönliche Beziehungsprobleme zwischen Individuen hält, tatsächlich Systemkonflikte sind.«[118]
- Treten Konflikte auf, richtet der Sozialpädagoge sein Augenmerk weniger auf die Individuen an sich, sondern auf ihre Funktionen, die sie in ihren Interaktionen zwischen den Systemen ausüben. Dabei geht er von der Vorstellung sozial positiver Funktionszusammenhänge aus. Störungen werden vor allem als Störungen der Interaktion und Kommunikation zwischen den Systemen verstanden. »Der ›Fall‹ ist nur die Stelle, an dem ein allgemeines Leiden in individueller Weise manifestiert wird. Einfache Hilfeleistung wäre nur ein Kurieren am Symptom. Die wirkliche Behandlung einer Störung muß immer den ganzen Bereich einbeziehen, der mit ihr in Kommunikation steht.«[119]
- Die Rolle des Sozialpädagogen muß neu überdacht werden. Er tritt als ein eigenes System mit dem hilfesuchenden System in

Beziehung. Er wird zu einem Teil des Beziehungssystems. Über diese neue Konstellation muß er reflektieren und sie analysieren.

• Eine neue Art der Aufgaben Sozialer Arbeit zeichnet sich durch die Übernahme der Systemtheorie ab. Sozialpädagogen/Sozialarbeiter übernehmen die Funktion des Ressourcenverteilers. Sein Angebot von Hilfe besteht weniger darin, individuell psycho-sozial zu helfen, vielmehr besteht seine Aufgabe darin:

- Analyse der Systemzugehörigkeit, -merkmale, -funktionalität und -beziehungen
- Planung von Änderungen im Systemgefüge mehrerer Personen
- Anbieten, Beratung von Möglichkeiten, wie betroffenen Systeme neue Interaktionen und Kommunikationen eingehen können. Sozialpädagogen arrangieren die Möglichkeiten anderer Sozialsysteme.
- Normalisierungsarbeit ist in diesem Sinne so zu verstehen, daß das einzelne System durch Veränderung seiner Beziehungen und Kommunikation für sich ein ›normales‹ Bezugssystem neu aufbauen kann, bei dem ihm der Sozialpädagoge zur Seite steht.
- Die Aufgabe des Sozialpädagogen/Sozialarbeiters besteht eher in der Zurverfügungstellung von Ressourcen und in deren Vernetzung. Er kann Handlungsmöglichkeiten aufzeigen, Systemvernetzungen anregen; entscheiden und schließlich handeln muß der einzelne selbst. Er selbst trägt für sein Leben Verantwortung, nicht etwa der Sozialpädagoge/Sozialarbeiter. Dieser Punkt ist entscheidend, denn häufig identifizieren sich Sozialpädagogen/Sozialarbeiter derart mit ihrer Zielgruppe, daß sie enttäuscht sind, wenn diese nicht so handelt, wie abgesprochen bzw. geplant wurde. Die Eigenverantwortung des Hilfesuchenden für sein Handeln und die Stellung des Sozialpädagogen/Sozialarbeiters wird in dem systemischen Ansatz sehr deutlich betont.

»Eine Orientierung auf ›Ressourcenarbeit‹ aktiviert außerdem vielfältigere ›Arbeitsformen‹, als dies bei der Reduktion von Sozialer Arbeit auf Beratung oder (Sozial-) Therapie der Fall ist. So könnten dadurch Fachkräfte dazu angeregt werden, beispielsweise auf vielen Ebenen nach vorhandenen oder fehlenden Ressourcen zu fahnden, z. B. auf den Ebenen ›Kommune‹, ›Wohngebiet‹, ›Gesetzgebung‹, ›beteiligte Personen und Institutionen‹. Damit wird das potentielle Interventionsfeld der Fachkräfte verbreitert und erlaubt es, die ›Multi-Dimensionalität‹ des Problemfeldes zumindest gedanklich zu berücksichtigen, auch wenn die tatsächlichen Handlungen dieser Multi-Dimensionalität nicht genügen werden und dies auch nicht können.«[120]

4.7.9 Theorievielfalt und Universalität der Systemtheorie

In den letzten zehn Jahren sind recht viele Theorie-Modelle der Sozialpädagogik/Sozialarbeit entwickelt worden wie z. B. *Life-Model, Lebenslage-Modell, Netzwerk-Modell, Sozio-ökologisches-Modell, Systemtheoretisches Modell, Prozessual-systemisches Modell* u. a. Jedes Modell hebt einen Aspekt der theoretischen Grundlage besonders heraus und entwickelt einen Erklärungsansatz für sozialpädagogisch/soziales Arbeiten. Keines von ihnen kann für sich Allgemeingültigkeit beanspruchen. Der Vorteil dieser Vielfalt an Theoriemodellen besteht in der Möglichkeit, das sehr komplexe Handlungs- und Erlebnisfeld Sozialer Arbeit von sehr unterschiedlichen Standpunkten auszuleuchten. Auf diese Weise tritt das Ganze der Sozialen Arbeit in ihrer Vielfältigkeit deutlicher zu Tage. Der Nachteil liegt in der Zerrissenheit, die einer integrierten und umfassenden allgemeinen Theorie der Sozialen Arbeit wenig förderlich ist. Die Systemtheorie bzw. eine systemische Soziale Arbeit könnte diesen integrierenden Aspekt der verschiedenen Ansätze ermöglichen. *Hollstein-Brinkmann* hat in seiner sehr gründlichen Untersuchung Ansätze der Interaktion verschiedener theoretischer Modelle aufgezeigt. So ließen sich das *Life-Model, Vernetzungs-Modell, Lebenswelten-Modell, Prozessualsysteme-Modell* wie das *ökologische Modell* in die Systemtheorie integrieren und zu einer systemischen Sozialen Arbeit entwickeln. Seine Überlegungen faßt *Hollstein-Brinkmann* zusammen:

- »Für die Entwicklung einer Handlungstheorie Sozialer Arbeit kann die System-theorie durch ihren Charakter als ›operative Theorie‹ einen übergreifenden Bezugsrahmen zur Verfügung stellen. Systemtheorie dient hier als Instrument der Theorie-Integration, das einzelwissenschaftliches Erklärungswissen, Gegenstandsbestimmungen und Arbeitsweisen miteinander verbinden kann. Mit den verschiedenen systemtheoretischen Ansätzen können alle Handlungs- und Beschreibungsebenen Sozialer Arbeit erfaßt werden. Systemtheorie ermöglicht als ›theoretische Klammer‹ die Anschlußfähigkeit der unterschiedlichen sozialen Kontexte und Dimensionen der Theoriebildung und kann Vorhandenes unter neuen Gesichtspunkten ordnen.
- Die Austauschbeziehungen zwischen Mensch und Umwelt bilden den Kerngedanken systemorientierter Handlungskonzepte. Damit stehen sie in einer Denktradition, die für Soziale Arbeit seit Beginn ihrer Verberuflichung kennzeichnend ist…
- Der Hauptertrag für die Theorie Sozialer Arbeit besteht in der Übernahme der Systemvorstellung als solche: Alle sozialen Phänomene können unter dem Aspekt ihrer Verbundenheit und Zugehörigkeit zu einem übergeordneten Kontext betrachtet werden. Die bei allen Beteiligten vorhandene Interdependenzerfahrung wird durch den Systemansatz konzeptionell ausgedrückt…
- Eine Kernaussage der Selbstorganisationstheorien besteht in der Eigendeterminiertheit und begrenzten Beeinflußbarkeit von Systemen… Die Betonung der Eigenverantwortung der Klienten für die Lösung ihrer Probleme ist zentral…
- Die gesellschaftlichen Wandlungsprozesse, die als Übergang vom sozialen

zum ökologischen Paradigma gekennzeichnet wurden, betreffen Soziale Arbeit in mehrfacher Hinsicht: Ihre Bedeutung als Vermittlungsinstanz zwischen Rationalität funktionaler Teilsysteme und lebensweltlichen Bezügen nimmt zu. Immer mehr gesellschaftliche Probleme werden der Sozialen Arbeit zur Bearbeitung übertragen; immer mehr Menschen sind davon betroffen. Wandlungsprozesse drücken sich auch in Umstrukturierung des Systems sozialer Hilfen aus...
Die Funktionsbestimmung Sozialer Arbeit erfährt auf der Basis der systemtheoretischen Gesellschaftsanalyse eine Neudefinition. In funktionaler Perspektive wird sie als Normalisierungsarbeit bestimmt. Ein politischer Veränderungsanspruch ist nicht mehr Teil einer solchen Standortbestimmung...
Die Leistungsfähigkeit systemtheoretischer Konzepte für Soziale Arbeit konnte in mehrfacher Hinsicht veranschaulicht werden: als Theorierahmen für eine Handlungstheorie Sozialer Arbeit, bei Handlungskonzepten für Helfersysteme, als funktionale Analyse der Institutionen Sozialer Arbeit, als Funktionsbestimmung und als system-ökologische Orientierung alternativer Wohlfahrtspolitik. Der Nutzen für die Theoriebildung Sozialer Arbeit ist damit offenkundig.«[121]

Halten wir fest

Die Systemtheorie schafft ein unter verschiedenen Wissenschaften einheitliches Sprachsystem.
Die Systemtheorie hilft dem Sozialpädagogen, eine Diagnose zu erstellen, in der ein entsprechendes Genogramm der betroffenen Personen erarbeitet, deren Vernetzung verdeutlicht wird und ihre Ressourcen aufgezeigt werden, um aufgrund dieser Daten einen Hilfeplan erstellen zu können.
Die Begriffe der Systemtheorie sind eine wichtige Hilfe bei der Feststellung des Ist-Zustandes und des Soll-Zustandes.

4.8 Sozialpädagogik – Zusammenfassung

Die Autoren, die ein Theorie-Modell bzw. -Fragment erarbeitet haben, lassen sich grob in zwei Gruppen zusammenfassen: die Klassiker und die neueren Theoretiker.
Die Klassiker *(z. B. Nohl, Bäumer, Mollenhauer, Giesecke)* begründen Sozialpädagogik aus hermeneutischer Sicht, d. h. sie versuchen, Sozialpädagogik aus der Entwicklung der Geschichte heraus zu erklären. Sozialpädagogik versteht sich als konkrete Pädagogik, die sich um den Menschen als Individuum und soziales Wesen gleichermaßen bemüht. Ihre Modelle leiten eine *kopernikanische Wende* in der Fürsorge ein: Die Frage lautet nicht, welche Probleme *macht* das Kind/der Jugendliche, sondern welche Probleme *hat* es/er. Mit dieser Wende zur positiven Pädagogik wird Sozialpädagogik als Handlungsbereich gesehen, der sich präventiv um den Menschen bemüht. Es ist die Wende von der Notstandspädagogik hin zur positiven Pädagogik.

Fassen wir die Überlegungen der *klassischen Theorie-Modelle* in die Frage zusammen:
Was heißt Sozialpädagogik?
Unter Sozialpädagogik versteht man die Theorie und Praxis einer speziellen Sozialisation. Sie geht nicht von einer Notsituation aus, sondern ist grundsätzlich eine positive Pädagogik.
Neben Familie und Schule ist Sozialpädagogik eine in der modernen Gesellschaft notwendige und gesetzlich geregelte dritte Erziehungs-, Bildungs- und Lerninstitution.
Sie bietet allen Altersschichten Sozialisationshilfen für die Bewältigung der im Laufe der lebenslangen Sozialisation auftretenden Konflikte; Hilfen, die sowohl eine Änderung des Individuums, eine Erweiterung seiner Kompetenzen anstreben, als auch die Beseitigung der diesem Konflikt zugrundeliegenden häufig systemimmanenten Ursachen.

Im Gegensatz zu den Klassikern bemühen sich die Autoren der neueren Theorie-Modelle, Sozialpädagogik aus einer bestimmten Sicht (Teilaspekt) inhaltlich näher zu fassen. So gibt es inzwischen bereits eine Reihe von Theorieansätzen. Der Vorteil dieser Bemühungen ist, daß durch die unterschiedlichen Theoriefragmente die Vielfalt der Sozialpädagogik deutlich herausgearbeitet wird; Nachteil ist, daß sie das Gemeinsame, Integrierende vermissen lassen. Die Systemtheorie erhebt den Anspruch und könnte tatsächlich diese integrierende Funktion bieten, alle Theoriefragmente zusammenzufassen.

Fassen wir auch die Überlegungen der *neueren Theorie-Modelle* in die Frage zusammen:
Was heißt Sozialpädagogik?
Sozialpädagogik ist die Pädagogik, die sich an der Lebenswelt ihrer Adressaten orientiert und sie bezüglich der Zurverfügungstellung von Ressourcen und deren Vernetzung berät.
Sie versteht sich als Normalisierungsarbeit und mischt sich offensiv im Interesse des Adressaten ein. Die Vielfalt der Theoriemodelle bietet den Vorteil, das komplexe Handlungsfeld sozialpädagogischer Arbeit von unterschiedlichen Standpunkten auszuleuchten. Die Systemtheorie könnte die Vielfalt der Ansätze in einen einheitlichen Ansatz integrieren.

Lernfragen

L

Die Fragen 1–10 beziehen sich auf *H. Nohl:*

1. Wie sieht *Nohl* das Verhältnis zwischen Normalpädagogik und Sozialpädagogik?
2. Welche geistigen Energien sind die Grundlage für die Entstehung von Sozialpädagogik?
3. Welcher Energie ist *Nohl* vor allem verbunden; (er versteht sie auch als den eigentlichen sozialpädagogischen Impuls)?
4. Wie wird in der Sozialpädagogik das Verhältnis zwischen Individuum und Gesellschaft gesehen?
5. Was versteht *Nohl* unter dem pädagogischen Bezug?
6. Worin sieht er die kopernikanische Wende in der pädagogischen Arbeit?
7. Worin besteht der Konstruktionsfehler im Aufbau eines Jugendamtes?
8. Ist die Sozialpädagogik nach *Nohl* vor allem vorbeugend oder nachsorgend ausgerichtet?
9. Hat *Nohl* eine eigene Definition von Sozialpädagogik gegeben?
10. Was kann man an dem sozialpädagogischen Modell von *Nohl* kritisieren?

Die Fragen 11–14 beziehen sich auf *G. Bäumer:*

11. Wie begründet sie die Entstehung von Sozialpädagogik?
12. Wie definiert sie Sozialpädagogik?
13. Was versteht man unter primärer, sekundärer und tertiärer Erziehungs-, Bildungs- und Lerninstitution?
14. Wie könnte man Sozialpädagogik im Sinne von *Nohl* und *Bäumer* definieren?

Die Fragen 15–23 beziehen sich auf *K. Mollenhauer* und *H. Giesecke:*

15. Welche Gründe führt *Mollenhauer* für die Entstehung von Sozialpädagogik an?
16. Wie schätzt er die Sozialpädagogik und die Familienerziehung ein?
17. Wie begründet er, daß Sozialpädagogik eine positive Pädagogik ist?
18. Worin unterscheiden sich die erzieherischen Tätigkeiten in Familie, Schule und Sozialpädagogik?
19. Welches sind die drei typischen sozialpädagogischen Tätigkeiten?
20. Wie definiert er Sozialpädagogik?
21. Was versteht *Giesecke* unter offensiver Sozialpädagogik?
22. Welche Ziele verfolgt eine offensive Sozialpädagogik?
23. Wie begründet die offensive Sozialpädagogik, daß sie sich auf jedes Lebensalter bezieht?

Die Fragen 24–33 beziehen sich auf *H. Thiersch:*
24. Welches sind nach *Thiersch* die zentralen Dimensionen einer sozialpädagogischen Theoriebildung?
25. In welche zwei Bereiche muß man Lebenswelt unterteilen?
26. Welche Aufgabe hat eine lebensweltorientierte Sozialpädagogik?
27. Welches sind die fünf Handlungsmaximen einer lebenweltorientierten Sozialpädagogik?
28. Wie versteht er Prävention?
29. Was versteht er unter Dezentralisierung?
30. Was verstehter unter Alltagsnähe?
31. Was versteht er unter Normalisierung?
32. Was versteht er unter Partizipation?
33. Welches sind die positiven und negativen Seiten der lebensweltorientierten Sozialpädagogik?

Die Fragen 34–50 beziehen sich auf die *Systemtheorie:*
34. Welchen Anspruch erhebt die Systemtheorie?
35. Was ist das Charakteristische des systemischen Denkens?
36. Worin besteht der Unterschied zwischen dem mechanistischen und dem ganzheitlich-systemischen Weltbild?
37. Was versteht man unter einem System?
38. Was versteht die Systemtheorie unter Ganzheit?
39. Was versteht sie unter Sub- und Suprasystem?
40. Was versteht sie unter Referenzsystem?
41. Welches sind die fünf Systemmerkmale?
42. Was versteht man unter Systemfunktionalität?
43. Was versteht man unter Systembeziehungen?
44. Was versteht man beim systemischen Handeln unter einer Diagnose?
45. Welche Hilfen kann die Systemtheorie der Praxis bieten?
46. Wie verändert sich die Rolle des Sozialpädagogen nach Ansicht der Systemtheorie?
47. Worin besteht die Aufgabe des Sozialpädagogen?
48. Welche Hilfen kann die Systemtheorie der Entwicklung einer Theorie von Sozialpädagogik bieten?
49. Wie könnte man im Sinne der klassischen Theorie-Modelle Sozialpädagogik umschreiben?
50. Wie könnte man im Sinne der neueren Theorie-Modelle Sozialpädagogik umschreiben?

Weiterführende Literatur

Engelke, Ernst: Soziale Arbeit als Wissenschaft. Freiburg: Lambertus Verlag 1992.
Marburger, Helga: Entwicklung und Konzepte der Sozialpädagogik. München: Juventa Verlag 1979.
Mollenhauer, Klaus: Die Ursprünge der Sozialpädagogik in der industriellen Gesellschaft. Weinheim: Beltz Verlag 1987 (1959).
Schmidt, Hans-Ludwig: Theorien der Sozialpädagogik. Rheinstetten: Schindele Verlag 1981.
Thiersch, Hans: Lebensweltorientierte Soziale Arbeit. Weinheim: Juventa Verlag 1992.

Anmerkungen

1. *Zetterberg.* In: *Rössner, L.:* Theorie der Sozialarbeit. München: Reinhardt Verlag 1973, S. 15.
2. Vgl. *Schmidt, H.-L.:* Theorien der Sozialpädagogik. Rheinstetten: Schindele Verlag 1981, S. 1.
3. Vgl. *Oppl, H./Tomaschek, A.:* Soziale Arbeit 2000. Band 1. Freiburg: Lambertus Verlag 1986, S. 81.
4. Vgl. *Wollenweber, H.* (Hrsg.): Sozialpädagogik in Wissenschaft und Unterricht. Paderborn: Schöningh Verlag 1978, S. 110.
5. Vgl. *Vahsen, F.* (Hrsg.): Paradigmenwechsel in der Sozialpädagogik. Bielefeld: Böllert Verlag 1992, S. 15.
6. *Staub-Bernasconi, S.* In: *Wendt, W. R.* (Hrsg.): Sozial und wissenschaftlich arbeiten. Freiburg: Lambertus Verlag 1994, S. 75–76.
7. *Engelke, E.:* Soziale Arbeit als Wissenschaft. Freiburg: Lambertus Verlag 1992, S. 83.
8. Vgl. ebenda, S. 130–131.
9. Ebenda, S. 136.
10. Ebenda, S. 136.
11. Vgl. *Marburger, H.:* Entwicklung und Konzepte der Sozialpädagogik. München: Juventa Verlag 1979, S. 113–161.
12. Vgl. *Schmidt:* Theorien …, ebenda, S. 43–45.
13. Vgl. *Mühlum, A.* u. a.: Umwelt – Lebenswelt. Frankfurt: Diesterweg Verlag 1986, S. 215–216.
14. Vgl. *Engelke:* Soziale Arbeit …, ebenda, S. 143–144.
15. Ebenda, S. 144.
16. Ebenda, S. 310.
17. *Nohl.* In: *Wollenweber:* Sozialpädagogik …, ebenda, S. 43.
18. *Marburger:* Entwicklung …, ebenda, S. 61–62.
19. *Röhrs, H.* (Hrsg.): Die Sozialpädagogik und ihre Theorie. Frankfurt: Akademische Verlagsgesellschaft 1968, S. XIV.

20. *Nohl.* In: *Marburger:* Entwicklung..., ebenda, S. 61.
21. *Schmidt:* Theorien..., ebenda, S. 81–82.
22. Vgl. *Marburger:* Entwicklung..., ebenda, S. 62.
23. Vgl. *Schmidt:* Theorien..., ebenda, S. 82.
24. *Marburger:* Entwicklung..., ebenda, S. 63.
25. *Schmidt:* Theorien ebenda, S. 83.
26. Ebenda, S. 88.
27. Ebenda, S. 14.
28. *Nohl.* In: *Marburger:* Entwicklung..., ebenda, S. 65.
29. *Nohl.* In: *Wolf, A.:* Zur Geschichte der Sozialpädagogik im Rahmen der sozialen Entwicklung. Donauwörth: Auer Verlag 1977, S. 189.
30. Ebenda, S. 190.
31. *Schmidt:* Theorien..., ebenda, S. 84.
32. *Nohl.* In: *Wolf:* Zur Geschichte..., ebenda, S. 189.
33. *Nohl.* In: *Wollenweber:* Sozialpädagogik..., ebenda, S. 45.
34. *Nohl.* In: *Mörschner:* Sozialpädagogik..., ebenda, S. 131.
35. *Nohl.* In: *Wollenweber:* Sozialpädagogik..., ebenda, S. 46.
36. *Nohl.* In: *Marburger:* Entwicklung..., ebenda, S. 66.
37. *Nohl.* In: *Rössner, L.:* Sozialpädagogik. In: *Speck, J. und Wehle, G.* (Hrsg.): Handbuch pädagogischer Grundbegriffe. Band II. München: Kösel Verlag 1970, S. 470.
38. *Marburger:* Entwicklung..., ebenda, S. 75–76.
39. *Leube, K.* und *Müller, C. W.:* FürSorge. In: *Müller, C. W.* (Hrsg.): Einführung in die Soziale Arbeit. Weinheim: Beltz Verlag 1985, S. 64.
40. *Bäumer.* In: *Wollenweber, H.* (Hrsg.): Sozialpädagogische Theoriebildung. Quellenband. Paderborn: Schöningh Verlag 1983, S. 58.
41. Ebenda, S. 58, 70, 71.
42. *Konrad:* Sozialpädagogik..., ebenda, S. 305.
43. Vgl. *Winkler, M.:* Hat die Sozialpädagogik Klassiker? In: Neue Praxis 3/1993, S. 171.
44. Vgl. *Hamann, B.:* Zur Frage der Konstituierung der Sozialpädagogik als erziehungswissenschaftliche Disziplin. In: Pädagogische Rundschau 11/1975, S. 886; *Marburger:* Entwicklung..., ebenda, S. 78; *Schmidt:* Theorien..., ebenda, S. 89.
45. *Homfeldt, H. G./Lauff, K./Maxeiner, J.:* Für die sozialpädagogische Schule. München: Juventa Verlag 1977, S. 214.
46. Vgl. *Ackermann, K.-E.:* Die Entwicklung der sozialpädagogischen Fragestellung im Werk von Klaus Mollenhauer. In: *Wollenweber,* H. (Hrsg.): Modelle sozialpädagogischer Theoriebildung. Paderborn: Schöningh Verlag 1983, S. 93–94.
47. *Mollenhauer, K.:* Erziehung und Emanzipation. München: Juventa Verlag 1971, S. 134.
48. *Mollenhauer, K.:* Einführung in die Sozialpädagogik. Weinheim: Beltz Verlag 1964, S. 13.
49. *Mollenhauer, K.:* Was heißt »Sozialpädagogik«. In: *Mollenhauer, K.* (Hrsg.): Zur Bestimmung von Sozialpädagogik und Sozialarbeit in der Gegenwart. Weinheim: Beltz Verlag 1966, S. 40.
50. Ebenda, S. 19.
51. *Ackermann:* Die Entwicklung..., ebenda, S. 99.

52. *Mollenhauer:* Einführung..., ebenda, S. 21.
53. Ebenda, S. 27.
54. *Schmidt:* Theorien..., ebenda, S. 89.
55. *Mollenhauer:* Die Ursprünge..., ebenda, S. 55.
56. Ebenda, S. 50.
57. Ebenda, S. 56.
58. Ebenda, S. 124.
59. Ebenda, S. 130.
60. *Mollenhauer:* Einführung..., ebenda, S. 97–98.
61. Ebenda, S. 103.
62. Ebenda, S. 107.
63. Ebenda, S. 111–112.
64. *Mollenhauer, K.:* Sozialpädagogik. In: *Groothoff, H.-H.* (Hrsg.): Pädagogik. Frankfurt: Fischer Lexikon 1973, S. 291.
65. *Mollenhauer:* Die Ursprünge..., ebenda, S. 55.
66. *Mollenhauer:* Einführung..., ebenda, S. 19.
67. *Mollenhauer:* Erziehung..., ebenda, S. 134.
68. *Mollenhauer, K.:* Funktionsbestimmung der Sozialpädagogik. In: *Wollenweber, H.* (Hrsg.): Sozialpädagogik in Wissenschaft und Unterricht. Paderborn: Schöningh Verlag 1978, S. 50.
69. *Mollenhauer:* Was heißt..., ebenda, S. 38.
70. Zitiert nach *Marburger.* In: *Ackermann:* Die Entwicklung..., S. 111.
71. Vgl. *Giesecke, H.* (Hrsg.): Offensive Sozialpädagogik. Göttingen: Vandenhoeck & Ruprecht Verlag 1973.
72. Ebenda, S. 5.
73. Ebenda, S. 5.
74. *Marburger:* Entwicklung..., ebenda, S. 138.
75. Ebenda, S. 140.
76. Ebenda, S. 142.
77. Ebenda, S. 143, 138.
78. Vgl. *Winkler:* Hat die Sozialpädagogik..., ebenda, S. 184.
79. *Engelke:* Soziale Arbeit..., ebenda, S. 144.
80. *Thiersch, H./Rauschenbach, Th.:* Sozialpädagogik/Sozialarbeit: Theorie und Entwicklung. In: *Eyferth, H./Otto, H.-U./Thiersch, H.* (Hrsg.): Handbuch zur Sozialarbeit/Sozialpädagogik. Neuwied: Luchterhand Verlag 1987, S. 985.
81. Ebenda, S. 1001.
82. Ebenda, S. 1004,1005.
83. Ebenda, S. 1005.
84. Ebenda, S. 1007.
85. *Thiersch, H.:* Ganzheitlichkeit und Lebensweltbezug als Handlungsmaximen der sozialen Arbeit. In: *Greese, D.* u. a. (Hg.): Allgemeiner Sozialer Dienst. Münster: Votum Verlag 1993, S. 143, 144.
86. Ebenda, S. 142.
87. *Thiersch, H.:* Lebensweltorientierte Soziale Arbeit. Weinheim: Juventa Verlag 1992, S. 245.
88. *Thiersch.* In: *Greese:* Allgemeiner..., ebenda, S. 144.
89. Ebenda, S. 146.
90. Ebenda, S. 147.
91. Ebenda, S. 148.

92. Achter Jugendbericht. Bericht über Bestrebungen und Leistungen der Jugendhilfe. Hrsg.: Der Bundesminister für Jugend, Familie, Frauen und Gesundheit. Bonn 1990, S. 85–89.
93. Ebenda, S. 85.
94. Ebenda, S. 86.
95. Ebenda, S. 86.
96. Ebenda, S. 87.
97. Ebenda, S. 88.
98. *Mühlum:* Umwelt..., ebenda, S. 218.
99. Vgl. *Knoll, A.:* Die Gestalt der Sozialarbeit. Hrsg.: Evangelische Fachhochschule Rheinland-Westfalen-Lippe. Bochum 1993, S. 45.
100. Vgl. *Oelkers, J./Tenorth, H.-E.* (Hrsg.): Pädagogik, Erziehungswissenschaft und Systemtheorie. Weinheim: Beltz Verlag 1987, S. 15.
101. *Knoll:* Die Gestalt..., ebenda, S. 50–51.
102. *Wendt, W. R.:* Der Beitrag der Systemtheorie zur Strategie und Planung der sozialen Arbeit. In: Blätter der Wohlfahrtspflege 3/1973, S. 72.
103. *Capra, F.* u. a.: Veränderung im Management -Management der Veränderung. In: *Königswieser, R./Lutz, Ch.* (Hrsg.): Das systemische, evolutionäre Management. Wien: Orac Verlag 1992, S. 113.
104. Vgl. *Königswieser, R.:* Widerstände gegen systemische Unternehmensführung. In: *Königswieser, R./Lutz, Ch.* (Hrsg.): Das systemische, evolutionäre Management. Wien: Orac Verlag 1992, S. 2.
105. *Wendt:* Der Beitrag..., ebenda, S. 72.
106. *Ludewig, K.:* Systemische Therapie. Stuttgart: Klett-Cotta Verlag 1992, S. 87.
107. Ebenda, S. 90–91.
108. *Knoll:* Die Gestalt..., ebenda, S. 60.
109. *Lüssi, P.:* Systemische Sozialarbeit. 2., verb. u. erg. Aufl. Bern: Haupt Verlag 1992, S. 66.
110. *Knoll:* Die Gestalt..., ebenda, S. 62.
111. *Capra:* Veränderung..., ebenda, S. 114.
112. Vgl. *Tuggener, H.:* Social work. Weinheim: Beltz Verlag 1971, S. 118–119.
113. *Lüssi:* Systemische..., ebenda, S. 70.
114. Ebenda, S. 73.
115. Vgl. *Jarmai, H./Königswieser, R.:* Problemdiagnose. In: *Königswieser/Lutz, Ch.* (Hrsg.): Das systemische, evolutionäre Management. Wien: Orac Verlag 1992, S. 18–21.
116. *Lüssi:* Systemische..., ebenda, S. 75, 76.
117. Ebenda, S. 75.
118. Ebenda, S. 74.
119. *Wendt:* Der Beitrag..., ebenda, S. 74.
120. *Meinhold, M.:* Ein Rahmenmodell zum methodischen Handeln. In: *Heiner, M.* u. a.: Methodisches Handeln in der Sozialen Arbeit. Freiburg: Lambertus Verlag 1994, S. 197; Vgl. *Staub-Bernasconi, S.:* Soziale Probleme – Soziale Berufe – Soziale Praxis. In: *Heiner, M.* u. a.: Methodisches Handeln in der Sozialen Arbeit. Freiburg: Lambertus Verlag 1994, S. 61–63; *Wendt, W. R.:* Ökosozial denken und handeln. Freiburg: Lambertus Verlag 1990, S. 60–66.
121. *Hollstein-Brinkmann, H.:* Soziale Arbeit und Systemtheorien. Freiburg: Lambertus Verlag 1993, S. 195–199.

5 Ziele und Methoden in der Sozialpädagogik

Werbung

Sozialpädagogik
betrifft alle
Sozialpädagogik
fängt vor Problemen an
Sozialpädagogik
steht für eine bessere Lebensqualität
Sozialpädagogik
bezieht sich auf alle Lebensbereiche
Sozialpädagogik
fördert die Menschlichkeit
Sozialpädagogik
umschließt alle Altersgruppen
Sozialpädagogik
bildet Gemeinschaft/en

Wir alle brauchen Sozialpädagogen!

Sozialpädagogik:
Der ganze Mensch

5.1 Was heißt »sozial«?

Sozialpädagogik setzt sich aus den beiden Worten »sozial« und »Pädagogik« zusammen. In diesem Kapitel soll zunächst geklärt werden, was man unter »sozial« versteht, um auf diese Weise vielleicht dem Inhalt dessen etwas näher zu kommen, was unter Sozialpädagogik zu verstehen ist.
Sodann geht es in diesem Kapitel um didaktisch/methodische Fragen, d. h. zuerst sollen Ziele der Sozialpädagogik, danach Methoden vorgestellt und diskutiert werden. Hat Sozialpädagogik eigene, spezifische Ziele und Methoden?

Aufgabe
Sozialpädagogik besteht aus den beiden Wortteilen ›sozial‹ und ›Pädagogik‹. Die Verknüpfung beider Begriffe in Sozial-Pädagogik ist sicherlich ein Grund dafür, daß viele Menschen mit Sozialpädagogik negative Vorstellungen assoziieren. Deshalb ist es wichtig zu klären, was »sozial« heißt? Klären Sie für sich persönlich zunächst diesen Begriff.

Der Begriff »sozial« ist vieldeutig und hat eine Gebrauchs- und Sinnausweitung erfahren. Dies führte nicht zur Klärung des Begriffs, sondern eher zur Verwässerung und Verflüchtigung des Inhalts mit dem Ergebnis:
»Jeder legt dem schillernden Wort einen verschiedenartigen Sinn unter oder gebraucht es sehr unbewußt mit einem wechselnden Begriffsinhalt oder mit einer solchen Dehnbarkeit, daß man eben alles Mögliche oder nichts Festbestimmtes sich dabei denken kann. Aus einer Fanfare ›sozial‹ ist innerhalb einiger Jahrzehnte eine Schamade geworden, ja weniger als dies: ein zwar lautes, aber hohles, begriffstaubes oder doch so vieldeutiges Schlagwort der täglichen Umgangssprache, der Presse und der Literatur, daß es wahllos allen menschlichen Handlungen und Erscheinungen, sofern sie nur öffentlich interessieren, zugeteilt wird, aber meist auch weggelassen werden kann, ohne den Sinn der Aussage zu beeinträchtigen.«*[1]
Rohrmoser sieht in der Semantik des Sozialen ein Wieselwort: »Jedes Mal, wenn man zugreift, sind sie bereits entschlüpft, die Begriffe sind leer, entziehen sich jeder Definition.«[2]
Aufgrund der Vieldeutigkeit und Vielschichtigkeit der Chiffre »sozial« schlägt *Wilhelm* deshalb auch vor, den Begriff völlig zu streichen. Er zählt vier neuralgische Punkte auf, die die Verwendung des Sozialbegriffs als problematisch erscheinen lassen. Der Begriff des Sozialen ist durch die idealistische Identitätsphilosophie, durch Psychologisierung, Entpolitisierung und Emotionalisierung so sehr belastet, daß

* Anmerkungen s. S. 312

man ihn nicht mehr benutzen sollte.[3]
Neben diesen von *Wilhelm* genannten Gründen lassen sich sicher noch weitere anführen wie z. B., daß man mit sozial allzu leicht a-sozial, soziale Randgruppen, sozial Außenstehende, Verwahrlosung, soziale Problemgruppen usw. assoziiert. Indem Sozialpädagogen diesen Menschen helfend zur Seite stehen, werden sie und ihr Beruf gleichermaßen negativ, sozial-abfällig beurteilt. Dennoch möchte ich *Wilhelm* in seinem radikalen Vorschlag nicht folgen. Man muß davon ausgehen, daß es ein Faktum ist: es gibt Sozialpädagogik und dieser Begriff hat sich allgemein durchgesetzt. Also muß es jetzt darum gehen, ihn inhaltlich neu zu klären. Dabei sollte man die Bedenken von *Mollenhauer* ernstnehmen und davon absehen, nach dem Wesen von »sozial« zu fragen.[4]
Nach den Überlegungen von *Utz* stellen sich jedem, der eine Sache definieren möchte, zwei Fragen:

1. Was versteht man allgemein unter dem Namen des betreffenden Dinges
   (Nominaldefinition, Namensbestimmung)?
2. Was ist die hinter dem Namen stehende Wirklichkeit
   (Realdefinition, Sachbestimmung)?

Die erste Frage müßte demnach lauten: Was *heißt* sozial (Nominaldefinition)?
Die zweite Frage: Was *ist* sozial (Realdefinition)?[5]

•

> *Utz* geht beiden Fragen nach und kommt zu folgendem Ergebnis: »Unter Beachtung dieser Korrektur des Begriffs ›Wechselwirkung‹ wird man die Nominaldefinition des Sozialen wie folgt formulieren können: Wechselwirkungen zwischen zwei oder mehreren Personen auf Grund eines gemeinsamen intentionalen Gehaltes.«[6]
> Die Realdefinition: »Das ethisch Soziale läßt sich demnach wie folgt bestimmen: Beziehungseinheit im Hinblick auf ein allen Gliedern sittlich aufgetragenes Gemeinwohl.«[7]

Im folgenden geht es nicht um die Frage nach dem Wesen des Sozialen, sondern um eine Nominaldefinition: Was heißt »sozial«?
Der Begriff des »Sozialen« liegt für die deutsche Sprache fast völlig im Dunkeln. *Geck* versucht in seiner Untersuchung eine »bestmögliche Klärung der Wirklichkeit der sozialen Welt und ihrer begrifflichen Erfassung, damit ein möglichst durchsichtiger Begriff dessen, was sozial ist, was als sozial zu gelten hat oder angesehen werden kann, zur Verfügung steht.«[8] Seine Überlegungen will ich im folgenden darstellen.
In Lexika wird der Begriff sozial folgendermaßen umschrieben:

• *Duden, Etymologie:* »Sozial: das Zusammenleben der Menschen im Staat und Gesellschaft betreffend; auf die menschliche Gemeinschaft bezogen; gesellschaftlich; gemeinnützig, wohltätig, menschlich. Das Adjektiv wurde im 18. Jh. – wohl unter dem Einfluß von entsprechend frz. social – aus gleichbed. lat. socialis entlehnt. Das zugrundeliegende Stammwort lat. cocius gemeinsam (Adjektiv); Genosse, Gefährte, Teilnehmer (Substantiv) gehört vermutlich mit einer ursprünglichen Bed. mitgehend; Gefolgsmann zum Stamm von lat. sequi (nach) folgend, begleiten.«[9]
• *Etymologisches Wörterbuch der deutschen Sprache (v. F. Kluge):* »Sozial Adjektiv Socialis gesellschaftlich (zu socius Genosse) ergibt französisch social, das durch Rousseaus Contrat social 1762 zum Schlagwort wird.«[10]

Das lateinische socialis besitzt als Basis das Wort »soc«, das den zweiten Grad des indogermanischen »seq« darstellt. »Wie es sich im Lateinischen selbst auch in ›sequi‹ = folgen, begleiten, nachfolgen und seiner Familie erhalten hat. Der ursprüngliche Sinn des indogermanischen ›sek u‹ oder ›sek w‹ ist ›folgen‹. Zum lateinischen ›secus‹, das ursprünglich ›nach‹, ›zurückstehend‹ bedeutet, trat ein jüngerer Komparativ ›sequis‹, der zu ›socius‹ = teilnehmend; Gesellschafter, Teilnehmer; Bundesgenosse wurde. Während also der ganz allgemeine Ursinn von ›sozial‹ ein dynamisches Beisammensein anzeigt – eben ein Folgen – bezieht sich der Ursinn von Gesellschaft bzw. Geselle auf ein statisches, ein einfaches räumliches Zusammensein, ein Zusammensein in einem Saale.«[11]
Geck zeigt des weiteren auf, daß der Ausdruck »social« bereits um 1800 in Frankreich geläufig war, in England erst nach 1800 und in Deutschland gegen 1850.[12] Zwar findet man bereits 1801 das erste Mal in einem Wörterbuch von *J. H. Campe* den Ausdruck »sozial«, doch erst während der vierziger Jahre wurde er endgültig in den deutschen Sprachgebrauch aufgenommen. Wie wir bereits an anderer Stelle gesehen haben, benutzt ihn *Mager* 1844 und entfaltet anhand dieses Begriffs seine »Social-Pädagogik«. Bis etwa 1900 benutzte man die Schreibweise social mit »c«.
Das Ergebnis seiner sprachlichen Studien umschreibt *Geck* in drei Punkten:
»sozial = mehrmenschlich oder kollektiv, im Sinne von: mehrere, eine Zahl Menschen betreffend – der als sozial bezeichnete Tatbestand bezieht sich auf mehrere Menschen;
sozial = im Sinne von: die persönliche oder gruppliche Stellung oder die materielle Lage (das Wohlergehen) im Zusammenleben betreffend – z. B. soziale Stellung – Stellung in der Gesellschaft; soziale Lage = verhältnismäßig, durch Einkommen oder Eigentum bestimmte Lebenslage in der Gesellschaft;
sozial = im Sinne von: einmal Neigung zu Anderen habend, Gesellschaft – liebend, sodann im Sinne von: mit Rücksicht auf,

Rücksicht nehmen auf einen oder mehrere Andere – zwei Sonderbegriffe, die zuweilen ins Normative oder Ethische überschlagen.«[13]

Diese differenzierten, lexikalischen Ergebnisse faßt *Geck* in einem Satz zusammen:

> »Das Soziale ließe sich ganz allgemein umschreiben als das Zusammenleben mit seinen mehrmenschlichen und sachlichen Verhältnissen.«[14]

Zu ähnlichen Ergebnissen gelangt *Mühlum,* der sich auf Quellen von *Knospe* und von *Bismarck* beruft. Er unterscheidet vier Sinngedanken von sozial:

»1. Sozial im Verständnis des Menschen als soziales Wesen, als zoon politikon oder homo sociale animal, insofern: sozial = gesellschaftlich, also in einer philosophisch – anthropologischen Bedeutung – im Gegensatz zu dem Begriff individualistisch, den Menschen als Einzelnen betreffend.
2. Die zwischenmenschlichen Beziehungen betreffend im Sinne des sozialen Handelns (vgl. Max Weber), also in einer soziologischen Bedeutung – im Gegensatz zu den Begriffen Einzelwesen oder individuell.
3. Soziale Merkmale oder Verhaltensweisen betreffend im Sinne einer positiven Beurteilung des Einzelnen als Mitglied der Gesellschaft oder gar der Gemeinschaft (im Sinne von *F. Tönnies*), also etwa gesellschaftskonformes Verhalten – ein Gegensatz zu gesellschaftsfeindlichem, asozialem Verhalten.
4. Sozial als Streben nach dem bonum commune, im Sinne also der sozialen Gerechtigkeit, d. h. in einer sozial ethischen oder sozialkritischen Bedeutung – im Gegensatz zu den Begriffen egoistisch, unsozial.

Etwas verkürzt könnte demnach die Bedeutung des Begriffs sozial als gesellschaftlich – zwischenmenschlich – gesellschaftskonform/akzeptiert – gemeinnützig/wohltätig verstanden werden. Wobei die Bedeutung von 1 und 2 eher als wertfrei mit gesellschaftlichem Verhalten und 3 und 4 eher als normativ mit erwünschtem Verhalten umschrieben werden kann.«[15]

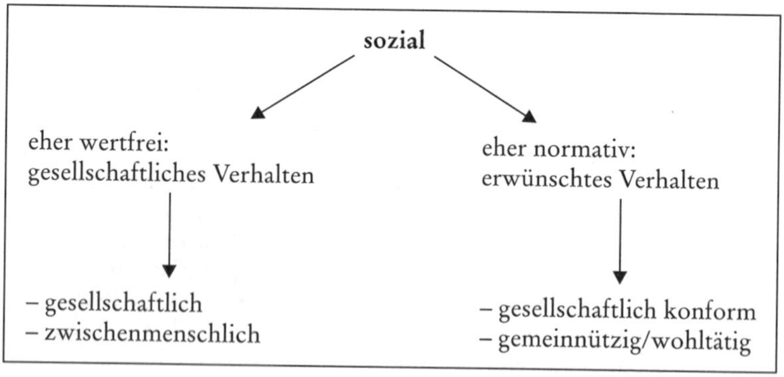

Die Analyse des Begriffs macht eines sehr deutlich: Sozial ist auf keinen Fall ein negativer Begriff und Sachverhalt. Vielmehr sollte man deutlich hervorheben: *der Begriff sozial meint etwas Positives, auf andere Menschen und deren Unterstützung Gerichtetes.*[16] Im Zusammenhang mit der Frage nach der »positiven Pädagogik« (3. Kapitel) habe ich bereits auf diesen Tatbestand hingewiesen. Man denke an Begriffe wie Sozialanthropologie, Sozialdemokratie, Sozialethik, Sozialforschung, Sozialkunde, Sozialmedizin, Sozialphilosophie, Sozialpolitik, Sozialstaat u. a., niemand stellt bei diesen Wortverbindungen einen negativen Zusammenhang her.
Lukas spricht von einem wachsenden Unbehagen angesichts der üblichen Reduzierung des Sozialen auf die beiden Bedeutungsaspekte »Wohltätigkeit« und »Hilfsbereitschaft«.[17]
Rauschenbach spricht ebenfalls von einem »Ladenhüter« und nervigen Thema, das man nicht mehr hören kann.[18]

Halten wir fest
Die Konsequenz aus diesen Überlegungen ist: Das Wort »sozial« und damit auch Sozialpädagogik ist positiv zu sehen, es handelt sich um eine positive Pädagogik, der es um das Ziel geht, den Menschen und die Gesellschaft im Positiven zu verändern, weiterzuentwickeln und zu fördern. Jede Pädagogik ist positiv, eine negative Pädagogik gibt es nicht.

5.2 Soziales Problem

Bei dieser Fragestellung ist zu bedenken, daß es eine soziale bzw. sozialpädagogische Wirklichkeit an sich nicht gibt, sondern diese wird durch die jeweilige theoretische Konstituierung der Betrachtungs-, Denk- und Handlungsweise sowie durch den faktischen Gebrauch derselben erst strukturiert, d. h. geschaffen.[19] Psychologisch gesehen entsteht ein Problem, wenn eine motivierte Person an der Erreichung eines Zieles gehindert ist. Das Lösen eines Problems besteht dann darin, Wege zu finden, die von einem gegebenen Ausgangsoder Anfangszustand zu einem gewünschten Endzustand führen.[20]
Etymologisch betrachtet besagt das griechische Wort »problema« (von »pro-ballein«) so viel wie »vor einen hinwerfen«. »Mit dem Vormichhingeworfenen, dem Problema, muß ich nämlich etwas tun, z. B. es wegräumen, wenn ich meinen Weg fortsetzen will.«[21]

Aufgabe
Sozialpädagogik hat es mit sozialen Problemen und deren Lösungen zu tun. Nicht jedes Problem ist jedoch ein soziales Problem. Wann wird ein Problem zu einem sozialen Problem?
Lesen Sie folgendes Beispiel und markieren Sie, an welcher Stelle bzw. ab welchem Punkt das Problem zu einem sozialen Problem wird.
Beispiel: Die Probleme einer kinderreichen Familie, in welcher der Ehemann Alkoholiker ist und eher unregelmäßig zur Arbeit geht, in der die Kinder nur unzureichend versorgt werden und in der die Ehefrau versucht, durch Gelegenheitsarbeiten zur materiellen Versorgung der Familie beizutragen, nehmen derartige Dimensionen an, daß die Frau beschließt, ihren Mann zu verlassen, ihre Kinder aber mitzunehmen.
Bis zu welchem Punkt war es ein privates und ab wann wurde es zu einem öffentlichen und damit sozialen Problem?

Was ist ein soziales Problem? *Sidler* ist dieser Frage nachgegangen und gibt einen interessanten Überblick. »Der Begriff des Problems im Sinne einer Aufgabe, deren Lösungswege ganz oder teilweise unbekannt sind, taucht in der deutschen Sprache im 16. Jahrhundert als Fremdwort aus dem Lateinischen und Griechischen auf. Die Kombination mit dem Adjektiv sozial ist, soweit ersichtlich im deutschen Sprachgebrauch sehr jungen Datums; sie ist vor 1970 nur selten zu finden.«[22] In den englischsprachigen Ländern ist der Begriff »social problem« weit verbreitet und schon in der ersten Hälfte unseres Jahrhunderts fest etabliert. Seit Mitte der 70er Jahre ist er dann auch in Deutschland ein Standardbegriff.

Inhaltlich umfaßt der Begriff nach *Sidler:* »Nicht passen, das ist im Fall der sozialen Probleme nun nichts Theoretisches, sondern etwas eminent Praktisches; dies bedeutet: Man will, daß diese Zustände sich ändern, und das heißt: gesellschaftlich und politisch geändert werden. Damit enthüllt sich der Begriff des sozialen Problems als politischer Begriff: Auf der Schablone einer als verbindlich angesetzten Wertskala werden bestimmte (gesellschaftliche) Verhältnisse als defizitär qualifiziert und zwar so, daß zugleich von der Gesellschaft Abhilfe gefordert wird. Der Begriff ist also seinem Sinn nach nicht primär deskriptiv-analytisch, sondern präskriptiv oder provokativ. Er soll im gesellschaftlichen Kontext veränderndes, korrigierendes Handeln hervorrufen, und das ist etwas Politisches; der Begriff ›soziales Problem‹ ist ein politisches Instrument.«[23]

Probleme können im privaten wie im öffentlichen Bereich entstehen und sie können sehr vielfältig sein. Ob ein Problem als Privatangelegenheit gilt oder nicht, ist nicht festgelegt, sondern die Kriterien können sich im Laufe der Geschichte wandeln.

»Probleme, die früher als Privatangelegenheiten galten, können heute als öffentliche Angelegenheiten betrachtet werden – und umgekehrt: Probleme,

die früher in den Zuständigkeitsbereich der Öffentlichkeit gehörten, können heute als Privatangelegenheit gelten. Während beispielsweise vor der Institutionalisierung des Wohlfahrtsstaates die Altersversorgung als Privatangelegenheit angesehen wurde, die innerhalb des Familienkontextes zu behandeln sei, ist Altersversorgung heute ein öffentliches Problem...
Ob ein bestimmtes Problem in den Bereich der Privatheit oder in den der Öffentlichkeit gehört, hängt aber nicht nur von der Entwicklung des Wohlfahrtsstaates ab, sondern auch davon, in welchem institutionellen Kontext ein soziales Problem in Erscheinung tritt.«[24]

Ein Tatbestand wird erst dann als ein soziales Problem definiert, wenn bestimmte Voraussetzungen erfüllt sind: Es darf kein zwischenmenschliches, privates, sondern muß ein öffentliches Problem sein/werden. Eheprobleme in der Gesellschaft Ostasiens, die ihre traditionelle Sozialstruktur bewahrt hat, gibt es bestimmt ebensoviele wie bei uns; da sie aber normalerweise zwischen den Familien der beteiligten Ehegatten ausgehandelt werden, bilden sie kein soziales Problem. Arbeitslosigkeit in einer Agrargesellschaft ist ein undenkbarer Begriff. Zu einem Problem wird Arbeitslosigkeit erst, wenn sie als öffentliche Störung des Sozialgefüges definiert wird.[25]

Zu dem Beispiel: Solange wie die Ehefrau versucht, die Probleme familienintern zu lösen, bleiben sie private und damit nicht öffentliche (soziale) Probleme. Erst wenn die Ehefrau ihren Mann verläßt, werden die schon vorher bestehenden privaten, zwischenmenschlichen Probleme zu Versorgungs- und Erziehungsproblemen und damit zu öffentlichen Problemen. Waren vorher noch der Ehemann und die Familienmitglieder Adressaten der materiellen und psychischen Notlage von Ehefrau und Kindern, so werden jetzt der Staat und die Sozialbehörde zum Adressaten und ihre Probleme werden damit öffentlich, d. h. sie werden so zu sozialen Problemen.

Hompesch-Cornetz hat Kriterien aufgestellt, wann ein Problem zu einem sozialen Problem wird:

- »Als ein soziales Problem, das Interventionen erfordert, wird das definiert, was die Reproduktionsfähigkeit von Individuen im Rahmen gesellschaftlich legitimierter Verkehrsformen gefährdet...
- Was als soziales Problem identifiziert wird, wird einer Klasse darauf bezogener institutionalisierter sozialpolitischer Bewältigungssysteme zugeordnet, etwa im Bildungswesen, Gesundheitswesen, Strafrecht, in der Jugendhilfe etc.. Erst durch die spezifische Art der gesellschaftlichen Problemverarbeitung wird entschieden, ob ein angesichts sozialer Auffälligkeiten unterstelltes individuelles Problem z. B. als psychische Krankheit in einer psychiatrischen Einrichtung, als Verletzung von Strafrechtsnormen mittels Freiheitsentzug oder als Erziehungsnotstand in einer Einrichtung der öffentlichen Erziehung bearbeitet wird...
- In die Definition eines sozialen Problems gehen Common – sense – Annahmen darüber ein, was Gefährdung, Störung, Pathologie etc. ausmacht und welcher Reaktionstyp Zwang, Absonderung, Fürsorge, Behandlung u. a. – angebracht ist...

- In welchem gesellschaftlichen Interventionszusammenhang und in welchem organisatorischen Rahmen ein Problem bearbeitet wird, ist wesentlich schichtbestimmt...
- Die gesellschaftliche Regulierung sozialer Probleme wird vermehrt durch präventive Sozialisationsangebote vorgenommen. Die Bestimmung sozialpädagogischen und therapeutischen Handelns macht sich damit an der Sozialisationsbedürftigkeit fest, nicht erst an der Abweichung von Sozialisationszielen.«[26]

Demnach kann man soziale Probleme definieren als: Phänomene, die einzelne oder Gruppen in ihrer Lebenssituation beeinträchtigen, öffentlich als veränderungsbedürftig definiert und zum Gegenstand spezieller Programme und Maßnahmen gemacht werden.[27]
Oder nach *Sidler:* »Sozialwissenschaftlich gesehen, ist das ein soziales Problem, was gesellschaftlich bzw. politisch als soziales Problem gilt. Oder exakter definiert: Der sozialwissenschaftliche Begriff des sozialen Problems bezeichnet Situationen in der Gesellschaft (das heißt von ihr als ganzer bzw. von Individuen und Gruppen in der Gesellschaft), die von meinungsbildenden Teilen der Gesellschaft gesellschaftlich verbindlich als negativ definiert sind, derart, daß gesellschaftlich bzw. politisch korrigierende Veränderungen gefordert bzw. in die Wege geleitet werden.«[28]

Staub-Bernasconi definiert soziale Probleme als qualitative wie quantitative Ausstattungsdefizite bzw. -überschüsse primär von Individuen, sekundär von sozialen Systemen wie Familien, Organisationen der Nationen.[29]
Soziale Probleme entstehen dort, wo die Ressourcen fehlen. Vier solcher Defizite lassen sich feststellen:

- nicht erfüllte Grundbedürfnisse und Wünsche und damit unzureichende Ausstattung von Menschen bei gleichzeitig überdurchschnittlicher Ausstattung anderer Menschen und Gruppen;
- asymmetrisches Geben und Nehmen und damit von Austauschbeziehungen, die nicht auf Gegenseitigkeit beruhen;
- behindernde Machtverhältnisse;
- ethisch-moralische Dilemmata und Asymmetrie im Hinblick auf die Ausbalancierung von Pflichten und Rechten gegenüber sich selbst und anderen Mitgliedern der Gesellschaft.[30]

Bei der Klärung der Frage, was soziale Probleme sind, muß man des weiteren sehen, daß in einer pluralistischen Gesellschaft soziale Probleme von verschiedenen Gruppen unterschiedlich erlebt werden. Soziale Probleme beginnen erst dadurch zu existieren, wenn sie von öffentlich wirksamen Personen oder Institutionen als solche definiert werden. Damit wird gleichzeitig gesagt, daß die Definition sozialer Probleme von wirtschaftlichen, kulturellen und politisch-administrativen Strukturen abhängt.

- *Wirtschaftliche Bedingungen:* Ein Großteil der Probleme ist wirtschaftlicher und nicht sozialer Natur. Erst wenn die wirtschaftlichen Probleme gelöst sind, kommen die eigentlichen sozialen Probleme zum Vorschein. »So sind beispielsweise die sozialen Probleme der Betagten erst ins Rampenlicht getreten, als die wirtschaftliche Alterssicherung einen verhältnismäßig hohen Grad der Bedürfnisdeckung erreicht hatte. In einer Gesellschaft, in der die Betagten noch ums nackte Leben kämpfen müssen, sind Gerontologie und Geriatrie Luxusdienstzweige.«[31]
- *Kulturelle Bedingungen:* Wie wir schon gesehen haben, werden in anderen Kulturbereichen (z. B. Ostasien) Probleme anders gesehen und gelöst, sie bleiben im Privaten und werden nicht im öffentlichen Bereich gelöst. In einer Gesellschaft, in der Menschen aus mehreren Kulturen zusammenleben, wie in der unsrigen, werden die gleichen Probleme unter Umständen unterschiedlich als private oder öffentliche definiert und angegangen, was nicht selten zu Mißverständnissen führt. Zum Beispiel ist die Nichtintegration türkischer Ehefrauen in Mitteleuropa ein soziales Problem oder auch ein kulturelles Problem je nach Standpunkt des Beurteilenden.[32]
- *Politische und administrative Bedingungen:* Soziale Arbeit ist abhängig von den vorgegebenen politischen und administrativen Strukturen. Je nach den vorgegebenen Strukturen, in denen Soziale Arbeit ausgeübt wird, gestaltet sich auch die Praxis sehr unterschiedlich.

Halten wir fest

Stahle kommt abschließend zu dem Ergebnis, daß Wirtschaft, Kultur, Politik und Verwaltung weitgehend die Definition sozialer Probleme und sozialer Problemlösungsstrategien bestimmen.[33]

Gleichfalls müssen wir festhalten, daß ein privates Problem erst dann zu einem sozialen Problem wird, wenn es von einer öffentlichen Institution als solches formuliert wird.

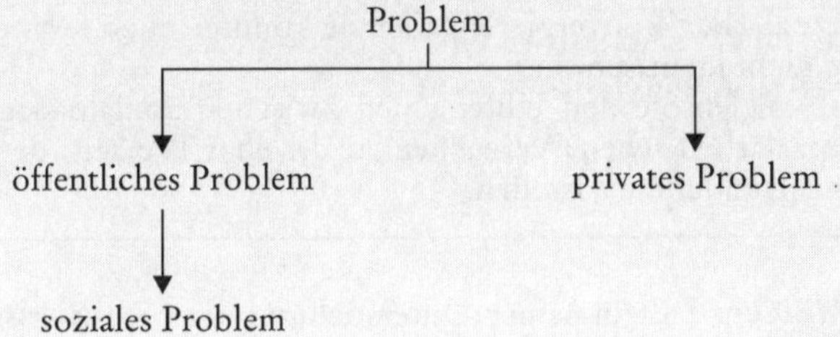

5.3 Objekt- und Problembereich der Sozialpädagogik

Um den Objektbereich der Sozialpädagogik zu klären, fragen einige Autoren nach dem Wesen bzw. Spezifikum von Sozialpädagogik. Obwohl ich *Mollenhauer* Recht gebe, daß die Frage nach dem Wesen von Sozialpädagogik wenig gescheit ist[34], mögen die Versuche dennoch etwas zur Klärung dessen beitragen, was Sozialpädagogik heißt (nicht ist). Je nach ihrem geschichtlichen Zugang stellen Autoren die Frage nach dem Wesen von Sozialpädagogik aus unterschiedlicher Sicht.

- *Hans Scherpner* bestimmt »das Wesen der Grundfürsorge als Versuch der Neuordnung oder Umordnung der Erziehung für ein ganz bestimmtes Kind, das in Gefahr steht, eine Fehlentwicklung einzuschlagen. Entsprechend folgt daraus für ihn, daß man die Geschichte der Jugendfürsorge nur verstehen kann, wenn man sie im Zusammenhang sieht mit der Geschichte der Erziehung.«[35]
- *Hans Pfaffenberger* dagegen geht von den in allen geschichtlichen Epochen anzutreffenden Zuständen von Not und Elend aus und definiert das Wesen von Sozialpädagogik/Sozialarbeit als Hilfe für Notstände. Die Geschichte der Sozialpädagogik/Sozialarbeit läßt sich dann als Geschichte der Hilfe erfassen, etwa von materieller zu psycho-sozialer Hilfe, in deren Verlauf sich ihre eigentliche und zentrale Funktion, die für sie wesensbestimmend und konstituierend ist, immer deutlicher herauskristallisiert habe, nämlich psycho-soziale Lebenshilfe zu sein.[36]
- *Helga Marburger* wertet den Begriff der Emanzipation als Kriterium für eine angemessene Wesensbestimmung der Sozialpädagogik. Daraus ergibt sich: »Das erkenntnisleitende Interesse, unter dem die historische Betrachtung erfolgt, ist das emanzipatorische Erkenntnisinteresse. Anders formuliert: Die Analyse orientiert sich an der Idee der Freiheit des Menschen in einer freien, gerechten Gesellschaft.«[37]

Aufgabe

Sie haben inzwischen ja schon einige Erkenntnisse über Sozialpädagogik erworben. Sie haben gesehen, daß Sozialpädagogik und Sozialarbeit konvergieren, aber sie konnten auch feststellen, daß sie nicht identisch sind.
Worin würden Sie den Unterschied zwischen Sozialpädagogik und Sozialarbeit sehen? Versuchen Sie das eher Typische der beiden Berufsfelder darzustellen.

Albert Mühlum faßt in seiner Untersuchung die charakteristischen Merkmale von Sozialpädagogik und Sozialarbeit zusammen.

»– Sozialpädagogik ist Erziehung und will Lernprozesse initiieren und/oder beeinflussen
– praktische Sozialpädagogik ist Teil des Erziehungssystems der Gesellschaft, wissenschaftliche Sozialpädagogik Teil der Erziehungswissenschaft
– zentrale Bedeutung gewinnt für Sozialpädagogik die neuere Sozialisationsforschung
– Sozialpädagogik muß gleichermaßen präventiv, begleitend und kompensatorisch wirken
– als besondere Aufgabe von Sozialpädagogik im Sinne des ›sozialen Lernens‹ erscheint die Befähigung zu
  sozialer Funktionsfähigkeit
  sozialer Teilhabe
  sozialer Kompetenz
  sozialer Gerechtigkeit.«[38]

Demgegenüber zeichnet sich Sozialarbeit aus als:

»– Sozialarbeit als gesellschaftlich bedingte und gewährte Hilfe (Hilfe durch die Gesellschaft und im Interesse der Gesellschaft...)
– Sozialarbeit als zwischenmenschliche Hilfe (Hilfe durch zwischenmenschliche Beziehung und für – befriedigendere – zwischenmenschliche Beziehungen...)
– Sozialarbeit als Anpassungs-, (Integrations-) und Befähigungshilfe (Hilfe zur gesellschaftlich akzeptierter Lebensweise und Verhalten einschließlich materiellen und psycho-sozialen Wohlergehens...)
– Sozialarbeit als gesellschaftliche Maßnahme zur Förderung sozialer Gesinnung und sozialer Gerechtigkeit (Hilfe zum Ausgleich sozialer Benachteiligung und gesellschaftlicher Defizite...)«[39]
– Sozialarbeit als psycho-soziale Hilfe
  sozialer Problemlösung
  sozialer Funktionsfähigkeit
  sozialer Kompetenz und Partizipation
  sozialer Gerechtigkeit.[40]

Mühlum interpretiert dieses Ergebnis: Die begriffliche und inhaltliche Nähe der Sozialarbeit zur Sozialpädagogik ist damit offenkundig.[41]
Dieser inzwischen allgemein anerkannte Konsens der Konvergenz von Sozialpädagogik und Sozialarbeit wird neuerdings von *Peter Lüssi* in Frage gestellt. Er fragt in seinem Lehrbuch nach dem Zentrum, Typischen, zentral Spezifischen und Charakteristischen der Sozialarbeit. »Die vieldiskutierte Frage, ob überhaupt ein wesentlicher Unterschied zwischen Sozialarbeit und Sozialpädagogik bestehe, ist im wahrsten Sinne des Wortes akademisch... Die Praktiker kennen den Unterschied sehr gut.«[42] Nach *Lüssis* Meinung gibt es eine typologische Differenz von Sozialarbeit und Sozialpädagogik.

»Um sie zu erkennen, muß man den Blick auf das Zentrum dieser beiden Berufsbereiche richten, nicht auf die Peripherie, und zwar darauf, was in der

konkreten Praxis Zentrum ist. Dabei erkennt man unschwer, worin der grundsätzliche Unterschied zwischen Sozialarbeit und Sozialpädagogik besteht: Der Sozialpädagoge nimmt an der Lebenswelt seiner Klienten, ihrem Alltag teil und verfolgt das Ziel, mit der besonderen Art seiner Teilnahme die Klienten persönlich so zu beeinflussen und ihre Lebenswelt so zu gestalten, daß sie sich sozial bestmöglich entwickeln können. Das hat in einem Falle (z. B. bei Kindern) einen überwiegend erzieherischen, im anderen Falle (z. B. bei erwachsenen Geistigbehinderten) einen mehr betreuerischen Charakter.
Die Teilnahme des Sozialpädagogen an der Lebenswelt des Klienten ist natürlich nicht total, sondern partiell ...

•

> Dieses Moment der Lebenswelt – Teilnahme, des Daseins im Alltag und der Mitbeteiligung an der alltäglichen Lebensbewältigung des Klienten ist wesensbestimmend für die Sozialpädagogik und macht das Typische dieses Berufes aus ... Es ist ein die Praxis von Sozialarbeit und Sozialpädagogik scharf trennendes Unterscheidungskriterium. Von ihm aus erklärt sich das typisch unterschiedliche Gepräge der Institutionen, Methoden und (nicht zuletzt!) Arbeitsbedingungen der Sozialpädagogik einerseits und der Sozialarbeit andererseits viel besser als von finalen bzw. funktionalen Theorien her ...

Der Sozialarbeiter ist ambulant tätig, und er beschäftigt sich nur mit Problemen der Leute. Er hat seinen Ort bzw. Sitz in einer Institution (Sozialdienst, Beratungsstelle, Fürsorgedienst etc.) nicht in der Lebenswelt der Klienten. Diese kommen zu ihm oder er geht zu ihnen (das ambulante Moment), aber er teilt weder hier noch dort den Alltag mit ihnen, sondern behandelt dabei ein Problem, das sie haben. Das Problem ist eine in negativer Weise hervortretende Erscheinung ihrer Lebenswelt, etwas Besonderes und Partikuläres also. Und der Sozialarbeiter, ganz anders als der Sozialpädagoge, befaßt sich lediglich mit diesem besonderen Negativen, hat mit den Klienten folglich nur auf durchaus partikuläre Weise zu tun.
Mit diesen wenigen summarischen Aussagen lassen sich die beiden Berufsbereiche Sozialarbeit und Sozialpädagogik in ihrem Typus charakterisieren und grob voneinander unterscheiden. Mehr ist hier nicht nötig.«[43]

Ähnlich wie *Lüssi* sieht auch *Bock* in der konkreten Praxis einen Unterschied zwischen Sozialpädagogik und Sozialarbeit.[44]
Burkhardt Müller macht auf einen anderen Unterschied aufmerksam. Er entwickelt eine Typologie, nach der man Sozialpädagogik und Sozialarbeit unterscheiden kann. »In dieser Typologie steckt ... zugleich die Annahme, daß die verbreitete Ungewißheit darüber, ob von Sozialpädagogik oder von Sozialarbeit zu reden sei, ob beides im Grunde dasselbe oder etwas ganz Verschiedenes bedeutet, auf der Ebene kasuistischer Methodenlehre klärbar ist:
Beides ist unterscheidbar, sofern ›Sozialpädagogik‹ eher die Perspektive des ›Falles mit‹, ›Sozialarbeit‹ eher die Perspektive des ›Falles von‹ und des ›Falles für‹ reflektiert. Aber beides kann nicht voneinander isoliert werden.«[45] Unter einem »Fall von« versteht *Müller* das Han-

deln, das in einer Verwaltung, einer Bürokratie eingebunden ist und somit den Charakter von Verwaltungshandeln hat. Ein »Fall für« besagt, daß es in der Sozialen Arbeit um Fälle geht, mit denen auch andere Instanzen und Professionen befaßt sind z. B. ein Fall für die Polizei, Justiz etc.. Das typisch Sozialpädagogische sieht *Müller* im Typ »Fall mit«. Hierbei geht es um die entscheidende Frage: Was mache ich mit einem Menschen, der mich um Hilfe ersucht.[46] Hier geht es nicht um einen Verwaltungsakt, sondern um Menschen, die ein Recht haben, als solche auch gesehen zu werden.

Halten wir fest
Sozialpädagogik und Sozialarbeit kann man trotz Konvergenz von ihrer Praxis her unterscheiden und nach dem Charakteristischen fragen.
Sozialpädagogen teilen den Alltag mit ihren Adressaten, während der Sozialarbeiter vor allem ambulant tätig ist. Er hat seinen Ort in der Institution, nicht in der Lebenswelt der Adressaten.
Es gibt vielfältige Überschneidungen, aber selbst dort zeichnen sich Akzente ab, die eine Tätigkeit eher der Sozialpädagogik als der Sozialarbeit zugeordnet erscheinen lassen.[47]

5.4 Sozialpädagogik und Allgemeine Pädagogik

Nachdem wir geklärt haben, was »sozial« heißt, was ein soziales Problem ist und worin das Spezifikum von Sozialpädagogik liegt, soll hier nun versucht werden, den zweiten Wortteil »Pädagogik« im Zusammenhang mit Sozialpädagogik näher zu bestimmen. *Schmidt* geht dieser Frage nach, indem er Sozialpädagogik mit der Allgemeinen Pädagogik vergleicht.

»Während Erziehung den Werdensprozeß des Menschen ermöglichen soll, soll Sozialpädagogik die Bewährung des gewordenen, je aktuell vorhandenen Selbstbestimmungsversuchs des Menschen prophylaktisch sichern bzw. metaphylaktisch wieder sichern ... Die Abgrenzung von Sozialpädagogik und Pädagogik läßt sich auch so bestimmen: Pädagogik soll dem Individuum die Erfahrung seiner Möglichkeit und Pflicht zur je eigenen Selbstbestimmung ermöglichen, ihm sein Menschsein nicht als bereits Gegebenes, sondern erst Werdendes bewußt machen; Sozialpädagogik soll dem Individuum die Bewährung seines je eigenen und momentan gelebten Selbstbestimmungsversuches, die Kontinuität des Werdenprozesses in Akten der Bewährung ermöglichen ... Somit setzt Sozialpädagogik die Pädagogik voraus, wie andererseits diese wieder auf jene angewiesen bleibt, oder anders: von ihr unterstützt wird. ...
Kinder wie Jugendliche, Erwachsene wie Alte stehen in der immer neu zu leistenden, perennen Aufgabe, sich je selbst zu bestimmen. Denn entsprechend sich ständig verändernder, je neuer Ansprüche der Gesellschaft finden sich Bewährungskrisen in allen Altersgruppen. Besteht die Gefahr, daß sich ein Mensch partiell oder generell nicht bewährt, muß Sozialpädagogik Hilfe zur neuen Selbstbe-

stimmung anbieten. Dabei untersteht Sozialpädagogik dem allgemeinen pädagogischen Ziel, das Werden des Menschen zum Menschen als je eigen zu leistende Aufgabe des Menschen in Selbstbestimmung zu ermöglichen.«[48]

Einen anderen Weg, das Spezifische der sozialpädagogischen Betrachtungsweise herauszuarbeiten, schlägt *Hornstein* ein. Er vergleicht Sozialpädagogik mit der Schulpädagogik und findet folgende unterscheidende Merkmale:

»– Sozialpädagogik hat es insbesondere mit den Konflikten zu tun, die sich im Prozeß des Hineinwachsens von Kindern und Jugendlichen in die Gesellschaft unter den Bedingungen einer hochindustrialisierten Gesellschaft ergeben; sie bezieht sich insofern auf die verschiedensten Sozialisationsfelder (Schule, Familie, Betrieb), als sich die erzieherische Praxis mit solchen Konflikten an den verschiedensten Stellen konfrontiert sieht;
– Sozialpädagogik geht weniger von den objektiven Anforderungen gesellschaftlicher Sektoren aus…, sondern von den subjektiven Erfahrungen, Problemen, Schwierigkeiten und Bedürfnislagen des Einzelnen und versucht, sie gegenüber den Ansprüchen der Gesellschaft und ihrer Gruppen zur Geltung zu bringen;
– insofern ist Sozialpädagogik weniger die Theorie einer Lehre und eines schulisch verstandenen Lernens, sondern die Theorie einer an individuellen oder kollektiven Lagen bzw. Problemen und Bedürfnissen ansetzenden, auf die Lösung und Verarbeitung von Konflikten gerichteten Intervention, die mehr auf Aufklären, Motivieren, Bewußtseinserweiterung gerichtet ist als auf Informationsvermittlung.«[49]

Halten wir fest

Trotz der Konvergenz von Sozialpädagogik und Sozialarbeit ist es gut, zunächst nach dem spezifischen Objektbereich von Sozialpädagogik und Sozialarbeit getrennt zu forschen, um zu wissen, welchen Anteil beide in das gemeinsame Ganze einbringen. Diesem Ziel nützt man nicht, wenn man Unterschiede großzügig negiert. Ich bin der Meinung, daß beide Arbeitsbereiche so viel Eigenständiges besitzen, daß es gut und sinnvoll ist, sich dessen bewußt zu machen. Erst die Bewußtmachung des Eigenen und die Einbringung dessen in das Ganze, wird zur Bereicherung dessen, was wir als Soziale Arbeit bezeichnen.

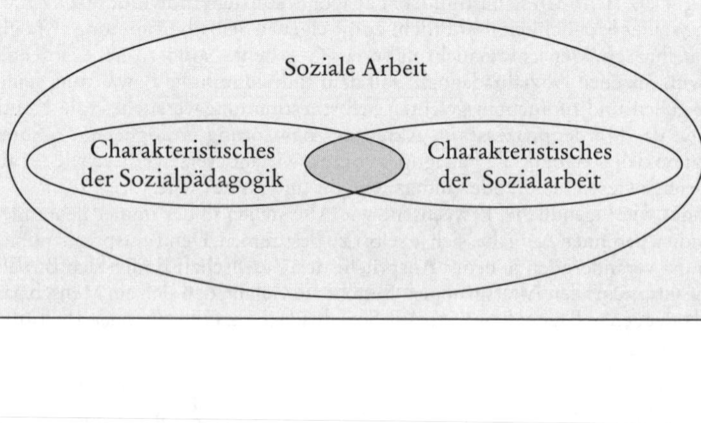

5.5 Ziele der Sozialpädagogik

Wenn man der Zielfrage in der Literatur nachgeht, fällt auf, daß bis in die jüngsten Veröffentlichungen Sozialpädagogik einerseits immer noch als Defizit-Pädagogik verstanden wird. Andererseits kann man jedoch feststellen, daß sich spätestens seit der Alltagswende der 70er Jahre (*Thiersch* 1978) und der Wertewandel-Debatte (*Olk/Otto* 1981) die gegenwärtige Sozialpädagogik über den Defizitansatz hinaus entwickelt hat. Prävention wird zur neuen Zielformulierung im Umgang mit pluralen Lebenswelten.[50]

Man muß zur Kenntnis nehmen, daß ein Paradigmenwechsel (Paradigma = Beispiel, Muster) stattgefunden hat, der darin besteht, nicht mehr von einem kausalen Ansatz, sondern von einem finalen, zielgerichteten Ansatz auszugehen. »Das heißt, wir dürfen uns auch unter dem Druck wachsender Aufgaben nicht nur auf die Frage konzentrieren, aus welchen Problemlagen heraus die Aufgaben der sozialen Arbeit entstehen, sondern wir müssen darüberhinaus im Auge behalten, woraufhin die soziale Arbeit ausgerichtet sein soll und welche Ergebnisse sie erbringt.«[51]

Querschnittsaufgabe der Sozialen Arbeit

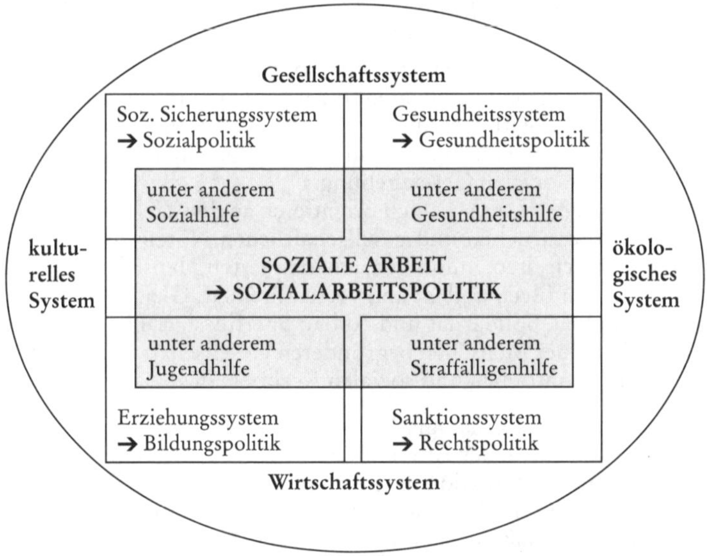

Der gesellschaftliche Standort der Sozialen Arbeit liegt nach *Mühlum* zwischen den großen Funktionsbereichen des sozialen Sicherungssystems, des Gesundheitssystems, des Erziehungssystems und des Sank-

tionssystems. Er ist damit auf die Politikbereiche wie Sozialpolitik, Gesundheitspolitik, Bildungspolitik und Rechtspolitik verwiesen. Überwölbt werden diese Bereiche vom Gesellschaftssystem, dem kulturellen System, dem Wirtschaftssystem und dem ökologischen System. Soziale Arbeit kann sich als ein Aufgabenfeld an der Schnittfläche der genannten Funktionsbereiche verstehen, die sich in den Handlungsfeldern Sozialhilfe und Altenhilfe, Gesundheitshilfe und Rehabilitation, Jugend- und Familienhilfe, Straffälligenhilfe und Resozialisation ausdifferenzieren. Da Soziale Arbeit Teilfunktionen aus allen vier Bereichen übernimmt, läßt sich auch von einer Querschnittsaufgabe sprechen.[52]
Diese Überlegungen faßt *Mühlum* in einem Schaubild (S. 267) zusammen.[53]

Die in der Literatur genannten Ziele von Sozialpädagogik haben in der Regel zwei Schwerpunkte: Sie werden eher

1. anthropologisch und/oder
2. gesellschaftlich begründet.

- *Friedländer, Walter/Pfaffenberger, Hans:* »Im Rahmen der genannten Grundwerte versucht die Sozialarbeit, Individuen, Gruppen und Gemeinden zu helfen, den höchstmöglichen Grad von sozialem, geistigem und leiblichem Wohlbefinden zu erreichen ... Ihr Ziel ist nicht nur, dem Einzelnen, der Familie und einer Gruppe von Personen in ihren sozialen Beziehungen zu helfen, sondern sie befaßt sich auch mit der Verbesserung der allgemeinen sozialen Bedingungen durch Anhebung des gesundheitlichen und wirtschftlichen Standards und durch Befürwortung besserer Wohn- und Arbeitsbedingungen und einer konstruktiven sozialen Gesetzgebung.«[54]
- *Pfaffenberger, Hans:* »... sich orientieren an den Zielvorstellungen
  - eines von natürlichen und gesellschaftlichen Nöten und Zwängen möglichst befreiten, mündigen, emanzipierten Menschen,
  - einer auf den Ideen und Grundwerten Freiheit, Gleichheit, sozialer Gerechtigkeit, Solidarität und Abbau überflüssiger Herrschaft von Menschen über Menschen begründeten Gesellschaft und
  - eines demokratischen und sozialen Rechtsstaates ...

Das Ziel aller sozialpädagogischen/sozialen Arbeit ist:
Menschen verschiedener Alterstufen in entwicklungsreife-, konflikt- oder notbedingten Situationen so zu helfen, daß sie möglichst zur vollen Entfaltung ihrer Persönlichkeit und all ihre Kräfte und Möglichkeiten gelangen, daß sie sich aus unnötiger Abhängigkeit lösen und Sozialisationsdefizite wie Benachteiligungen und Unterprevilegierungen überwinden können. Selbstbestimmung, Mündigkeit, Hilfe zur Selbsthilfe und Ermöglichung eines der Würde des Menschen entsprechenden Lebens sind in Gesetzen und Richtlinien fixierte Zielformulierungen und Prinzipien solcher Arbeit.«[55]

• *Lowy, Louis:* »Der konstitutive Gegenstand ist die Persönlichkeit, welche der Entfaltung bedarf, soweit nicht Rechte anderer verletzt werden. Unter den personalen, geistigen und materiellen Gütern, die für das ethische und soziale Handeln des Menschen bedeutsam sind, ragen heraus die Menschen- und Personenwürde, das Recht auf Leben und körperliche Unversehrtheit, die Mitmenschlichkeit, das Recht auf Schutz der Familie, die gesellschaftliche Solidarität ...
... bewegt sich die Zielformulierung wiederum um das Doppelmandat:
1. Hilfe zur Befähigung von Menschen, Lebensaufgaben zu meistern und Probleme zu bewältigen,
2. die unmittelbare Umwelt, d. h. Situationen und gesellschaftliche Bedingungen zu verändern, um diese Probleme zu bewältigen und diese Lebensaufgabe zu erfüllen.«[56]

• *Schmidt, Hans-Ludwig:* Als Generalziel nennt er die Sorge um ein allseitiges körperliches, seelisches und soziales Wohlbefinden.[57] Ziel der Sozialpädagogik ist die Höherbildung des Menschen und der Menschheit, »ausgehend von ihrer besonderen Frage, nämlich der Bewährung, die kulturellen, wirtschaftlichen, politischen und sozialen Ansprüche der Gesellschaft in Geschichte und Gegenwart kritisch zu hinterfragen in bezug darauf, inwieweit diese je konkrete Gesellschaft eine Bewährung des einzelnen ermöglicht oder hindert und Entwürfe der gesellschaftlichen und individuellen Sinnbestimmung für die Zukunft zu wagen.«[58]

• *Erler, Michael:* »Eine den gesellschaftlichen Strukturveränderungen adäquate soziale Arbeit sollte
- Menschen zu eigenständigen Entscheidungen und verantwortlichem Handeln bei der Gestaltung ihres Lebens, den Aufgaben, die es ihnen stellt, und den Anforderungen, denen sie begegnen, befähigen;
- konstruktive Lösungen von Problem- und Konfliktsituationen ermöglichen;
- gesellschaftliche und soziale Defizite ausgleichen sowie die Teilnahme aller Mitglieder an gesellschaftlichen Auswahlmöglichkeiten und Zugangschancen der Mobilität und Freiheit eröffnen helfen.«[59]

• *Bock, Theresa:* »Sozialarbeit/Sozialpädagogik unterstützen Menschen, eine Balance zu finden zwischen ihren jeweiligen Bedürfnissen und Fähigkeiten und ihrer Umwelt mit deren jeweiligen Angeboten und Anforderungen. Dabei sind sie einerseits bemüht, die Entwicklung, die Einstellung und die Verhaltensweisen von Menschen zu fördern, zu stärken und zu verbessern, die sie zur selbständigen und verantwortlichen Gestaltung ihres Lebens befähigen.
Andererseits gehört es zu ihren Aufgaben, die Lebensbedingungen in der Umwelt des Klienten/Betroffenen so zu gestalten und zu beeinflussen, daß die notwendigen Voraussetzungen und Bedingungen für eine menschenwürdige Existenz vorhanden sind.«[60]

- *Deutscher Verein für öffentliche und private Fürsorge:* »Das Ziel des beruflichen Handelns von Sozialarbeitern/Sozialpädagogen ist es, einen Beitrag zur Verbesserung der Lebenschancen von Menschen zu leisten und mit die Voraussetzungen zu schaffen, die es den Mitgliedern der Gesellschaft, insbesondere den in irgendeiner Weise Benachteiligten, gestatten, ihre Anlagen und Fähigkeiten so gut wie möglich zu entwickeln, ihre Freiheit verantwortungsbewußt zu gebrauchen und am Leben der Gemeinschaft teilzuhaben.
Die Aufgaben, die Sozialarbeiter/Sozialpädagogen hierzu übernehmen, stehen in engem Bezug zu der gesellschaftlichen Wirklichkeit als einem Gefüge sozialer, politischer, wirtschaftlicher, rechtlicher, technischer und kultureller Bedürfnisse und Fähigkeiten andererseits. Sie finden ihren Ausdruck in Rechtsvorschriften sowie politischen und fachlichen Leitlinien des Trägers sozialer Arbeit, in dessen Diensten der Sozialarbeiter/Sozialpädagoge jeweils steht.«[61]
- *Engelke, Ernst:* »In den Theorien der Sozialen Arbeit werden in großer Zahl Werte, Ziele und Normen genannt. Das Reservoire für Wert- und Zielbestimmungen der Sozialen Arbeit ist schier unerschöpflich: Solidarität, Subsidiarität, Partizipation, Emanzipation, Normalität, Subjektivität, Personenwürde, Partnerschaft, Bewußtsein, Bewußtheit, seelische und körperliche Gesundheit, Selbstbestimmung, Selbstverwirklichung, Veränderung, Integration, gerechter Austausch, Chancengleichheit, soziale Gerechtigkeit, Echtheit, Bildung, gerechter Güteraustausch, Liebe, Hoffnung, Wohlbefinden, Zukunft usw..
So unterschiedlich diese Wertangaben sind, so lassen sie sich doch insgesamt dem Wert der Humanität und der menschlichen Würde unterordnen, was auch immer im einzelnen darunter verstanden wird. Die von den Vereinten Nationen erklärten Menschenrechte werden von allen AutorInnen – ohne daß das jeweils gesagt wird – offensichtlich als vorrangige Werte anerkannt.«[62]
- *Mühlum, Albert:* Er untersucht die vorliegenden Zielformulierungen von Sozialpädagogik und klassifiziert sie in zwei Gruppen:

1. *Zielformulierungen von Sozialpädagogik im Sinne von Sozialerziehung:*

»– Entfaltung (der Anlagen/der Persönlichkeit), individuelle Existenz
– Lebensbewährung, Bewältigung der Aufgaben, Bewährung, Tüchtigkeit
– Anpassung/Integration an die/in die Gemeinschaft, normgerechtes Verhalten, Mitmenschlichkeit, soziale Existenz
– Sinngebung, Bindung an höhere Werte, Menschwerdung, Bindung an Kulturwerte
– Verantwortlichkeit, Verantwortungsbereitschaft
– Selbstbestimmung im Sinne von: Mündigkeit, Eigenständigkeit,

selbstverantwortliche Persönlichkeit; Autonomie, Kritik, Emanzipation, Veränderung des Bestehenden.«[63]

2. *Zielformulierungen von Sozialpädagogik im Sinne von gesellschaftlichen Funktionen:*

»– Prävention
– Kompensation
– Korrektur
– Sanktion/Kontrolle
– Integration
– Innovation.«[64]

- *Kinder- und Jugendhilfegesetz* (KJHG): Das KJHG bestimmt im § 1 Abs. 1 das Recht des jungen Menschen auf Förderung und Erziehung, in Abs. 2 das Erziehungsrecht und die Erziehungspflicht der Eltern, in Abs. 3 die Grundziele der öffentlichen Jugendhilfe:

§ 1 Recht auf Erziehung, Elternverantwortung, Jugendhilfe
(1) Jeder junge Mensch hat ein Recht auf Förderung seiner Entwicklung und auf Erziehung zu einer eigenverantwortlichen und gemeinschaftsfähigen Persönlichkeit.
(2) Pflege und Erziehung der Kinder sind das natürliche Recht der Eltern und die ihnen zuvörderst obliegende Pflicht. Über ihre Betätigung wacht die staatliche Gemeinschaft.
(3) Jugendhilfe soll zur Verwirklichung des Rechts nach Absatz 1 insbesondere

1. junge Menschen in ihrer individuellen und sozialen Entwicklung fördern und dazu beitragen, Benachteiligungen zu vermeiden oder abzubauen,
2. Eltern und andere Erziehungsberechtigte bei der Erziehung beraten und unterstützen,
3. Kinder und Jugendliche vor Gefahren für ihr Wohl zu schützen,
4. dazu beitragen, positive Lebensbedingungen für junge Menschen und ihre Familien sowie eine kinder- und familienfreundliche Umwelt zu erhalten oder zu schaffen.

Halten wir fest
Sozialpädagogik übernimmt nach Auffassung verschiedener Autoren vor allem zwei Zielbereiche:
1. Hilfe zur Selbstfindung, Entfaltung der Persönlichkeit (individuelle Funktion)
2. Verbesserung bzw. Veränderung der gesellschaftlichen Bedingungen (gesellschaftliche Funktion).

5.6 Methoden der Sozialpädagogik

5.6.1 Klassische Methoden

Aufgabe
Was ist eine Methode?
Vergleichen Sie Ihre Vorstellung von Methode mit folgenden Vorschlägen und kreuzen Sie an, was Ihrer Vorstellung von Methode am nächsten kommt:
☐ Methode ist ein Muster des Lehrerverhaltens
☐ Methode ist angewandte Lernprinzipien
☐ Methode ist zielgerichtete Verfahrensweise
☐ Methode ist Strukturmoment und Erfindung
☐ Methode ist eine theoretische Konzeption
☐ Methode ist die Form der Unterrichtskommunikation
☐ Methode ist der Erziehungsweg

Schulze hat diese Sammlung zusammengestellt und kommt zu dem Schluß, daß es bisher noch kein allgemein anerkanntes Klassifikationssystem in der Erziehungswissenschaft gibt.[65] Das würde bedeuten, daß alle sieben obengenannten Vorstellungen Methoden sind. Meiner Meinung nach entsprechen allerdings vor allem die Vorschläge 3 und 7 dem, was man nach didaktisch/methodischen Überlegungen unter einer Methode versteht.
Will man über Methoden der Sozialpädagogik etwas ausführen, steht man vor einem doppelten Problem:

1. Es gibt keine spezifischen Methoden der Sozialpädagogik.
2. Häufig werden die ›klassischen Methoden‹ der Sozialarbeit als Methoden der Sozialpädagogik genannt.

Wie es zu diesem Methoden-Dilemma gekommen ist, möchte ich kurz aufzeigen. Man könnte die geschichtliche Entwicklung dieser Frage vielleicht in folgende vier Phasen einteilen:[66]

1. Phase: Anfänge (Anfang des 20. Jhdts.)
2. Phase: Übernahme amerikanischer Methoden (50er Jahre)
3. Phase: Methodenkritik (1968–1975)
4. Phase: Ausdifferenzierung (80er Jahre)

Erste Phase: (Anfang des 20. Jhdts.)

Die Anfänge der Entwicklung einer methodischen Sozialen Arbeit in Deutschland gehen vor allem auf *Alice Salomon* zurück. Durch ihre Aufenthalte in den USA (1923 und 1924) lernte sie die dort entwickelte Methode des »case-work« kennen. In ihrem Buch »Soziale Diagnose« macht sie der breiten Öffentlichkeit in Deutschland diese Methode zugänglich. Ihr Buch verfolgt die Absicht, die Methode der fürsorgerischen Arbeit gleichrangig neben die Kenntnisse der sozialen Gesetze und Einrichtungen zu stellen. Es ist zugleich der Versuch, die Verfahrensweise des anglo-amerikanischen »social-work« an die spezifischen deutschen Verhältnisse anzupassen. Darin unterscheidet es sich wesentlich von einigen Versuchen der Methodenrezeption nach Gründung der Bundesrepublik, bei denen es sich oft nur um Übersetzungen amerikanischer Literatur handelt.[67] Allerdings wurde ihr Buch von der Öffentlichkeit eher zurückhaltend aufgenommen. Die von ihr vorgestellte Methode erhielt kaum praktische Bedeutung.

> Ziel der Bemühungen von *Salomon* war es, durch die Etablierung beruflicher Methoden für die Soziale Arbeit eine fachliche Eigenständigkeit zu beanspruchen. Ähnlich wie die Therapeuten und Mediziner spezifische Methoden entwickelt haben, sollte sich auch die Soziale Arbeit über ihre eigenen Methoden definieren.

»Es gehört nun eindeutig zu den Merkmalen einer Profession, daß sie über eine berufliche Methode verfügt, die durch eine längere und wesentlich theoretisch fundierte Spezialausbildung erworben wird. Die Methode wird zum Aushängeschild einer beruflichen Kompetenz innerhalb eines klar abgegrenzten Arbeitsbereiches. Sie ist eine wesentliche Säule der sozialen Legitimation zur Profession.«[68]

Zweite Phase: Übernahme amerikanischer Methoden (50er Jahre)

Die Nachkriegszeit und die fünfziger Jahre kann man als die Phase der Übernahme der ›klassischen, amerikanischen Methoden‹ bezeichnen. Zu den sogenannten ›klassischen Methoden‹ zählt man:

- soziale Einzel(fall)hilfe (social-casework)
- soziale Gruppenarbeit (social-groupwork)
- soziale Gemeinwesenarbeit (social-community-organisation).

• *Soziale Einzelhilfe:* Sie geht vom Individuum aus, von seinen Grundbedürfnissen, wobei die Umwelt nicht außer acht gelassen wird. Man versucht, die Entfaltung der natürlichen Fähigkeiten, Fertigkeiten und das Können des einzelnen so zu fördern, daß er zur Lösung der Probleme angeregt wird. Dabei geht der Sozialpädagoge von den Grundsätzen aus:

- Annehmen und Akzeptieren
- Individualisieren
- Selbstbestimmung des Individuums
- da anfangen, wo der einzelne steht
- mit den Stärken des Individuums arbeiten.

In der sozialen Einzelhilfe erstellt man zunächst eine Bedingungsanalyse und erarbeitet aufgrund dieser Informationen einen Behandlungsplan. Das Ziel der sozialen Einzelhilfe geht in zwei Richtungen:

- intrapersonale Seite: Hinweis auf die eigenen Stärken und Möglichkeiten; diese gilt es zu entfalten.
- interpersonale Seite: Vermittlung von Ressourcen. Wer aus dem sozialen Umfeld kann in den Hilfeprozeß eingeschaltet werden?

Soziale Einzelhilfe versteht sich nicht als Therapie.[69]

- *Soziale Gruppenarbeit:* Man kann zwei Formen von Gruppenarbeit unterscheiden:

- pädagogische Gruppenarbeit (Gruppenpädagogik)
- therapeutische Gruppenarbeit (Gruppentherapie)

In der letztgenannten Form geht es um behandlungsorientierte Gruppenarbeit, für die Sozialpädagogen einer Zusatzqualifikation bedürfen. Die pädagogische Gruppenarbeit ist eher bildungsorientiert und gehört zu den besonderen Arbeitstechniken von Sozialpädagogen. Zu beachten gilt es bei dieser Technik, daß man Kenntnisse von den Gruppenphasen (Anfangs-, Machtkampfs-, Harmonie-, Differenzierungs- und Lösungsphase) und den Gruppenprinzipien hat:

- anfangen, wo die Gruppe steht und sich mit ihr in Bewegung setzen
- mit den Stärken des einzelnen arbeiten
- Zusammenarbeit ist besser als Einzelwettbewerb
- Raum für Entscheidungen geben
- erzieherisch notwendige Grenzen setzen
- sich als Gruppenleiter überflüssig machen.

Ziel der sozialen Gruppenarbeit ist es, durch die Erfahrung der Gruppe den einzelnen Mitgliedern Sicherheit, Anerkennung, Unterstützung und Hilfe zu geben, zweitens ihnen Werte und Normen zu vermitteln und drittens Möglichkeiten der Konfliktlösung zu bieten.[70]

- *Soziale Gemeinwesenarbeit:* Unter Gemeinwesenarbeit versteht man Aktionen von Menschen,

- die durch räumliche Nähe miteinander verbunden sind,
- die durch gemeinsame Problemlagen aufgrund äußerer Bedingungen benachteiligt sind,
- die durch gemeinsames Planen und Handeln ihre Benachteiligungen aufzuheben versuchen,
- die in Kommunikationsprozessen ihre Fähigkeiten zur Verbesserung ihrer Situation einsetzen.

»Gemeinwesenarbeit bedarf der Unterstützung durch Fachkräfte, Bedürfnispartner und Berater, die statt fürsorgerischer Betreuung Hilfe zur Selbsthilfe ermöglichen.«[71]

Soziale Emanzipation wird hier verstanden als Prozeß, der von Bedingungen, die diese Benachteiligung verursachen, befreit. Diese Befreiung geschieht durch deren Beteiligung an dem Prozeß. Die eigene Aktion führt zur Befreiung von inneren und äußeren Zwängen.
Das Thema in der sozialen Gemeinwesenarbeit ist die Gesellschaft und die Frage, was die Gesellschaft zum Wohle des Menschen unternimmt. Man geht von der Überlegung aus, daß Notsituationen als Störung des Gleichgewichts im Verhältnis des Menschen zu seiner soziokulturellen Umgebung zu sehen sind. Deshalb geht es der Gemeinwesenarbeit primär um die Beeinflussung bzw. Veränderung der soziokulturellen Umgebung des Menschen.
Das Vorgehen in der sozialen Gemeinwesenarbeit geschieht in vier Schritten:

- Definition der eigenen Situation durch und für die Betroffenen
- Ermittlung des Bedarfs an Förderung und der Chancen für Förderung durch Fachleute
- Weiterbildung und Beratung der Fachleute zur ständigen Reflexion ihres zentralen Berufskonfliktes
- Soziale Emanzipation kann nur realisiert werden, wenn zwischen Sozialpädagogen und Zielgruppe eine angstfreie, vertrauensvolle Beziehung besteht.[72]

Bei dieser Arbeitstechnik übernimmt der Sozialpädagoge die Rolle des Beraters und Vermittlers. Ziel sozialpädagogischen Handelns in einem Konzept der Gemeinwesenarbeit ist es, Menschen so auszustatten, daß sie in Eigenverantwortung die Gestaltung ihres Lebens übernehmen können. Sie sollen sich ihrer eigenen Stärke bewußt werden und durch Vernetzung und Ressourcenvermittlung erleben, daß sie selbst in der Lage sind, Veränderung in ihrem sozio-kulturellen Milieu und damit in ihrem Leben zu bewirken. Die blinde Übernahme der amerikanischen Methoden übersah, daß z. B. ›Methode‹ im amerikanischen Sprachgebrauch sehr viel mehr bedeutet als das, was der Methodenbegriff bei uns meint.

> »Mit Social Work Method ist ein umfassendes Verständnis von Sozialarbeit gemeint. Die Bezeichnung umfaßt Problemstellung, Ziele, Mittel und Werte. Nach unserem Sprach- und Theorieverständnis meint die Bezeichnung ›Methode‹ jedoch ›nur‹ ein planvolles, gezieltes und reflektiertes Vorgehen. Diese Unterschiede im Verständnis wurden nicht früh genug reflektiert und diskutiert. Erst seit einigen Jahren spricht man anstelle von ›Methoden‹ von den ›Arbeitsformen‹ der Sozialen Einzelhilfe, Sozialen Gruppenarbeit und Gemeinwesenarbeit. Diese Bezeichnung hat das Problem entschärft, aber nicht grundlegend gelöst.«[73]

Des weiteren zweifeln einige Autoren den amerikanischen Ursprung der Methoden an. *Pfaffenberger* meint: »Die sogenannten modernen ausländischen Methoden sind weder so modern noch ausländisch, wie vielfach angenommen und behauptet wird. Schon eine kurze historische Orientierung zeigt, wieviele Ansätze und Grundlagen auf diesem Gebiet auch in Deutschland in den zwanziger und dreißiger Jahren vorhanden waren, dann allerdings verlorengingen.«[74] Erst nach dem Zweiten Weltkrieg kehrten diese methodischen Ansätze nach Deutschland zurück. Einzelhilfe übernahm Elemente aus dem Elberfelder System und dem individualpädagogischen Ansatz der Reformpädagogik. Soziale Gruppenarbeit griff auf Konzepte der Reformpädagogik und Volkshochschularbeit und der Jugendbewegung zurück. Schließlich zeigt die Gemeinwesenarbeit Verbindungen zur Arbeiter- und Frauenbewegung auf.[75]

Dritte Phase: Methodenkritik (etwa 1968–1975)

Die dritte Phase umfaßt etwa die Zeit zwischen 1968 und 1975. Man nennt sie allgemein die Phase der Methodenkritik. Sozialwissenschaftler zeigten die Unwissenschaftlichkeit der Methoden auf. Das Ergebnis dieser Kritik war, daß der teilweise unkritische Optimismus und Fortschrittsglaube der fünfziger Jahre überwunden wurde.[76] »Was die Wege der sozialpädagogischen Praxis betrifft, wäre es überhaupt ratsam, nicht von Methoden, sondern von Arbeitsformen zu sprechen.«[77]

Die Autoren sind sich einig, daß die Terminologie unklar und mißverständlich ist. Deshalb schlägt *Pfaffenberger* vor, »statt von Methoden differenzierter von Arbeitsformen, Methodik, Methodensystemen und methodischem Arbeiten zu sprechen und zwischen diesen verschiedenen Begriffen und Begriffsinhalten zu unterscheiden:

Methodik wird ein theoretisches Aussagesystem genannt, das als Raster der Praxisstrukturierung dienen und damit eine Basis für ein methodisch strukturiertes und methodisch reflektiertes Handlungssystem abgeben soll...

Methodisches Arbeiten liegt dann vor, wenn die jeweiligen konkreten Handlungsvollzüge der Sozialarbeit/Sozialpädagogik nach einem solchen Raster aufgebaut, d. h. strukturiert und überprüft, d. h. reflektiert werden.«[78]

Rauschenbach stellt fest, daß das Ende des »methodischen Dreigestirns« eingeläutet ist.[79] Man spricht nicht mehr von den »klassischen Methoden« der Sozialen Arbeit, sondern verwendet andere, die Sache eher treffende Bezeichnungen wie z. B.:
- Arbeitsformen, Arbeitsweisen, Arbeitskonzepte, Arbeitsprinzipien
- Strategien
- Interventionen, Interventionsstrategien
- Techniken
- Mittel.

Vierte Phase: Ausdifferenzierung (80er Jahre)

Die Methodenkritik der 70er Jahre kann man als abgeschlossen betrachten. Die klassischen Methoden sind von neuen Methoden überformt, »so daß die traditionelle Methoden- und Praxiskompetenz der Sozialarbeiter zur Identifizierung der Profession kaum ausreicht. Darüber hinaus haben qualitativ neue soziale Notlagen zur Entwicklung und Ausdifferenzierung neuer Arbeitsansätze geführt und damit eine Entwicklung in Gang gesetzt, die nahezu unüberschaubar geworden ist.«[80]

Als neue Methoden werden u. a. vorgeschlagen:

- Beratung, Therapie, Supervision *(Ehrhardt-Kramer)*[81]
- prozeßorientierte Methoden wie soziale Technik, Krisenintervention *(Erler)*[82]
- sozialpädagogischer Blick *(Rauschenbach)*[83]
- multiperspektivisches Vorgehen *(B. Müller)*[84]

Staub-Bernasconi entwickelt ein Konzept methodischen Arbeitens[85] und *Meinold* ein »Rahmenmodell methodischen Handelns«[86].

5.6.2 Methodisches Handeln in der Sozialpädagogik

Wie steht es mit den Methoden der Sozialpädagogik? Es gibt keine speziellen sozialpädagogischen Methoden, sondern nur pädagogische Methoden. Versteht man Sozialpädagogik als dritte Erziehungs-, Bildungs- und Lerninstitution, ist die Grundlage pädagogischen Handelns die Didaktik/Methodik. Man kann sozialpädagogisches Handeln nicht auf methodisches Vorgehen verkürzen, sondern muß es auf die Basis didaktisch/methodischer Überlegungen stellen. Konkret bedeutet dies: die Frage nach dem methodischen Handeln muß immer im Zusammenhang mit Zielfragen nach einer vorausgegangenen

Bedingungsanalyse beantwortet werden. Zwischen Zielen und Methoden besteht ein Implikationszusammenhang, d. h. jede Methode enthält einerseits inhaltliche Vorentscheidungen, andererseits lassen sich Zielsetzungen nicht ohne Bezugnahme auf die mögliche methodische Umsetzung verstehen.

> In diesem Sinne versteht man unter (sozial-) pädagogischen Methoden das planmäßige Vorgehen zur Erreichung eines Zieles. Methoden sind Formen des Herangehens an Aufgaben und Lösungen von Zielen und/oder Problemen. Bei der Methode geht es nicht nur um Vermittlung von Informationen, orientiert am Ziel, sondern Methoden sollen Kommunikation stiften und Handlungen anregen.[87]

Versteht man Methoden in diesem didaktisch/methodischen Sinn, ist einzusehen, daß man nicht von spezifischen Methoden der Sozialpädagogik sprechen kann. Denn jede pädagogische Methode kann auch eine sozialpädagogische sein. Entsprechend gibt es eine Vielzahl von Methoden.[88]
Wie kann man nun das Dilemma lösen: auf der einen Seite die drei »klassischen Methoden« der Sozialarbeit und auf der anderen Seite eine Vielzahl pädagogischer Methoden.
Ich schlage zur Klärung folgende Unterscheidung vor:

- *Makro-Ebene:* Einzelhilfe, Gruppenarbeit, Gemeinwesenarbeit. Man spricht hier nicht von Methode, sondern von *Arbeitsform, Arbeitsweise* etc., d. h. also der Sozialpädagoge/Sozialarbeiter arbeitet nach einer bestimmten Arbeitstechnik/Arbeitsform.
- *Meso-Ebene:* Gruppenpädagogik, Gruppendynamik, Gesprächstherapie, Tie-fenpsychologie, TZI u. a. Auch hier sprach man von Methoden: Methode der Gesprächsführung z. B. nach *Rogers* usw. Inzwischen werden auch diese Vorgehensweisen nicht mehr als Methoden, sondern als *Verfahren* bezeichnet: z. B. gruppenpädagogisches Verfahren usw.
- *Mikro-Ebene:* Rollenspiel, Planspiel, Interview, Collage, Brainstorming etc.. »Wenn es um ganz konkretes Handeln geht, um die Umsetzung von Zielen, nur dann sprechen wir von *Methoden bzw. methodischem Handeln.*«[89]

Das heißt also: Ein Sozialpädagoge/Sozialarbeiter kann in seiner Einrichtung die Arbeitsform Gruppenarbeit anwenden, bei der Gruppenarbeit geht er vielleicht nach dem gruppendynamischen Verfahren vor und setzt in der konkreten Arbeit/Situation z. B. die Methode »Pro und Contra« ein.

Halten wir fest
Die Methodenfrage ist einem fundamentalen Wandel ausgesetzt. »Das alte Verständnis der berufspraktischen Methoden, denen das Odium der Handwerkerei anhaftet, weicht zunehmend einer sozialwissenschaftlichen Orientierung. Sozialwissenschaftliche Verfahren haben auf vielfältige Weise in die soziale Praxis Eingang gefunden, ihre Arbeitsansätze erweitert oder verändert und so zu einer sozialwissenschaftlichen Modernisierung der Methoden geführt.«[90]
Es gibt keine speziellen sozialpädagogischen, sondern nur pädagogische Methoden. Nach didaktisch/methodischen Überlegungen ist folgende Einteilung empfehlenswert:
- Makro-Ebene: Arbeitsformen, Arbeitsweisen, Strategien
- Meso-Ebene: Verfahren
- Mikro-Ebene: Methoden.

Nachdem ich allgemein über Methoden der Sozialpädagogik bzw. Sozialarbeit (die sogenannten »Klassischen Methoden«) gesprochen und aufgezeigt habe, daß es keine spezifischen Methoden der Sozialpädagogik gibt, möchte ich im folgenden auf besondere *Grundformen* sozialpädagogischen Handelns eingehen.
Neben den von *Mollenhauer* genannten drei sozialpädagogischen Tätigkeiten (4. Kapitel) arbeitet *Buchka* vier Grundmodelle sozialpädagogischen Vorgehens heraus:[91]

- *Grundform: Lehren* im Aufgabenfeld Bildungsarbeit (synonym: Unterrichten, Bilden, Informieren). Bei der sozialpädagogischen Bildungsarbeit geht es um die Planung und Gestaltung einer Lehr-Lern-Situation. Lehrende und Lernende bringen in diese Situation Ziele ein. Die Ziele der Lehrenden (Sozialpädagogen) sollen *Erziehungsziele* und die der Lernenden *Handlungsziele* genannt werden. Aufgabe des Sozialpädagogen ist es, in einer Lehr-Lern-Situation eine für beide Seiten akzeptable Ziellösung zu finden, die mit *Lernziele* umschrieben werden soll. Da die Handlungsziele nur vermutet, hypothetisch angenommen werden können, muß ein sozialpädagogisches Konzept immer ein offenes Konzept sein.[92]
- *Grundform: Animieren* im Aufgabenfeld freizeitkulturelle Bildungsarbeit (synonym: Initiieren, Begleiten, Anregen). In diesem Arbeitsfeld versteht sich der Sozialpädagoge als Animateur. Seine Aufgabe ist es nicht in erster Linie, Probleme zu lösen, sondern die Teilnehmer anzuregen und zu ermutigen,

– sich selbst und die anderen zu verstehen,
– für sich und andere gemeinsame Ziele zu setzen,
– bewußt wählen und entscheiden zu können,

- Vertrauen in selbstinitiierte und selbstgelenkte Handlungen zu gewinnen.

»Der Animateur schafft eine positive Basis für die Klärung von Entscheidungen und kommunikativen Handlungsabläufen sowie für die Freisetzung kreativer und sozialer Kräfte.«[93] Animation bezeichnet den Vorgang nicht direkter Anregung und Förderung selbstinitiierten Lernens und Handelns von Personen und Gruppen.
Ziel der Animation ist: Der einzelne soll

- sich seiner Situation, Bedürfnisse und Begabungen zunehmend bewußt werden;
- mit anderen Menschen kommunizieren und so aktiver am Leben des Gemeinwesens teilnehmen;
- sich an Veränderungen in der sozialen, urbanen und technischen Umwelt anpassen und an kommende Veränderungen;
- seine eigene Kultur, d. h. die intellektuellen Fähigkeiten, die Kräfte des Ausdrucks und der Kreativität und die körperlichen Fähigkeiten vertiefen.[94]

• *Grundform: Fördern* im Aufgabenfeld öffentlicher Erziehung in den Institutionen der Jugendhilfe und Behindertenhilfe (synonym: Erziehen, Anleiten, Behandeln).
Nach *Buchka* hat Fördern im Gegensatz zur Behandlung einen pädagogischen Charakter. »Förderung ist für uns die Theorie und Praxis außerplanmäßiger Erziehung auf sozialpädagogischer Handlungsbasis bei vorliegenden Erschwernissen oder Störungen der menschlichen Personalisation, in sozialer und kultureller Integration. Ziel der Förderung ist es, durch präventive, kompensatorische, rehabilitative und korrektive Maßnahmen sozialpädagogischen Handelns den Adressaten vor Benachteiligung oder Schäden im individuellen und/oder sozial-kulturellen Lebensvollzügen zu schützen. Förderung ist dabei nie Selbstzweck, sondern immer der ergänzende Teil einer Gesamterziehung der Adressaten als außerplanmäßige Unterstützung eines regelorientierten Erziehungsgeschehens.«[95] Ziel des Sozialpädagogen ist es, das soziale System seiner Adressaten mit einzubeziehen, um dadurch bei ihnen Einstellungs- und Verhaltensänderungen des sozialen Systems zu erreichen.
• *Grundform: Beraten* im Aufgabenfeld der Lebenshilfe (synonym: Helfen, Therapieren, Wegweisen). Beratung gilt als wesentliche Arbeitsform, zentrale Kategorie und ist ein charakteristischer Bestandteil sozialpädagogischen Arbeitens. Wegen ihrer Bedeutung soll im folgenden auf diese Arbeitstechnik etwas ausführlicher eingegangen werden.

5.7 Beratung

5.7.1 Bedeutung, Abgrenzung

Nach *Melzer* ist Beratung Krisen- und Konflikthilfe und damit ein Strukturelement einer demokratischen Leistungsgesellschaft, »die aus dem Widerspruch von individueller Ausformung und gesellschaftlicher Leistungsorientierung Krisen und Konflikte geradezu beinhaltet und damit ihre Unvollkommenheit deutlich macht. Wer mit den Erwartungen dieser Gesellschaft nicht zurecht kommt, kann Beratung erhalten und muß sich integrieren.«[96] Beratung im sozialen Rechtsstaat nimmt damit eine zentrale sozialintegrative Funktion ein.

»Sie ermöglicht es, auf der Basis der Freiwilligkeit und über Einsicht und Zustimmung die rechtsstaatlich garantierte Freiheit des einzelnen mit der besonderen Fürsorgepflicht des Sozialstaates und seinem Leistungsangebot gegenüber den sozial schwachen Bevölkerungsgruppen zu verknüpfen, und sie bietet im Hinblick auf die Integration von Personen, deren gesellschaftliche Ausgliederung infolge Fehlverhaltens droht oder eingetreten ist, eine die Personenwürde achtende, auf die optimale Nutzung des Sozialleistungsangebots gemäß den Zielen des § 1 des Sozialgesetzbuches – Allgemeiner Teil – (SGB I) gerichtete und die Fähigkeit zur Selbsthilfe fördernde Handlungsform.«[97]

Aufgabe
Will man umschreiben, was Beratung ist, muß man sie von ähnlichen Angeboten abgrenzen. Versuchen Sie, die Unterschiede zwischen Beratung – Therapie – Auskunft, Aufklärung, Ratschlag herauszustellen.

- *Beratung:* »Beratung ist vor allem Informations- und Entscheidungshilfe bei der Findung von Bildungsgängen sowie Vorsorge und Hilfe bei der Reduzierung und Überwindung individueller Lern- und Verhaltensstörungen.«[98] »Beratung ist die erschöpfende Orientierung über Mittel und Wege zur Erreichung eines Ziels, das entweder vom Ratsuchenden angegeben oder für ihn oder zusammen mit ihm mit Hilfe der Identifizierung von seiten des Beratenden ermittelt worden ist. Darüber hinaus ist Beratung ein gezieltes und kontrolliertes fachliches Verhalten einer zur Beratung legitimierten und somit kompetenten Person, das die Aufhebung der Ratlosigkeit, von Problemen und Konflikten durch methodische Interaktion anzielt.«[99]
- *Therapie:* (Psychoanalyse oder Psychotherapie) Die Therapie wendet sich an Menschen, »bei denen der Verlust von Kontroll- und Steuerungsfunktion so groß ist, daß sie ihr Leben nicht ohne schwerwiegende Störungen selbst regulieren können und massive Hilfe brauchen.«[100] Dagegen richtet sich die Beratung an Menschen, die in der Lage sind, ihre Lebenssituation noch eigenständig zu regeln und Verantwortung für ihr Handeln zu übernehmen.

- *Aufklärung, Auskunft, Ratschlag:* Diese Formen der Hilfestellung wenden sich an jedermann und zeichnen sich durch ihre geringe Intensität bezüglich der Beziehung zu den Fragenden aus. Sie gehen von einer sachlich präzisen Frage aus, die der Ratsuchende formuliert hat. Beratung unterscheidet sich von diesen Angeboten vor allem durch den intensiven kommunikativen Charakter zwischen Berater und Ratsuchendem.[101] Die Abgrenzungen zeichnen sich nur im Zentrum scharf ab, während sie an den Rändern unscharf ineinander übergehen.
- *Beratung und Therapie:* Beratung ist keine quasi-therapeutische Methode oder eine »kleine Therapie«, sondern besitzt Eigenständigkeit auch gegenüber therapeutischen Konzepten. *Dewe* u.a. haben den Unterschied zwischen (Familien-) Beratung und Therapie folgendermaßen dargestellt:

»Als das relevante Unterscheidungskriterium von Beratung und Therapie kann gelten, daß in der Beratungskommunikation die gezielte Veränderung individueller Identität einzelner Personen nicht im Zentrum der Interaktion steht und sich Beratung primär darauf bezieht, soziale Problembeziehungen innerhalb der Familie auf der Grundlage sozial typischer familialer Problemkonstellationen zu interpretieren und diesbezüglich relevante, sozial gültige Muster der Problembearbeitung fallbezogen darzustellen.
Es geht im Falle der Beratung um die Wiedergewinnung einer zur handlungspraktischen Problembewältigung befähigenden Wirklichkeitssicht aller Familienmitglieder... Vielmehr läßt sich sozialpädagogische Beratung fassen als ein Deutungsangebot individueller Problemsituation durch den Verweis auf strukturgleiche oder ähnliche, sozial typische Problemsituationen in Familienkontexten und die gemeinsame Entwicklung und Antizipation von Bewältigungsstrategien. Beratung präsentiert dem Klienten also mögliche und wahrscheinliche Deutungsfolien seiner je individuellen Situation, ohne beanspruchen zu können, daß hiermit die individuell gültigen und angemessenen Aspekte notwendig und umfassend erfaßt sind. Beratung verordnet in diesem Sinn keine individualspezifische Therapie im Sinne einer erst durch Rekonstrukturierungen individueller Identität zu erlangenden Handlungsfähigkeit, sondern zeigt den Betroffenen mögliche Variationen der Problemsicht und Handlungsalternativen auf, wobei die soziale und strukturelle Seite des je thematischen Problems expliziter Gegenstand der Beratungskommunikation ist... Die spezifische Leistung sozialpädagogischer Beratung ist u. E. also darin zu sehen, zur problembezogenen Erweiterung des Horizontes an Deutungsmöglichkeiten beizutragen, auf dessen Hintergrund die Familie selbst ihre Situation interpretiert und Handlungsalternativen entwirft. Die hier benötigte und verausgabte Kompetenz von SozialarbeiterInnen/SozialpädagogInnen ist folglich nicht reduzierbar auf die Verfügung über Techniken der therapeutischen Gesprächsführung.«[102]

Halten wir fest
Beratung ist eine zentrale Arbeitsform der Sozialpädagogik. Sozialpädagogische Beratung ist aber keine Therapie.

5.7.2 Rechtsberatung

Zwei wesentliche Formen der Beratung in der Sozialen Arbeit kann man unterscheiden: Rechtsberatung und Lebensberatung.
Die Rechtsvorschriften über die Aufklärungspflichten (§ 13), Beratungspflichten (§ 14) und Auskunftspflichten (§ 15) sind im allgemeinen Teil des Sozialgesetzbuches vom 11. Dezember 1975 (BGB I. I, S. 3015) zu finden. Bei diesen Vorschriften geht es darum, für den Ratsuchenden bezüglich seiner besonderen Situation und seiner Anliegen die geltenden Rechtssätze zu ermitteln, um seine Rechts- und Lebenssituation zu klären und zu verbessern.

- *§ 13 Aufklärung:* Die Leistungsträger, ihre Verbände und die sonstigen in diesem Gesetzbuch genannten öffentlich-rechtlichen Vereinigungen sind verpflichtet, im Rahmen ihrer Zuständigkeit die Bevölkerung über die Rechte und Pflichten nach diesem Gesetzbuch aufzuklären.
»Aufklärung der Bevölkerung über die Rechte und Pflichten nach dem SGB bedeutet ein Bekanntmachen dieser Rechte und Pflichten in geeigneter Weise durch den Leistungsträger, der die Rechte zu erfüllen hat bzw. demgegenüber die Pflichten bestehen. Im Unterschied zur Beratung und Auskunft wendet sich die Aufklärung an die Bevölkerung, also an die Allgemeinheit und damit an einen unbestimmt großen Personenkreis. Dies schließt nicht aus, daß bestimmte Zielgruppen in besonderer Weise ... angesprochen werden ...
Die Aufklärung wird im wesentlichen den Zweck verfolgen müssen, auf die Rechte und Pflichten aufmerksam zu machen und ihren Inhalt allgemein zu erläutern und gegebenenfalls durch Beispiele zu veranschaulichen. Die Aufklärung wird die Auskunft und Beratung nicht ersetzen können, sie wird vielmehr zu diesen hinführen müssen ... Eine Amtspflicht zur Aufklärung besteht gegenüber dem einzelnen Staatsbürger nicht. Die generelle Verpflichtung zur Aufklärung macht die Durchführung von Aufklärungsmaßnahmen dem Leistungsträger zwar zur Pflicht; sie verleiht dem einzelnen Leistungsberechtigten aber kein einklagbares Recht gegen den Träger.«[103]
- *§ 14 Beratung:* Jeder hat Anspruch auf Beratung über seine Rechte und Pflichten nach diesem Gesetzbuch. Zuständig für die Beratung sind die Leistungsträger, denen gegenüber die Rechte geltend zu machen oder die Pflichten zu erfüllen sind.
»Die Vorschrift verpflichtet jeden Leistungsträger nach dem SGB zur individuellen Beratung von Einzelpersonen über deren Rechte und Pflichten nach dem SGB. Beratung ist im Unterschied zur Auskunft die ... Erörterung der Rechtsstellung des Ratsuchenden im Hinblick auf soziale Leistungen, soweit sie von dem um Beratung gebetenen Sozialleistungsträger zu erbringen sind ...
Auf die Beratung besteht ein Rechtsanspruch, der gegebenenfalls mit einer Klage geltend gemacht werden kann. Klageart ist die allgemeine Leistungsklage ..., dagegen nicht die Verpflichtungsklage.«[104]
- *§ 15 Auskunft:* (1) Die nach Landesrecht zuständigen Stellen sowie die Träger der gesetzlichen Krankenversicherung sind verpflichtet, über alle sozialen Angelegenheiten nach diesem Gesetzbuch Auskünfte zu erteilen. (2) Die Auskunftspflicht erstreckt sich auf die Benennung der für die Sozialleistungen zuständigen Leistungsträger sowie auf alle Sach- und

Rechtsfragen, die für die Auskunftssuchenden von Bedeutung sein können und zu deren Beantwortung die Auskunftsstelle imstande ist.
(3) Die Auskunftsstellen sind verpflichtet, untereinander und mit den anderen Leistungsträgern mit dem Ziel zusammenzuarbeiten, eine umfassende Auskunftserteilung durch eine Stelle sicherzustellen.

»Die umfassende Verpflichtung des Abs. 1 (Auskünfte über alle sozialen Angelegenheiten nach dem SGB) wird durch Abs. 2 erheblich eingeschränkt. Unbedingt ist nur die Verpflichtung der Auskunftsstelle, dem Auskunftssuchenden die für die Sozialleistungen zuständigen Leistungsträger zu benennen. Darüber hinausgehende Auskünfte in Sach- und sonstigen Rechtsfragen zu erteilen, ist die Auskunftsstelle insoweit verpflichtet, als dies für den Auskunftssuchenden von Bedeutung sein kann und zu deren Beantwortung die Auskunftsstelle imstande ist. Im letzten liegt eine wesentliche Einschränkung der Verpflichtung der genannten Stellen...

Auf die Auskunft besteht ein Rechtsanspruch. Wie weit der Anspruch reicht und auf welche Weise er geltend zu machen ist, ist umstritten.«[105]

!

Halten wir fest
Die Rechtsberatung umfaßt Aufklärung, Beratung und Auskunft. Sie wird im SGB geregelt.

5.7.3 Lebensberatung

Lebensberatung umfaßt z. B. Berufs-, Erziehungs- und Familienberatung. Sie bezieht sich auf spezielle Gruppen wie Alkohol-, Drogen- oder Aidsberatung. Lebensberatung bieten das Sozial-, Jugend- und Gesundheitsamt an sowie eine Vielzahl von sozialen Diensten und Einrichtungen.

Das methodische Vorgehen in einer Beratung ist in der Regel psychologisch-therapeutisch ausgerichtet. Ich kann die einzelnen Theorien hier nicht aufführen, möchte sie nur (unvollständig) kurz aufzählen: Psychoanalyse, Kognitive Therapie *(Ellis)*, Transaktionsanalyse *(Berne)*, Kommunikationstherapie *(Watzlawick, Mandel)*, Psychodrama *(Moreno)*, Themenzentrierte Interaktion *(Cohn)*, Klientenzentrierte Gesprächstherapie *(Rogers, Tausch)* u. a.[106]

Entscheidend für eine Beratung ist die Beziehung. Nach den Untersuchungen von *Watzlawick* u. a. kommuniziert der Mensch immer auf zwei Ebenen: Inhalts- und Beziehungsebene. Der Inhaltsaspekt betrifft die kognitive, der Beziehungsaspekt die emotionale Dimension einer Kommunikation. Der Inhaltsaspekt wird vorwiegend durch die Sprache, der Beziehungsaspekt durch Wahrnehmung und Sprache repräsentiert. Beide Aspekte sind untrennbar miteinander verbunden, jedoch steht der Beziehungsaspekt vor dem Inhaltsaspekt. Der Inhaltsaspekt vermittelt »Daten«, während der Beziehungsaspekt aufzeigt, wie diese Daten aufzufassen sind. Für den Sozialpädagogen besagen diese Überlegungen, daß er besonderes Augenmerk auf die

Beziehungsseite richten sollte. Für eine positive Kommunikation ist eine gute Beziehung Basis und Voraussetzung. Bei einer Beratung muß es demnach zunächst um eine gute, positive Beziehung gehen. Dies hat bereits *Nohl* mit seiner Formulierung des »pädagogischen Bezuges« herausgearbeitet. Stimmen die Beziehungen, kann man sich vermehrt auf den Inhalt konzentrieren. Es geht um die Reihenfolge der Bedeutsamkeit. Sind die Beziehungen zwischen dem Berater und dem Ratsuchenden positiv abgestimmt, verläuft der Prozeß der Beratung nach *Dewe* in folgenden Phasen:[107]

Phasen	Verhältnis von Berater und Klient	Merkmale
Eröffnung	symmetrisch	Definition der Rollenverteilung
Datensammlung	asymmetrisch	Fragerecht des Beraters/ Antwortpflicht des Klienten
Interpretation	Dominanz des Beraters	Deutungsmonopol des Beraters
Entwicklung von Handlungsoptionen		Berater: Handlungsoptionen als Problemlösung
Stellungnahme	asymmetrisch	Prüfung der lebenspraktischen
	Dominanz des Klienten	Angemessenheit des Handlungsvorschlags
Beendigung	symmetrisch	Vereinbarung des weiteren Verlaufs

Entscheidend für den Berater ist seine eigene Reflexion. Diese sollte er am besten in einem Team oder in Zusammenarbeit mit einem Supervisor durchführen.

Aufgabe
Wenn jemand ein soziales Problem hat und Sie um Rat fragt, worauf sollten Sie bei der Beratung besonders achten?

Mollenhauer hat bezüglich der beruflichen Beratung Kriterien aufgestellt, die hier kurz zusammengefaßt genannt werden sollen.[108]

1. Beratung entsteht und beginnt mit einer Frage. Mit dieser Frage drückt der Betreffende gleichzeitig aus, daß nur seine Erwartungen und nicht die des Beraters den Ansatz und Fortgang der Beratung bestimmen.

2. »Der Befragte ist nicht in seiner Rolle als Erzieher angesprochen, sondern als jemand, der sich im Geflecht der persönlichen und gesellschaftlichen Existenz besser auskennt. Man erwartet von ihm keine Anweisungen, sondern daß er zuhört und aus vielleicht besserer Übersicht eine Antwort als Möglichkeit gibt. Man erwartet von ihm keinen Zwang, keine Vorschrift, keine unumstößlichen Wahrheiten, kein Urteil, das nicht revidiert werden könnte ...

3. Der Rat hat deshalb auch zunächst keine Verbindlichkeit für den Ratsuchenden. Die Antwort des Beratenden ist allenfalls Beispiel, nicht Vorbild, das zur Nachahmung oder Befolgung auffordert. Insofern liegt der pädagogische Sinn der Beratungssituation gerade darin, daß sie die Selbständigkeit, die Produktivität, die Rationalität und Phantasie des Ratsuchenden anspricht und anregt, daß sie ihn instande setzt, selbst auf einen Ausweg zu verfallen bzw. die erteilte Antwort nun als gleichsam selbst vollzogene zu akzeptieren oder auch sie zu verwerfen. Eine Beratung, die das Nein des Ratsuchenden nicht duldet oder ihm diese Möglichkeit nicht beständig ernsthaft zugesteht, verfehlt damit ihren Bildungssinn.«[109]

4. Beratung erfolgt in einem Gespräch. In diesem werden Informationen ausgetauscht. In der festgestellten Frage liegt auch die Frage nach den eigenen Möglichkeiten. Insofern enthält ein Beratungsgespräch auch Elemente einer kritischen Aufklärung. »Das Gespräch schafft Distanz, es ermöglicht ein rationales Verhalten zu sich selbst und zu den Bedingungen der eigenen Existenz. In der Beratung werden nicht nur Antworten gegeben, sondern zugleich neue Fragen formuliert; die rationale Erhellung eines Problems wird soweit wie moglich versucht, um eine Entscheidung vorzubereiten, die von Vorurteilen und Verfestigungen frei, nach dem Abwägen der vernünftig erscheinenden Fragen getroffen werden kann.«[110]

5. Beim Beratungsgespräch werden Informationen ausgetauscht, welche die besondere Lebensproblematik des einzelnen umfassen. Es sind nicht allein Probleme des Berufs, der Freizeit, der Sexualität, des politischen Verhaltens, »sondern die spezielle Situation des ratsuchenden Subjekts, in die zwar die allgemeinen Bedingungen seiner gesellschaftlichen Existenz mit eingehen, aber ausschließlich in der subjektiven und individuellen Darstellung zum Gegenstand und Inhalt der Beratung werden. Das schließt nicht aus, sondern ausdrücklich ein, daß im Beratungsvorgang gerade jene objektiven gesellschaftlichen Bedingungen als Bedingungen der eigenen Problematik zum Bewußtsein gebracht werden.«[111]

6. »Die Beratung endet mit dem Rat, der, wenn sich nicht als Ergebnis des Gesprächs für den Ratsuchenden selbst ergibt, vom Berater erteilt wird. Dieser Rat ist insofern verbindlich (für den Berater), als er das Engagement des Beraters enthält. Er ist insofern unverbindlich (für den Ratsuchenden), als er auch die subjektiven Motivationen des Beraters

enthält, für den Ratsuchenden also nur Beispiel ist... Der Sinn, den der Ratsuchende seinem eigenen Schritt gibt, würde hintergangen, und ein im engeren Sinne des Wortes pädagogisches Verhältnis würde vom Berater erschlichen, wenn er die vorübergehende Abhängigkeit des Ratsuchenden zu etwas benutzen würde, das nicht eindeutig zu dessen größerer Selbständigkeit führt. Gerade weil sich nicht zweifelsfrei vorhersagen läßt, wohin im Lebenszusammenhang des Klienten eine Beratung führt, gerade weil auch jeder Rat des Beraters notwendig subjektiv bleibt, andererseits die Beratung durch nichts anderes als die ratsuchende Frage konstituiert wird, bleibt der Berater an die Legitimation durch den Klienten gebunden, handelt er in dessen Auftrag. Die Verantwortung des Beraters ist die Verantwortung vor der gewollten Freiheit des Klienten...

7. So wenig indessen der Berater auf eigenes Engagement verzichten bzw. es völlig unterdrücken kann, so sehr kann gerade dies das entscheidende Engagement des Ratsuchenden verhindern. Häufig genug hat der Ratsuchende die Tendenz, in der akuten Unselbständigkeit, in der er sich befindet, zu verharren, noch tiefer in sie hineinzuflüchten dadurch, daß er sich an den Berater anlehnt, sich seiner Meinung unterwirft, sich als selbst Entscheidender und Planender aufgibt. Der Beratungsvorgang würde seiner Möglichkeit als Aufklärung zuwiderlaufen, wenn das Engagement des Beraters entscheidendes Gewicht bekäme. Er würde aber die Möglichkeit der Aufklärung wie die Möglichkeit, zur Selbständigkeit (Autonomie) zu führen, bewahren können, wenn er dem Ratsuchenden dessen Situation zu spiegeln vermöchte, wenn der Bedingungszusammenhang, in dem die vorstellbaren Entscheidungen stehen, zu realmöglichen Folgen eines Handelns konkret vergegenwärtigt werden.«[112]

Diese Überlegungen von *Mollenhauer* müssen noch um die Ausführungen über die Systemtheorie (4. Kapitel) ergänzt werden.

Halten wir fest

Beratung ist eine Arbeitsweise der Sozialpädagogik.

Man kann zwischen Rechts- und Lebensberatung unterscheiden.

Nach einem Grundsatzurteil des Bundesgerichtshofes (BGH) vom 26. 09. 1957 gehört es in einem »sozialen Rechtsstaat zu den Amtspflichten der mit der Betreuung der sozial schwachen Bevölkerungskreise betrauten Beamten, diesen zur Erlangung und Wahrung der ihnen vom Gesetz zugedachten Rechte und Vorteile nach Kräften beizustehen.«[113]

In der Lebensberatung geht es um die Förderung der Selbständigkeit, Produktivität, Rationalität und Kreativität des Ratsuchenden. Der Berater versteht sich als jemand, der aus einer gewissen Distanz und Übersicht heraus mögliche Antworten und Alternativen dem Ratsuchenden aufzeigen kann. Die Entscheidung trifft jedoch immer der Ratsuchende alleine.

5.8 Sozialpädagogik – Zusammenfassung

Sozialpädagogik setzt sich aus den beiden Wortteilen ›sozial‹ und ›Pädagogik‹ zusammen. Der Begriff ›sozial‹ wird in sehr verschiedenen Variationen gebraucht und ist deshalb mißverständlich. Unter ›sozial‹ versteht man:

1. sozial = der Mensch als soziales Wesen
2. sozial = zwischenmenschliche Beziehungen
3. sozial = positive Beurteilung im Sinne von Gemeinschaft
4. sozial = im Sinne von sozialer Gerechtigkeit.

Die Untersuchungen zum Begriff »sozial« ergeben, daß der Begriff etwas Positives bezeichnet, auf andere Menschen und deren Unterstützung positiv Gerichtetes. Auch wenn sich Sozialpädagogik und Sozialarbeit annähern (konvergieren), haben beide Berufsbilder ihr eigenes Charakteristikum. Typisch und zentral für Sozial-pädagogik ist die Teilnahme des Sozialpädagogen an der Lebenswelt seiner Zielpersonen. Er teilt eine zeitlang den Alltag mit ihnen.
Die Umsetzung sozialpädagogischer Ziele erfolgt im methodischen Handeln. Spezielle Methoden der Sozialpädagogik gibt es nicht. Eine ganz bedeutende sozialpädagogische Arbeitstechnik ist die Beratung.

SP

Fassen wir diese Aussagen über Ziele und Methoden in die Frage zusammen: Was heißt Sozialpädagogik?
Sozialpädagogik ist neben Familie und Schule eine dritte Erziehungs-, Bildungs- und Lerninstitution.
Sozialpädagogik versteht sich als positive Pädagogik. Dies folgt aus den Überlegungen zum Wort ›sozial‹, den anthropologischen und pädagogischen Betrachtungen.
Die Ziele der Sozialpädagogik beziehen sich vor allem auf zwei Bereiche:

1. Hilfe zur Selbsthilfe (individuelle Funktion);
2. Verbesserung bzw. Veränderung der gesellschaftlichen Bedingungen gesellschaftliche Funktion).

Die in der Literatur genannten »Klassischen Methoden« sind keine Methoden, sondern Arbeitsformen, -techniken, Strategien.
Spezielle Methoden der Sozialpädagogik gibt es nicht. Vier Grundmodelle sozialpädagogischen Vorgehens gibt es: Lehren, Animieren, Fördern, Beraten. Als zentrale Arbeitsform in der Sozialpädagogik ist die Beratung sowohl als Rechts- wie auch als Lebensberatung zu verstehen.

Lernfragen

L

1. Was versteht man unter einer Real- und einer Nominaldefinition?
2. Wann etwa tauchte der Begriff »sozial« in der deutschen Sprache erstmals auf?
3. Welche verschiedenen Sinngedanken umschließt der Begriff »sozial«?
4. Wie kann man »sozial« umschreiben?
5. Meint der Begriff ›sozial‹ etwas Positives oder Negatives?
6. Wann wird ein Problem zu einem sozialen Problem?
7. Welche Kriterien zur Definierung sozialer Probleme gibt es?
8. Wovon hängt die Definition sozialer Probleme ab?
9. Was kann man als das Charakteristische der Sozialpädagogik bezeichnen?
10. Was ist das Charakteristische von Sozialarbeit?
11. Worum geht es der Sozialpädagogik im Unterschied zur Allgemeinen Pädagogik?
12. Worin unterscheidet sich die Sozialpädagogik von der Schulpädagogik?
13. Welche zwei Zielbereiche von Sozialpädagogik werden vor allem in der Literatur genannt?
14. Was sind Methoden?
15. Wie verstand *Salomon* Methoden?
16. Was versteht man unter den klassischen Methoden der Sozialarbeit?
17. Was versteht man unter sozialer Einzelhilfe?
18. Was versteht man unter sozialer Gruppenarbeit?
19. Was versteht man unter sozialer Gemeinwesenarbeit?
20. Welche Bedeutung hat »social work method« im Amerikanischen?
21. Welche Vorläufer hatten die klassischen Methoden in Deutschland?
22. Ist der Begriff Methode für die drei klassischen Methoden treffend?
23. Wie müßte man sie eigentlich exakter nennen?
24. Gibt es speziell sozialpädagogische Methoden?
25. Was versteht man unter den vier Grundmodellen sozialpädagogischen Vorgehens?
26. Wie könnte ein Klassifikationsschema für Methoden nach der Einteilung in Makro-, Meso- und Mikroebene aussehen?
27. Worin unterscheiden sich Beratung, Therapie, Auskunft, Aufklärung und Ratschlag?
28. Was versteht man unter Rechtsberatung?
29. Wo sind die Rechtsvorschriften festgelegt?
30. Wie steht es mit der rechtlichen Pflicht der Aufklärung?
31. Der Beratung?

32. Der Auskunft?
33. Was versteht man unter Lebensberatung?
34. Welche Erkenntnis (Axiom) wurde von Watzlawick herausgearbeitet?
35. In welchen Schritten verläuft eine Beratung?
36. Welches sind die wichtigsten Kriterien für eine Beratung?

Weiterführende Literatur

Badry, Elisabeth; Buchka, Maximilian; Knapp, Rudolf (Hrsg.): Pädagogik. Grundlagen und Arbeitsfelder. Neuwied: Luchterhand Verlag 1992.

Hamann, Bruno: Pädagogische Anthropologie. Bad Heilbrunn: Klinkhardt Verlag 1982.

Schilling, Johannes: Didaktik/Methodik der Sozialpädagogik. Neuwied: Luchterhand Verlag 1993.

Wulf, Christoph: Einführung in die pädagogische Anthropologie. Weinheim: Beltz Verlag 1994.

Anmerkungen

1. *Geck, L. H. A.:* Über das Eindringen des Wortes sozial in die deutsche Sprache. Göttingen: Schwartz & Co Verlag 1963, S. 44–45.
2. *Rohrmoser, G.:* Was ist heute sozial? Stuttgart: Fischer Verlag 1990, S. 7.
3. Vgl. *Wilhelm, Th.:* Zum Begriff der »Sozialpädagogik«. In: Mollenhauer, K. (Hrsg.): Zur Bedeutung von Sozialpädagogik und Sozialarbeit in der Gegenwart. Weinheim: Beltz Verlag 1966, S. 24.
4. *Mollenhauer, K.:* Was heißt »Sozialpädagogik«. In: *Mollenhauer, K.* (Hrsg.): Zur Bestimmung von Sozialpädagogik und Sozialarbeit in der Gegenwart. Weinheim: Beltz Verlag 1966, S. 36.
5. *Utz, A. F.:* Zwei Fragen. Was heißt sozial? und Was ist sozial? In: Die neue Ordnung 5/1955, S. 266.
6. Ebenda, S. 268.
7. Ebenda, S. 272.
8. *Geck:* Über das Eindringen ..., ebenda, S. 7.
9. Duden. Etymologie. Das Herkunftswörterbuch. 2., völlig neu bearb. u. erw. Aufl. Mannheim: Dudenverlag 1989, Band 7.
10. *Geck:* Über das Eindringen ..., ebenda, S. 9; Blatt, H.: Konturen einer systematischen Sozialpädagogik. Moers: Agst Verlag 1992, S. 181.
11. Ebenda, S. 23–24.
12. Vgl. ebenda, S. 23.
13. Ebenda, S. 46.
14. Ebenda, S. 47–48. Zur Interpretation dieser drei Punkte vgl. *Tuggener, H.:* Social work. Weinheim: Beltz Verlag 1971, S. 26–29.
15. *Mühlum, A.:* Sozialpädagogik und Sozialarbeit. Hrsg.: Deutscher Verein für Sozialpädagogik und private Fürsorge. Frankfurt: Eigenverlag 1981, S. 25.

16. Vgl. *Bader, K.:* Viel Frust und wenig Hilfe. Band 1. 2., überarb. Aufl. Weinheim: Beltz Verlag 1987, 52.
17. Vgl. *Lukas, H.* u. a. (Hrsg.): Sozialpädagogik/Sozialarbeit. Eine Einführung. Berlin: Spiess Verlag 1977, S. 61.
18. Vgl. *Rauschenbach, Th./Gängler, H.* (Hrsg.): Soziale Arbeit und Erziehung in der Risikogesellschaft. Neuwied: Luchterhand Verlag 1992, S. 45.
19. Vgl. *Blatt:* Konturen..., ebenda, S. 138.
20. Vgl. *Böttcher, H.:* Sozialpädagogik im Überblick. Freiburg: Herder Verlag 1975, S. 94.
21. *Stahel, A. W.:* Sozialarbeit im Kontext wirtschaftlicher, kultureller und sozialpolitischer Zusammenhänge. In: *Staub-Bernasconi, S.* (Hrsg.): Theorie und Praxis der Sozialen Arbeit. Bern: Haupt Verlag 1983, S. 59–60.
22. *Sidler, N.:* Am Rande leben, abweichen, arm sein. Freiburg: Lambertus Verlag 1989, 13.
23. Ebenda, S. 19.
24. *Nedelmann, B.:* Soziale Probleme und Handlungsflexibilität. In: *Oppl, H./ Tomaschek, A.* (Hrsg.): Soziale Arbeit 2000. Band 1. Freiburg: Lambertus Verlag 1986, S. 24.
25. Vgl. ebenda, S. 24.
26. *Hompesch-Cornetz, I./Hompesch, R.:* Sozialpädagogik und Therapie. In: *Eyferth, H./Otto, H.-U./Thiersch, H.* (Hrsg.): Handbuch zur Sozialarbeit/ Sozialpädagogik. Neuwied: Luchterhand Verlag 1987, S. 1029–1030.
27. Vgl. *Heiner, M.* u. a. (Hrsg.): Methodisches Handeln in der Sozialen Arbeit. Freiburg: Lambertus Verlag 1994, 289.
28. Vgl. *Sidler:* Am Rande..., ebenda, S. 21.
29. Vgl. *Staub-Bernasconi, S.:* Soziale Probleme – Soziale Berufe – Soziale Praxis. In: *Heiner, M.* u. a. (Hrsg.): Methodisches Handeln in der Sozialen Arbeit. Freiburg: Lambertus Verlag 1994, S. 17–18.
30. Vgl. *Heiner:* Methodisches Handeln..., ebenda, S. 289.
31. *Stahel:* Sozialarbeit..., ebenda, S. 61.
32. Vgl. ebenda, S. 65–70.
33. Vgl. ebenda, S. 75.
34. Vgl. *Mollenhauer:* Was heißt »Sozialpädagogik«. Ebenda, S. 36.
35. *Münchmeier, R.:* Zugänge zur Geschichte der Sozialarbeit. München: Juventa Verlag 1981, S. 12.
36. Vgl. ebenda, S. 13.
37. Ebenda, S. 13.
38. *Mühlum:* Sozialpädagogik..., ebenda, S. 31.
39. Ebenda, S. 36.
40. Vgl. ebenda, S. 37.
41. Vgl. ebenda, S. 37.
42. *Lüssi, P.:* Systemische Sozialarbeit. Bern: Haupt Verlag 1992, S. 50.
43. Ebenda, S. 50–51.
44. Vgl. *Bock, T.:* Stichwort: Sozialarbeit/Sozialpädagogik. In: Fachlexikon der sozialen Arbeit. Hrsg.: Deutscher Verein für öffentliche und private Fürsorge. 3., ern. u. erw. Aufl. Frankfurt: Eigenverlag 1993, S. 837.
45. *Müller, B.:* Sozialpädagogisches Können. Freiburg: Lambertus Verlag 1993, S. 14.
46. Vgl. ebenda, S. 31.

47. *Bock:* Stichwort ..., ebenda, S. 837.
48. *Schmidt, H.-L.:* Theorien der Sozialpädagogik. Rheinstetten: Schindele Verlag 1981, S. 278–279, 280.
49. *Hornstein, W.:* Bildungsplanung ohne sozialpädagogische Perspektiven. In: *Giesecke, H.* (Hrsg.): Offensive Sozialpädagogik. Göttingen: Vandenhoeck & Ruprecht Verlag 1973, S. 92.
50. Vgl. *Richter. H.:* Sozialpädagogik zwischen Normativität und Pluralität. In: Neue Praxis 4/1993, S. 363–364.
51. *Gernert, W.* (Hrsg.): Sozialarbeit auf dem Prüfstand. Freiburg: Lambertus Verlag 1988, S. 66.
52. Vgl. *Mühlum, A.:* Zur Notwendigkeit und Programmatik einer Sozialarbeitswissenschaft. In: *Wendt, W. R.* (Hrsg.): Sozial und wissenschaftlich arbeiten. Freiburg: Lambertus Verlag 1994, S. 51–53.
53. Vgl. ebenda, S. 52.
54. *Friedländer, W./Pfaffenberger, H.:* Grundbegriffe und Methoden der Sozialarbeit. Neuwied: Luchterhand Verlag 1966, S. 8, 9.
55. Ebenda, S. 3, 7.
56. *Lowy, L.:* Sozialarbeit/Sozialpädagogik als Wissenschaft im angloamerikanischen und deutschsprachigen Raum. Freiburg: Lambertus Verlag 1983, S. 48–57.
57. Vgl. *Schmidt:* Theorien ..., ebenda, S. 40.
58. Ebenda, S. 295.
59. *Erler, M.:* Soziale Arbeit. Weinheim: Juventa Verlag 1993, S. 31.
60. *Bock:* Stichwort ..., ebenda, S. 836.
61. Deutscher Verein für öffentliche und private Fürsorge. In: *Bauer, J./Schimke, H.-J./Dohmel, W.:* Recht und Familie. Neuwied: Luchterhand Verlag 1995, S. 15.
62. *Engelke, E.:* Soziale Arbeit als Wissenschaft. Freiburg: Lambertus Verlag 1992, S. 96.
63. *Muhlum:* Sozialpadagogik ..., ebenda, S. 231–232.
64. Ebenda, S. 241–242.
65. Vgl. *Schulze, Th.:* Methoden und Medien der Erziehung. München: Juventa Verlag 1978, S. 19–25.
66. Vgl. *Knoll, A.:* Die Gestalt der Sozialarbeit. Hrsg.: Evangelische Fachhochschule Rheinland-Westfalen-Lippe. Bochum 1993, S. 35–37.
67. Vgl. *Landwehr, R./Baron, R.* (Hrsg.): Geschichte der Sozialarbeit. Weinheim: Beltz Verlag 1983, S. 116.
68. *Tuggener:* Social work. Ebenda, S. 146.
69. Vgl. *Buchka, M.:* Grundformen sozialpädagogischen Handelns. In: *Brady, E.* u. a.: Pädagogik, Grundlagen und Arbeitsfelder. Neuwied: Luchterhand Verlag 1992, S. 199–201; *Belardi, N.* (Hrsg.): Didaktik und Methodik Sozialer Arbeit. Frankfurt: Diesterweg Verlag 1980. Band 4, S. 69–140.
70. Vgl. *Buchka, M.:* Grundformen ..., ebenda, S. 201–207; Belardi, N.: Didaktik und ..., ebenda, S. 141–227.
71. *Belardi, N.:* Didaktik und ..., ebenda, S. 229.
72. Vgl. ebenda, S. 247, S. 229–253; *Buchka, M.:* Grundformen ..., ebenda, S. 207–209.
73. *Staub-Bernasconi, S./Passavant, Ch. von/Wagner, A.* (Hrsg.): Theorie und Praxis der Sozialen Arbeit. Bern: Haupt Verlag 1983, S. 249.
74. *Pfaffenberger, H.:* Das Theorie- und Methodenproblem der sozialpädago-

gischen und sozialen Arbeit. In: *Röhrs, H.* (Hrsg.): Die Sozialpädagogik und ihre Theorie. Frankfurt: Akademische Verlagsgesellschaft 1968, S. 39.

75. Vgl. Achter Jugendbericht . . ., ebenda, S. 169; *Iben, G.:* Die Sozialpädagogik und ihre Theorie. In: Zeitschrift für Pädagogik 4/1969, S. 393; *Pfaffenberger, H.:* Soziale Feldarbeit Soziale Gruppenarbeit – Soziale Gemeinwesenarbeit. In: *Kerkhoff, E.* (Hrsg.): Handbuch Praxis der Sozialarbeit und Sozialpädagogik. Düsseldorf: Schwann Verlag 1981, S. 3–9.
76. Vgl. *Hege, M.:* Die Bedeutung der Methoden in der Sozialarbeit. In: Projektgruppe Soziale Berufe (Hrsg.): Sozialarbeit. Ausbildung und Qualifikation. Expertise I. München: Juventa Verlag 1981, S. 145–161; *Müller, C. W.:* Methoden in der Sozialen Arbeit. In: Sozialmagazin 6/1994, S. 13–24.
77. *Hamann, B.:* Zur Frage der Konstituierung der Sozialpädagogik als erziehungswissenschaftliche Disziplin. In: Pädagogische Rundschau 11/1975, S. 895.
78. *Pfaffenberger:* Soziale Feldarbeit . . ., ebenda, S. 3.
79. Vgl. *Rauschenbach, Th./Ortmann, F./Karsten, M.-E.* (Hrsg.): Der soziapädagogische Blick. Weinheim: Juventa Verlag 1993, S. 7.
80. *Schumann, M.:* Modernisierung durch Methodenbildung. Ein Überblick. In: *Goddeck, N./Schumann, M.* (Hrsg.): Modernisierung Sozialer Arbeit durch Methodenentwicklung und -reflexion. Freiburg: Lambertus Verlag 1994, S. 12.
81. Vgl. *Ehrhardt-Kramer, A.:* Der Beitrag der Fortbildung zur Professionalisierung in der sozialen Arbeit – zwischen Anpassung und Innovation. In: *Pfaffenberger, H./Schenk, M.* (Hrsg.) Sozialarbeit zwischen Berufung und Beruf. Münster: Lit Verlag 1993, S. 178.
82. Vgl. *Erler:* Soziale Arbeit. Ebenda, S. 91.
83. Vgl. *Rauschenbach* u. a.: Der sozialpädagogische Blick. Ebenda, S. 8.
84. Vgl. *B. Müller:* Sozialpädagogisches Können. Ebenda, S. 15.
85. Vgl. *Staub-Bernasconi:* Soziale Probleme . . ., ebenda, S. 11–101.
86. Vgl. *Meinhold:* Ein Rahmenmodell . . ., ebenda, S. 184–217.
87. Vgl. *Schilling:* Didaktik . . ., ebenda, S. 63–77.
88. Vgl. *Schilling:* Methodenbuch Jugendarbeit. München: Kösel Verlag, Band 1: 1982; Band 2: 1985.
89. Vgl. *Schilling:* Didaktik . . ., ebenda, S. 75.
90. *Schumann, M.:* Methoden als Mittel professioneller Stil- und Identitätsbildung. In: *Groddeck, N./Schumann, M.* (Hrsg.): Modernisierung Sozialer Arbeit durch Methodenentwicklung und -reflexion. Freiburg: Lambertus Verlag 1994, S. 42.
91. Vgl. *Buchka, M.:* Grundformen . . ., ebenda, S. 209–233.
92. Vgl. *Schilling:* Didaktik . . ., ebenda, S. 42–45.
93. *Buchka, M.:* Grundformen . . ., ebenda, S. 218.
94. Vgl. ebenda, S. 219.
95. Ebenda, S. 221–222.
96. *Melzer, G.:* Methoden und Gesprächsführung in der Beratung. In: *Giese. D./ Melzer, G.:* Die Beratung in der sozialen Arbeit. 2., neubearb. Aufl. Frankfurt: Eigenverlag des Deutschen Vereins für öffentliche und private Fürsorge 1978, S. 81–82.
97. *Giese, D./Retaiski, H.:* Stichwort »Beratung«. In: Fachlexikon der sozialen Arbeit. Hrsg.: Deutscher Verein für öffentliche und private Fürsorge. 3., erneuerte u. erw. Aufl. Frankfurt: Eigenverlag 1993, S. 136.

98. *Buchinger, H.:* Stichwort »Bildungsberatung«. In: Wörterbuch der Pädagogik. Band 1. Freiburg: Herder Verlag 1977, S. 124.
99. *Melzer:* Methoden ..., ebenda, S. 142.
100. *Giese, D.:* Rechtsfragen der Beratung: In: *Giese, D./Melzer, G.:* Die Beratung in der sozialen Arbeit. 2., neubearb. Aufl. Frankfurt: Eigenverlag des Deutschen Vereins für öffentliche und private Fürsorge 1978, S. 138.
101. Vgl. Ebenda, S. 29.
102. Vgl. *Dewe, B.* u. a.: Professionelles soziales Handeln. Weinheim: Juventa Verlag 1993, S. 104–106.
103. *Giese:* Rechtsfragen ..., ebenda, S. 61–62.
104. Ebenda, S. 62, 63.
105. Ebenda, S. 67.
106. Vgl. *Giese:* Stichwort »Beratung«. Ebenda, S. 138.
107. *Dewe:* Professionelles ..., ebenda, S. 110.
108. Vgl. *Mollenhauer, K./Müller, C. W.:* »Führung« und »Beratung« in pädagogischer Sicht. Heidelberg: Quelle & Meyer Verlag 1965.
109. Ebenda, S. 31.
110. Ebenda, S. 32.
111. Ebenda, S. 41.
112. Ebenda, S. 34, 35.
113. *Giese:* Rechtsfragen ..., ebenda, S. 15.

6 Ausbildung – Berufsfelder – Profession

Werbung

SIND SIE REIF FÜR DIE INSEL?

WIR, DIE SOZIALPÄDAGOGEN, SIND DIE INSEL, DIE SIE IN UNSERER SCHNELLEBIGEN GESELLSCHAFT IN ANSPRUCH NEHMEN DÜRFEN.

Wir bieten für jedes Lebensalter:

- Unterstützung in allen Lebenslagen
- Hilfe, wenn Sie nicht mehr weiter wissen

Wir begleiten Sie gerne
auf Ihrem Lebensweg!!!

6.1 Sozialpädagogik als Lernberuf

In meinen bisherigen Überlegungen über Sozialpädagogik habe ich bereits ein gutes Stück des Weges zurückgelegt. Ich habe die Entstehungsgeschichte der Sozialpädagogik aufgezeigt, erklärt, warum Sozialpädagogik notwendig ist und theoretisch begründet, worum es der Sozialpädagogik inhaltlich geht.
In diesem Kapitel möchte ich das weite Feld der Sozialpädagogik in drei Bereichen näher umschreiben und damit eine weitere Klärung dessen bieten, was man unter Sozialpädagogik verstehen kann. Dabei soll nicht das Wesen der Sozialpädagogik ergründet werden, sondern ich bleibe bei der beschreibenden und umschreibenden Vorgehensweise.
Aufschluß über Sozialpädagogik gibt sicher die Art der Ausbildung. Dieser erste Teil soll einen Überblick über die Struktur und Situation der Ausbildung als Sozialpädagoge geben.
Im zweiten Themenkomplex sollen Punkte behandelt werden, in denen Sozialpädagogik aus der Sichtweise der Praxis erläutert wird. Es geht um die Analyse der Struktur des Geschehens.
Der dritte Themenbereich geht der Frage nach der Funktion und Stellung der Sozialpädagogik in unserer Gesellschaft nach. Weitere Fragen sind: das Berufsimage der Sozialpädagogik in der Öffentlichkeit und ob man Sozialpädagogik als Profession bezeichnen kann.

6.2 Ausbildung von Sozialpädagogen/ Sozialarbeitern

Will man einen Überblick über sozialpädagogische/sozialarbeiterische Ausbildung geben, muß man *Eyferth* zustimmen, der die Situation als »Chaos mit System« bezeichnet.[1*]
Ich möchte hier nur ganz grob die Linien aufzeigen, wie sich die Ausbildung der Sozialpädagogik und Sozialarbeit aus der geschichtlichen Sicht heraus darstellt.[2]
Wie wir feststellen konnten, entstanden die Berufe und entsprechend die Ausbildung im Bereich der Sozialpädagogik und Sozialarbeit aus verschiedenen Wurzeln und unterschiedlichen Entwicklungslinien. Deshalb muß die historische Entwicklung der beiden Bereiche auch getrennt dargestellt werden.

6.2.1 Ausbildung von Sozialarbeitern

Entwicklung vor dem ersten Weltkrieg: Die eigentliche Entwicklung der Ausbildung von Sozialarbeitern begann 1899 mit einem einjährigen Kurs für Berufsarbeit in der Wohlfahrtspflege in Berlin, der vom

---

* Anmerkungen s. S. 349

Verein ›Mädchen- und Frauengruppen für soziale Hilfsarbeit‹ durchgeführt wurde.
»Dieser Kurs stellt die Wurzeln sozialer Berufsausbildung in Deutschland dar ... Aus diesen Anfängen entwickelten sich die ersten Ausbildungsstätten für soziale Berufe der Frauen:

- 1905 die ›Christliche-Soziale Frauenschule‹ des Evangelischen Frauenbundes in Hannover
- 1908 die von *Alice Salomon* geleitete ›Soziale Frauenschule‹ Berlin
- 1909 die ›Soziale Frauenschule der Inneren Mission‹ in Berlin-Spandau und die ›Sozial-Caritative Schulung‹ des katholischen Frauenbundes in München.

Im Jahre 1912 gab es zwölf solcher Schulen in Deutschland mit einer allgemeinen zweijährigen Ausbildung.«[3]
Im Oktober 1920 wurde durch einen Erlaß des Preußischen Ministeriums für Volkswohlfahrt eine einheitliche staatliche Regelung der Ausbildung vorgenommen.
»Diese Prüfungsordnung bildete die Grundlage für die soziale Berufsausbildung in Deutschland bis nach dem Zweiten Weltkrieg.«[4]
Seit 1923 boten die sozialen Frauenschulen Nachschulungskurse für Männer an. Die erste reguläre Ausbildungseinrichtung für Männer, das Seminar für Jugendwohlfahrt unter der Leitung von *Karl Mennicke* an der Hochschule für Politik in Berlin, bot einen den sozialen Frauenschulen entsprechenden Ausbildungsgang für die männlichen sozialen Berufsarbeiter an. Es wurde 1925 in ›Sozialpolitisches Seminar, Wohlfahrtsschule und Wirtschaftsschule für Männer‹ umbenannt und 1927 staatlich anerkannt.[5]
Entwicklung nach dem Zweiten Weltkrieg: Nach dem Zweiten Weltkrieg wurden die alten Strukturen der Weimarer Zeit wiederbelebt und neuere Entwicklungen, vor allem in den USA, berücksichtigt. Die Reformdiskussion brachte folgende Neuerungen:

1959–1961: Berufsbezeichnung ›Sozialarbeiter‹(statt der bisher meist üblichen ›Wohlfahrtspfleger‹), Bezeichnung des Schultyps ›Höhere Fachschule für Sozialarbeit‹ (statt bisher ›Wohlfahrtsschule‹)

1971: »Anhebung der Ausbildung (von Höheren Fachschulen zu Fachhochschulen) und Einbeziehung in den tertiären (Hochschul-) Bereich des Bildungswesens und damit Beseitigung der bisherigen bereichsspezifischen Ungleichheit in ihrer krassesten Form.«[6]

Mit der Anpassung des Landeshochschulgesetzes an das Hochschulrahmengesetz vom 26. Januar 1976 zum 1. Januar 1979 wird die bisherige Graduierung durch ein Diplom für alle berufsqualifizierenden Abschlüsse aller Hochschulen ersetzt.

6.2.2 Ausbildung von Sozialpädagogen

Aufgabe
Ich biete Ihnen ein kleines Quiz an. Wie ist Ihre Meinung?

1. Spätestens seit *Nohl/Bäumer* gibt es eine Ausbildung zum Sozialpädagogen, die auch diesen Namen trägt.
   ☐ stimmt ☐ kann ich nicht sagen ☐ stimmt so nicht
2. Die Ausbildung zum Sozialpädagogen entstand und basierte auf der Kindergärtnerinnenausbildung und war lediglich eine Zusatzausbildung, die aber nicht die Bezeichnung »Sozialpädagoge« trug.
   ☐ stimmt ☐ kann ich nicht sagen ☐ stimmt so nicht
3. Die Bezeichnung »Sozialpädagogik»als ein Studium wurde erst vor etwa 30 Jahren eingeführt.
   ☐ stimmt ☐ kann ich nicht sagen ☐ stimmt so nicht

• *Von der Jugendleiterin zur Sozialpädagogin/Sozialpädagogen:* Die Ausbildung von ehrenamtlichen Mitarbeitern in der sozialpädagogischen Arbeit beginnt spätestens mit dem *Elberfelder-System* bzw. *Straßburger-* und *Hamburger-System.* Als weitere Vorläufer sind in diesem Zusammenhang zu nennen:

- das von *Wichern* 1834 gegründete »Rauhe Haus«, das zwei- bis vierjährige Ausbildungskurse anbot;
- die von *Fliedner* 1836 eingerichtete Diakonissenanstalt in Kaiserwerth, in der Seminare für Kleinkinderlehrerinnen angeboten wurden;
- die von *Fröbel* 1839 in Blankenburg mehrmonatige Ausbildung von Kindergärtnerinnen;
- die von *Schrader-Breymann* 1880 im Pestallozzi-Fröbel-Haus in Berlin durchgeführte einjährige Ausbildung von Kindergärtnerinnen.

Aus diesen Vorläufern, vor allem der Kindergärtnerinnenausbildung, ist der Beruf des Sozialpädagogen hervorgegangen.
Um die Jahrhundertwende (1911) entwickelte sich dann der Beruf der *Jugendleiterin.* Er verstand sich als Aufbauberuf aus dem Beruf der Kindergärtnerin. Voraussetzung für die Ausbildung als Jugendleiterin war eine zunächst einjährige, seit 1932 dreijährige Tätigkeit als Kindergärtnerin. Die Ausbildung dauerte ein Jahr, seit 1956 zwei Jahre und wurde an einer Fachschule oder Fachoberschule absolviert. Jugendleiterinnen konnten nach einem Erlaß vom 9. 9. 1922 neben Tätigkeiten im Kindergarten, Hort, Heim, Tagesstätten auch in öffentlichen Schulen für Aufgaben und Fächer der Mädchenbildung eingestellt werden.

Mit dem Beschluß der Kultusministerkonferenz (KMK) vom 25.10. 1965 wurde die Bezeichnung der Ausbildungsstätte in »Höhere Fachschule« geändert.
Eine weitere Reform der Ausbildung der Jugendleiterinnen ging von Nordrhein-Westfalen aus. Im Frühjahr 1966 wurden in Nordrhein-Westfalen zunächst vier Höhere Fachschulen für Sozialpädagogik sogenannter grundständiger Form als Schulversuche eingerichtet. An ihnen sollten in vierjähriger Ausbildung – 3 Jahre Schulbesuch und anschließend ein einjähriges von der Schule gelenktes und betreutes Berufspraktikum – Sozialpädagogen (so die neue Bezeichnung) mit staatlicher Anerkennung ausgebildet werden. Anfang 1967 begannen die Stadtstaaten Bremen und Hamburg ebenfalls mit der Ausbildung von Sozialpädagogen und stellten die bisherige Jugendleiterinnen-Ausbildung um.

Am 13./17. März 1967 beschlossen die Kultusminister der Länder eine entsprechende Rahmenvereinbarung über sozialpädagogische Ausbildungsstätten:

- Studienzeit: 6 Semester und 1 Jahr Berufspraktikum.
- Ausbildung öffnet sich auch für Männer, die bisher durch die Bedingung der vorausgegangenen Kindergärtnerin-Ausbildung praktisch ausgeschlossen waren.
- Eine neue Berufsbezeichnung ›Sozialpädagoge‹ anstelle der bisherigen ›Jugendleiterin‹ wird eingeführt.
- Die Ausbildungstätten erhalten den Status der Höheren Fachschule.[7]

»In den 60er Jahren galten die sozialen Berufe noch als ausgesprochene Mangelberufe, für deren Bedarfsdeckung nachdrücklich geworben wurde; mit Vergünstigungen sollten die Bewerber- und Studentenzahlen und damit auch der spätere Berufsnachwuchs zahlenmäßig angehoben werden. So konnte in den Jahren vor der Umwandlung der Höheren Fachschulen als eines der dringlichsten Reformziele genannt werden: Erhebliche Ausweitung der Ausbildungskapazität, um die übergroße Mangelsituation in bezug auf Berufsnachwuchs zu verbessern und eine Status- und Prestigeanhebung von Ausbildung und Beruf, um damit eine größere Attraktivität dieses Ausbildungsweges für Studenten und Dozenten zu erreichen und damit günstigere (Selbst-) Selektionsvoraussetzungen zu sichern.«[8]

- *Von der Höheren Fachschule zur Fachhochschule:* Eine weiterer Reformschritt folgte 1968: die Umwandlung der Höheren Fachschule zur Fachhochschule und damit die Überleitung in den tertiären Bildungsbereich, d. h. Hochschulbereich.

»Die Gründung von Fachhochschulen für Sozialwesen geschah nur deshalb, weil innerhalb der EWG die beruflichen Ausbildungsgänge einander angeglichen werden mußten und die Wirtschaft ihr nachhaltiges Interesse bekundete, die Ingenieurschulen aufzuwerten. Im Rahmen der Beschlüsse der Ministerpräsidentenkonferenz der Bundesländer für das Ingenieurschulwesen und vergleichbare Bildungseinrichtungen vom Oktober 1968 verwandelten sich deshalb die Höheren Fachschulen für Sozialwesen in Fachhochschulen.«[9]

Die Gründungsphase der Fachhochschulen dauerte drei Jahre bis zum Beginn des Wintersemsters 1971/72. Bis zu diesem Zeitpunkt waren auf der Basis des Fachhochschulabkommens (1968) in allen Bundesländern Fachhochschulen eingerichtet. Vom Wintersemester 1971 bis zum Wintersemester 1972 konnte man geradezu von einem Gründungsfieber und einer Hektik bezüglich der Neugründungen sprechen. Die Attraktivität dieses Studiengangs war sehr hoch, wie folgende Zahlen belegen: 1966 wurden an den Höheren Fachschulen 3 511 Studenten gezählt. 1972 waren es 14 617, 1972/73 bereits 17 006 und 1976 waren es 25 190.[10]

Diesem gewissen Gründungsfieber entsprach jedoch keineswegs auch das Angebot an Lehrpersonal. *Pfaffenberger* beschreibt die Situation: Eine Fachhochschule wurde 1971 gegründet und hatte zum Wintersemester 1972 insgesamt 220 Studenten, aber nur einen Dozenten, »während zwei weitere ebenfalls 1971 neu beginnende Fachhochschulen bzw. Fachbereiche mit Gesamtstudentenzahlen von 180 bzw. 230 Studenten (zum Wintersemester 1972) insgesamt zwei bzw. keinen Dozenten und zwei weitere Fachhochschulen, die einen Fachbereich Sozialwesen zum Wintersemester 1972 neu eröffnen wollten, noch wenige Wochen vor Studienbeginn eine Dozentenzahl von 0 angaben. Die Schlußfolgerung drängt sich auf, daß die quantitative Entwicklung der Kapazitäten und Studentenzahlen von 1969 bis 1973 im krassen Mißverhältnis zum Umfang des Lehrkörpers und damit auch zur qualitativen Weiterentwicklung der Ausbildungsgänge für Sozialpädagogik/Sozialarbeit gestanden haben muß.«[11]

Die Beliebtheit dieser Studienmöglichkeiten ist auch heute noch sehr groß. Die Studienanfängerzahlen des letzten Jahrzehnts (1980/81 bis 1991/92) signalisieren eine Abkehr von der Sozialarbeit (minus 16 %) und gleichzeitig eine starke Hinwendung zur Sozialpädagogik (plus 37 %). Einige Fachhochschulen binden die Aufnahme des Studiums bereits an eine Numerus-clausus-Note. An der Stiftungsfachhochschule in München betrug die Note 1993 z. B. 1,3.[12]

Zur Zeit sind die Eignungsvoraussetzungen zum Fachhochschul-Studium der Sozialpädagogik vielerorts sehr hoch und stehen denen der Universität in nichts nach. »Gelegentlich ist die Zulassung zum universitären Studiengang der Diplompädagogik sogar leichter zu erhalten als die zum Fachhochschulstudium der Sozialpädagogik/Sozialarbeit.«[13]

- *Fächersalat und Problem der Fachhochschullehrer:* Mit der Umwandlung der Höheren Fachschule in die Fachhochschule änderte sich in der Ausbildung nichts Wesentliches, auch qualifizierte Fachkräfte fehlten. Als wesentliches Merkmal des Fachhochschulstudiums für Sozialpädagogik stellt *Rohde* einen »Fächersalat« fest, der von den

Höheren Fachschulen übernommen wurde. Ein eigentliches Kernfach »Sozialpädagogik« als Hauptfach des Studiums fehlt ganz. Eine von der Deutschen Gesellschaft für Sozialarbeit 1993 an den Fachbereichen »Sozialwesen« der Fachhochschulen und ergänzend bei den entsprechenden Studiengängen an Universitäten durchgeführte Befragung ergab: »Die Mehrheit der Fachhochschulen mit Ausbildungsgängen in Sozialwesen bietet weiterhin nur ein Fächerstudium an, in dem die Sozialarbeit/Sozialpädagogik fachlich nicht dominiert...
Die Professoren vertreten ihr angestammtes Fachgebiet, und ein eigenständiges Fach für die soziale Arbeit gibt es nicht.«[14]
Dieser Fächersalat ist sicherlich auch ein Verweis auf die Zusammensetzung des hauptamtlichen Lehrkörpers. »Alle Fächer werden von den Professoren/innen als Fachwissenschaftler in der Lehre vertreten, es handelt sich genauer gesagt um Professoren/innen *für* Psychologie, Soziologie, Recht, Medizin usw. *an* der Fachhochschule/dem FH-Bereich *für* Sozialarbeit/Sozialpädagogik bzw. Sozialwesen, die jeweils in der Optik *ihres* Faches *für ein ganz anderes Fach* ausbilden.«[15]
Entsprechend werden an den Fachhochschulen eher Mini-Juristen, Mini-Therapeuten usw. ausgebildet als Sozialpädagogen.
Inzwischen gibt es jedoch auch Fachhochschul-Professoren, die auf eine Erstausbildung als Sozialpädagogen mit einschlägiger Berufserfahrung verweisen können, allerdings bilden sie nur eine kleine Minderheit.

- *Hochschulrahmengesetz – Diplom Sozialpädagoge/Sozialpädagogin:* Ein vorläufiges Ende der Reformen wurde durch das Hochschulrahmengesetz (HRG) vom 26. Januar 1976 eingeleitet. Die Bundesländer hatten innerhalb von drei Jahren nach Inkrafttreten zur Ausfüllung des gesteckten Rahmens entsprechende Landesgesetze zu erlassen. Das HRG regelt, daß zum 1. Januar 1979 die bisherige Graduierung durch ein Diplom für alle berufsqualifizierenden Abschlüsse aller Hochschulen ersetzt werden soll.
- *Diplom Sozialpädagoge/Sozialpädagogin – Universitätsstudium:* Noch ein letzter Schritt in der Reform der Ausbildung von Sozialpädagogen soll kurz erwähnt werden. Am 20. März 1969 verabschiedete die Kultusministerkonferenz der Länder und die Westdeutsche Rektorenkonferenz die »Rahmenordnung für die Diplomprüfung in Erziehungswissenschaft« an Universitäten und Pädagogischen Hochschulen mit dem Abschluß eines Diploms. Das Studium gliedert sich in ein Grund- und Hauptstudium. Nach dem Grundstudium kann der Student im Hauptstudium zwischen fünf Fachrichtungen wählen: Schule, Sozialpädagogik und Sozialarbeit, Erwachsenenbildung und außerschulische Jugendbildung, Betriebliches Ausbildungswesen, Sonderpädagogische Einrichtungen. Die Verteilung der Studenten auf die einzelnen Studieneinrichtungen zeigt nach einer Untersuchung (Mitte der 80er Jahre) folgendes Bild: Es studierten
57 % Sozialpädagogik

12 % Sonderpädagogik
12 % Erwachsenenbildung
7 % Schulpädagogik
6 % Betriebliche Ausbildung[16]

Diese Zahlen belegen, daß auch hier die Studienrichtung der Sozialpädagogik eine große Anziehungskraft besitzt.
Besonderheiten und Sonderformen: Es gibt in einigen Bundesländern bezüglich des Studienortes und des Abschlusses Besonderheiten.

- *Studienort:* In Baden-Württemberg, Berlin und Sachsen kann man Sozialpädagogik an einer Fachhochschule, Universität, Pädagogischen Hochschule (nur noch in Baden-Württemberg) und Berufsakademie studieren.
Eine weitere Besonderheit bieten die Bundesländer Nordrhein-Westfalen und Hessen an. In diesen Bundesländern gibt es einen integrierten Diplomstudiengang für Sozialpädagogik an Gesamthochschulen.
- *Studienabschluß:* Die Berufsbezeichnung bleibt uneinheitlich. In vielen Bundesländern werden die Berufsbezeichnungen ›Sozialpädagoge‹ oder ›Sozialarbeiter‹ getrennt beibehalten. In einigen anderen Bundesländern (Bayern, Berlin, Hamburg, Schleswig-Holstein) wird die Bezeichnung »Sozialpädagoge« als Oberbegriff für alle verstanden.
- *Organisationsformen:* Die Ausbildung zum Sozialpädagogen erfolgt in den Bundesländern unterschiedlich in drei organisatorisch-strukturellen Formen:

- Fachhochschulen für Sozialwesen (überwiegend kirchliche Ausbildungsstätten, außerdem in Baden-Württemberg und Berlin)
- als Fachbereich Sozialwesen oder Fachbereich Sozialarbeit bzw. Sozialpädagogik an Fachhochschulen
- als Fachbereich, Ausbildungseinrichtung oder Fachhochschulstudiengang an Gesamthochschulen.[17]

- *Spezialisierung:* Viele Fachhochschulen bieten den Studenten zu ihrem Grundstudium in Sozialpädagogik (Sozialarbeit) zusätzliche Möglichkeiten der Spezialisierung z. B. Pflegepädagogik, Freizeitpädagogik, Kulturpädagogik, Erlebnispädagogik u. a. Die katholische Fachhochschule Norddeutschland (Vechta) bietet seit dem Wintersemester 1995/96 einen berufsbegleitenden Studiengang mit der Qualifikation als Diplom Sozialarbeiter/Sozialpädagogen an.

Faßt man die Entwicklungen der Ausbildung zum Sozialpädagogen von den Anfängen bis zur Einrichtung der Fachhochschulen zusammen, möchte ich mich der Meinung von *Schaumann* anschließen, der meint:

»Die Fachhochschulen in der Bundesrepublik Deutschland haben in der Europäischen Gemeinschaft eine nahezu singuläre Stellung. Fachhochschulen sind ein Qualitätsprodukt Made in Germany; gäbe es sie nicht, müßten sie umgehend entwickelt werden.
Vergleichbar mit den Fachhochschulen in der Bundesrepublik Deutschland

sind in Europa nur die Hochschulen für den höheren berufsbildenden Unterricht in den Niederlanden, die bis 1986 wie die Vorgängereinrichtungen der deutschen Fachhochschulen dem Sekundarbereich zugeordnet waren und erst mit Wirkung zum 1. August 1986 in den Hochschulbereich übergeleitet wurden... Eine gewisse Ähnlichkeit mit den Fachhochschulen haben auch die Polytechnics in Großbritannien, allerdings nur in bestimmten Ausbildungsbereichen... Wenn in den Institutes Universitaires de Technologie in Frankreich mit ihren bislang zweijährigen Ausbildungen in jüngster Zeit Tendenzen zur Einrichtung dreijähriger Studiengänge erkennbar werden, dann ist dies... ein Beleg dafür, daß unsere Fachhochschulen zu Modellfunktionsträgern geworden sind. Seinen Ausdruck findet dies auch darin, daß nicht nur die Volksrepublik China, sondern beispielsweise auch die Republik Brasilien daran interessiert sind, ein Fachhochschulsystem nach deutschem Vorbild zu errichten.«[18]

Einig ist man sich in der Literatur darüber, daß die Leitwissenschaft der Sozialpädagogik die Erziehungswissenschaft ist. Unterschiedliche Meinungen gibt es dagegen bezüglich der Orientierung dieser Leitwissenschaft. Man spricht z. B. von

- »sozialwissenschaftlich geprägter Erziehungswissenschaft«[19]
- »sozialwissenschaftlich verstandene Erziehungswissenschaft«[20]
- »Erziehungswissenschaft mit sozialwissenschaftlichen Anteilen«[21]
- »Handlungswissenschaft im Kontext der Sozialwissenschaften mit starkem Bezug zur Erziehungswissenschaft«[22]
- »Sozialerziehungswissenschaft«[23]

• Sozialpädagogik, so kann man zusammenfassen, hat als Leitwissenschaft eine an den Sozialwissenschaften orientierte Erziehungswissenschaft.

Unter Sozialwissenschaften versteht man »die Bezeichnung für die Gesamtheit der Wissenschaften, die das Verhältnis von Mensch und Gesellschaft zum Gegenstand ihrer theoretischen und praktischen Untersuchung haben; oft synonym mit dem Begriff Gesellschaftswissenschaften verwendet. Als Oberbegriff stehen die Sozialwissenschaften im Gegensatz zu den Naturwissenschaften, denen sie sich allerdings in ihren positivistisch und empirisch orientierten Richtungen annähern. Die Frage der Abgrenzung gegenüber den sog. Geisteswissenschaften sowie der Gliederung der Sozialwissenschaften wurde bislang nicht gelöst. So lassen sich unter dem Begriff Sozialwissenschaften ganz oder teilweise folgende Wissenschaften einordnen:
Soziologie, Politologie, Sozial- und Kulturanthropologie, Ethnologie, Pädagogik, Sozialgeschichte, Sozialpsychologie, Sozialphilosophie, Sprach- und Kunstwissenschaften, Wirtschafts- und Rechtswissenschaften.«[24]

In neuerer Zeit wird die These von der Erziehungswissenschaft als Leitwissenschaft selbstkritisch hinterfragt: »Wird sich Sozialpädagogik eigenständig, etwa als Sozialarbeitswissenschaft etablieren...? Oder wird Sozialpädagogik sich im Kontext der Erziehungswissenschaft konsolidieren?«[25]

Wendt, Mühlum u.a. plädieren dafür einheitlich, von einer Sozialarbeitswissenschaft für Sozialpädagogik und Sozialarbeit zu sprechen.[26]

Halten wir fest

»In der Sozialpädagogik ist bis heute noch so vieles ungeklärt, daß es nicht überraschen dürfte, immer noch keine Einigkeit darüber zu finden, wann und wo die Anfänge sozialpädagogischer Ausbildung eigentlich festzumachen sind. Unstrittig ist eigentlich nur, daß es in dem weitaus längeren Teil der bisherigen sozialpädagogischen Geschichte keine wissenschaftliche Ausbildung qua Ausbildung außerhalb der Hochschule zu suchen ist. Dies festzuhalten ist wichtig, vielleicht sogar von zentraler Bedeutung.

Die Ausbildung der Sozialpädagogik und Sozialarbeit als Ausbildung erstreckt sich – zeitlich gesehen – über einen sehr langen Zeitraum von immer neuen Reformen und Ergänzungen bis zum Ende der 60er Jahre; und inhaltlich erstreckt sie sich – aus heutiger Sicht – von der Erzieherinnenausbildung... über die Fachhochschulstudiengänge für Sozialwesen bis zur Studienrichtung Sozialpädagogik des Diplomstudiengangs Erziehungswissenschaft...

An die Anfänge sozialpädagogischer Ausbildungsvarianten zu erinnern, scheint mir dennoch wichtig, weil vieles dafür spricht, daß einerseits durch die Formatierung einer besonderen Höhenlage... und andererseits durch die ausdrückliche Entscheidung für ein Konzept eigenständiger sozialer Frauenschulen außerhalb der Universität bereits frühzeitig ganz entscheidend Weichen für das Profil und die weitere (vor-)wissenschaftliche Entwicklung der Sozialpädagogik gestellt worden sind. Ohne die Konsequenzen dieser ersten Ausformung und Festlegung aber ist m.E. die Entwicklung der Sozialpädagogik als akademische Disziplin, ist die Verwissenschaftlichung der Sozialpädagogik nicht verstehbar.«[27]

Bezüglich der Frage nach der Leitwissenschaft kann man zwei Richtungen feststellen:

- Leitwissenschaft ist eine sozialwissenschaftlich orientierte Erziehungswissenschaft. Diese Variante hätte den Vorteil, daß für die Ausbildung an der Fachhochschule wie Universität eine einheitliche Leitwissenschaft gelten würde. Zudem würde der Aspekt der Erziehung und damit auch die Bedeutung von Prävention deutlicher zum Vorschein kommen.
- Leitwissenschaft ist eine eigene Sozialarbeitswissenschaft. Der Vorteil dieser Richtung liegt darin, daß Sozialpädagogik/Sozialarbeit eine eigenständige Leitwissenschaft entwickeln. Auf diese Weise würde die Einheit der beiden Teildisziplinen Sozialpädagogik/Sozialarbeit deutlich dokumentiert. Auch könnte sich Soziale Arbeit als eigenständige Disziplin besser entwickeln.

6.3 Arbeitsfelder der Sozialpädagogik

Nachdem ich im vorausgegangenen Punkt aufgezeigt habe, wo man Sozialpädagogik studieren kann, geht es hier um die zweite Frage: Wo arbeiten Sozialpädagogen in der Praxis?

> **Aufgabe**
> Werden Sie gefragt, was Sozialpädagogik ist, könnten Sie die Antwort vielleicht in zwei Richtungen geben:
>
> 1. Sie erklären Sozialpädagogik aus der Entwicklung der Geschichte und aus der Sicht theoretischer Überlegungen.
> 2. Sie wählen einen recht einfachen Weg, indem Sie an ausgewählten Tätigkeitsfeldern beschreiben, was Sozialpädagogen praktisch tun.
>
> Versuchen Sie eine Umschreibung von Sozialpädagogik in beiden Richtungen.

Will man das Berufsfeld von Sozialpädagogen darstellen, trifft man bei näherer Betrachtung auf eine verwirrende und ungegliederte berufliche Landschaft. Wie wir schon gesehen haben, hat sich das Berufsfeld enorm ausgebreitet und differenziert. Es ist im Laufe dieses Jahrhunderts zu einem großen Beschäftigungsfeld geworden, »wobei sich der entscheidende Entwicklungsschub in den letzten 20 Jahren vollzogen hat. Und dieser Ausbau ist offensichtlich noch nicht abgeschlossen.«[28]

Viele Autoren bemühen sich, diesen Wirrwarr zu ordnen und zu systematisieren. Ein paar Beispiele sollen hier angefügt werden, um zum einen die Vielfalt zu demonstrieren und zum anderen an der Fülle der Berufsfelder zu verdeutlichen, wo Sozialpädagogen ihr Betätigungsfeld haben.

- *Weinschenk, Reinhold* (1975): »Ohne Rücksicht auf die offiziellen Tätigkeitsfelder können in alphabetischer Reihenfolge willkürlich einige Einsatzmöglichkeiten für Sozialpädagogen genannt werden: Abenteuerspielplatz, Beratungsstellen, Bewährungshilfe, Drogenberatungsstellen, Clubarbeit, Erziehungsberatung, Erziehungsheim, Erziehungskurse, Freizeit- und Bildungsstätten, Gruppenarbeit, Heilpädagogisches Heim, Heim der offenen Tür, Jugendgruppen, Jugendherberge, Jugendhotel, Jugendstrafanstalt, Jugendwohnheim, Kinderdorf, Kindererholungsstätten, Kindergarten, Kinderheim, Lehrlingswohnheim, Nachbarschaftsheim, Schulkindergarten, Schülerheim, Spielgruppen, Werkhof, Wohngemeinschaften usw.«[29]
- *Hamann, Bruno* (1975): »Zu den sozialpädagogischen Institutionen, die zugleich entsprechende Arbeitsgebiete, Betätigungsfelder und Inhalte der Sozialpädagogik erkennen lassen, zählen wir:

1. Einrichtungen der Kinderpflege und Kinderziehung (Kinderkrippen, -horte, Krabbelstuben, Kindergärten, Spielplätze, Vorschulklassen);
2. Einrichtungen der Jugendarbeit und außerschulischen Jugendbildung (Freizeitgestaltung, Jugendclubs, Jugendherbergen, Häuser der Jugend, Jugendzentren, Jugendbildungsstätten, Lehrgänge, Bibliotheken, Jugendberufshilfe, Jugendschutz u. a.);
3. Einrichtungen der Heimerziehung (Waisenhäuser, Sonderheime, Erziehungsheime, Kinder- und Jugendörfer u. a.);
4. Offene Maßnahmen zur Vorbeugung und Bekämpfung von Jugendverwahrlosung und Jugendkriminalität, Jugendstrafvollzug (Erziehungsbeistandschaft, Bewährungshilfe, Jugendgerichtshilfe, Familienfürsorge, Jugendvollzugsanstalten);
5. Beratungsstellen (Elternberatung und Elternschulung, Berufsberatung, Beratung Drogenabhängiger u. a.);
6. Einrichtungen der Kranken-, Gefangenen-, Inhaftierten- und Altenhilfe (Stätten zur Betreuung und Behandlung suizidgefährdeter, süchtiger, behinderter bzw. invalider Erwachsener; Maßnahmen zur Besserung; Rehabiliation und Resozialisierung erwachsener Straftäter; Altenbetreuung, Altenfürsorge, Altenheime);
7. Maßnahmen zur Betreuung randständiger Gruppen (Soziale Arbeit mit Nichtseßhaften, Obdachlosen, mit Problemfamilien).«[30]

• *Lukas, Helmut* (1979): »Der Deutsche Berufsverband der Sozialarbeiter und Sozialpädagogen definiert derzeit folgende Arbeitsbereiche:

Bildung und Erziehung
- im Elementarbereich
- in der Jugend- und Erwachsenenbildung
- in der Heimerziehung

Freizeithilfen
Beratung und soziale Behandlung in der Arbeit mit
- Kindern
- Jugendlichen
- Familien und Alleinstehenden
- Großfamilien und Wohngemeinschaften
- alten Menschen
- Kranken und Behinderten
- Minderheiten wie
  - ausländische Arbeitnehmer
  - Nichtseßhafte
  - Obdachlose
  - Suchtkranke
  - Straffällige und Gefährdete

Beratung und Hilfen im Berufs- und Arbeitsleben

Mitarbeit in der Rehabilitation und Resozialisierung
Supervision
Lehrtätigkeit an Ausbildungsstätten
Administration
Mitarbeit in sozialer Planung
– Öffentlichkeitsarbeit
– empirischer Sozialforschung.«[31]

• *Nieke, Wolfgang* (1984): »Im Entwurf für ihre vorläufige Empfehlung zur Bestimmung von Studienzielen für das außerschulische Erziehungs- und Sozialwesen (Februar 1982) differenziert die Studienreformdiskusssion II Nordrhein-Westfalen insgesamt 17 Handlungsfelder:

- Ausländerarbeit
- Beruf/Betrieb
- Elementarerziehung
- Erwachsenenbildung/Weiterbildung
- Familienbildung/-beratung
- Freizeitpädagogik
- Geragogik
- Heilpädagogik/Rehabilitation
- Heimerziehung
- Jugendarbeit/Jugendbildung
- Kultur-/Museumspädagogik
- Lehre/Forschung
- Medienpädagogik
- Resozialisation
- Schule
- Soziale Dienste
- Verwaltungs-/Koordinations- und Planungsinstitutionen.

Dazu wurde eine Liste von etwa 150 Bezeichnungen für (vorwiegend insitutionelle) Arbeitsbereiche, Funktionen und Tätigkeiten nach Plausibilität und Konsens aggregiert.«[32]

• *Klapprott, Jürgen* (1987): Er versucht eine sozialwissenschaftliche Taxonomie der sozialpädagogischen Berufsfelder aufzustellen. Sie umfaßt 21 Berufsschwerpunkte:
1. Jugendarbeit in Jugendzentren u. ä.
2. Jugendbildung in Jugendzentren u. ä.
3. Jugendbildung in Verwaltung/Ämtern
4. Jugendpflege in Verwaltung/Ämtern
5. Elementarerziehung in Kindertagesstätten
6. Bildungsarbeit/Fachaufsicht in Bildungstätten
7. Geschäftsführung in Verwaltung/Ämtern
8. Soziale Hilfen in Sozialämtern
9. Allgemeiner Sozialer Dienst (ASD)/Familienfürsorge usw. in Verwaltung/Ämtern

10. Soziale Dienste in Allgemein-Krankenhäusern
11. Suchtkrankenhilfe in Beratungsstellen
12. Familien-/Ehe-/Erziehungsberatung in Familienberatungsstellen
13. Sozialdienst in psychiatrischen Kliniken
14. Stationäre Suchtkrankenhilfe in Kliniken
15. Strafentlassenen-/Nichtseßhaftenhilfe in Übergangswohnheimen
16. Betreuungsarbeit in Wohngruppen-/Gemeinschaften (WG) u. ä.
17. (Fürsorge-) Erziehung in Erziehungsheimen
18. Erziehung in Internaten u. ä.
19. Körperbehindertenhilfe in Reha-Wohnheimen
20. Geistigbehindertenhilfe in Reha-Wohnheimen
21. Geistigbehindertenhilfe in ambulanten Einrichtungen.[33]

• *Erler, Michael* (1993): »Ich will hier versuchen, eine – keineswegs vollständige und auch nur grob systematisierte – Zusammenstellung von Tätigkeitsbereichen und Einrichtungen aufzulisten, in denen soziale Arbeit geleistet wird. Arbeitsfelder sind u. a.:

1. Bildung und Erziehung
a) – Vorschulerziehung (Kindergarten, Eingangsstufe, Vorklasse)
   – Schulsozialarbeit
   – Horteinrichtungen
   – Sonderschule
b) – Jugendbildung (Bildungsstätten, Verbände)
   – Jugendarbeit (Jugendhäuser, -zentren)
   – Inobhutnahme (eh. Heimerziehung)
c) – Erwachsenenbildung (Verbände, VHS)
   – Altenbildung (Seniorentagesstätten)

2. Beratung und Hilfe von
   – Familien (Erziehungsberatung, pro familia)
   – Kindern (Spielstuben, sexuelle Mißhandlungen)
   – Jugendlichen (Heime, Wohngruppen)
   – Behinderten (ambulante, Behindertenwerkstätten)
   – Kranken (Pflegefälle)
   – Alten (Beratungsstellen, Alten- und Pflegeheime)

3. Beratung und Hilfe für Angehörige spezieller sozialer Gruppen
   – Arbeitsimmigranten (multikulturelle soziale Arbeit)
   – Obdachlose (soziale Brennpunkt)
   – Nichtseßhafte (›street work‹)
   – Straffällige und -entlassene (Bewährungshilfe, Jugendgerichtshilfe)
   – Suchtkranke (Beratungsstellen, Therapieeinrichtungen)
   – Kranke (Aidskranke, ambulant, stationär)

4. Arbeit in medizinischer und sozialer Rehabilitation
   – Krankenhäuser
   – Psychiatrie (stat. und ambulante Betreuung)

- Umschulungsmaßnahmen

5. Berufs- und Bildungsberatung
   - Arbeitsämter
   - Verbände (Gewerkschaften, Parteien, Stiftungen)
   - Einrichtungen des 2. Bildungswegs

6. Sozial-, Jugend- und Gesundheitsämter
   - Hilfen und Entscheidungen nach dem BSHG (Bundessozialhilfegesetz)
   - Beratung in Fragen der Partnerschaft, Trennung und Scheidung
   - Beratung und Begutachtung bei der Ausübung der Personensorge
   - Mitwirkung bei Hilfen außerhalb der eigenen Familie
   - Mitwirkung bei Inobhutnahme
   - Beratung, Exploration, Therapieergänzung.

Es wird vielleicht deutlich, daß bei der Darstellung der Tätigkeitsfelder keine Systematik präzise durchgehalten wurde. Dies liegt an der Materie: jeder Systematisierungsversuch hat seine Schwächen bzw. bleibt unbefriedigt.«[34]
Dieser Überblick über die Arbeitbereiche von Sozialpädagogik läßt zwar den Versuch erkennen, von einer Katalogisierung zu einer Systematisierung zu gelangen, belegt aber zugleich, daß es eine zuverlässige Systematisierung des Handlungsfeldes noch nicht gibt, vielleicht auch gar nicht geben wird. Es wäre illusionär, wollte man nun einen einheitlichen Sozialberuf fordern. Die vielfältigen Aufgaben der Sozialpädagogik können unmöglich durch eine einzige Berufsgruppe zusammengefaßt werden wie etwa vergleichsweise im Bildungsbereich der Lehrerberuf, der sich lediglich durch die Schulart und durch das Fachgebiet unterscheidet. Wie schwer es ist, die sozialpädagogischen Arbeitsfelder zu systematisieren, zeigt auch die Datenerfassung des *Statistischen Bundesamtes.* Es faßt die Tätigkeitsmerkmale unter den Kennziffern 861, 862, 864 (insgesamt 183 Sozial- und Erziehungsberufe) zusammen:

861 *Sozialarbeiter, Sozialpfleger*
8610 Sozialarbeiter, Fürsorger, Wohlfahrtspfleger o.n. A.
8611 Gesundheitsaufseher, -fürsorger
8612 Ehe-, Erziehungsberater
8613 Jugendpfleger, -fürsorger
8614 Altenpfleger
8615 Haus-, Familienpfleger
8616 Sozialpflegerische Berufe a.n.g.
8619 andere Sozialarbeiter, -pfleger

862 *Heimleiter, Sozialpädagogen*
8621 Jugendheimleiter
8622 Erwachsenenheimleiter
8623 Heimerzieher (nicht Kindergärtnerinnen)
8624 Sozialpädagogen

8625 Heimleiter
8627 Sozialpädagogenhelfer
8628 Diakone
8620 andere Heimleiter, Sozialpädagogen

864 *Kindergärtnerinnen, Kinderpflegerinnen*
8641 Erzieherinnen a.n.g.
8642 Kindergartenleiterinnen
8643 Säuglings-, Kinderpflegerinnen (nicht Kinderkrankenschwestern oder Hausgehilfinnen)
8647 Kindergarten-, Kinderpflegehelferinnen.

Halten wir fest
Eine Systematisierung von Berufsfeldern der Sozialpädagogik gibt es nicht und erscheint auch aufgrund der Vielfältigkeit des Arbeitsfeldes als nicht machbar. Die Differenziertheit der Tätigkeitsbereiche ist ein Teil des Spezifikums der Sozialpädagogik und ihres gesellschaftlichen Auftrages.

6.4 Träger sozialpädagogischer Einrichtungen in der Jugendhilfe

»Die Vielzahl der Ansätze und Motive, die unterschiedlichen Arbeiten und Ziele der Träger, die ständige Anpassung an neue Bedürfnisse, der Wandel der Inhalte und Methoden, die bedeutsamen Einwirkungen durch den gesellschaftlichen Strukturwandel haben nicht nur zu einer großen Variabilität in der praktischen Arbeit geführt, sie haben auch eine entsprechende Mannigfaltigkeit der diese Arbeit, ihre Einrichtungen, Maßnahmen, Inhalte, Methoden, Ziele und Funktionsträger kennzeichnenden Begriffe hervorgebracht. So vielgestaltig und komplex wie das Leben in diesem Erziehungsfeld sind die mit der Ausweitung der Praxis ihr zugewachsenen Benennungen. Die Entfaltung in einer reichhaltigen Skala von Begriffen zeigt zwar den hohen Differenzierungsgrad dieses Aufgabenfeldes, aber der ›Wildwuchs‹ hat auch zu ... Unzulänglichkeiten geführt.
Eine – nicht unwesentliche – Ursache für den in sozialpädagogischer Theorie und Praxis anzutreffenden ›Wildwuchs‹ stellen die Träger sozialpädagogischer Arbeit dar. Historisch bedingt wird diese Arbeit zum weitaus größten Teil von privaten (oder sogenannten freien) Trägern ausgeübt... Ihre Gesamtzahl ist groß; es ist kaum anzunehmen, daß sie bekannt ist; denn man wüßte gar nicht, wie man hier zählen sollte... Außerdem wären wir nach einer Zählung auch noch nicht viel weiter; denn die Träger unterscheiden sich untereinander hinsichtlich weiterer Merkmale.«[35]

•

Ein zweifaches läßt sich zur Zeit hinsichtlich des sozialpädagogischen Berufsfeldes feststellen:

1. Der gesamte Arbeitsbereich der Sozialpädgogik befindet sich in einer Umstrukturierung, der Prozeß der Verlagerung von öffentlichen auf private Träger ist deutlich erkennbar.
2. Die Vielfältigkeit der Träger als Anbieter von sozialpädagogischen Dienstleistungen ist schwer überschaubar.

Es ist nun nicht mein Ziel, Licht in diesen Wildwuchs zu bringen, sondern ich möchte mich hier auf eine grobe Darstellung der Träger sozialpädagogischer Arbeitsfelder im Bereich der Jugendhilfe beschränken. Auf drei Gruppierungen von Trägern soll kurz und beispielhaft eingegangen werden: öffentliche Träger (Jugendamt), private Träger (Jugend- und Wohlfahrtsverbände) und Selbsthilfegruppen.

6.4.1 Öffentliche Jugendhilfe (Jugendamt)

Die Vielfältigkeit öffentlicher und privater Fürsorge hatte im Laufe der Geschichte zu einem friedlich-chaotischen Miteinander der Einrichtungen geführt. Die Etablierung des Wohlfahrtsstaates und die Demokratisierung der Gesellschaft führten zu einer entscheidenden Veränderung der klassisch-bürgerlichen Organisationen privater caritativer Wohlfahrtspflege. Durch die Gründung der Weimarer Republik und deren schwierige politische und wirtschaftliche Entwicklung veränderten sich die Rahmenbedingungen für die freie Wohlfahrtspflege. Für die Entwicklung der Wohlfahrtspflege wurde das Reich zur entscheidenden Instanz, der Wohlfahrtsstaat wurde zum politischen Programm, mit dem der Staat eine soziale Gesamtverantwortung übernahm und daher den herkömmlichen Zuständigkeitsrahmen der Gemeinden bei weitem überschritt.[36]
Um die Jahrhundertwende entstand der Gedanke einer institutionellen Einrichtung von seiten der staatlichen Behörde. Erste Beispiele für Jugendämter gab es zu Beginn des zwanzigsten Jahrhunderts, z. B. 1909 in Mainz: Städtische Zentrale für Jugendfürsorge; 1909 in Dresden: Städtisches Fürsorgeamt; 1910 in Magdeburg: Jugendfürsorgeamt. Es folgten weitere Städte wie Breslau, Bremen, Mannheim u. a.[37]
»1910 hatte Petersen in Hamburg die erste Zusammenfassung von Aufgaben der Jugendfürsorge in der Hamburger Behörde für Jugendfürsorge erreicht. Diese Behörde kann als Vorläufer der späteren Jugendämter nach dem RJWG gelten.«[38]
Das Jugendamt ist die für die Gestaltung der öffentlichen Jugendhilfeleistungen zuständige Sozialbehörde für öffentliche Dienstleistungen. Zwei besondere Kennzeichen des Jugendamtes sind zu nennen:

1. Das Jugendamt sollte eine Erziehungsbehörde sein. »Es sollte die verschiedenen Aktivitäten der Jugendhilfe, die vorher von anderen Behörden nebenbei wahrgenommen wurden, unter dem Leitgedanken der Erziehung zusammenfassen.«[39]
2. Charakteristisch für das Jugendamt ist die Zweiteilung der Behörde in einen Jugendwohlfahrtsausschuß, nach dem KJHG Jugendhilfeausschuß, und die Verwaltung des Jugendamtes (§ 71 KJHG).

Die Jugendämter sind Angelegenheit der kommunalen Selbstverwaltung (§ 71 KJHG). »Sie sind also ganz geprägt von den finanziellen, politischen und ökonomischen Gegebenheiten der jeweiligen Stadt oder des Landkreises, denen sie zugehören.«[40]

Am 11. Mai 1990 fand das Kinder- und Jugendhilfe-Gesetz (KJHG) die Zustimmung im Bundesrat und wurde am 28. Juni 1990 im Bundesgesetzblatt verkündet. Einige wichtige Elemente der Regelung der gemeinsamen Aufgaben der Träger der freien Jugendhilfe und der Träger der öffentlichen Jugendhilfe sind:

»– Das KJHG als Leistungsgesetz verpflichtet die Träger der öffentlichen Jugendhilfe zur Wahrnehmung der gesetzlich vorgeschriebenen Aufgaben und zur Gewährung der Leistungen. Zugleich haben sie die Planungskompetenz für den bedarfsgerechten Ausbau der erforderlichen Einrichtungen und Dienste.
– Soweit geeignete Einrichtungen, Dienste und Veranstaltungen von Trägern der freien Jugendhilfe betrieben oder rechtzeitig geschaffen werden können, sollen die Träger der öffentlichen Jugendhilfe von eigenen Maßnahmen absehen (sogenanntes Vorrangigkeitsprinzip).
– Die Träger der freien Jugendhilfe sind in ihrer Aufgabenstellung autonom und werden durch das Gesetz keinen Einschränkungen unterworfen.«[41]
– Das Jugendamt ist nicht mehr eine ordnungspolitische Eingriffsbehörde, sondern ein sozialpädagogisches Dienstleistungsangebot.

Organisationsschaubild (vereinfacht) eines Sozial- und Jugendamtes[42]

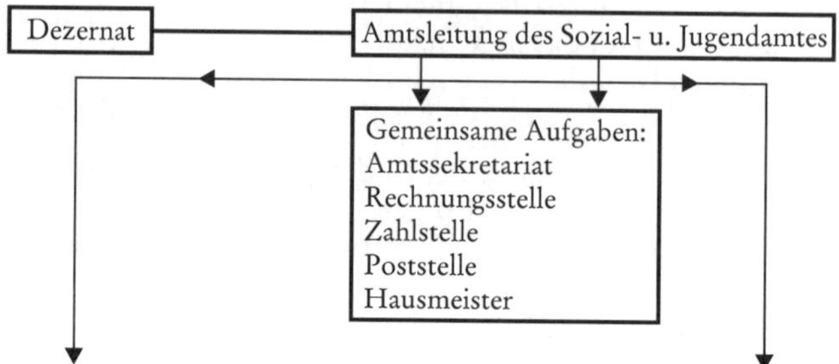

Abt. Sozialhilfe	Abt. Jugendhilfe	Abt. Sozialer Dienst	Abt. Jugendpflege
– Allg. Sozialhilfe – Fürsorgestellen für Kriegsopfer – Unterhalts-sicherungsstelle – Hilfe in Anstalten, Pflegschaften – Sozialversiche-rungsstelle – Sonstige soziale Aufgaben	– Amtspflegschaften, Vormundschaften, Unterhaltsvor-schußkasse – Allg. Jugendhilfe (Hilfe zur Erziehung) – Jugendgerichtshilfe – Erziehungshilfe – Sonstige (wirtsch.) Jugendhilfe-ausgaben	– Sozialer Bezirks-dienst/Bezirkl. Sozialarbeit – Adoption- und Pflegestellenver-mittlung – Schülerhort und Kindergärten – Kinderspiel- und Kickplätze – Sozialzentren – Senioren-Sozialarbeit – Ausländersozial-arbeit	– Jugendhaus – Jugendzentrum – Jugendpfleger

Nach dem KJHG und BSHG ist jeder Kreis und jede kreisfreie Stadt zur Errichtung eines Jugend- bzw. Sozialamtes verpflichtet (§ 69 KJHG und §§ 9, 96 BSHG).

Sozial- und Jugendhilfe wird von örtlichen und überörtlichen Trägern, d. h. von kreisfreien Städten und Landkreisen durchgeführt. Die Kommunen können die Sozialdienste im Jugend-, Sozial-, Gesundheitsamt oder als eigene Behörde organisieren. Grundlage des Sozialsystems auf kommunaler Ebene bildet der *Allgemeine Sozialdienst* (ASD). »Er ist prinzipiell für alle individuellen, zwischenmenschlichen und materiellen Probleme der Bürger des jeweiligen Landkreises oder der kreisfreien Städte sowie für die örtlichen sozialen Probleme zuständig.«[43]

Diese örtlichen bzw. überörtlichen Träger haben sich zu Interessengemeinschaften zusammengeschlossen. In der Bundesrepublik Deutschland gibt es drei kommunale Spitzenverbände als freiwillige Zusammenschlüsse von Gemeinden, die sich auf Bundesebene zur Bundesvereinigung der kommunalen Spitzenverbände zusammengetan

haben. Die drei Spitzenverbände sind: Deutscher Städtetag, Deutscher Landkreistag, Deutscher Städte- und Gemeindebund.
Die Aufgaben des Deutschen Städtetages sind z. B.:

»1. die Gemeindeselbstverwaltung zu bewahren, die Städte gegenüber Bundesregierung, Bundestag, Bundesrat und zahlreichen Organisationen zu vertreten und die Interessen der Gemeinden in die Gesetzgebung einzubringen;
2. die Mitgliedsstädte über bedeutsame Entwicklungen zu informieren;
3. den Erfahrungsaustausch zwischen den Kommunen zu fördern.«[44]

6.4.2 Private Jugendhilfe (Jugend- und Wohlfahrtsverbände)

Wohlfahrtsverbände: Bis ins 19. Jhdt. hielt sich der liberale Rechtsstaat weitestgehend zurück und überließ den Vereinigungen und Verbänden der Wohlfahrtspflege das Feld der Hilfestellung. Man hatte sich auf eine Aufgabenverteilung stillschweigend geeinigt: Der Staat beschränkt sich auf die notdürftige Grundversorgung und die Privatwohltätigkeit, die caritativen, kirchlichen Dienste auf die individuelle Hilfe und Vorbeugung.
Als der Staat sich sozialpolitisch mehr engagierte, organisierten sich die Hilfsorganisationen in freigemeinnützigen Wohlfahrtsverbänden, die in der Regel in der Rechtsform eines gemeinnützigen, eingetragenen Vereins organisiert sind.[45]

> Unter freier Wohlfahrtspflege versteht man »die aus Nächstenliebe, Bürgersinn und/oder unmittelbarer Betroffenheit motivierte, durch Gesetz nicht erzwingbare, wohl aber den Gesetzen verpflichtete, in privatrechtlicher Form organisierte, auf dem Wahlrecht des Hilfesuchenden einerseits, dem mitbürgerlichen Recht auf Helfen andererseits beruhende und über den Bereich von Familie und Nachbarschaft hinausreichende Hilfestellung für benachteiligte, bedrängte, ratlose Mitbürger. Freie Wohlfahrtspflege bietet die Möglichkeit, die Vielfalt der Überzeugungen und Gestaltungsmöglichkeiten, die sich in einer pluralistischen Gesellschaft entwickelt haben, in helfendes Handeln und soziale Dienstleistungsangebote umzusetzen. Die freie Wohlfahrtspflege sieht eine vorrangige Aufgabe in der Förderung ehrenamtlicher Mitarbeit und in der Wahrnehmung einer Anwaltsfunktion für Hilfesuchende.«[46]

Die freien Wohlfahrtsverbände gehören, gemessen an Einrichtungs- und Beschäftigungszahlen, heute zu den größten Arbeitgebern in

Deutschland. Sie beschäftigen etwa 1 000 000 Hauptamtliche. Der Anteil der freien Träger liegt in Westdeutschland bei etwa 70 % und in Ostdeutschland bei knapp 6 % (1994).
Zu dieser Zahl der haupt- und nebenberuflich Tätigen muß man noch die unzähligen ehrenamtlichen Mitarbeiter hinzurechnen, die jeden Monat ungefähr 240 Millionen Stunden ehrenamtliche Arbeit leisten, das sind im Jahr etwa 2,8 Mrd. Stunden Arbeit und etwa 48 Mrd. DM an Wertschöpfung.
Zu den Wohlfahrtsverbänden zählen:[47]

- *Diakonisches Werk der Evangelischen Kirche in Deutschland e. V. (DW):* Das Diakonische Werk geht in seinen Ursprüngen auf die Gründung von *J. Wichern* zurück, der 1849 die ›Innere Mission‹ ins Leben rief. Die ›Innere Mission‹ vereinigte sich 1957 mit dem ›Hilfswerk der Evangelischen Kirche in Deutschland‹.
- *Deutscher Caritasverband e. V. (DCV):* Er wurde 1887 von *L. Werthmann* gegründet. In ihm sind die gesamten sozial-caritativen Dienste und Einrichtungen im Bereich der katholischen Kirche in Deutschland organisiert.
- *Deutscher Paritätischer Wohlfahrtsverband (DPWV):* Als Gegenmodell zu den konfessionellen Wohlfahrtsverbänden schlossen sich nichtkonfessionelle Krankenanstalten 1920 zu einem Verband zusammen. Später kam zu diesen Aufgaben noch die Erziehungsfürsorge hinzu. Seit 1930 nennt sich der Verband ›Paritätischer Wohlfahrtsverband‹.
- *Arbeiterwohlfahrt e. V. (AWO): M. Juchaz* gründete 1919 die Arbeiterwohlfahrt als Teil der sozialdemokratischen Arbeiterbewegung. Seit 1945 versteht sich die Arbeiterwohlfahrt jedoch als parteipolitisch und konfessionell unabhängige selbständige Wohlfahrtsorganisation.
- *Deutsches Rotes Kreuz (DRK):* Der Gründer des Deutschen Roten Kreuzes ist der Schweizer *H. Dunant* (1828–1910). Zunächst übernahm es nur Aufgaben wie Krankenpflege, Katastrophenschutz und Rettungsdienst u. a., später kamen auch sozialpädagogische Dienste, vorwiegend auf dem Gebiet der Kranken- und Altenhilfe, der Jugendsozialarbeit, der Mütter- und Kindererholung und der Rehabilitation hinzu.
- *Zentralwohlfahrtsstelle der Juden in Deutschland e. V. (ZWST):* Als Zentralorgan der gesamten jüdischen Wohlfahrtspflege wurde 1917 die Zentralwohlfahrtsstelle gegründet; 1926 wurde sie als Spitzenverband der freien Wohlfahrtspflege anerkannt.

Die sechs Spitzenverbände der freien Wohlfahrtspflege haben sich in einer Dachorganisation «*Bundesarbeitsgemeinschaft der Freien Wohlfahrtspflege e. V.* (BAGFW) zusammengeschlossen. Diese Stelle fungiert als Koordinierungsstelle zwischen den Verbänden. Sie sorgt für die Abstimmung der sozialen Tätigkeiten, besonders bei neuen Aufgaben. Sie vertritt die Interessen der freien Träger der Wohlfahrtspflege gegenüber der Gesetzgebung und dem öffentlichen Sozialwesen.

Noch einen letzten Zusammenschluß der sozialen Dienste gilt es zu nennen:
»Deutscher Verein für öffentliche und private Fürsorge«. In diesem haben sich die öffentlichen Träger (Bund, Länder, Kommunen) und die in der »Bundesarbeitsgemeinschaft der Freien Wohlfahrtspflege« organisierten sechs Spitzenverbände zusammengeschlossen. Neben diesen Spitzenverbänden engagieren sich weitere Einrichtungen, Verbände wie z. B. Jugendverbände, Kirchen sowie Selbsthilfegruppen im sozialpädagogisch/sozialen Bereich.

Jugendverbände: Neben den Wohlfahrtsverbänden möchte ich als weiteren Anbieter im Bereich der Jugendhilfe beispielhaft die Jugendverbände erwähnen. Sie sind kirchlich oder privat organisiert und bieten ein vielfältiges Angebot. Etwa 90 % aller Maßnahmen bezüglich der Jugendarbeit wird von freien Trägern durchgeführt.
Der größte Jugendverband ist die ›Deutsche Sportjugend‹, die nach eigenen Angaben etwa 6 Millionen Mitglieder zählt.
Neben diesem größten Jugendverband sind vor allem die kirchlich organisierten Jugendverbände zu nennen. Eine einheitliche Struktur dieser Verbände gibt es nicht. Die in der katholischen Kirche anerkannten Verbände haben sich im Dachverband ›Bund der katholischen Jugend‹ (BDKJ) und die der evangelischen Kirche angehörenden Vereinigungen in der ›Arbeitsgemeinschaft der Evangelischen Jugend in Deutschland‹ (AGEJD) zusammengeschlossen.
Die Jugendverbände haben ein doppeltes Mandat. Einerseits sind sie Träger allgemeiner sozialstaatlicher Aufgaben, d. h., sie haben vom Staat den Auftrag der Erziehung und Bildung. Andererseits haben Jugendverbände Sprecherfunktion, d. h., sie sollen die Belange junger Menschen öffentlich bewußt machen und deren Anliegen dann auch politisch vertreten.
Die Aufgaben und Ziele der Jugendverbandsarbeit werden in den einzelnen Verbänden autonom festgelegt. Jeder Verband hat eine eigene Satzung, in der Ziele und Aufgaben niedergeschrieben sind.[48]

6.4.3 Zusammenarbeit der Träger

Entscheidend für die Aufgaben der freien Verbände war nach den Erfahrungen des totalitären Hitlerregimes die Herausarbeitung der Vorrangigkeit der Maßnahmen und Einrichtungen der freien Träger und der Verpflichtung der öffentlichen Hand zu ihrer Unterstützung.

»Insgesamt wirkt sich die Vorrangstellung freier Träger bei der Durchführung von Maßnahmen im Sozialsektor im Sinne einer verstärkten Einbindung der Verbände in die staatliche Sozialpolitik aus. Dies wird z. B. unmittelbar an dem hohen Anteil verbandlicher Trägerschaft bei Einrichtungen im Bereich sozialer Arbeit deutlich: 70 % der Jugendbildungsstätten, 71 % der Kindergärten, 66 %

Strukturen der Freien Wohlfahrtspflege/Diakonie[50]

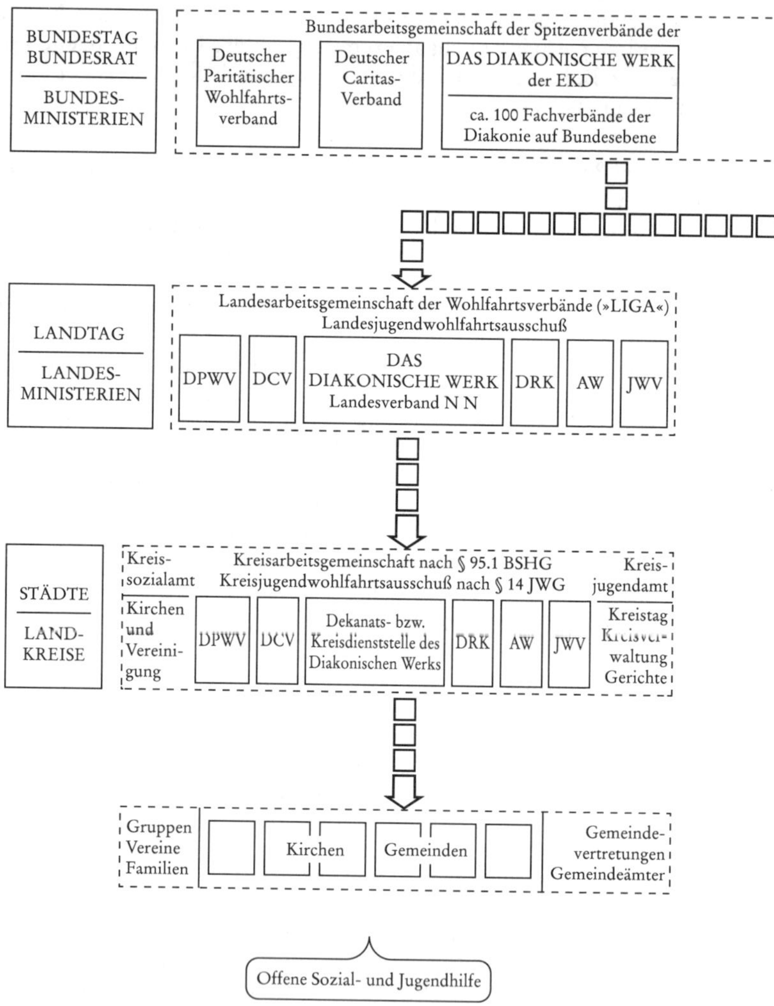

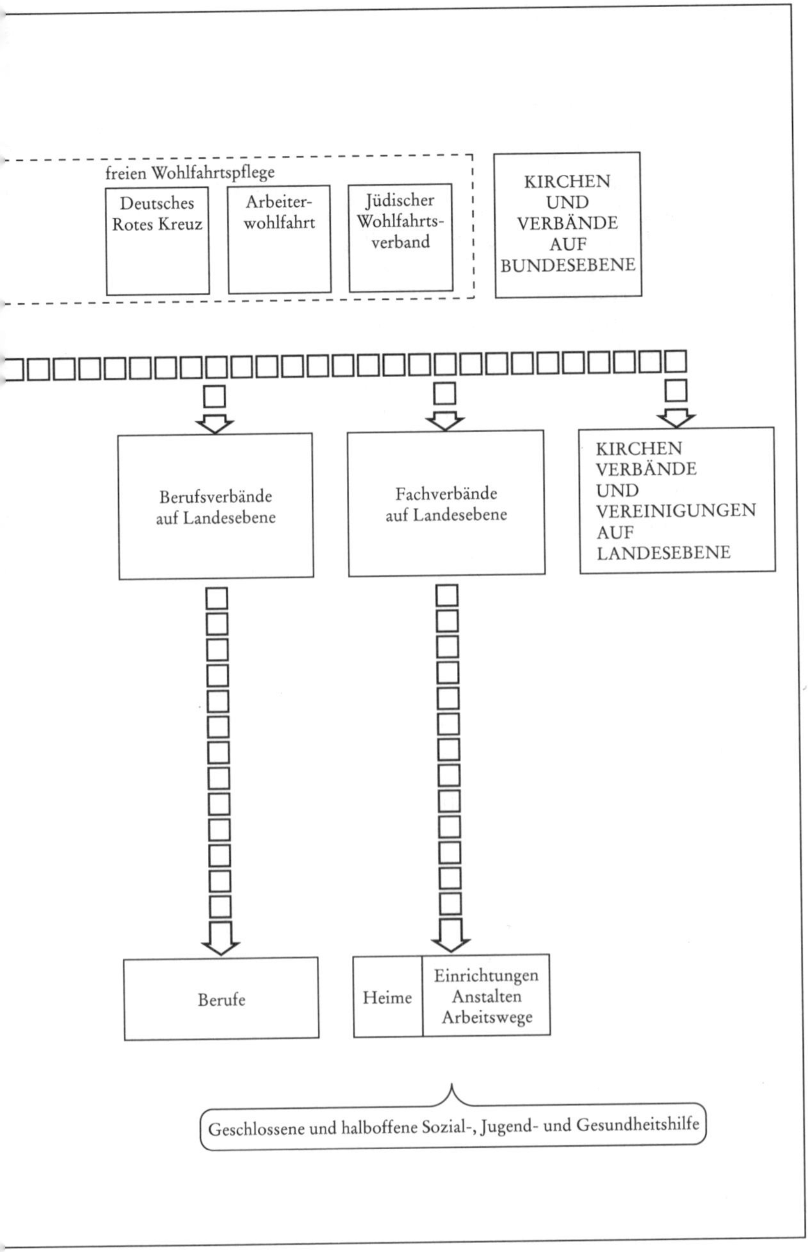
freien Wohlfahrtspflege
Deutsches Rotes Kreuz
Arbeiterwohlfahrt
Jüdischer Wohlfahrtsverband
KIRCHEN UND VERBÄNDE AUF BUNDESEBENE
Berufsverbände auf Landesebene
Fachverbände auf Landesebene
KIRCHEN VERBÄNDE UND VEREINIGUNGEN AUF LANDESEBENE
Berufe
Heime
Einrichtungen Anstalten Arbeitswege
Geschlossene und halboffene Sozial-, Jugend- und Gesundheitshilfe

der Altenheime und Pflegestätten sowie 71 % der Kinderheime sind in verbandlicher Trägerschaft (1977).«[49]

Die Nachteile der Spitzenverbände, nämlich ihre Bürokratisierung und Zentralisierung und damit bürokratische Verkrustungen wurden von kleinen, solidarisch organisierten Alternativbewegungen wie Bürgerinitiativen und Selbsthilfegruppen aufgezeigt. Ihnen geht es um bislang vernachlässigte Problemlagen (z. B. selbstverwaltete Heime, Frauenhäuser, Stadtteilgruppen, Selbsthilfegruppen im Gesundheitssektor u. a.). Den etwa 66 000 Selbsthilfegruppen (1994), sie werden auch als ›dritte Struktur‹ bezeichnet, geht es primär um die solidarische und demokratische Form der Hilfe. Allerdings muß man sehen, daß die Selbsthilfegruppen keine allgemeine, bedarfsgerechte Versorgung der Bevölkerung flächendeckend und dauerhaft übernehmen wollen und können. Wesentliches Merkmal ihrer Arbeit ist das spontane Aufgreifen aktueller Probleme. Da sie nicht durch eine große Bürokratie in ihrem Handlungsbereich eingeschränkt sind, können sie viel variabler auf akute soziale Probleme reagieren. Insofern gilt es, ihr Engagement im sozialen Bereich zu fördern.

In den §§ 3 und 4 KJHG wird die Zusammenarbeit der öffentlichen und der freien Jugendhilfe geregelt. Darin heißt es, daß Jugendhilfe kein Monopol der öffentlichen Träger ist. Wesensmerkmal der Jugendhilfe ist ihre Pluralität. Dies kommt in dem Grundsatz der Vielfalt von Trägern unterschiedlicher Wertorientierungen und der Vielfalt von Inhalten, Methoden und Arbeitsformen zum Ausdruck. Eine Monopolisierung der Jugendhilfe widerspricht dem Wesen der Jugendhilfe. Im § 4 KJHG wird das Verhältnis zwischen den Trägern geregelt. Es geht um eine partnerschaftliche Zusammenarbeit.

»Aus Gründen der grundgesetzlich geschützten Tragerautonomie, aber auch zur Wahrung der Pluraltiät hat die öffentliche Jugendhilfe bei der Zusammenarbeit die Selbständigkeit der freien Jugendhilfe in einem umfassenden Sinne zu achten …

Im Kern besteht der Funktionsschutz der freien Träger in einem bedingten Konkurrenzverbot, das es dem Träger der öffentlichen Jugendhilfe … verwehrt, neben oder anstelle von Angeboten der freien Träger eigene Maßnahmen zu schaffen, ohne daß dies etwa zu Wahrung eines vielfältigen Angebots oder aus fachlichen oder wirtschaftlichen Gründen angezeigt ist.«[51] (s. S. 342–343)

Halten wir fest

Man unterscheidet zwischen öffentlicher Jugendhilfe (Jugendamt) und freier Jugendhilfe, die von den sechs Spitzenverbänden der Wohlfahrtspflege, sozialen Einrichtungen, Kirchen, Verbänden, Selbsthilfegruppen u. a. durchgeführt wird. In den §§ 3 und 4 KJHG wird die Zusammenarbeit der öffentlichen und freien Jugendhilfe geregelt. Eine Monopolisierung widerspricht dem Wesen der Jugendhilfe. Zwischen den Trägern besteht eine partnerschaftliche Zusammenarbeit.

6.5 Image von Sozialpädagogik in der Öffentlichkeit

Aufgabe
Sozialpädagogik ist zur Zeit kein Thema von besonderem Interesse, sagt der *Achte Jugendbericht* der Bundesregierung.[52] Es fehlt ihr öffentliches Ansehen, es fehlen Anerkennung und Geld.
»Sie ist neben anderen Berufen im Sektor sozialer und pädagogischer Dienstleistungen randständig und in der Hierarchie der Professionen unten angesiedelt. Es gibt öffentliche Diskussionen und auch böse Witze über die geschwätzige Ineffektivität ihrer Arbeit; es gibt Texte, in denen ›sozialpädagogisch‹ als Schimpfwort für modische Unzuverlässigkeit benützt wird.«[53]
Wie sehen Sie das? Worin könnten vielleicht die Gründe für das negative Ansehen der Sozialpädagogik liegen?

Lüders zeichnet das Image von Sozialpädagogik in einem treffenden Bild.
»Sie beschreibt sich selbst als das staubige, verspottete und mißachtete Stiefkind, das die Schmutzarbeit im Haus erledigt, während die anderen ausgehen und feiern. Wenigstens im Blick auf die Erziehungswissenschaft insgesamt, dann im Vergleich mit den ihr gegenüber prunkvoll erscheinenden Schwestern Schulpädagogik und Erwachsenenbildung billigt sich die Sozialpädagogik nur eine eher inferiore Rolle zu: Aschenputtel und ihre Schwestern ...
Dieses Bild von der Sozialpädagogik ... kann als der gängige Entwurf gelten, der die Selbst- und die Fremdwahrnehmung der Sozialpädagogik bestimmt. Vermutlich wird dabei sogar die noch anklingende Hoffnung kaum geteilt, daß sich die graue Küchenmaus in den Star des Schloßballs verwandelt, das Wohlgefallen eines Prinzen gewinnt und zur strahlenden Prinzessin avanciert, hält niemand für wahrscheinlich.
Aber vielleicht gilt ja beides und ist doch falsch, weil das Aschenputtel längst den adelig feudalen Weg verlassen und eine bürgerliche Perspektive gewählt hat. Steht der Name ›Aschenputtel‹ inzwischen für ein unauffälliges, gleichwohl bemerkenswert erfolgreiches Unternehmen?«[54]
Man schätzt die Situation von Sozialpädagogik wohl richtig ein, wenn man feststellt, daß in der politisch-öffentlichen Diskussion sozialpädagogische Argumente und Erklärungen wenig gelten. »Sozialpädagogen stehen im Verdacht, politisch unzuverlässig und weltfern zu sein, Tatbestände zu komplizieren, Schwierigkeiten zu dramatisieren, um so ihre eigene Wichtigkeit und die Ansprüche sozialpädagogischen Handelns aufzuwerten und durchzusetzen.«[55]

Im folgenden möchte ich einige Punkte zusammentragen, die das Negativ-Image von Sozialpädagogik in der Öffentlichkeit begründen können:

- Sozialpädagogik hat ihre Wurzeln in der Liebestätigkeit, in der Nächstenliebe. Zu diesem Verständnis vom Dienst am anderen gehört die Bescheidenheit und das Prinzip »Die rechte Hand soll nicht wissen, was die linke tut«. Nächstenliebe ist selbstverständlich, damit geht man nicht in die Öffentlichkeit.
- »Die öffentliche Erwartung an die Sozialpädagogik ist offensichtlich überwiegend von weiblichen Leitbildern geprägt, was nicht nur mit der weiblichen Mehrheit in diesen Berufen zusammenhängt, sondern vor allem auch damit, daß pflegen, sorgen und behüten als typisch weibliche Begabungen bei uns gelten. Damit finden sich aber in diesem pädagogischen Bereich alle Probleme wieder, die überhaupt mit der überlieferten Einteilung in wesenhaft weibliche und wesenhaft männliche Tätigkeiten zusammenhängen.«[56]
- »Die Behebung von Notständen entspricht nicht den Maximen unserer Leistungsgesellschaft, sie ist nicht meßbar, ihre Effektivität läßt sich kaum in Zahlen und Bilanzen ausdrücken. Der Ertrag kann nicht erfaßt werden, kurzum, volkswirtschaftlich gesehen ist der Nutzen, wenn überhaupt von einem solchen gesprochen wird, sehr gering.«[57]
- Es ist verständlich, daß die Arbeit mit Randgruppen von der Gesellschaft ähnlich bewertet wird, d. h., daß die Sozialpädagogik ebenfalls eine Randposition einnimmt. Neben dem diskriminierten Berufsobjekt erfolgt eine tendenzielle Abwertung des Berufes.
- Die Zuschreibung als Berufsgruppe ohne besonderen Geschäftsbereich bzw. als sozialpolitische Clearing-Stelle bedeutet, »daß Sozialpädagogen nicht nur mit erheblichen Etablierungs- und Statusproblemen zu kämpfen haben, sondern ... allgemein länger mit niedrigeren tariflichen Einstufungen und eher ungesicherten Arbeitsverhältnissen auskommen müssen.«[58]
- Vorurteile in der Öffentlichkeit gegen Sozialpädagogik entstehen vor allem auch dadurch, daß man ihr nachsagt, sie sei vornehmlich damit beschäftigt, sich ihr eigenes Klientel zu schaffen. Darüber hinaus würde sie den Sozialstaat als einen Selbstbedienungsladen für gescheiterte Existenzen betrachten.

Auch wenn die Kritik an der Sozialpädagogik z. T. berechtigt ist, muß man ihr zugute halten, daß sie eine sehr junge Wissenschaft und Berufsbezeichnung ist. Sie besteht gerade erst 25 Jahre. In Anbetracht dieser kurzen Zeitspanne kann man sagen, daß sich die Sozialpädagogik nicht nur behauptet, sondern in unserer Gesellschaft etabliert und zu einem großen, unverzichtbaren Dienstleistungsberuf entwickelt hat. Sie ist zu einem selbstverständlichen Moment heutiger Unterstützung und Gestaltung von Lebensqualität geworden.

Aufgabe
Machen Sie Vorschläge, wie man das Image der Sozialpädagogik verbessern könnte.

Hier einige Vorschläge:
Praxis: Die Praktiker müssen weniger über sich und ihre berufliche Situation klagen, als vielmehr ein eigenes Selbstbewußtsein von ihrer Arbeit und ihrem Beruf aufbauen. Niemand kann ein positives Bild seiner Arbeit vermitteln, wenn die innere Einstellung dazu fehlt. Sozialpädagogen müssen viel mehr Öffentlichkeitsarbeit betreiben. Von den vielen und sehr positiven Aktivitäten sozialpädagogischer Einrichtungen erfährt die Öffentlichkeit kaum etwas. Noch einen weiteren Aspekt sollte man dem Praktiker nahelegen. Er sollte sich unbedingt gewerkschaftlich organisieren. Eine mitgliederstarke Berufsorganisation ist eher in der Lage, die Interessen von Sozialpädagogen (und Sozialarbeitern) politisch durchzusetzen.
Ausbildung: Die Ausbildung zum Sozialpädagogen erfolgt in Hochschulen. Ich habe jedoch den Eindruck, daß in den Hochschulen eher Mini-Pädagogen, Mini-Soziologen, Mini-Psychologen usw. ausgebildet werden und man es den Studenten überläßt, die einzelnen Fächer zu integrieren. Damit sind sie jedoch vielfach überfordert. Es ist auffällig, daß an vielen Hochschulen ein Kernfach ›Sozialpädagogik‹ in der Studienordnung fehlt. Eigentlich müßte es so sein, daß sich die vielen Fächer um das Kernfach plazieren und je aus ihrer speziellen Sicht einen Beitrag zur Klärung dessen, was Sozialpädagogik ist, liefern. Wenn in den Hochschulen kein Selbstbewußtsein von Sozialpädagogik ausgebildet wird, wie sollte man es dann von den Praktikern oder gar von Laien oder Politikern erwarten?
Wissenschaft: Sozialpädagogik ist eine Teildisziplin der sozialwissenschaftlich verstandenen Erziehungswissenschaft. Wenn es in der Ausbildung um die Frage nach dem Selbstverständnis von Sozialpädagogik geht, sollte es Aufgabe der Sozialpädagogik als Wissenschaft sein, sich intensiv mit dieser Frage zu beschäftigen. Ich habe die Hoffnung, daß man dies in Zukunft erwarten kann. Mein Optimismus beruht auf die z. Z. neu eingerichteten Lehrstühle für Sozialpädagogik (vor allem in den neuen Bundesländern). Ich erwarte von ihnen eine intensive Forschungstätigkeit auf dem Gebiet der Sozialpädagogik bzw. der Sozialen Arbeit. Auch gehört sicherlich dazu, daß man sich seitens der Sozialpädagogik als Wissenschaft vor allem unter den Professoren

bzw. Lehrenden über die Begrifflichkeit einig ist und dem Sprachwirrwarr ein Ende setzt. Klare Begrifflichkeit ist die Voraussetzung einer Wissenschaft. Des weiteren sollte Sozialpädagogik als Wissenschaft das Berufsprofil und die Frage nach der Professionalisierung klären. Denn auch auf diesem Gebiet besteht große Unklarheit und verursacht entsprechend bei den Praktikern Unsicherheit.
Im folgenden möchte ich einige der genannten Problembereiche (Berufsorganisation, Öffentlichkeitsarbeit, Professionalisierung) etwas näher klären.

6.6 Berufsverband

Aufgabe
Das Image von Sozialpädagogen könnte man durch die Arbeit einer Berufsorganisation deutlich heben.
Wie ist Ihr Kenntnisstand über die verschiedenen Berufsverbände? Welchem Verband würden Sie sich anschließen? Kennen Sie Ihre Wahlmöglichkeiten?

»Die Kultur einer Gesellschaft bemißt sich nicht nur nach dem Rang, den sie ihren Minderheiten und ihren schwächsten Gliedern zuweist, den Kindern und den Alten, den Asozialen und den Gestrauchelten. Das ist nur die eine Sache. Die andere besteht in der Einschätzung und Einstufung der Menschen, die sich der Schwachen annehmen und die stellvertretend für die Gesellschaft und in ihrem Auftrag soziale Arbeit tun, also die Sozialarbeiter (und Sozialpädagogen, J. Sch.) im weitesten Sinne dieses Wortes. Ob sie hochgeachtet, geduldet oder gar deklassiert werden – daran kann man ziemlich zuverlässig die soziale Einstellung und das soziale Verhalten einer Gesellschaft ablesen.«[59]
Der Wert jeder Arbeit, also auch der Sozialpädagogik ist abhängig von der Bedeutung, die ihr die Gesellschaft zumißt. Allerdings muß man sagen: Solange die Sozialpädagogik (Soziale Arbeit) ihre Funktionsbereiche nicht besser definiert und formuliert hat, wird sie es schwer haben, den ihr zukommenden gesellschaftlichen Rang zu erhalten. Es müßte der Gesellschaft klar gemacht werden, daß die Sozialpädagogik und der Sozialpädagoge nicht zum Prügelknaben gemacht werden kann für die Fehler, deren Ursachen in der Gesellschaft selbst liegen. Die Gesellschaft hat die Möglichkeit, durch eine bessere Anerkennung der Sozialpädagogik und ihrer Arbeit diese aufzuwerten.[60]
Nun dürfen die Sozialpädagogen jedoch nicht ihre Hände in den Schoß legen und klagen, daß ihnen diese Anerkennung von der Gesellschaft verweigert wird. Vielmehr müssen sie selbst aktiv werden. Als eine zentrale und wichtige Aufgabe, um das Ansehen von Sozialpädagogik in der Öffentlichkeit zu verbessern, ist die Organisation eines Berufsverbandes und die Mitarbeit darin. »Erst die Organisation ver-

schafft dem einzelnen ein Image; der Lehrer würde wenig gelten ohne seine Organisation. Ohne ein solches Image wird der einzelne Sozialpädagoge nur noch massiver den unmittelbaren Einflüssen seiner Umgebung ausgeliefert.«[61]

Die Schwierigkeit einer solchen Gründung liegt vor allem in der Vielschichtigkeit und Differenziertheit des Berufsfeldes, die nur schwer eine Interessengleichheit finden läßt. Trotz dieser Schwierigkeiten hat es immer wieder Versuche gegeben, die Mitarbeiter und Mitarbeiterinnen von sozialen Diensten in Berufsverbänden zu organisieren.

»Nachdem sich bereits 1902 die Berufsarbeiter der Inneren Mission zu einem Verband zusammengeschlossen hatten, entstanden im Jahre 1916 der Verband Katholischer Deutscher Sozialbeamtinnen und der Deutsche Verband der Sozialbeamtinnen. Die letztgenannten Verbände schlossen sich 1918 zu der Arbeitsgemeinschaft der Berufsverbände der Wohlfahrtspflegerinnen zusammen, dem sich zwei Jahre später auch der aus dem Verband der Berufsarbeiter der Inneren Mission neu organisierte Verband Evangelischer Wohlfahrtspflegerinnen anschloß. Alle drei in dieser Arbeitsgemeinschaft zusammengeschlossenen Verbände wurden im Dritten Reich zwangsaufgelöst. Die Nachfolgeorganisation des damaligen interkonfessionellen Verbandes ist der Deutsche Berufsverband der Sozialarbeiter und Sozialpädagogen (DBS), zu dem 1963 die ursprünglich getrennten Verbände für Sozialarbeiter und Sozialarbeiterinnen zusammengefaßt wurden. Aus dem bis 1972 bestehenden Berufsverband katholischer Sozialarbeiter und Sozialpädagogen (BKSS) ist nach Aufgabe der Konfessionsgebundenheit der Berufsverband der Sozialarbeiter/Sozialpädagogen (BSS) entstanden. Dieser Verband schloß sich 1978/79 mit dem Berufsverband der Heilpädagogen (BHD), dem Verband der Praxisberater/Supervisoren (VPS) und der Arbeitsgemeinschaft der Sozialarbeiter in Beratung und Therapie zum Berufsverband der Sozialarbeiter, Sozialpädagogen und Heilpädagogen (BSH) zusammen.«[62]

Dieser geschichtliche Überblick zeigt, wie unterschiedlich und differenziert die Interessen und dementsprechend die Berufszusammenschlüsse waren. Einen einheitlichen und damit gesellschaftspolitisch tatkräftigen Berufsverband gab es bisher nicht. Um dieses Manko zu ändern, versuchte man einen neuen Anlauf: Am 24. 7. 1993 wurde in Frankfurt ein gemeinsamer Berufsverband gegründet: *Deutscher Berufsverband der Sozialarbeiter/Sozialarbeiterinnen, Sozialpädagogen/Sozialpädagoginnen, Heilpädagogen/Heilpädagoginnen (DBSH).* In diesem Verband haben sich zusammengeschlossen Sozialarbeiter, Sozialpädagogen, Heilpädagogen und Erzieher. In der Satzung ist zu lesen:

•

§ 2 Zweck und Ziel

(1) Der DBSH vertritt die gesellschaftsbezogenen, fachspezifischen und berufspolitischen sowie die arbeits- und tarifrechtlichen Interessen seiner Mitglieder.

(2) Der DBSH setzt sich im Rahmen der Interessenvertretung seiner Mitglieder insbesondere für folgende Ziele ein:

1. Verbesserung der Bedingungen sozialer Arbeit,
2. fachliche Profilierung und leistungsgerechte Anerkennung der sozialen Berufe,
3. Zusammenschluß der in § 5 dieser Satzung genannten Fachkräfte (und deren Verbände),
4. Zusammenarbeit aller in sozialen Arbeitsfeldern beschäftigten Fachkräfte.

(3) Der DBSH setzt sich für die Verbesserung der Lebens- und Arbeitsbedingungen aller Bevölkerungsgruppen ein.

(4) Der DBSH ist weltanschaulich nicht gebunden und überparteilich. Er dient ausschließlich und unmittelbar gemeinnützigen Zwecken.

§ 3 Aufgaben

(1) er DBSH nimmt insbesondere berufspolitische und gewerkschaftliche Aufgaben wahr.

(2) Berufspolitische Aufgaben sind insbesondere:

1. Darstellung des Berufsauftrages mit der Funktion sozialer Arbeit,
2. Einflußnahme auf die Fortentwicklung der Berufe und Mitwirkung bei der Ausbildung,
3. Erweiterung und Sicherung von Fortbildungsmöglichkeiten der sozialen Berufe,
4. Weiterentwicklung der fachlichen Grundlagen und Inhalte sowie deren Umsetzung in die Praxis.
5. Einflußnahme auf die gesellschaftspolitischen Entwicklungen, Gesetzgebung und Verwaltung.
6. Zusammenarbeit mit entsprechenden internationalen Verbänden und Organisationen.

(3) Gewerkschaftliche Aufgaben sind insbesondere:

1. Auskunft und Vertretung in Fragen des Tarif-, Besoldungs-, Arbeits- und Sozialrechtes.
2. Tarif- und besoldungspolitische Interessenvertretung.

(4) Der DBSH wendet zur Durchsetzung seiner arbeitsrechtlichen und tarifrechtlichen Aufgaben die erforderlichen Mittel an, ggf. auch den Arbeitskampf.

Näheres regelt die Arbeitskampfordnung.[63]

Neben diesem Berufsverband (DBSH) können sich Sozialpädagogen/Sozialarbeiter/Heilpädagogen/Erzieher auch in Gewerkschaften organisieren wie z. B.: Gewerkschaft öffentlicher Dienst, Transport und Verkehr (ÖTV), Gewerkschaft Erziehung und Wissenschaften (GEW), Deutsche Angestelltengewerkschaft (DAG). Die Organisationsbereitschaft der in sozialen Berufen Tätigen ist relativ hoch. Nach einer empirischen Untersuchung von *Grundmann* zeigt sich folgendes Bild:

»Als in den Einrichtungen aktive Gewerkschaften wurden von 46,6 % der Befragten die GEW und von 41,4 % die ÖTV genannt, in 26,8 % der Fälle waren beide Gewerkschaften in der Einrichtung aktiv. 9,6 % der Befragten nannten andere Gewerkschaften, wobei die DAG mit 39,4 % der Nennungen an diesen den größten Anteil hatte, die anderen Angaben bezogen sich v. a. auf diverse Berufsverbände. Zur Verteilung der Antworten auf die verschiedenen Träger ist zu sagen, daß bei öffentlichen Trägern, anderen Wohlfahrtsverbänden und sonstigen Trägern zumindestens eine Gewerkschaft aktiv ist, knapp ein Fünftel der bei öffentlichen Trägern (17,6 %) und anderen Wohlfahrtsverbänden (17,1 %) und ein Viertel der bei sonstigen Trägern beschäftigten Befragten gaben an, keine Gewerkschaft sei aktiv. Bei kirchlichen Trägern ist das Verhältnis geradezu umgekehrt: Bei katholischen Trägern Beschäftigte gaben zu 64,3 % an, daß keine Gewerkschaften aktiv sind, bei evangelischen Trägern beträgt der Anteil 41,2 %, Vereine sind mit 33,4 % ebenfalls noch stark vertreten.

In 22,5 % der Fälle wurde angegeben, daß in der Einrichtung gewerkschaftliche Betriebsgruppen aktiv sind. 31,6 % der Befragten gaben an, daß es in der Einrichtung gewerkschaftliche Vertrauensleute gibt, die in der Regel von ÖTV und/oder GEW kommen.«[64]

Halten wir fest

Für das Image sozialer Berufe ist die Gründung einer Berufsorganisation eine zentrale Aufgabe. »Allein schon die Bedeutung, die die gesellschaftliche Anerkennung und der Gewinn an Ansehen in der Öffentlichkeit für diesen Prozeß besitzen, macht die formale Berufsorganisation wichtig; denn von ihrer Aktivität und ihrem Einfluß hängt im Zusammenhang mit anderen Faktoren viel ab.«[65]

6.7 Öffentlichkeitsarbeit

Was versteht man unter Öffentlichkeitsarbeit? Öffentlichkeitsarbeit = engl.: public relations = Beziehungen zu den Medien der Öffentlichkeit. Übertragen: Öffentlichkeitsarbeit ist der selbstinitiierte Versuch, der eigenen Tätigkeit zu öffentlicher Wirksamkeit zu verhelfen. In der Sprache der Reklame: »Tue Gutes und lasse andere darüber reden!« Also genau das Gegenstück der caritativen Überzeugung:

Wenn du etwas gibst, soll die rechte Hand nicht wissen, was die linke tut.[66]
Ein amerikanischer Werbefachmann belegt die Notwendigkeit von Werbung und Öffentlichkeitsarbeit mit folgendem Bild: Enten legen ihre Eier in aller Stille, Hühner gackern dabei. Erfolg: Keiner kauft Enteneier, alle wollen Hühnereier.[67]
Das öffentliche Ansehen von Sozialpädagogen und Sozialarbeitern wurde 1991 in einer EMNID-Studie untersucht. Von 24 erfragten Berufen lagen Sozialpädagogen/Sozialarbeiter 1987 an 11. Stelle neben Landwirten, EDV-Fachleuten und Bundestagsabgeordneten; 1991 hatte sich ihr Bild noch weiter verschlechtert. Sozialpädagogen/Sozialarbeiter lagen an 14. Stelle, unterhalb der pädagogischen und medizinischen Berufe.

Aufgabe
Achten Sie einmal darauf, wie häufig soziale Einrichtungen in Ihrer Tageszeitung etwas über ihre Arbeit schreiben und ob dabei die Berufsbezeichnung »Sozialpädagoge« genannt wird. Wie ist Ihr Eindruck?

Wenn man bedenkt, daß die Wohlfahrtsverbände insgesamt mehr als 1 000 000 hauptamtlich Beschäftigte angestellt haben, verwundert es, wie wenig soziale Einrichtungen in der Öffentlichkeit bekannt sind und wieso sie ein negatives Image haben. Durch eine gezielte und gute Öffentlichkeitsarbeit müßte das negative Image gegenüber sozialen Berufen abgebaut und der Wert der Sozialen Arbeit besser herausgestellt werden. Öffentlichkeitsarbeit ist dringend notwendig. Sozialpädagogik muß sich *offensiv* darstellen.[68]
Daß eine offensive Öffentlichkeitsarbeit Erfolg haben kann, machten die öffentlichen und medienwirksamen Diskussionen über die Arbeitssituation im Krankenhaus und Pflegebereich deutlich. Was für die helfenden Berufe in diesem Sektor möglich war, müßte auch für die sozialen Berufe gelingen. Soll Öffentlichkeitsarbeit jedoch Wirkung zeigen, muß Sozialpädagogen klar sein:

- Das viele Kritisieren und Problematisieren in den eigenen Reihen muß aufhören.
- Ganz wesentlich ist das eigene Verhalten und Erscheinungsbild von Sozialpädagogen. Studenten der Sozialpädagogik beschreiben das typische Erscheinungsbild eines Vertreters ihres Berufsstandes folgendermaßen: ungepflegte Haarfrisur, selbstgestrickter Wollpullover und Birkenstocksandalen. Ob dieses Erscheinungsbild für die Sache der Sozialpädagogik sehr werbewirksam ist, ist zu bezweifeln.
- Wichtig ist auch das Erscheinungsbild einer Einrichtung. Ein ziem-

lich baufälliges Gebäude, ungepflegtes Äußeres wie Inneres dürfte keine besondere Imagepflege für den Berufsstand sein.

Erst wenn diese Dinge abgestellt bzw. Sozialpädagogen an ihrem eigenen Selbstbild und ihrer eigenen Selbstdarstellung arbeiten, können sie auch in der Öffentlichkeit für ihren Beruf wie ihre Einrichtung werben.

Ein Beispiel: Sozialpädagogen beklagten sich, daß immer weniger Studenten ihr Praktikum in Einrichtungen der offenen Jugendarbeit durchführen wollten. Sie machten dafür u. a. auch die Fachhochschule verantwortlich, daß sie Studenten auf dieses Arbeitsfeld zu wenig vorbereite.

Die Fachhochschule lud daraufhin alle interessierten Einrichtungen der offenen Jugendarbeit ein, sich und ihre Arbeit vor den Studenten (werbewirksam) darzustellen. Von den eingeladenen 38 Einrichtungen der Stadt schickten neun Einrichtungen Mitarbeiter. Diese fanden unter den Studenten mehr Interessenten, als sie einstellen konnten.

Fazit: Eine Einrichtung, die sich attraktiv darstellen kann, findet auch Mitarbeiter. Wer dies nicht kann oder wenigstens versucht, darf sich nicht beklagen bzw. sollte bei sich anfangen zu überlegen, wo die Gründe für die Unattraktivität liegen und diese beseitigen.

Will man Öffentlichkeitsarbeit betreiben, sind Kenntnisse und Kompetenzen notwendig:

- Man muß wissen, wie man eine Gegenöffentlichkeit schafft, mit der man in Kommunikation treten will.
- Öffentlichkeitsarbeit muß im Zeitalter der Medien Qualität haben. Mit handgemalten und mit Blümchen, Herzchen und Sprechblasen versehenen Plakaten kann man wohl kaum das Image von Sozialpädagogik aufpolieren.
- »Fortbildung in Sachen Presse- und Öffentlicheitsarbeit … ist notwendig zur Vermittlung medienpraktischer Kompetenzen, vor allem zur Sensibilisierung für die Bedeutung interner wie externer Kommunikation und für die Möglichkeiten von Öffentlichkeitsarbeit in bezug auf die Effektivierung der eigenen fachlichen Tätigkeit.«[69]
- Öffentlichkeitsarbeit ist ein integrativer Bestandteil sozialpädagogischer Arbeit und sollte nicht nur zu besonderen Anlässen stattfinden, sondern man sollte kontinuierlich über die Einrichtung und die Arbeit berichten. »Das bedeutet nicht nur die eigenen Angebote, sondern auch aktuelle Diskussionsinhalte darzustellen und die eigene Organisation, sowie deren Strukturen und Entscheidungen transparent zu machen. Voraussetzung hierfür ist allerdings die Klärung der Ziele und des eigenen Selbstverständnisses, da nur auf konkrete Vorstellungen, die auf bewußten Entscheidungen aufbauen und als Konsens vorliegen, ein Konzept für die Öffentlichkeitsarbeit realisiert werden kann.«[70]

Anhand einer eigenen Untersuchung wollte ich herausfinden, inwieweit Sozialpädagogen in einer Tageszeitung über ihre Arbeit berichten. Über den Zeitraum vom 01.01. 1993 bis 30.06. 1994 wurden

Berichte von sozialen Einrichtungen in einer Tageszeitung[71] unter dem Gesichtspunkt ausgewertet, ob bei den Berichten auch die Berufsbezeichnung genannt wurde.

Das Ergebnis:

- In 18 Monaten wurden insgesamt 74 Praxisberichte in der Zeitung veröffentlicht. Dieses Ergebnis gibt *Göppner* Recht, der von einer unterbelichteten Öffentlichkeitsarbeit der sozialen Dienste spricht.[72]
- Von den 74 Praxisberichten nannten 51 (68,9 %) eine entsprechende Berufsbezeichnung, 23 (31,1 %) dagegen keine.
- Berichte aus dem Kindergarten waren am häufigsten (16); nur in 2 Fällen wurde die Berufsbezeichnung der Erzieherinnen nicht genannt.
- An zweiter Stelle sind Berichte aus der Jugendarbeit zu nennen; in 9 Fällen wurde der Beruf des Jugendpflegers genannt, in 6 Fällen keine Berufsbezeichnung. Auffällig ist in diesem Arbeitsfeld, daß sich die Mitarbeiter nicht als Sozial-pädagoge oder Sozialarbeiter, sondern als Jugendpfleger oder Jugendarbeiter bezeichnen.
- Häufig wurde auch über die Arbeit des Sozialdienstes (14 Berichte) geschrieben. In 9 Fällen wurden Berufsbezeichnungen wie Dorfhelferin, Altenpflegerin, Familienpflegerin u. ä. genannt.
- Nur insgesamt 11 mal (21,6 %) wurde die Berufsbezeichnung Sozialpädagoge (5 ×) und Sozialarbeiter (6 ×) genannt.

Aus diesen Ergebnissen möchte ich den Schluß ziehen: Wenn Sozialpädagogen so selten ihre Berufsbezeichnung der Öffentlichkeit bekannt geben, brauchen sie sich auch nicht zu wundern, wenn das Image ihres Berufsbildes nicht sonderlich gut ist und man in der Öffentlichkeit kaum weiß, was Sozialpädagogen tun und in welchen Einrichtungen sie tätig sind.
Sozialpädagogen müssen von sich selbst und ihrem Beruf ein positives Selbstbild entwickeln, bevor sie in die Öffentlichkeit treten. Ich habe den Eindruck, daß es vielen Sozialpädagogen an diesem positiven Selbstbild fehlt.

Halten wir fest

Öffentlichkeitsarbeit ist notwendig. Sie setzt allerdings voraus, daß die Einrichtung über ihr Erscheinungsbild nachdenkt und daß sich Sozialpädagogen medienpraktische Kompetenzen aneignen.

6.8 Verberuflichung und Professionalisierung

Aufgabe
Ich führe hier zwei Begriffe ein »Verberuflichung« und »Professionalisierung«, mit denen – zumindest mit dem zweiten – Sie vielleicht nichts anfangen können. Dennoch möchte ich Sie bitten, daß Sie überlegen, was Sie sich unter Verberuflichung und Professionalisierung vorstellen.

6.8.1 Verberuflichung

In der Literatur ist man sich einig, zwischen »Beruf« und »Profession« zu unterscheiden, auch wenn die umgangssprachlichen Bedeutungen häufig zusammenfallen.
Nicht jedes Berufshandeln, mit dem man Geld verdient, ist professionell. Unter Beruf versteht man eine aus dem übrigen Lebenszusammenhang ausgegrenzte Arbeitstätigkeit gegen Bezahlung. »Die Entwicklung einer Arbeitsverrichtung zum Beruf ist mit einer Systematisierung des entsprechenden Wissensbestandes und einer zunehmenden Sozialorientierung (›Vergesellschaftung‹) verbunden. So wurden in dem Maße, wie z. B. vorschulische Kindererziehung nicht mehr von der Mutter, der Oma oder der Nachbarin wahrgenommen wird, sondern von berufstätigen Kindergärtnerinnen, die Kenntnisse über die Sozialisationsprozesse von Kindern im Vorschulalter Gegenstand systematischer Bearbeitung und die Erziehungsarbeit bleibt nicht mehr Privatsache der je Betroffenen, sondern wird als gesellschaftliche Dienstleistung bewußt. Die ›Verberuflichung‹ ist zwar eine Voraussetzung der ›Professionalisierung‹, keineswegs aber mit ihr identisch.«[73]
Die Geschichte der Sozialpädagogik könnte man auch mit dem Titel »Von der Liebestätigkeit über Verberuflichung zur Professionalisierung« überschreiben. Die Etablierung der Sozialpädagogik als eigenständigen Beruf kann man in fünf Schritten aufzeichnen:

- »Eine wesentliche Rolle in der Entwicklung des Berufs spielt die soziale Ausgestaltung der Wohlfahrtspflege. Seit der Jahrhundertwende entwickelte sich im Zusammenhang mit diesem Prozeß eine Fülle von neuen Aufgaben neben der gesetzlichen Armenpflege, die von den Kommunen und Landkreisen zunächst freiwillig übernommen wurden: Gesundheitsfürsorge, Jugendfürsorge, Säuglingsfürsorge, Tuberkulosenfürsorge, Jugendpflege usw.. Für diese Ausweitung der Arbeitsgebiete war es zunehmend schwerer, ausreichend viele ehrenamtliche Helfer zu finden.«[74]
- Der zweite Schritt zur Verberuflichung bestand in der Etablierung von praktischen Anwendungstechniken. Erst diese Entwicklung

eigener beruflicher Methoden hob Sozialpädagogik über die Laientätigkeit hinaus und verlieh ihr eine gewisse fachliche Eigenständigkeit.

- Ein entscheidendes Kriterium für einen Beruf ist ein spezifisches berufliches Ethos. Gute Gesinnung und ein ›mitfühlendes Herz‹ allein reichen nicht für eine qualifizierte Arbeit.
- Es besteht eine enge Verflechtung zwischen der bürgerlichen Frauenbewegung und der Entwicklung des sozialpädagogischen Berufes. »Die bürgerliche Frauenbewegung überging diese defizitären materiellen Bedingungen des Berufs und überhöhte sie in der Ideologie von der ›sozialen Sendung‹ der Frau. Die soziale Arbeit wurde als gleichsam ›natürliches‹ weibliches Arbeitsfeld nicht nur reklamiert, sondern geradezu mystifiziert.«[75]
- Zur Verberuflichung entschieden beigetragen hat der Umstand, daß die Aufgaben ein solches Niveau an Kompliziertheit erreicht hatten, daß ihre Bewältigung ohne eine spezielle Ausbildung nicht mehr gewährleistet werden konnte.

Diese Entwicklungsschritte führten etwa 100 Jahre später als die Volksschullehrerausbildung zur Verberuflichung der sozialpädagogischen Arbeit.

6.8.2 Professionalisierung

»Professionalität heißt, auf eine Kurzformel gebracht, die Tätigkeit nutzen zu können, breit gelagerte, wissenschaftlich vertiefte und damit vielfältig abstrahierte Kenntnisse in konkreten Situationen angemessen anwenden zu können. Oder umgekehrt betrachtet: in eben diesen Situationen zu erkennen, welche Bestandteile aus dem Wissensfundus relevant sein können. Es geht also darum, im einzelnen Fall das allgemeine Problem zu entdecken.«[76]
In der Literatur ist man sich nicht einig, ob die sozialen Berufe zur Profession gezählt werden können.

Die wichtigsten Merkmale, die eine Profession von einem Beruf unterscheiden, sind:

- »Eine theoretisch fundierte Spezialausbildung als Voraussetzung und Grundlage, die einen Expertenstatus verleiht;
- die Verpflichtung der Professionsangehörigen auf einen bestimmten ethischen Berufskodex;
- die Organisation der Professionsangehörigen in einem Berufsverband, der Prüfungen und Berufszugang maßgeblich (mit)-bestimmt und kontrolliert;
- die Ausübung der Berufstätigkeit im Dienste der Öffentlichkeit und des Gemeinwohls;
- die Verfügungsgewalt der Professionsangehörigen über gewisse Entscheidungskompetenzen und die Zuschreibung von Prestige und Fachautorität;
- die Verfügung über ein in der Regel überdurchschnittliches Einkommen.«[77]

Gemessen an diesen Kriterien zählen als vollausgebildete Professionen bzw. gelten als Professionsangehörige nur wenige Berufe wie z. B. Juristen, Mediziner, Theologen, Architekten und Hochschullehrer. Alle anderen Berufe bezeichnet man als »unvollendete Profession oder Semiprofession«[78]. Bezüglich der Sozialen Arbeit kann man eher von Professionalisierung als aktuellem Prozeß sprechen. Sozialpädagogik verfügt »erst in Ansätzen über einen berufsspezifischen Kanon theoretischen Wissens und eine Praxistheorie mit Prinzipien, Konzepten und Methoden, die über Aus- und Fortbildung weitergegeben werden.[79] Zudem gibt es Probleme bezüglich der Berufsethik, des Berufsverbandes und seiner Kompetenzen, des Standesgerichtes. Zwar hat die Internationale Vereinigung der Sozialarbeiterinnen (IFSW) eine Deklaration über ethische Prinzipien in der Sozialarbeit 1990 in Buneos Aires verabschiedet, in der zwei sozialpädagogische Grundwerte allgemeine Anerkennung fanden: Personalität des Menschen und Notwendigkeit der Solidarität, allerdings blieb das Echo in den sozialen Berufen eher bescheiden. Die Diskussion um die Berufsethik wird in der Praxis und der Ausbildung wie Wissenschaft kaum geführt.[80]
Da diese Kriterien beim Beruf des Sozialpädagogen nur teilweise erfüllt sind, spricht man eher davon, daß sich der Beruf des Sozialpädagogen auf dem Wege zur Professionalisierung befindet. Allerdings muß man sich fragen, ob man Sozialpädagogen bzw. soziale Berufe mit den alten klassischen Professionen vergleichen und nicht im Unterschied zu ihnen von neuen Professionen sprechen sollte.[81]
Olk belegt diese These, indem er nachweist, daß es bis heute an einer theoretischen Begründung für die Auswahl der angeblich zentralen Attribute von Profession mangelt.

Sozialpädagogik gehört zur neuen Profession. Sie ist unter ganz anderen gesellschaftlichen Bedingungen entstanden als die klassischen Professionen.

»Die klassischen bzw. alten Professionen bildeten sich unter vormodernen Lebensverhältnissen aus. Sie finden eine sich erst allmählich entwickelnde kapitalistische Ökonomie, einen geringen Stand der Entwicklung wissenschaftlichen Wissens sowie vor allem einen Staat vor, der sich im Hinblick auf sozialpolitische Interventionen in die Lebenswelt der Bevölkerung noch stark zurückhält. Unter diesen Bedingungen stellen die Professionellen einen Bestandteil lokaler Honoratiorenschichten dar, deren berufliches Verhalten eher durch berufs- und standesethische Maximen als durch die Orientierung an Wissenschaftlichkeit bestimmt wird.

Es ist klar, daß sich in einem solchen soziokulturellen Entstehungszusammenhang die Autonomie des Professionellen zu einem zentralen Wert und Merkmal dieses Berufsstandes entwickelt: Die Autonomie des professionellen Handelns gegenüber Kontrollen jeglicher Art ist nicht lediglich durch die persönliche Verantwortung des Professionellen gegenüber seinem Klienten begründet, sondern ist hier immer auch noch Ausdruck des Lebensstils und der kulturellen Oberschicht, unter diesen Bedingungen muß jede Wirksamkeit bürokratischer Kontrollen als Angriff auf die professionelle Autonomie und damit als Tendenz in Richtung Deprofessionalisierung gewertet werden. Profession und Bürokratie schließen sich hier gegenseitig aus. Das Organisationsmodell des alten Professionellen ist daher folgerichtig das des frei-praktizierenden Selbständigen. Dagegen bilden sich nun die neuen Professionen ... unter Bedingungen eines fortgeschrittenen Industrialisierungsprozesses, der Auflösung ständisch-statischer Lebenszusammenhänge und vor allem unter dem Einfluß expandierender Sozialstaatlichkeit heraus ...

Die tatsächliche Entwicklungsrichtung solcher Professionen verläuft nun ganz anders als bei den klassischen Professionen: Sie wird immer sowohl von der Weiterentwicklung professioneller Formen der Kontrolle als auch von der Weiterentwicklung bürokratischer Formen der Kontrolle beruflichen Handelns bestimmt. Die Professionalisierung der Sozialarbeit (Sozialpädagogik, J. Sch.) verläuft also nicht entlang des skizzierten professionellen Kontinuums, sondern es muß die Möglichkeit eines alternativen Professionalisierungsverlaufes eingeräumt werden: Dieser wird durch den jeweils erreichten Entwicklungsstand professionellen Wissens bzw. professioneller Handlungskompetenz einerseits und administrativer Strukturen andererseits bestimmt.«[82]

Aufgabe
Eine Frage drängt sich auf: Was soll das Ganze? Was für einen Nutzen hat die Diskussion um die Professionalität? Wie sehen Sie das?

Die Diskussion um Professionalität zielt auf einen entscheidenden Punkt: Es geht um die Frage nach dem Prestige, Image von Sozialpädagogik. Wie wir gesehen haben, ist das Bild des Berufes eines Sozialpädagogen in der Öffentlichkeit unscharf. Es liegt also im Interesse des

Berufsstandes wie der Öffentlichkeit Klarheit in das Berufsbild zu bringen. Das Bestreben nach vermehrter gesellschaftlicher Anerkennung der fachlichen Autorität von Sozialpädagogen ist durchaus im gesellschaftlichen Interesse wie auch im Interesse der Zielgruppe.

»Professionalisierung ist unter anderem ein Prozeß, in dem die Deutung des Berufes im Zeichen von Berufung abgelöst wird durch eine rationale Interpretation. Mit der Professionalisierung ist somit eine Umorientierung oder Neukonstruktion der Berufs-identität verbunden. Mit zunehmender Professionalisierung bildet sich eine Autonomie in der beruflichen Entscheidung heraus; das bedeutet, daß der Praktiker auf der Grundlage des anerkannten Sachverstandes einen größeren Freiheitsraum erlangen sollte, seine Entscheidungen ohne externen Druck durch Anstellungsträger, Klienten und andere zu treffen und durchzusetzen.«[83]

Bei der Diskussion um die Professionalisierung der Sozialpädagogik geht es letztendlich um Statuspolitik. Ziel der Bemühungen ist Statuserhöhung und Prestigezuwachs.

Halten wir fest

Man unterscheidet zwischen Verberuflichung und Professionalisierung (Beruf und Profession). Zur klassischen Profession zählen Mediziner, Juristen, Theologen, Architekten, Hochschullehrer. Entsprechende Kriterien regeln die Zugehörigkeit. Gemessen an den allgemeinen Kriterien spricht man beim Beruf der Sozialpädagogen eher von einer Semi-Profession oder ›neuen‹ Profession.

Ziel der Diskussion um die Profession ist Statuserhöhung und Prestigezuwachs.

6.9 Funktionen der Sozialpädagogik in der Gesellschaft

6.9.1 Sozialpolitik und Sozialpädagogik

Aufgabe

Die Funktion der Sozialpädagogik wird im *Achten Jugendbericht* der Bundesregierung z. B. so umschrieben: »Sie wird zur nachgehenden Arbeit nur an den Symptomen von darunter verdeckten Schwierigkeiten; sie verführt dazu, daß ihr Probleme aus anderen Lebensbereichen zugewiesen werden, damit sie pädagogisch ›entschärft‹ und kleingearbeitet werden.«[84]

Sehen Sie das auch so? Worin sehen Sie die Funktionen der Sozialpädagogik in unserer Gesellschaft?

»Sozialpädagogik umfaßt demnach eine indirekt vorbeugende, unterstützende, eine direkt helfende und eine politische Dimension.«[85]
Marksteine der Entwicklung des Deutschen Reiches zum Sozialstaat waren u. a. die sozialen Gesetztgebungen wie z. B.:

- 1883 Einführung der Krankenversicherung
- 1884 Einführung der Unfallversicherung
- 1889 Einführung der Alters- und Invalidenversicherung
- 1920 Reichsversorgungsgesetz
- 1922 Reichsjugendwohlfahrtsgesetz
- 1924 Reichsfürsorgepflichtverordnung
- 1927 Gesetz über Arbeitsvermittlung und Arbeitslosenversicherung.

In der Weiterentwicklung der Weimarer Verfassung zum Grundgesetz der Bundesrepublik Deutschland steht als Kernstück der Verfassung, daß die Bundesrepublik als »demokratischer und sozialer Bundesstaat« (Art. 20 GG) zu charakterisieren ist. Hierdurch kommt zum Ausdruck: »Anerkennung der elementaren individuellen Freiheitsrechte, die in der Geschichte der bürgerlichen Gesellschaft stets um den Eigentumsgedanken kreisten, und ihre gleichzeitige Einbindung in die Zielvorstellung der Realisierung größtmöglicher sozialer Gerechtigkeit, eine Aufgabe, die dem Staat übertragen wurde.«[86] Das entsprechende Aufgabenfeld, um dieser grundgesetzlichen Verpflichtung nachzukommen, ist die Sozialpolitik.

»Unter dem Begriff ›Sozialpolitik‹ werden all jene Leistungen und Maßnahmen zusammengefaßt, die zur Beeinflussung von Lebenslagen von seiten des Staates (Sozialstaates) entwickelt werden. Die Personen oder Bevölkerungsgruppen, deren Lebenlagen beeinflußt werden sollen, sind nach spezifischen sozialpolitischen Kriterien abgegrenzt (Risiken wie vor allem Krankheit, Unfall, Arbeitslosigkeit, Alter, besondere Versorgungsbedürftigkeit). Die klassischen Leistungen der Sozialpolitik sind in der Regel monetäre Leistungen im Rahmen der Einkommens- und Vermögensverteilung.«[87]

Historisch betrachtet sind Sozialpolitik und Sozialpädagogik aus zwei unterschiedlichen Bereichen entstanden.

»Wie historisch gravierend dieser Unterschied ist, läßt sich am besten daran zeigen, wie beide als öffentliche Institutionen begründet und verrechtlicht worden sind. Die Sozialpolitik und das ihr zugehörige Arbeits- und Sozialversicherungsrecht sind Ausdruck der Verrechtlichung des Verhältnisses von Lohnarbeit und Kapital. Bei der Sozialpädagogik – bzw. ihrer historischen Vorgängerin, der sozialen Fürsorge – handelt es sich dagegen um die Verrechtlichung einer besonderen Beziehung zwischen dem Staat und der Masse der Lohnabhängigen (Fürsorgepflicht des Staates). Von Anfang an wurde das Fürsorgerecht als hoheitliche Funktion des Staates und seiner Organe normiert, wurden also jene Fälle definiert, in denen der Staat sich zur (fürsorgerischen oder auch kontrollierenden) Intervention verpflichten lassen, bzw. berechtigt sein wollte.

Diese unterschiedlichen historischen Formen der Vergesellschaftung von Sozialpolitik und Sozialarbeit haben die Entwicklung beider Bereiche und ihr besonderes Verhältnis zueinander bis in die Gegenwart bestimmt. Dieses besondere Verhältnis besteht darin, daß die Sozialpolitik der Sozialpädagogik immer wieder Probleme zur pädagogischen Betreuung und Verwaltung zuschiebt.«[88]

Das Verhältnis von Sozialpolitik und Sozialpädagogik wird in der Literatur unterschiedlich gesehen. Als Ergebnis dieser Diskussion kann man feststellen, daß zwischen beiden ein ambivalentes Verhältnis besteht. Sozialpädagogik ist, was die Organisationen der Sozialpädagogik tun, Sozialpolitik ist die Tätigkeit der sozialpolitischen Instanzen. Sozialpädagogik betreiben die Träger der öffentlichen Sozialhilfe und die Verbände der freien Wohlfahrtspflege; Sozialpolitik betreiben die Sozialleistungsträger, die Parteien, Wirtschaftsverbände, das Parlament und die zuständigen Arbeits- und Sozialministerien. Zur Sozialpädagogik gehören alle Leistungen nach dem Bundessozialhilfegesetz und dem Kinder- und Jugendhilfegesetz, zur Sozialpolitik diejenigen Aufgaben, die in die Kompetenz des Bundesministeriums für Arbeit- und Sozialordnung gehören.[89]

•

> Soziale Arbeit (d. h. Sozialpädagogik und Sozialarbeit) ist als ein Teil der Sozialpolitik zu verstehen. Die Denkweise von Sozialpädagogik und Sozialpolitik ist jedoch eine andere. »Denkt der Pädagoge in der Regel vom betroffenen Menschen und von dessen sozialer Situation aus, so geht es dem Politiker darum, wie sich pädagogische Projekte begründen, verteidigen, fördern, zuordnen lassen. Er muß sehen, daß ein Vorhaben angebunden wird an ein plausibles Programm, an eine griffige Formel, an einen Trend, der in der Öffentlichkeit mit Zustimmung rechnen kann. Sein Denken ist ein taktisches Denken, das sachimmanente Fragen nur insoweit aufnimmt, als sie zur Information notwendig sind.«[90]

Daß Sozialpädagogik ein Teil der Sozialpolitik ist, kann man sehr gut dort erkennen, wo angesichts der Finanzkrise der öffentlichen Haushalte an den sozialen Diensten gespart wird: Stellenstop beim Fachpersonal, Senkung der Personalkostenzuschüsse, Stellenstreichung, Schließung von Einrichtungen und Tendenzen der Reprivatisierung machen dies sehr deutlich.

»Gerade am Lehrstück der Sparpolitik können wir solche Beobachtungen machen, die auf diese besondere Verknüpfung der Sozialarbeit/Sozialpädagogik mit den Entwicklungsgesetzlichkeiten des Sozial- und Wohlfahrtsstaates hinweisen. Offensichtlich ist wohl, daß bei zurückgehendem wirtschaftlichen Wachstum und der damit verbundenen fiskalischen Krise der öffentlichen Haushalte die Sozial- und Bildungsinvestitionen am ehesten eingeschränkt werden. Dies hat auch qualitative Konsequenzen: Die Regulierung der sozialen Balance soll wieder stärker über den privaten Bereich der Familie und weniger über öffentliche Erziehungsinstitutionen geschehen. Kürzungen sozialer Dienste und Tendenzen zur Reprivatisierung öffentlicher Erziehungsleistungen gehen also Hand in Hand.«[91]

6.9.2 Dienstleistung

Dienstleistungsgesellschaft: Sozialpolitik und Sozialpädagogik müssen im Zusammenhang mit weiteren Begriffen gesehen werden: *Dienstleistungsgesellschaft* und *Dienstleistung. B. Müller* stellt sieben Sektoren/Felder dar, die sich heute als Sozialstaat und Kulturstaat bzw. als Dienstleistungsgesellschaft ausdifferenziert haben:

- »Das System der Versicherung der klassischen Lebensrisiken: Alter, Krankheit, Unfall, das sich aus den Anfängen der Bismarckschen Sozialgesetzgebung entwickelt hat. Der Übersicht halber schlage ich die Vorsorge solcher Risiken hierzu, die nicht nach dem Versicherungsprinzip funktionieren, sondern nach dem Versorgungsprinzip ... oder nach dem Fürsorgeprinzip, wenn andere Systeme nicht greifen. Letzteres zu verwalten, ist in besonderen Maße Domäne sozialer Arbeit.
- Das Gesundheitswesen, gemeint als die Summe aller ärztlichen und pflegerischen Dienste. Im weitesten Sinn kann man auch den Rehabilitations- und den Bereich der Einrichtungen für Behinderte dazu rechnen sowie die immer stärker sich ausbreitende Szene der vielfältigen Selbsthilfegruppen.
- Das Erziehungswesen, womit alle Bereiche des Schulsystems, der Hochschulen, der Fort- und Weiterbildung, aber auch der außerschulischen Jugend- und Erwachsenenbildung gemeint sind ...
- Justiz und Rechtspflege, wozu man im weiteren Sinn den Justizvollzug einerseits und die polizeiliche Tätigkeit andererseits rechnen kann ...
- Die Wirtschafts- und Arbeitsförderung, hier verstanden als die Summe aller staatlichen, aber auch privaten Tätigkeiten, die darauf abzielen, arbeitsbezogene Risiken abzufedern, Chancengleichheit zu geben oder Starthilfen zu vermitteln ...
- Die Systeme der Verwaltung privater Gelder (Sparkassen- und Banksysteme). Da es sich hier um einen weitgehend staatsfreien Sektor handelt, verwundert es vielleicht, ihn in dieser Reihe aufgeführt zu finden. Es lassen sich aber nicht nur historisch enge Zusammenhänge, etwa von Sparkassen mit den Bestrebungen sozialer Arbeit, feststellen. Vielmehr gibt es heute auch, z.B. auf dem immer wichtiger werdenden Feld der Schuldnerberatung, Überschneidungsbereiche. Zudem definieren viele Geldinstitute, insbesondere solche mit kommunal geprägter Trägerschaft, als ihre Aufgabe auch die Unterstützung sozialer und kultureller Aktivitäten, was Berührungspunkte zu sozialer Arbeit ergibt.
- Schließlich der gesamte Bereich der kulturellen Infrastrukturen und der Kulturförderung, insbesondere soweit er in kommunaler Hand ist. Berührungspunkte bzw. Tätigkeitsfelder, die auch mit sozialer Arbeit zu tun haben, entwickeln sich insbesondere, seit die Idee eines erweiterten Kulturbegriffs ... immer mehr Verbreitung findet und seit sich in den Kommunen herumspricht, daß ökonomische Prosperität, Vielfalt kultureller Angebote und Lebensqualität der Bewohner einen untrennbaren Zusammenhang bilden.«[92]

Welche Aufgabe übernimmt in diesem Zusammenhang die Sozialpädagogik? *Müller* umschreibt sie so: »Die Aufgabe müßte grundsätzlich in beide Richtungen erfüllt werden: sowohl in die Richtung, das jeweilige System für diejenigen Personen und Probleme zu öffnen, die aus ihm herausfallen, zum anderen in die Richtung, die faktische Nutzbarkeit des jeweiligen Systems für diejenigen, denen diese Nutzung versagt bleibt, zu verbessern bzw. erst einmal herzustellen. Diese Rolle als Scharnier zwischen Sozialstaat bzw. Dienstleistungsgesellschaft und unterprivilegierten Personengruppen als Systemöffner und Ressourcenarbeiter/in zugleich ist vielleicht die einzige einfache Antwort auf die Frage, was soziale Arbeit eigentlich ist. Es ist keine Rolle, deren man/frau sich schämen müßte.«[93]

Dienstleistungsberuf: Sozialpädagogik ist ein Dienstleistungsberuf. Unter Dienstleistungen versteht man »die Gesamtheit jener Funktionen im gesellschaftlichen Reproduktionsprozeß . . ., die auf die Reproduktion der Formalstrukturen, Verkehrsformen und kulturellen Rahmenbedingungen gerichtet sind, unter denen die materielle Reproduktion der Gesellschaft stattfindet. Soziale Dienstleistungen sind darüber hinaus dadurch gekennzeichnet, daß sie personenbezogen sind. Die Dienstleistung wird ›an‹ einer Person erbracht.«[94]

Bei Dienstleistungen handelt es sich immer um Tätigkeiten, die auf die Gewährleistung gesellschaftlicher Normalzustände bezogen sind, »wobei das Problem dieser Gewährleistung sich darstellt als das des Schutzes und der Bewahrung der ausdifferenzierten Elemente der Sozialstruktur und der Vermittlung zwischen ihnen. Das Problem der ›Normalität‹, mit deren Erzeugung Dienstleistungsarbeit beschäftigt ist, hat also die beiden Seiten, daß einerseits die Besonderheit, Individualität, Kontingenz, Variabilität... gewahrt, respektiert und bestätigt werden muß, während andererseits doch im Ergebnis ein Zustand herbeizuführen ist, der bestimmten allgemeinen Regeln und Kriterien, Ordnungs- und Wertvorstellungen entspricht. Demgemäß ist es ein Gütekriterium aller Dienstleistungsarbeit, daß weder Individualität und situative Besonderheit des ›Falls‹ zugunsten einer allgemeinen Bezugsnorm des Handelns wegschematisiert werden dürfen, noch umgekehrt die Besonderheiten so maßgeblich werden können, daß auch von Dritten erwartete Normalzustände nicht zustandekommen. Diese charakteristische Aufgabenstellung der Dienstleistungsarbeit läßt sich vielleicht am besten mit Begriffen wie ›synthetisierende Arbeit‹ oder ›Vermittlungsarbeit‹ oder ›Normalisierungsarbeit‹ kennzeichnen.«[95]

Daß wir in einer Dienstleistungsgesellschaft leben, belegen z. B. folgende Zahlen: 16 Millionen Erwerbstätige arbeiten in dienender und 10 Millionen in produzierender Funktion. Der Anteil an der Gesamtbeschäftigung im Dienstleistungssektor ist von 1973 bis 1993 von 50 % auf 59 % gestiegen. In den neuen Bundesländern beträgt der Service-Anteil 56 %. Die Tendenz ist steigend.

Dennoch liegt Deutschland im internationalen Vergleich deutlich hinten. So rangiert die alte Bundesrepublik mit 59 % Anteil an der Gesamtbeschäftigung von zwölf untersuchten Industriestaaten nur auf dem vorletzten Platz vor Österreich. Am ausgeprägtesten ist der Dienstleistungssektor in Kanada mit 73 % der Erwerbstätigen, es fol-

gen die Vereinigten Staaten mit 72,5 % vor den Niederlanden (71,4 %) und Großbritannien (71,3 %).[96]
Die zu erbringenden Dienstleistungen werden in der Regel mit dem Begriff »doppeltes Mandat« bezeichnet. In dem doppelten Mandat wird die Funktionsbestimmung von Sozialpädagogik recht gut zusammengefaßt. Es geht darum, ein stets gefährdetes Gleichgewicht zwischen den Rechtsansprüchen, Bedürfnissen und Interessen der Zielgruppe einerseits und den jeweils verfolgten sozialen Kontrollinteressen des Staates andererseits zu halten.[97] Kurz gesagt: es geht einerseits um Hilfe und andererseits um Kontrolle. Ziel von *Hilfe und Kontrolle* ist *Anpassung und Integration.* Diese janusköpfige Gestalt der Sozialpädagogik löst immer wieder Diskussionen über das Berufsbild und die Berufsethik der Sozialpädagogik aus. Doch gilt es festzuhalten: Solange Sozialpädagogik im öffentlichen Auftrag handelt und sich in öffentlichen Organisationen vollzieht, ist das doppelte Mandat strukturell unvermeidbar und geradezu konstitutiv für die Berufsrolle des Sozialpädagogen.

6.9.3 Doppeltes Mandat

Böhnisch nennt vier Eigenarten von Sozialpolitik und Sozialpädagogik, die für die deutsche Entwicklung typisch sind:

- eine besonders hohe Tendenz der Bürokratisierung und Verrechtlichung;
- die prinzipiell sozialintegrative Ausrichtung der Sozialpädagogik und Sozialarbeit;
- die in Deutschland besonders komplizierte Verstrickung von Sozialpolitik und Sozialpädagogik: der Doppelcharakter von Hilfe und Kontrolle in der Sozialhilfe und Sozialpädagogik;
- die eigenartige Lähmung und sanfte Unterwerfung der sozialpolitischen Wohlfahrtsverbände unter dem Politikanspruch des Sozialstaates.[98]

Zwei Begriffe spielen in diesem Zusammenhang eine wichtige und z. T. mißverständliche rolle: *Anpassung* und *Kontrolle/Macht.* Im folgenden sollen diese beiden Begriffe etwas näher erklärt werden.

Aufgabe
Wenn Sie die Begriffe »Anpassung«, »Integration«, »Kontrolle« hören, was verstehen Sie darunter? Sind das für Sie negative Begriffe?

Anpassung: Der Begriff Anpassung ist heute weitestgehend negativ besetzt, was allerdings einem Vorurteil entspricht. Ein gewisses Maß an Anpassung ist für jeden Menschen notwendig, um überhaupt leben zu können. »Verändern bedingt Anpassen. Verändern ist ohne Anpassung nicht möglich, so wie Anpassen ohne Verändern nicht möglich ist. Wenn ich etwas oder jemanden verändere, dann bedeutet das, daß ich mir die Gegebenheiten oder dem anderen anpasse (aktive Anpassung). Wenn ich verändert werde, dann passe ich mich den Gegebenheiten oder dem anderen an (passive Anpassung). Anpassen kann ich mich mit meinem Denken und Tun an meine eigenen Bedürfnisse, Werte und Normen (innere Anpassung). Ich kann mich aber auch dem Stärkeren, dem Milieu, der Marktlage, dem politischen System, der peergroup usw. anpassen (äußere Anpassung).«[99]

Mollenhauer hat sich ausführlich mit dieser Thematik befaßt, seine Überlegungen sollen hier zusammengefaßt werden.

»Anpassungsfähigkeit ist eine Funktion der Persönlichkeitsreife. Die Flexibilität, die unerläßlich ist, um sich neuen Konstellationen anpassen zu können, findet sich nur dort, wo die Entwicklung gesund verlaufen ist. So ist die emotionale Sicherheit eine Voraussetzung für das Gelingen von Anpassung. Von Fehlanpassungen wird deshalb auch dann gesprochen, wenn starr an früheren Anpassungen festgehalten wird, sich Einstellungen und Verhaltensformen verfestigt haben, so daß eine Lösung von ihnen nicht mehr gelingt.

Die normale Form der Anpassung enthält immer auch ein aktives, den scheinbaren Zwang aufhebendes Moment. Sie ist nicht nur Akkomodation – Angleichung an ein Gegebenes – sondern auch Assimilation – Aneignung und Veränderung des Gegebenen. Vorurteile entstehen, wenn sie rein passiv verläuft. Ebenso ist der Konformismus eine Form solchen Verfehlens... Der Anpassung an Situationen kommt daher eine besondere Bedeutung zu. Man könnte geradezu als Kritierium pädagogischer Situationen festsetzen, daß sie der aktiven Anpassung Raum geben...

Ein entscheidender Bestandteil der Anpassungstheorie ist die Annahme, daß die Auseinandersetzung des Menschen mit der Außenwelt, das Hervorbringen von Verhaltensweisen, die der Außenwelt adäquat sind, nicht in jedem Falle und in jeder Generation von Grund auf neu zu geschehen braucht, sondern daß – für einen bestimmten kulturellen Zusammenhang – einmal gefundene Lösungen institutionalisiert werden und der nachfolgenden Generation zur Verfügung stehen. Diese braucht das so Gewordene nur zu übernehmen. Das heißt nicht, daß es dabei nicht modifiziert würde; es heißt nur, daß ein Modell des Verhaltens vorliegt, das nun nicht noch einmal neu ›erfunden‹ zu werden braucht.«[100]

•

Pädagogisch wichtig ist nun, daß Anpassung nur dann richtig ist, wenn dem Sich-Anpassenden Kritik an dem Vorgang und seinem Ergebnis immer noch möglich ist. »Die Sozialpädagogik sieht sich damit in einen Widerspruch verwickelt, den sie praktisch aufheben muß. Auf der einen Seite ist sie gehalten, versäumte Anpassungen nachzuholen, bei der Bewältigung schwieriger zu helfen, um dem Kind und Jugendlichen die unreflektierte Sicherheit des Verhaltens zu geben, deren sie bedürfen. Auf der anderen Seite hat sie die Aufgabe, verfestigte Sicherheiten, ›Sozial-Automatismen‹, Vorurteile aufzulösen und die Spontaneität zu aktivieren, um Beweglichkeit und Selbständigkeit zu ermöglichen.«[101]

Der Begriff Anpassung ist also vom Grundverständnis her positiv. Er besagt eine vom Individuum und Umwelt gemeinsam erbrachte Leistung des aufeinander Abgestimmtseins. Die negative Sicht kommt wahrscheinlich von der Verbindung ›Anpassung und Macht‹ bzw. Anpassung und Ohnmacht. Deswegen soll in einem zweiten Schritt der Begriff ›Macht‹ geklärt werden.

Macht: Eine gesellschaftliche Funktion der Sozialpädagogik ist die Kontrolle. Kontrolle ist aber auch immer eine Frage der Macht. *Staub-Bernasconi* versucht eine realitätsgerechte, differenzierende und nicht klischeebesetzte Auseinandersetzung mit der Machtproblematik. Sie unterscheidet zwischen »positive Macht«, legitime Macht und »negative Macht«, illegitime Macht.

Unter einer *positiven Macht* versteht sie eine *Begrenzungsmacht,* die Begrenzungsregeln aufstellt. Bei den Begrenzungsregeln geht es um menschliches Zusammenleben nach fairen Regeln und eine positive Konkretisierung von Multikulturalität.

Eine Machtstruktur, die aufgrund solcher Begrenzungsregeln funktioniert, kann als bedürfnisnahe und deshalb menschengerechte Machtstruktur bezeichnet werden und ist in dieser Ausprägung zu bejahen.[102] Im Alltag gibt es viele solcher begrenzenden Regeln, die gar nicht als solche wahrgenommen und bewußt erfahren werden. Die Kontrollinstanz der Begrenzungsmacht versteht sich als Verwalter von kostbaren Gütern sowie des Schutzes der Unversehrtheit des Menschen. »Die Kontrolleure sind Treuhänder und Treuhänderinnen. Insofern sie Ressourcen verwalten, verteilen sie diese aufgrund der dargestellten Prinzipien begrenzender Macht. Und diese Prinzipien sind von der Idee der Erfüllung menschlicher Grundbedürfnisse und legitimer Wünsche getragen.

Macht ist deshalb nötig, weil viele Güter und Ressourcen Knappheitsgesetzen unterliegen und Menschen ihre Freiheit auch dazu mißbrauchen können, sich diese Ressourcen subtil oder gewaltsam anzueignen und andere davon auszuschließen. Freiwillige Begrenzungen werden hier positiv belohnt. Die Entscheide gelten für alle; das Entscheidungsverfahren ist für alle kontrollierbar und damit transparent.«[103]

Unter einer *negativen Macht* versteht *Staub-Bernasconi* eine *Behinderungsmacht,* die Behinderungsregeln aufstellt. Diese disziplinieren nach unten und sie entgrenzen, d. h. »sie deregulieren nach oben im Sinne einer ›freien Bahn‹ für Menschen, Menschengruppen, Dinge und Wissen und im Sinne einer Umverteilung von Ressourcen nach oben ... Eine Machtstruktur, die aufgrund solcher Regeln sozial konstruiert wurde und funktioniert, muß als menschenbehindernd bezeichnet werden.«[104] Die Machtinhaber gehen davon aus, daß sie

das Gesamtinteresse repräsentieren und daß das, was ihnen nützt, entsprechend allen nützt.
Die Kontrollinstanz, die Behinderungsprinzipien durchzusetzen hat, ist vom Abweichungs-, Straf- und/oder Rachegedanken für sozial abweichendes Verhalten her konzipiert und hat darüber hinaus unterschiedslos als inflationär bezeichnete Bedürfnisansprüche von Menschen abzuwehren. »Entsprechende Tatbestände werden als Verletzung der Besitzansprüche und -rechte der Besitzenden oder als Verletzung der moralischen Ideen und Normen in bezug auf das ›Wesen des Menschen‹ oder das ›Wesen der Gesellschaft‹, der ›Gemeinschaft‹ definiert... Die Durchsetzungsregeln und/oder -praktiken sind selektiv, d. h. nicht für alle Menschen gleich. Transparenz bezüglich Entscheidungsfindung ist nur teilweise oder gar nicht gewährleistet.«[105]

6.9.4 Kontrolle und Provokation

Neben dem doppelten Mandat, Hilfe und Kontrolle, gehört zum Wesen der Sozialpädagogik eine weitere, dritte gesellschaftliche Funktion. In der Literatur findet man auch entsprechende Hinweise, doch werden sie viel zu selten thematisiert. Ich möchte mit Nachdruck darauf verweisen, daß Sozialpädagogik auch eine kritische Funktion in der Gesellschaft innehat. Einige Zitate sollen dies belegen.

- *Mollenhauer, Klaus* (1964): »Konnten Familie und Schule zunächst noch darauf insistieren, daß in ihnen die gewordene Gesellschaft und eine harmonisch festgelegte Tradition zu reproduzieren, der Nachwuchs in diese einzuüben sei, so sah und sieht sich die Sozialpädagogik dem *Werden* dieser Gesellschaft gegenübergestellt, d. h. konkret: den Schäden, die sie dem Menschen zufügt oder zuzufügen im Begriff scheint. So produziert die Gesellschaft im Sozialpädagogen einen ihrer heftigsten Kritiker. Durch die immer wieder neu auftretenden Schäden gibt sie der Kritik immer neue Nahrung.«[106]
- *Furck, Carl-Ludwig* (1966): »Entscheidende Aufgaben, die der Erziehung heute gestellt sind und die zu ihrer Bewältigung auch neuer Erziehungsformen bedürfen, sind bereits umrissen. Sie lassen sich zusammenfassen als Hilfe zur Integration in und für die Gesellschaft, verstanden als Anpassung und Provokation von Reaktion, die zugleich die Befähigung zur Distanzierung und zum rechten Gebrauch der Wahlfreiheit politischer Bildung und Gewährung eines freien Raums im Jugendleben beinhaltet.[107]
- *Pohl, Horst-Erich* (1973): »Aus dieser Dialektik des industriellen Gesellschaftstypus resultiert auch der dialektische Charakter der Sozialpädagogik: Sie leistet Integrationshilfe gerade an den Konfliktstellen des gesamtgesellschaftlichen Lebens, ist aber insofern zugleich gesellschaftsreformerisch ausgerichtet als sie mithilft, diese Krisenstellen des Systems durch Verbesserung der sozialen Wirklichkeit zu beseitigen.«[108]

- *Nahrstedt, Wolfgang* (1975): »In diesem Vorgang wird die Funktion der Sozialpädagogik als einer gesellschaftspolitischen Steuerwissenschaft deutlich. Die Aufgabenstellung der Sozialpädagogik führt zu einer Gesellschaftskritik, durch die Ziele für eine Weiterentwicklung der Gesellschaft präzisiert werden. Zugleich entwickelt die Sozialpädagogik Instrumente, die einer Durchsetzung dieser Ziele dienen. Ziele und Instrumente einer Steuerung der Gesellschaft sind damit Gegenstände der Sozialpädagogik. Dies gilt zwar für die Pädagogik insgesamt wie auch für die Politikwissenschaft. Während dabei jedoch die Pädagogik in ihrer dominierenden Gestalt der Schulpädagogik eine gesellschaftserhaltende Steuerungsfunktion, die Politik als Instrument der Mächtigen eine ihren Interessen günstige und damit ebenfalls stabilisierende Steuerrolle übernimmt, orientiert sich die Sozialpädagogik an den Steuermomenten, die den Schwachen, Hilfsbedürftigen, Benachteiligten, damit der Masse der Bevölkerung günstig sind bzw. sein könnten. Die Sozialpädagogik hat damit eine ursprünglich demokratische Steuerfunktion. Ihr gesellschaftskritischer Ansatz macht das Steuerproblem erst eigentlich bewußt. Insofern stellt sie eine Steuerwissenschaft in besonders exponiertem Maße dar.«[109]
- *Weber, Erich* (1975): »Bei der wechselseitigen Beeinflussung von Gesellschaft und Erziehung erwächst der Pädagogik eine doppelseitige und konfliktreiche Aufgabe, die sich ganz allgemein mit dem Begriffspaar ›Anpassung und Widerstand‹ bezeichnen läßt. Im Feld dieses Spannungsgefüges von Anpassung und Widerstand vollzieht sich der Prozeß der Bildung; in der Fähigkeit zu bestimmen, wo Anpassung und Widerstand geboten ist, bewährt sich die Freiheit des Menschen in dieser Welt. Erziehung muß sich selbst eine dialektische Funktion erfüllen: sie muß in Gesellschaft einüben und gegen sie immunisieren, wo diese zwingen will, Stereotypen des Denkens und Handelns zu folgen statt kritischer Einsicht. Die Erziehung hat also jene Lernhilfen zu bieten, die den einzelnen einerseits befähigen, den berechtigten soziokulturellen Anforderungen der modernen Welt zu entsprechen. Sie hat ihm andererseits aber auch jene Gegenkräfte zu verleihen, die er benötigt, um sich dem totalen Anpassungsdruck entziehen, in die gesellschaftlichen Konflikte aktiv einschalten und am sozialen und kulturellen Wandel verantwortlich mitwirken zu können.«[110]
- *Lowy, Louis* (1983): »Sozialarbeit/Sozialpädagogik muß gesellschaftskritisch sein, damit Unzulänglichkeiten, Mißstände, soziale Ungerechtigkeiten oder soziale Spannungen abgebaut und letzthin abgeschafft werden, weil viele dieser gesellschaftlichen Bedingungen verhindern, daß Menschen ihre Lebensaufgabe meistern können und zur Erfüllung des mitmenschlichen Daseins mitwirken können, um die Gesellschaft zu verbessern. Mit anderen Worten: Sozialarbeit/Sozialpädagogik ist Instrumentarium für beides: soziale Stabilität (was oft zur sozialen Kontrolle führt) und sozialer Wandel (was oft zur sozialen Änderung führt). Diese Dualität ist ein Teil des Wesens der

Sozialarbeit/Sozialpädagogik und bringt sie in kontinuierliche Konflikte mit sich selbst und anderen.«[111]

Betrachtet man die Praxis sozialpädagogischer Arbeit, gewinnt man den Eindruck, daß diese dritte gesellschaftliche Funktion der Sozialen Arbeit weitestgehend verloren gegangen ist. Gerade deswegen müssen sich Sozialpädagogen dieser für sie wesentlichen und mitbestimmenden Aufgabe bewußt werden und an ihrer Realisierung arbeiten. Auch wenn Sozialpädagogik ein Teil der Sozialpolitik ist, darf sie nicht zu deren Handlanger werden. Um das zu verhindern und um sich ihrer Stellung in der Gesellschaft bewußt zu werden, muß Sozialpädagogik an ihrem Selbstbild, Selbstbewußtsein ständig und intensiv arbeiten.

Halten wir fest

Sozialpädagogik ist ein Teil der Sozialpolitik. Zwischen beiden besteht ein ambivalentes Verhältnis.

In unserer Gesellschaft übernimmt Sozialpädagogik vor allem drei Funktionen:

Hilfe und Kontrolle (doppeltes Mandat) und kritisches Bewußtsein/Provokation.

Anpassung ist für den Menschen notwendig und deshalb positiv. Negativ wird Anpassung dann, wenn der Mensch der Macht ohnmächtig ausgeliefert ist.

Hier kann man legitime und illegitime Macht unterscheiden. Die positive Macht versteht sich als Verwalter und Schützer der Güter und Ressourcen der Menschen.

Neben dem doppelten Mandat geht es der Sozialpädagogik um Immunisierung/Widerstand gegen die Gesellschaft.

Ziel und Aufgabe von Sozialpädagogik ist: Lernhilfen zur Anpassung und zum Widerstand zu bieten.

6.10 Sozialpädagogik – Zusammenfassung

Sozialpädagogik kann man erst seit relativ kurzer Zeit (etwa 25 Jahren) an Fachhochschulen, Berufsakademien und Universitäten, Pädagogischen Hochschulen studieren. Das Studium der Sozialpädagogik findet bei Studenten eine starke Nachfrage.

Sozialpädagogik hat sich zu einem großen Beschäftigungsfeld ausgeweitet. Zuerst waren nur Kinder und Jugendliche ihre Zielgruppe, heute gehören Menschen aller Altersstufen zu ihrem Aufgabenbereich. Mit dieser Ausweitung der Betätigungsfelder hat sich Sozialpädagogik derart differenziert, daß man nicht mehr von einem einheitlichen Berufsbild sprechen kann. Dies macht es so schwierig, Sozialpädagogik zu definieren.

Die Aufgaben der Sozialpädagogik werden von privaten und öffentlichen Trägern übernommen. Der öffentliche Träger soll erst dann Maßnahmen anbieten, wenn die privaten Träger geeignete Einrichtungen, Dienste oder Veranstaltungen nicht anbieten oder rechtzeitig schaffen können.
Zu den Hauptpvertretern privater Träger zählen die Jugend- und Wohlfahrtsverbände. Auf drei Säulen beruht die gesellschaftliche Funktion von Sozialpädagogik: Hilfe Kontrolle-Immunisierung.
Das Ansehen der Sozialpädagogen in der Öffentlichkeit ist nicht besonders gut. Durch Mitarbeit in einem Berufsverband, durch Öffentlichkeitsarbeit, sowie durch kritische Selbstreflexion des eigenen Berufsbildes und -images kann sie sich zu einer Profession entwickeln, die sich in der Öffentlichkeit nicht nur aufgrund ihres quantitativen Einsatzes, sondern auch der Kompetenz ihrer Arbeit breite Anerkennung verschafft.

»Erst dann, wenn eines Tages in der Öffentlichkeit und in den Medien in einem Atemzug nicht nur MedizinerInnen, PsychologInnen, JuristInnen, sondern eben auch SozialpädagogInnen oder SozialarbeiterInnen nach ihrer Einschätzung zu einem sozialen Ergebnis gefragt und dabei auch gleichberechtigt zur Kenntnis genommen werden, erst dann wird die soziale Arbeit mit ihrer Sichtweise jene Autonomie erlangt haben, die sie eigentlich aufgrund ihrer Größe und Bedeutung heute schon dringend benötigt.«[112]

SP

Fassen wir die Ausführungen dieses Kapitels in die Frage zusammen:
Was heißt Sozialpädagogik?
Sozialpädagogik ist ein Beruf, den man studieren kann.
Das Arbeitsfeld des Sozialpädagogen ist sehr weit gesteckt und bezieht sich auf Menschen aller Altersstufen.
Durchgeführt wird Sozialpädagogik von öffentlichen (Jugendamt) und privaten Trägern (Wohlfahrtsverbänden, Jugendverbänden und anderen freien Vereinigungen). Ihre Aufgaben und ihre Zusammenarbeit regelt u. a. das Kinder- und Jugendhilfegesetz (KJHG). Zu den wichtigsten gesellschaftlichen Funktionen zählen: Hilfe-Kontrolle-Provokation. Dabei muß man sehen, daß Anpassung und Macht nicht von vorneherein negativ belegte Begriffe, sondern als durchaus positiv zu verstehende Vorgehensweisen zu bezeichnen sind, die für die Persönlichkeitsentfaltung eines Menschen notwendig sind.

Lernfragen

L

1. Aus welchen Anfängen entwickelten sich die ersten Ausbildungsstätten für Sozialarbeit (vor dem Ersten Weltkrieg)?
2. Wann wurde die Berufsbezeichnung »Sozialarbeiter« eingeführt?
3. Was waren die Vorläufer der sozialpädagogischen Ausbildung?
4. Wie konnte man Jugendleiterin werden?
5. Wann wurde die Berufsbezeichnung »Sozialpädagoge« eingeführt?
6. Was waren die Gründe, die zur Überleitung der Höheren Fachschule in die Fachhochschule führten?
7. Wie wurde der neue Studiengang der Sozialpädagogik von den Studenten aufgenommen?
8. Welche Probleme gab und gibt es z. T. auch heute noch bezüglich der Qualifikation der Fachhochschullehrer?
9. Was regelt das Hochschulrahmengesetz vom 26. 01. 1976 bzw. 01. 01. 1979?
10. Kann man Sozialpädagogik auch an einer Universität studieren?
11. Welches ist die Leitdisziplin der Sozialpädagogik?
12. Was versteht man unter Sozialwissenschaften?
13. Gibt es eine zuverlässige Systematik zur Einteilung des Berufsfeldes der Sozialpädagogik?
14. Welche Einteilung nimmt das Statistische Bundesamt vor?
15. In welche zwei Bereiche kann man die Jugendlhilfe einteilen?
16. Wo wurde das erste Jugendamt eingerichtet und von wem?
17. Was ist das besondere Charakteristikum des Jugendamtes?
18. Wie regelt das KJHG das Verhältnis der öffentlichen zu den freien Trägern?
19. Welche §ides KJHG regeln den Aufbau und die Organisation des Jugendamtes?
20. Wie kann man freie Wohlfahrtspflege definieren?
21. In welcher Größenordnung von der Beschäftigungszahl her bewegen sich die Wohlfahrtsverbände?
22. Wie heißen die sechs Wohlfahrtsverbände?
23. Wie heißt die Dachorganisation der Spitzenverbände?
24. Was versteht man unter dem »Deutschen Verein für öffentliche und private Fürsorge«?
25. Gibt es neben den Spitzenverbänden weitere gemeinnützige Verbände?
26. Worin liegen die Gründe für die Entstehung und die Vorteile von Selbsthilfegruppen?
27. Welche §i des KJHG regeln die Zusammenarbeit der öffentlichen und freien Träger der Jugendhilfe?
28. Warum ist der Gesetzgeber an der Pluralität der freien Jugendhilfe interessiert?

29. Worin sehen Sie die Gründe für das negative Image von Sozialpädagogik in der Öffentlichkeit?
30. Was müßte in der Praxis, Ausbildung und Wissenschaft getan werden, um das Image von Sozialpädagogik zu verbessern?
31. Worin liegt der Nutzen, sich einem Berufsverband anzuschließen?
32. Wie heißt der am 24. 07. 1993 gegründete Berufsverband?
33. Welche Ziele und Aufgaben verfolgt er?
34. In welchen gewerkschaftlichen Organisationen können sich Sozialpädagogen organisieren?
35. Was läßt sich über die tatsächliche gewerkschaftliche Beteiligung von Sozialpädagogen/Sozialarbeitern aussagen?
36. Über was müssen Sozialpädagogen nachdenken, wenn sie Öffentlichkeitsarbeit betreiben wollen?
37. Was erfordert Öffentlichkeitsarbeit?
38. Woran kann es u. a. auch liegen, daß die Berufsbezeichnung ›Sozialpädagoge‹ in der Öffentlichkeit kaum bekannt ist?
39. Was versteht man unter Verberuflichung?
40. Was unter Professionalisierung?
41. Welches sind die fünf Schritte zur Etablierung von Sozialpädagogik als eigenständigen Beruf?
42. Welches sind die entscheidenden Kriterien, die eine Profession von einem Beruf unterscheiden?
43. Welche Berufe zählen zu der klassischen Profession?
44. Worin unterscheiden sich die alten von den neuen Professionen?
45. Ist der Beruf des Sozialpädagogen eine Profession?
46. Welches Ziel verfolgt die Diskussion um die Profession von Sozialpädagogik?
47. Was versteht man unter Sozialpolitik?
48. Wie ist das Verhältnis von Sozialpolitik und Sozialpädagogik?
49. Was versteht man unter Dienstleistungen?
50. Was besagt der Begriff ›doppeltes Mandat‹?
51. Welche Bedeutung hat Anpassung für den Menschen?
52. Wann ist Anpassung eine negative Angelegenheit?
53. Was versteht man unter Begrenzungsmacht?
54. Was unter Behinderungsmacht?
55. Welche dritte gesellschaftliche Funktion neben Hilfe und Kontrolle hat Sozialpädagogik?

Weiterführende Literatur

Knobel, Renate: Der lange Weg zur akademischen Ausbildung in der sozialen Arbeit. Stationen von 1868 bis 1971. Frankfurt: Eigenverlag des Deutschen Vereins für öffentliche und private Fürsorge 1992.

Olk, Thomas/Otto, Hans-Uwe (Hrsg.): Soziale Dienste im Wandel. Band1: Helfen im Sozialstaat. Band 2: Entwürfe sozialpädagogischen Handelns. Neuwied: Luchterhand Verlag 1987 bzw. 1989.

Rohde, Bernhard: Sozialpädagogische Hochschulausbildung. Frankfurt: Lang Verlag 1989.

Salustowicz, Piotr: Soziale Arbeit zwischen Disziplin und Profession. Weinheim: Deutscher Studien Verlag 1995.

Anmerkungen

1. Vgl. *Rohde, B.:* Sozialpädagogische Hochschulausbildung. Frankfurt: Lang Verlag 1989, S. 142.
2. Wer sich ausführlicher über diese Thematik informieren möchte, den verweise ich auf die Untersuchung von: *Salustowicz, P.:* Soziale Arbeit zwischen Disziplin und Profession. Weinheim: Deutscher Studien Verlag 1995.
3. *Oelschläger, D.:* Ausbildung für Sozialarbeiter/Sozialpädagogen. In: *Eyferth, H.* u. a. (Hrsg.): Handbuch zur Sozialarbeit/Sozialpädagogik. Neuwied: Luchterhand Verlag 1987, S. 161; *Knobel, R.:* Der lange Weg zur akademischen Ausbildung in der sozialen Arbeit. Frankfurt: Eigenverlag des Deutschen Vereins für öffentliche und private Fürsorge 1992, S. 8.
4. Ebenda, S. 162.
5. Vgl. ebenda, S. 162; *Zeller, S.:* Geschichte der Sozialarbeit als Beruf. Bilder und Dokumente (1893- 1939). Pfaffenweiler: Centaurus Verlag 1994, S. 17–93.
6. *Pfaffenberger, H.:* Blätter zur Berufskunde. Diplom-Sozialpädagoge/Diplom-Sozialpädagogin. Diplom-Sozialarbeiter/Diplom-Sozialarbeiterin. Hrsg.: Bundesanstalt für Arbeit. Bielefeld: Bertelsmann Verlag 1986, S. 59,60.
7. Vgl. ebenda, S. 55–56; *Rohde:* Sozialpädagogische ..., ebenda, S. 21.
8. *Pfaffenberger, H.:* Zur Situation der Ausbildungsstätten. In: Projektgruppe Soziale Berufe (Hg.): Sozialarbeit: Ausbildung und Qualifikation. Expertisen I. München: Juventa Verlag 1981, S. 97.
9. *Wendt, W. R.:* Geschichte der sozialen Arbeit. Stuttgart: Enke Verlag 1985, S. 303.
10. Vgl. *Rohde:* Sozialpädagogische ..., ebenda, S. 43.
11. *Pfaffenberger:* Zur Situation ..., ebenda, S. 99.
12. Vgl. *Greca, R.:* Praxisforschung in einer Sozialarbeitswissenschaft. In: Caritas 4/1993, S. 166.
13. *Groddeck, N./Schumann, M.* (Hrsg.): Modernisierung Sozialer Arbeit

durch Methodenentwicklung und -reflexion. Freiburg: Lambertus Verlag 1994, S. 29.

14. *Wendt; W. R.:* Wo stehen wir in Sachen Sozialarbeitswissenschaft? In: *Wendt, W. R.* (Hrsg.): Sozial und wissenschaftlich arbeiten. Freiburg: Lambertus Verlag 1994, S. 22.
15. *Rohde:* Sozialpädagogische..., ebenda, S. 381–382.
16. *Rauschenbach, Th.:* Sozialpädagogik – eine akademische Disziplin ohne Vorbild? In: Neue Praxis 1/1991, S. 6; *Knobel:* Der lange Weg..., ebenda, S. 73–83.
17. Vgl. *Pfaffenberger:* Blätter..., ebenda, S. 41.
18. *Schaumann, F.:* Fachhochschulen im EG-Binnenmarkt. In: *Köhler, G.* und *Schneider, J.* (Hrsg.): Zukunft der Fachhochschulen – Fachhochschulen der Zukunft. Freiburg: Dreisam Verlag 1989, S. 38; Soziale Arbeit im internationalen Vergleich vgl.: *Lobonté- Roset, Ch.:* Tendenzen der Annäherung. Selbstverständnis, Ausbildung und Anerkennung beruflicher Sozialarbeit in Europa. In: Blätter der Wohlfahrtspflege – Deutsche Zeitschrift für Sozialarbeit 1/1993, S. 5–10.
19. Vgl. *Thiersch, H.:* Lebensweltorientierte Soziale Arbeit. Weinheim: Juventa Verlag 1992, S. 253.
20. Vgl. *Mühlum, A.:* Sozialpädagogik und Sozialarbeit. Hrsg.: Deutscher Verein für Sozialpädagogik und private Fürsorge. Frankfurt: Eigenverlag 1981, S. 52, 124, 261.
21. Vgl. *Rauschenbach:* Sozialpädagogik..., ebenda, S. 6.
22. Vgl. *Haupert, B./Kraimer, K.:* Die Heimatlosigkeit der Sozialarbeit/Sozialpädagogik. In: Pädagogische Rundschau März/April 1991, S. 179.
23. Vgl. *Kronen: H.:* Sozialpädagogik. Frankfurt: Haag + Herchen Verlag 1980, S. 145.
24. Meyers Enzyklopädisches Lexikon. Mannheim: Lexikon Verlag 1978, Band 22, S. 187.
25. *Thiersch, H.:* Das sozialpädagogische Jahrhundert. In: *Rauschenbach, Th./ Gängler, H.* (Hrsg.): Soziale Arbeit und Erziehung in der Risikogesellschaft. Neuwied: Luchterhand Verlag 1992, S. 22.
26. Vgl. *Wendt:* Wo stehen wir..., ebenda, S. 13–40.
27. *Rauschenbach:* Sozialpädagogik..., ebenda, S. 2,3,4.
28. *Thiersch:* Lebensweltorientierte..., ebenda, S. 237.
29. *Weinschenk, R.:* Zum Selbstverständnis der Sozialpädagogik und ihrem Aufgabenbereich. In: Jugendwohl 4/1975, S. 147.
30. *Hamann, B.:* Zur Frage der Konstituierung der Sozialpädagogik als erziehungswissenschaftliche Disziplin. In: Pädagogische Rundschau 11/1975, S. 892.
31. *Lukas, H.:* Sozialpädagogik/Sozialarbeitswissenschaft. Berlin: Spiess Verlag 1979, S. 26.
32. *Nieke, W.:* Zum Begriff der professionellen pädagogischen Handlungskompetenz. In: *Müller, S.* u. a. (Hg.): Handlungskompetenz in der Sozialarbeit/ Sozialpädagogik II. Bielefeld: AJZ Verlag 1984, S. 142–143.
33. *Klapprott, J.:* Berufliche Erwartungen und Ansprüche an Sozialarbeiter/ Sozialpädagogen. Weinheim: Deutscher Studien Verlag 1987, S. 82, 102.
34. *Erler, M.:* Soziale Arbeit. Weinheim: Juventa Verlag 1993, S. 21–22.
35. *Fischer, W./Löwisch, D.-J./Ruhloff, J.* (Hrsg.): Arbeitsbuch Pädagogik III. Düsseldorf: Schwann Verlag 1976, S. 99-X100.

36. *Sachße, Ch./Tennstedt, F.:* Geschichte der Armenfürsorge in Deutschland. Band 2. Stuttgart: Kohlhammer Verlag 1988, S. 160.
37. Vgl. *Kühn, D.:* Historische und organisationssoziologische Aspekte des kommunalen Jugendamtes. In: *Gernert, W.* (Hrsg.): Das Kinder- und Jugendhilfegesetz 1993. Stuttgart: Boorberg Verlag 1993, S. 368.
38. *Münchmeier, R.:* Zugänge zur Geschichte der Sozialarbeit. München: Juventa Verlag 1981, S. 56.
39. Dritter Jugendbericht. Hrsg.: Bundesminister für Jugend, Familie und Gesundheit. Bonn-Bad-Godesberg 1972, S. 28.
40. *Ebenda, S. 32.*
41. Junge, H./Lendermann, H.: Das Kinder- und Jugendhilfegesetz (KJHG). Freiburg: Lambertus Verlag 1990, S. 19–20.
42. Vgl. *Tiesler, E./Rogers, T./Figge, H.:* Tätigkeitsfelder sozialer Arbeit. Heidelberg: Decker & Müller Verlag 1986, S. 24.
43. *Textor, M.* (Hrsg.): Allgemeiner Sozialdienst. Weinheim: Beltz Verlag 1994, S. 9.
44. *Holtmeyer, G.* Institution. In: *Kerkhoff, E.* (Hrsg.): Handbuch. Praxis der Sozialarbeit und Sozialpädagogik. Band 1. Düsseldorf: Schwann Verlag 1981, S. 114.
45. Den interessierten Leser verweise ich auf folgende weiterführende Literatur: *Martin, K.-R.* (Hrsg.): Sozialarbeit und Sozialpädagogik im Grundriß. Berlin: Marhold Verlag 1982, S. 238–268; *Holtmeyer:* Institutionen ..., ebenda, S. 107–129; *Sachße, Ch./Tennstedt, F.:* Geschichte der Armenfürsorge in Deutschland. Band 1. Stuttgart: Kohlhammer Verlag 1980, S. 222–244; *Sachße:* Geschichte ..., Band 2, ebenda, S. 152–172; *Belardi, N.* u. a. (Hrsg.): Pädagogik. Band 1. Frankfurt: Diesterweg Verlag 1980, S. 79–83; *Heinze, R./ Olk, Th.:* Wohlfahrtsverbände. In: *Eyferth,* H. u. a. (Hrsg.): Handbuch zur Sozialarbeit/Sozialpädagogik. Neuwied: Luchterhand Verlag 1987, S. 1262–1277.
46. Fachlexikon der sozialen Arbeit. Hrsg.: Deutscher Verein für öffentliche und private Fürsorge. 3., erw. Aufl. Frankfurt: Eigenverlag 1993, Stichwort: Freie Wohlfahrtspflege, S. 357–358.
47. Den interessierten Leser verweise ich auf das Lehrbuch zu dieser Thematik: *Boeßenecker, K.-H.:* Spitzenverbände der Freien Wohlfahrtspflege in der BRD. Münster: Votum Verlag 1995.
48. Vgl. *Schilling, J.:* Jugend- und Freizeitarbeit. Neuwied: Luchterhand Verlag 1991, S. 61–67.
49. *Heinze/Olk:* Wohlfahrtsverbände. Ebenda, S. 1272.
50. Vgl. *Tiesler/Rogers/Figge:* Tätigkeitsfelder ..., ebenda, S. 58–59.
51. *Junge/Lendermann:* Das Kinder- und Jugendhilfegesetz. Ebenda, S. 33, 34.
52. Vgl. Achter Jugendbericht. Hrsg.: Der Bundesminister für Jugend, Familie, Frauen und Gesundheit. Bonn 1990, S. 74.
53. *Thiersch:* Lebensweltorientierte ..., ebenda, S. 235.
54. *Lüders, Ch./Winkler, M.:* Sozialpädagogik – auf dem Weg zu ihrer Normalität. In: Zeitschrft für Pädagogik 3/1992, S. 359.
55. *Thiersch:* Das sozialpädagogische Jahrhundert. Ebenda, S. 984.
56. *Giesecke, H.:* Gesellschaftliche Faktoren des sozialpädagogischen Bewußt seins. In: *Mollenhauer, K.* (Hrsg.): Zur Bestimmung von Sozialpädagogik und Sozialarbeit in der Gegenwart. Weinheim: Beltz Verlag 1966, S. 95.

57. *Tichy, K.:* Unsere Gesellschaft und die Sozialarbeit. In: Blätter der Wohlfahrtspflege 5/1973, S. 128.
58. *Lüders:* Sozialpädagogik . . ., ebenda, S. 360.
59. *Rohde:* Sozialpädagogische . . ., ebenda, S. 417.
60. *Tichy:* Unsere Gesellschaft . . ., ebenda, S. 129.
61. *Giesecke:* Gesellschaftliche . . ., ebenda, S. 93.
62. *Bohle H./Grunow, D.:* Verberuflichung der sozialen Arbeit. In: Soziale Arbeit: Professionalisierung und Arbeitsmarkt. Expertisen II. Hrsg.: Projektgruppe Soziale Arbeit. München: Juventa Verlag 1982, S. 157.
63. Die berufliche Sozialarbeit. Zeitschrift des Deutschen Berufsverbandes der Sozialarbeit und Sozialpädagogen e. V. (Anschrift: DBSH. Friedrich-Ebert-Str. 30, 45127 Essen, Tel.: 02 01/8 20 78 14) 4/1993, S. 97.
64. *Grundmann, M.:* Die Arbeitssituation in sozialpädagogischen Berufen. München: IMU-Informationsdienst 1988, S. 47.
65. *Otto, H-U./Utermann, K.:* Sozialarbeit als Beruf? Auf dem Weg zur Professionalisierung? München: Juventa Verlag 1971, S. 24.
66. Vgl. *Müller, C. W.:* Methoden in der Sozialen Arbeit: In: Sozialmagazin 6/1994, S. 23.
67. Vgl. *Gernert, W.:* Öffentlichkeitsarbeit in der Jugendhilfe. In: *Gernert, W.* (Hrsg.): Das Kinder- und Jugendhilfegesetz 1993. Stuttgart: Boorberg Verlag 1993, S. 285.
68. Vgl. *Giesecke, H.* (Hrsg.): Offensive Sozialpädagogik. Göttingen: Vandenhoeck & Ruprecht Verlag 1973.
69. *Greese, O.* u. a. (Hrsg.): Allgemeiner Sozialer Dienst. Münster: Votum Verlag 1993, S. 134.
70. *Engelhardt, M.:* Öffentlichkeitsarbeit im sozialen Bereich. In: Sozialmagazin 11/1993, S. 23.
71. Tageszeitung »Der Südkurier«.
72. Vgl. *Göppner, H.-J.:* Berufskompetenz, wahrgenommene Instituionsflexibilität, Berufsrolle. Weinheim: Deutscher Studien Verlag 1988, S. 138.
73. *Sachße, Ch.:* Die Pädagogisierung der Gesellschaft und die Professionalisierung der Sozialarbeit. In: *Müller, S.* u. a. (Hg.): Handlungskompetenz in der Sozialarbeit/Sozialpädagogik II. Bielefeld: AJZ Verlag 1984, S. 287–288.
74. *Münchmeier:* Zugänge . . ., ebenda, S. 133.
75. Ebenda, S. 138.
76. *Tietgens, H.:* Professionalität für die Erwachsenenbildung. In: *Giesecke, W.* u. a.: Professionalität und Professionalisierung. Heilbrunn: Klinkhardt Verlag 1988, S. 37.
77. *Rohde:* Sozialpädagogische . . ., ebenda, S. 449–450.
78. *Dewe, B./Otto, H.-U.:* Professionalisierung. In: *Eyferth, H.* u. a. (Hrsg.): Handbuch zur Sozialarbeit/Sozialpädagogik. Neuwied: Luchterhand Verlag 1987, S. 781.
79. *Bock, T.:* Stichwort »Professionalisierung«. In: Fachlexikon der sozialen Arbeit. Hrsg.: Deutscher Verein für öffentliche und private Fürsorge. 3., erw. Aufl. Frankfurt: Eigenverlag 1993, S. 735.
80. Vgl. *Zink, D.:* Impulse zur Weiterentwicklung einer sozialpädagogischen Berufsethik. In: Die berufliche Sozialarbiet 3/1994, S. 87–90.
81. Vgl. *Pfaffenberger, H.:* Professionalisierung und Verwissenschaftlichung als Momente in der Entwicklung einer Profession/Disziplin Sozialpädagogik/ Sozialarbeit(swissenschaft). In: *Pfaffenberger, H./Schenk, M.* (Hrsg.):

Sozialarbeit zwischen Berufung und Beruf. Münster: Lit Verlag 1993, S. 224.
82. *Olk, Th.:* Die professionelle Zukunft sozialer Arbeit. Zur Veränderung des beruflichen Selbstverständnisses in einem schwierigen Arbeitsfeld. In: *Oppl, H./Tomaschek, A.* (Hrsg.): Soziale Arbeit 2000. Band 2. Freiburg: Lambertus Verlag 1986, S. 108–109, 110–111.
83. *Otto, H.-U./Utermann, K.:* Sozialarbeit als Beruf. München: Juventa Verlag 1971, S. 10.
84. Achter Jugendbericht. Ebenda, S. 76.
85. *Jordan, E./Sengling, D.:* Jugendhilfe. Weinheim: Juventa Verlag 1988, S. 14.
86. *Dorenburg, H./Reis, C./Steinert, H.:* Grenzen der Verrechtlichung sozialer Beziehungen – Sozialpolitik, Sozialarbeit und gesellschaftliche Alternativen. In: *Olk, Th./Otto, H.-U.* (Hrsg.): Soziale Dienste im Wandel. 1. Helfen im Sozialstaat. Neuwied: Luchterhand Verlag 1987, S. 205.
87. *Böhnisch, L.:* Der Sozialstaat und seine Pädagogik. Neuwied: Luchterhand Verlag 1982, S. 7.
88. Ebenda, S. 6.
89. Vgl. *Kaufmann, F.-X.:* Zum Verhältnis von Sozialarbeit und Sozialpolitik. In: *Otto, H.-U./Schneider, S.* (Hrsg.): Gesellschaftliche Perspektiven der Sozialarbeit. Neuwied: Luchterhand Verlag 1973, S. 87, 88.
90. *Kupffer, H.:* Was heißt »Sozialpädagogische Handlungskompetenz«? In: *Müller, S.* u. a. (Hg.): Handlungskompetenz in der Sozialarbeit/Sozialpädagogik II. Bielefeld: AJZ Verlag 1984, S. 234.
91. *Böhnisch, L.:* Vom Sozialstaat verlassen? In: *Müller, S.* u. a. (Hg.):Handlungskompetenz in der Sozialarbeit/Sozialpädagogik II. Bielefeld: AJZ Verlag 1984, S. 78.
92. *Müller, B.:* Soziale Arbeit und die sieben Schwestern. In: *Otto, H.-U./Hirschauer, P./Thiersch, H.* (Hrsg.): Zeit-Zeichen sozialer Arbeit. Neuwied: Luchterhand Verlag 1992, S. 103.
93. Ebenda, S. 110.
94. *Blanke, Th./Sachße, Ch.:* Wertwandel in der Sozialarbeit? In: *Olk, Th./Otto, H.-U.* (Hrsg.): Soziale Dienste im Wandel. 1. Helfen im Sozialstaat. Neuwied: Luchterhand Verlag 1987, S. 262.
95. Vgl. *Offe, C.:* Das Wachstum der Dienstleistungsarbeit: Vier soziologische Erklärungsansätze. In: *Olk, Th./Otto, H.-U.* (Hrsg.): Soziale Dienste im Wandel. 1. Neuwied: Luchterhand Verlag 1987, S. 175.
96. Vgl. »Die Zeit« Nr. 16 vom 15. April 1994. Wirtschaft, S. 23; Tageszeitung »Kölnische Rundschau« vom 8. 5. 1995.
97. Vgl. *Gehrmann, G./Müller, K.:* Quo vadis Sozialarbeit? Weinheim: Beltz Verlag 1981, S. 68.
98. Vgl. *Böhnisch:* Der Sozialstaat . . ., ebenda, S. 51.
99. *Engelke, E.:* Soziale Arbeit als Wissenschaft. Freiburg: Lambertus Verlag 1993, S. 101.
100. *Mollenahuer, K.:* Einführung in die Sozialpädagogik. Weinheim: Beltz Verlag 1964, S. 72,73,74.
101. Ebenda, S. 75.
102. Vgl. *Staub-Bernasconi, S.:* Soziale Probleme – Soziale Berufe – Soziale Praxis. In: *Heiner, M.* u. a.: Methodisches Handeln in der Sozialen Arbeit. Freiburg: Lambertus Verlag 1994, S. 32.
103. Ebenda, S. 32, 38.

104. Ebenda, S. 32,37.
105. Ebenda, S. 39.
106. *Mollenhauer:* Einführung . . ., ebenda, S. 21.
107. *Furck, C.-L.:* Aufgaben der Sozialpädagogik in der Gegenwart. In: *Mollenhauer, K.* (Hrsg.): Zur Bestimmung von Sozialpädagogik und Sozialarbeit in der Gegenwart. Weinheim: Beltz Verlag 1966, S. 60–61.
108. *Pohl, H.-E.:* Der Streit um den Begriff »Sozialpädagogik«. In: Praxis der Sozialen Arbeit 2/1973, S. 49.
109. *Nahrstedt, W.:* Freizeitberatung. Göttingen: Vandenhoeck & Ruprecht Verlag 1975, S. 29.
110. *Weber, E.:* Pädagogik. Donauwörth: Auer Verlag 1972, S. 77.
111. *Lowy, L.:* Sozialarbeit/Sozialpädagogik als Wissenschaft im angloamerikanischen und deutschsprachigen Raum. Freiburg: Lambertus Verlag 1983, S. 33.
112. *Rauschenbach, Th.:* Soziale Berufe im Umbruch. In: Sozialmagazin 4/1993, S. 29.

7 Was heißt Sozialpädagogik?

Werbung

SIE begegnen uns öfter als Sie glauben,

denn wir **SOZIALPÄDAGOGEN**

sehen anders aus als Sie denken.

Oder hätten Sie uns ...

im Kindergarten, in der Grundschule, in der VHS, in der Weiterbildung,
im Jugendamt, im Sozialamt, im Gesundheitsamt, in Beratungsstellen,
in Begegnungsstätten, in Krankenhäusern, in Zentren für ältere Mitbürger,
in Jugendklubs, in Heimen und Internaten, in Personalabteilungen,
in der Kirche, in der Arbeit mit Behinderten, bei den Pfadfindern,
im Freizeitbereich (z.B. im Museum) und im Strafvollzug

... vermutet?

An uns kommen Sie
eigentlich nicht vorbei!!!

Wir sind für SIE da,
als eigenständiger Lern-, Bildungs- und
Erziehungsbereich
neben Familie und Schule/Beruf!

Wir fördern und unterstützen Ihre Fähigkeiten!
Wir sind da, bevor es zu spät ist!

SOZIALPÄDAGOGIK kommt auf Sie zu!!!

Was Sozialpädagogik heißt, kann man nicht mit einem Satz erklären, darauf verweisen viele Autoren, die sich mit dieser Frage beschäftigt haben.

- »Wer heute von Sozialpädagogik spricht, kann nicht erwarten, daß sein Gegenüber auch dasselbe darunter versteht wie er. Denn sowohl in der Alltagssprache als auch in der Fachliteratur wird dieser Begriff sehr unterschiedlich und vieldeutig gebraucht.«[1*]
- »Eine andere Schwierigkeit unseres Unternehmens liegt in dem Begriff Sozialpädagogik und in der Uneinigkeit, die sich in seiner Verwendung zeigt. Jedermann verbindet mit dem Wort »Schulpädagogik« Vorstellungen, die vielleicht nicht allzu grob voneinander abweichen; jedenfalls weiß jedermann, wovon nach einem solchen Titel etwa die Rede sein wird: von der Schule nämlich und dem, was in ihr geschieht. Ähnlich, wenn auch nicht ganz so gut, geht es der Berufspädagogik, vielleicht noch der Heilpädagogik. Das ist nun bei der Sozialpädagogik – schon des möglicherweise unglücklich gewählten Wortes wegen – entschieden anders. Nicht genug, daß schon das Wort durchaus offen läßt, wovon die Rede sein soll – was ist das »Soziale«? läßt es sich überhaupt aus irgendeiner Erziehung, wo und wie auch immer sie geschehen mag, herauslösen und als ein gesondertes Feld der Erziehung bestimmen? – es wird als Terminus in der Fachliteratur in sehr verschiedenem Sinne gebraucht, auf jeweils ganz andere Sachverhalte bezogen, als ein Begriff je anderer Art konzipiert.«[2]
- »Im Gegensatz zum Lehrer etwa, dessen Berufsbild sich verhältnismäßig an der (allerdings in sich ebenfalls differenzierten) Institutionen orientiert, ist der Sozialpädagoge/Sozialarbeiter in einer Vielzahl von Institutionen und unterschiedlichen Berufsfeldern tätig, und die Beschreibung seines Berufsbildes ist deshalb nicht in gleicher Geschlossenheit und Klarheit möglich. Alle Versuche, den sozialpädagogisch/sozialen Berufsauftrag als einheitlichen darzustellen oder zu kennzeichnen, bleibt deshalb notwendig abstrakt und auch vage. Konkret und genau wäre nur eine Aufzählung und Darstellung der einzelnen Berufsfelder und möglichen Berufspositionen, die aber ebenso zwangsläufig unvollständig (und das wäre in anderem Sinne doch auch wieder ungenau), vor allem aber rein additiv und ohne Relevanzkriterium bleiben müßte. In diesem Dilemma bleiben bisher alle derartigen Versuche.«[3]

Der Versuch, Sozialpädagogik zu definieren, wird in der Literatur unterschiedlich gelöst: manche Autoren lösen die Frage nach der Begriffsbestimmung pragmatisch, andere umgehen sie, schließen sie aus oder setzen letztlich stillschweigend voraus, daß jedermann weiß, was mit diesem Begriff gemeint ist.
In den vorausgegangenen Kapiteln habe ich versucht, Teilaspekte von

---

* Anmerkungen s. S. 367

Sozialpädagogik herauszuarbeiten. Da es in der Literatur sehr viele Versuche gibt, Sozialpädagogik zu definieren, möchte ich diese dem Leser nicht vorenthalten. Aus der Vielzahl der Definitionen wähle ich einige exemplarisch aus. Es dürfte allerdings klar sein, daß es keine eindeutige Definition von Sozialpädagogik gibt, dafür ist das Arbeitsfeld viel zu differenziert und vielgestaltig. Gleichwohl können sie aber in etwa das breite Berufsfeld der Sozialpädagogik näher umschreiben. Nach den Definitionen aus der Literatur möchte ich im Anschluß daran – quasi als Zusammenfassung – die Ergebnisse der einzelnen Kapitel, die unter der Frage »Was heißt Sozialpädagogik?« dargestellt wurden, hier noch einmal im Überblick anfügen.
Mit einer einzigen Definition kann man nicht auch nur annähernd das Gesamte der Sozialpädagogik umfassen, jede Definition verdeutlicht eher bestimmte Aspekte. Erst die vielen Definitionen und die Zusammenfassungen der einzelnen Kapitel mögen in etwa verdeutlichen, was Sozialpädagogik heißt.

- *Bäumer, Gertrud* (1929): »Im Aufbau dieses Buches ist der Begriff der Sozialpädagogik in einem ganz besonderen Sinne gebraucht. Er bezeichnet nicht ein Prinzip, dem die gesamte Pädagogik, sowohl ihre Theorie wie ihre Methoden, wie ihre Anstalten und Werke – also vor allem die Schule – unterstellt ist, sondern einen Ausschnitt: alles was Erziehung, aber nicht Schule und nicht Familie ist. Sozialpädagogik bedeutet hier der Inbegriff der gesellschaftlichen und staatlichen Erziehungsfürsorge, sofern sie außerhalb der Schule liegt.«[4]
- *Mollenhauer, Klaus* (1959): »Das Entstehen der Sozialpädagogik ist daher abhängig von bestimmten Schwierigkeiten, die im allgemeinen pädagogischen Zusammenhang auftauchten: von der Unzulänglichkeit der schulischen Erziehung, der Familienerziehung, der pädagogischen Leistungen der Berufswelt; von der mangelhaften sozialen Bindung, dem Auftreten eines unkontrollierten Raumes im Leben der Jugend, den auftretenden Erziehungsschäden. Die Gesamtheit der institutionellen Mittel, die bereit gestellt wurden, um diese Diskrepanz auszugleichen, ihren praktischen und theoretischen Zusammenhang, nennen wir somit die Sozialpädagogik ... Es verändert diesen unseren Begriff von Sozialpädagogik nicht, wenn wir feststellen, daß die pädagogischen Probleme, deren Erörterung das Entstehen sozialpädagogischer Institutionen begleitete, allgemeine Probleme überhaupt sind ...
Die sozialpädagogische Aufgabe besteht mithin in jedem Falle darin, ein akutes, mit der Struktur der modernen Gesellschaft wesensmäßig gegebenes und im Vergleich zur alten Gesellschaft neues Erziehungsbedürfnis zu befriedigen, das nicht ohne weiteres auf eine Minderwertigkeit, sondern auf eine Andersartigkeit dieser Gesellschaft zurückzuführen ist.«[5]
- *Hornstein, Walter* (1973): »Es wird davon ausgegangen, daß unter Sozialpädagogik die Theorie einer erzieherischen Praxis (und erziehe-

rischer Institutionen) zu verstehen ist, die sich um die Lösung derjenigen erzieherischen Aufgaben und Konflikte bemüht, die sich im Zusammenhang mit den gesellschaftlichen Prozessen der Neuzeit, also mit Industrialisierung, Verstädterung, Verwissenschaftlichung u. a. entwickelt haben. Insofern solche Konflikte und Probleme in zunehmendem Maße auch die Erziehung in den traditionellen Erziehungsfeldern, also in Familie, Schule, Beruf bestimmen, vor allem insofern sie durch die genannten gesellschaftlichen Prozesse »schwieriger«, konfliktbeladener geworden sind, bezieht sich Sozialpädagogik auch auf die in den genannten Erziehungsfeldern ablaufenden Erziehungsprozesse und zwar eben unter dem spezifischen Aspekt der hier auftretenden Konflikte und Probleme. Andererseits ist Sozialpädagogik die Theorie derjenigen erzieherischen Institutionen, die eigens zur Lösung dieser Probleme, zum Teil in engem Zusammenhang mit den genannten Sozialisationsinstitutionen, zum Teil unabhängig davon als Beratungsstellen, Einrichtungen der Erziehungshilfe, der Jugendarbeit entstanden sind. Insofern ist Sozialpädagogik einerseits die Theorie eigener, eben sozialpädagogischer Institutionen (in der Regel unter dem Begriff Jugendhilfe zusammengefaßt), andererseits ist das Sozialpädagogische eine Betrachtungsweise, ein Aspekt, unter dem verschiedene traditionelle Erziehungsinstitutionen analysiert und kritisiert werden können, insofern die genannten durch spezifische gesellschaftliche Prozesse der Neuzeit produzierten Konflikte im Heranwachsen von Kindern und Jugendlichen in sämtlichen Erziehungsfeldern auftreten, ja gerade durch die dort geltend gemachten Anforderungen und Aufgaben erzeugt werden und jeweils spezifische Antworten verlangen.«[6]

- *Hamann, Bruno* (1975): »Unserer Auffassung nach besteht kein zwingender Grund, einen in der pädagogischen Diskussion und Praxis so fest eingebürgerten Begriff durch einen anderen ... zu ersetzen. Dringend notwendig aber erscheint es uns, den so sehr strapazierten Ausdruck Sozialpädagogik zu präzisieren, ihn auf einen neuen Bedeutungsgehalt festzulegen, der eindeutig ist und den Fortgang der Diskussion um die sozialpädagogische Problematik fördert und nicht erschwert oder gar verhindert ...

Wir meinen: Die industrielle Gesellschaft und die mit ihr hervorgebrachten Gefährdungen des Menschen lassen es geboten erscheinen, das da und dort zu beobachtende soziale und pädagogische Defizit durch gezielte Maßnahmen und Einrichtungen zu beseitigen, solches zu verhindern oder zumindest soweit als möglich auszugleichen. Es gilt, Voraussetzungen zu schaffen, die eine normale Entfaltung des Menschen, die Bildung eines sittlichen Fundaments der Lebensführung und ein natürliches Hineinwachsen in die Lebens- und Ordnungsformen der Gesellschaft gewährleisten, auch in jenen Fällen oder Situationen, die – aus welchen Gründen auch immer – im Rahmen der herkömmlichen Erziehung nicht mehr bewältigt werden können. Nicht nur ein bestimmter Teil der Jugendlichen hat solche

therapeutische, prophylaktische und integrative Hilfe nötig, sondern die ganze Jugend, und nicht nur sie; auch Erwachsene bedürfen in der konfliktreichen Industriegesellschaft solcher Hilfen.
Alle jene Unternehmen, Formen und Institutionen, die Hilfe in dem eben aufgewiesenen Sinne leisten wollen und leisten, kennzeichnen wir heute als »sozialpädagogisch«. Den Bedeutungsumfang des Wortes Sozialpädagogik bestimmen wir so: Sozialpädagogik ist eine zusammenfassende Bezeichnung für die Theorie und Praxis aller Aktivitäten und Einrichtungen, die als soziale Hilfe im Zuge der gesellschaftlichen Umstrukturierung der Industriekultur und deren Folgeerscheinungen notwendig geworden sind und sowohl sozialerzieherische als auch sozialpflegerische und sozialfürsorgerische (inklusive beratender und betreuender) Funktionen einschließen. Solche erstrecken sich auf alle Altersstufen und sind im familialen, schulischen und außerschulischen Bereich zu leisten.«[7]

• *Mühlum, Albert* (1981): »Insgesamt wird hier schon aus der versuchten Begriffserklärung deutlich:

- Sozialpädagogik ist Erziehung und will Lernprozesse initiieren und/oder beeinflussen
- praktische Sozialpädagogik ist Teil des Erziehungssystems der Gesellschaft, wissenschaftliche Sozialpädagogik Teil der Erziehungswissenschaft
- zentrale Bedeutung gewinnt für Sozialpädagogik die neuere Sozialisationsforschung
- Sozialpädagogik muß gleichermaßen präventiv, begleitend und kompensatorisch wirken
- als besondere Aufgabe der Sozialpädagogik im Sinne des »Sozialen Lernens« erscheint die Befähigung zu sozialer Funktionsfähigkeit, sozialer Teilhabe, sozialer Kompetenz, sozialer Gerechtigkeit«[8]

• *Pfaffenberger, Hans* (1986): »Der Berufsauftrag der sozialpädagogisch/sozialen Arbeit läßt sich innerhalb des Funktionssystems Gesellschaft am ehesten negativ abgrenzen. Er betrifft Funktionen der Daseinsvorsorge, des Erziehungs- und Bildungs-, des Sozial- und Gesundheitswesens, die von der Familie und Schule und anderen gesellschaftlichen Agenturen nicht, nicht mehr oder noch nicht geleistet werden können.
Positiv läßt sich diese Aufgabe definieren als Hilfe zur besseren Lebensbewältigung, was sich je nach Problemsituation und auslösender Lebenslage als Entwicklungs-, Erziehungs-, Reifungs- oder Bildungshilfe verstehen läßt. Durch psychosoziale Mittel und Methoden sollen die als Bedürftigkeit, Abhängigkeit oder Not bezeichneten Lebensumstände geändert werden.«[9]

• *Rohde, Bernhard* (1989): »Sozialpädagogik/Sozialarbeit ist eine erziehungswissenschaftliche Disziplin, die sich in Theorie und Praxis mit den sehr vielfältigen Problemen, Adressatengruppen, Handlungsvollzügen, Institutionen usw. befaßt, ... die als soziale Hilfe im Zuge der gesellschaftlichen Umstrukturierung der Industriekultur und deren Folgeerscheinungen notwendig geworden sind und sowohl sozialerzieherische als auch sozialpflegerische und sozialfürsorgerische (inklusive beratender und betreuender) Funktionen einschließen (Hamann). Sozialpädagogik/-arbeit erstreckt sich auf alle Altersstufen und sich fortlaufend stark verändernde und auch immer wieder neue Arbeitsfelder, wobei sie vorrangig – aber bei weitem nicht mehr ausschließlich – sich der Klientel an den (potentiellen) Abbruchstellen der Sozialskala (z.B. Obdachlose, Straffällige, Drogenabhängige usw.) und der »normalen Auffälligen« (wie Kinder, Behinderte, Alte usw.) annimmt.«[10]

- *Buchka, Maximilian* (1992): »Wir hatten gesagt, daß die sozialen Probleme zum Aufgabenfeld der Pädagogik gehören. Das trifft zu für die regelhaften sozialen Ursachen und Bedingungen der Erziehung. Die allgemeine Pädagogik ist aber überfordert mit Zielgruppen, die ein unregelhaftes, defizitäres, abweichendes psycho-soziales Zustandsbild aufweisen. Hier sind spezielle Kenntnisse und Fähigkeiten nötig, um durch spezifische Forschungen und didaktisch-methodische (Be-)Handlungskonzepte angemessen helfen zu können. Für diese spezielle Forschung und Erziehung wird auch eine spezielle Pädagogik gebraucht, die wir als Sozialpädagogik definieren im Sinne einer Theorie und Praxis der psycho-sozialen Intensiverziehung.«[11]
- *Heiner, Maja* (1994): »Soziale Arbeit verwenden wir als Überbegriff für Sozialarbeit und Sozialpädagogik. Er umfaßt alle beruflichen Tätigkeiten der Sozialarbeiterinnen und Sozialpädagoginnen, also ressourcenerschließende, erziehende, beratende, bildende, partizipationsfördernde, sozial vernetzende, ermächtigende, alltagsbegleitende, pflegerische, betreuende, verwaltende, planende, organisierende und auswertende Aktivitäten, und zwar solche, die gegenwärtig im Arbeitsalltag der Fachkräfte zu erledigen sind, als auch andere Aktivitäten, die sich aus theoretischen Entwürfen zur Sozialen Arbeit ergeben könnten. Diese Aktivitäten finden in unterschiedlich dichten Lebenswelt- bzw. Interaktionssituationen statt: Sie reichen von regelmäßig, zeitlich begrenzten Gesprächen mit Einzelnen, Familien, Kleingruppen und Gemeinwesenversammlungen bis zur Alltagsgestaltung in Zentren, Heimen oder Kliniken.«[12]

•

Diese exemplarischen Ausschnitte von Definitionen/Umschreibungen von Sozialpädagogik machen deutlich:

1. Eine kurze, knappe Definition ist kaum möglich.
2. Weitestgehend orientiert man sich an der Definition von *G. Bäumer.*
3. Sozialpädagogik ist in einer Industriegesellschaft eine notwendige dritte Erziehungs-, Bildungs- und Lerninstitution.
4. Die Definitionen umfassen die sozialpädagogischen und sozialen Arbeitsfelder, bzw. gehen von dem Oberbegriff »Soziale Arbeit« aus.
5. Sozialpädagogik wird als Praxis und Theorie verstanden. Man müßte noch eine dritte Komponente hinzufügen: Sozialpädagogik ist auch Ausbildung.

Neben den zitierten Definitionen aus der Literatur möchte ich jetzt die Zusammenfassungen der einzelnen Kapitel anfügen. Ich bringe zunächst die Ergebnisse der Überlegungen aus den einzelnen Kapiteln und versuche zum Schluß eine ganz allgemeine Umschreibung dessen, was Sozialpädagogik als Praxis, Ausbildung und Theorie sein könnte. Sie versteht sich als *offene* Definition, d. h. jeder Leser hat die Möglichkeit, eigene, weitere Aspekte der Umschreibung von Sozialpädagogik hinzuzufügen.

SP

• *Was heißt Sozialpädagogik? (1. Kapitel):* Sozialpädagogik und Sozialarbeit haben im Mittelalter die gleichen geschichtlichen Wurzeln. Dort unterschied man nicht zwischen Hilfe für Erwachsene und Kinder/Jugendliche. Mit dem ausgehenden Mittelalter konzentriert man sich gesondert auf Kinder und Jugendliche und versucht, sie vorbeugend vor Verwahrlosung zu schützen. Diese beiden Linien, Erwachsenen- und Jugend-Fürsorge haben sich in der Geschichte nicht nur auseinanderentwickelt und eigene Hilfs-Modelle entworfen, sondern haben sich nach dem Zweiten Weltkrieg zunächst allmählich, heute jedoch wieder soweit aufeinanderzu entwickelt, daß man heute von Sozialpädagogik/Sozialarbeit oder Sozialer Arbeit spricht.

SP

• *Was heißt Sozialpädagogik? (2. Kapitel):* Man unterscheidet in der Geschichte zwischen Erwachsenen- und Jugend-Fürsorge. Jugendfürsorge hatte immer eine erzieherische Intention. Die gesetzlichen Regelungen der Jugendfürsorge fanden vor allem im Reichsjugendwohlfahrtsgesetz (RJWG von 1922), im Jugendwohlfahrtsgesetz (JWG von 1961) und im Kinder- und Jugendhilfegesetz (KJHG von 1991) ihren Niederschlag. Den theoretischen Rahmen für diesen erzieherischen Gesamtkomplex bot seit 1844 die Sozialpädagogik, die sich in diesem Verständnis zunächst auf Kinder und Jugendliche bezog. Entsprechend dieser Entwicklung kennen wir heute drei eigenständige Erziehungs-, Bildungs- und Lerninstitutionen: Familie, Schule und Jugendhilfe/Sozialpädagogik. Jugendhilfe und Sozialpädagogik, in ihrer historischen Entwicklung betrachtet, wurden zunächst als identische pädagogische Einrichtungen gesehen. Die gesellschaftliche Entwicklung hat jedoch eine Ausdifferenzierung der Sozialpädagogik notwendig werden lassen, so daß Jugendhilfe zwar immer noch einen zentralen Bereich der Sozialpädagogik darstellt, jedoch nicht mehr der einzige ist. Die Arbeitsfelder neben der Jugendhilfe nehmen ständig zu und gewinnen immer mehr an Bedeutung.

- *Was heißt Sozialpädagogik? (3. Kapitel):* Geschichtlich betrachtet war Sozialpädagogik Jugendfürsorge, die sich der verwahrlosten Kinder und Jugendlichen annahm. Sowohl was die Zielgruppe als auch ihre Aufgaben betrifft, hat sich das Selbstverständnis von Sozialpädagogik heute deutlich verändert. Zielgruppe der Sozialpädagogik sind Menschen aller Altersstufen. Ihre Aufgabe besteht in erster Linie nicht in der Betreuung verwahrloster Jugendlicher, sondern ist primär präventiv zu verstehen, d.h. es geht um die Erhaltung bzw. Wiederherstellung von Normalität. Um dieses Ziel ist Sozialpädagogik bemüht. SP
- *Was heißt Sozialpädagogik? (4. Kapitel):* Unter Sozialpädagogik versteht man die Theorie und Praxis einer speziellen Sozialisation. Sie geht nicht von einer Notsituation aus, sondern ist grundsätzlich eine positive Pädagogik. Neben Familie und Schule ist Sozialpädagogik eine in der modernen Gesellschaft notwendige und gesetzlich geregelte dritte Erziehungs-, Bildungs- und Lerninstitution. Sie bietet allen Altersstufen Sozialisationshilfen für die Bewältigung der im Laufe der lebenslangen Sozialisation auftretenden Konflikte, Hilfen, die sowohl eine Änderung des Individuums, eine Erweiterung seiner Kompetenzen anstreben als auch eine Beseitigung der diesen Konflikt zugrundeliegenden, häufig systemimmanenten Ursachen. SP
Sozialpädagogik ist die Pädagogik, die sich an der Lebenswelt ihrer Adressaten orientiert und sie bezüglich der Zurverfügungstellung von Ressourcen und deren Vernetzung berät. Sie versteht sich als Normalisierungsarbeit und mischt sich offensiv im Interesse der Adressaten ein. Die Vielfalt der Theorie-Modelle bietet den Vorteil, komplexe Handlungsfelder sozialpädagogischer Arbeit von unterschiedlichen Standpunkten auszuleuchten. Die Systemtheorie könnte die Vielfalt der Modelle in einen einheitlichen Ansatz integrieren.
- *Was heißt Sozialpädagogik? (5. Kapitel):* Sozialpädagogik ist neben Familie und Schule eine dritte Lerninstitution. Sozialpädagogik versteht sich als positive Pädagogik. Dies folgt aus den Überlegungen zum Wort ›sozial‹, den anthropologischen und pädagogischen Betrachtungen. SP
Die Ziele der Sozialpädagogik beziehen sich vor allem auf zwei Bereiche:

1. Hilfe zur Selbsthilfe, Entfaltung der Persönlichkeit, psycho-soziale Hilfe individuelle Funktion);

2. Verbesserung bzw. Veränderung der gesellschaftlichen Bedingungen gesellschaftliche Funktion).

Die in der Literatur genannten ›Klassischen Methoden‹ sind keine Methoden, sondern Arbeitsformen, -techniken, Strategien. Spezielle Methoden der Sozialpädagogik gibt es nicht. Vier Grundmodelle sozialpädagogischen Vorgehens werden genannt: Lehren, Animieren, Fördern, Beraten. Als zentrale Arbeitsform in der Sozialpädagogik ist die Beratung sowohl als Rechts- wie auch als Lebensberatung zu verstehen.

SP

• *Was heißt Sozialpädagogik? (6. Kapitel):* Sozialpädagogik ist eine Berufsausbildung, die man durch ein Studium erreicht. Das Handlungsfeld der Sozialpädagogen ist sehr weit gesteckt und bezieht sich auf Menschen aller Altersgruppen.
Durchgeführt wird Sozialpädagogik von öffentlichen (Jugend- und Sozialamt) und privaten Trägern (Jugend- und Wohlfahrtsverbände und anderen freien Vereinigungen). Ihre Aufgaben und ihre Zusammenarbeit regelt u. a. das Kinder- und Jugendhilfegesetz (KJHG). Zu den wichtigsten gesellschaftlichen Funktionen zählen: Hilfe, Kontrolle, Provokation. Dabei muß man sehen, daß Anpassung und Macht nicht von vornherein negativ besetzte, sondern durchaus positiv zu verstehende Begriffe sind, die für die Persönlichkeitsentfaltung eines Menschen notwendige Bereiche umschreiben.
Entscheidend für sozialpädagogisches Arbeiten und für das Ansehen als Profession ist die Frage nach der beruflichen Kompetenz. Ich-Kompetenz und Autorität werden vom Sozialpädagogen erwartet.
Was heißt Sozialpädagogik bzw. wie könnte man Sozialpädagogik umschreiben? Hier ein offener Definitionsversuch:

SP

- *Sozialpädagogik als Praxis/Beruf ist eine...*
  - geschichtlich aus der Jugendfürsorge, Kindergärtnerinnen- und Jugendleiterinnenausbildung entstandene,
  - in unserer Gesellschaft notwendige,
  - neben Familie, Schule/Beruf gleichberechtigte,
  - in unterschiedlichen Institutionen vor allem präventiv arbeitende,
  - im KJHG und BSHG gesetzlich geregelte,
  - dritte Erziehungs-, Bildungs- und Lerninstitution,
  - in der es um freiwilliges Lernen unter diplom-sozialpädagogischer, kompetenter Anleitung geht,
  - mit der gesellschaftlichen Funktion der Hilfe, Kontrolle und Provokation,
  - mit dem Ziel, Handlungs- und Erlebnisfelder zur Verfügung zu stellen,
  - um Menschen aller Altersstufen eine ganzheitliche Förderung ihrer Persönlichkeit zu ermöglichen.
- *Sozialpädagogik als Ausbildung/Lehre ist eine...*
  - an Fachhochschulen, Berufsakademien, Pädagogischen Hochschulen und Universitäten zu studierende Disziplin,
  - in der es um das Erlernen von Handlungs- und Ich-Kompetenzen geht und
  - mit deren Abschluß als Diplom-Sozialpädagogin/Diplom-Sozialpädagoge bzw. Diplom-Pädagoge man die Berechtigung erhält, in einer breitgefächerten sozialpädagogischen Berufswelt tätig zu werden.
- *Sozialpädagogik als Wissenschaft/Theorie ist eine...*
  - an den Hochschulen bisher weitgehend vernachlässigte wissenschaftliche Disziplin,
  - deren Leitdisziplin eine an den Sozialwissenschaften orientierte Erziehungswissenschaft (manche Autoren sagen auch Sozialarbeitswissenschaft) ist und
  - die auf eine Vielzahl von Theorie-Modellen verweisen kann,
  - die bisher aber noch nicht in eine einheitliche (System-) Theorie integriert werden konnte.
- *Sozialpädagogik/Sozialarbeit...*
  - konvergieren, sind jedoch nicht identisch;
  - man kann ihr gemeinsames Handlungsfeld in dem Oberbegriff *Soziale Arbeit* zusammenfassen;unter diesem Gesichtspunkt kann man auch von ›Soziale Arbeit als Wissenschaft‹ (Theorie), ›Soziale Arbeit als Praxis‹ (Beruf) und ›Soziale Arbeit als Studium‹ (Lehre) sprechen.

»Alle drei Bereiche zusammen machen Soziale Arbeit aus. Jeder Bereich hat seine eigene Aufgabe, die von den Aufgaben der anderen

Bereiche deutlich zu unterscheiden ist. Jeder der drei Bereiche bezieht sich in eigenständiger Weise auf denselben Gegenstand Sozialer Arbeit und ist zugleich mit den anderen Bereichen zirkulär verbunden.«[13]

Sozialpädagogik ist zugleich ...		
Praxis	Ausbildung	Wissenschaft

Sozialpädagogik ist ein vielschichtiger Begriff, er beinhaltet unterschiedliche Aspekte. Dies dürfte z. T. sicherlich auch Ursache dafür sein, daß der Begriff Sozialpädagogik unklar und verschwommen ist. Um etwas Klarheit in diese Begrifflichkeit zu bringen, vor allem auch im Zusammenhang zur Sozialarbeit, schlage ich folgende Trennung vor:

- *Sozialpädagogik als Praxis*
- – Beruf: Sozialpädagogin/Sozialpädagoge
- – Einrichtung: sozialpädagogische/soziale Einrichtungen
- – Träger: Sozialverbände, Vereine etc.
- – Tätigkeit: sozialpädagogische Arbeit oder Soziale Arbeit

- *Sozialpädagogik als Ausbildung/Studium*
- – Oberbegriff: Ausbildung in Sozialwesen oder (neuerdings immer häufiger) Soziale Arbeit
- – Schwerpunkt: Sozialpädagogik oder Sozialarbeit
- – Abschluß: Fachhochschule/Berufsakademie: Diplom-Sozialpädagogin/Diplom-Sozialpädagoge
  Universität/Pädagogische Hochschule: Diplom-Pädagogin/Diplom-Pädagoge

In vielen Fachhochschulen wird der gemeinsame Studiengang (Sozialpädagogik/Sozialarbeit) mit dem Oberbegriff »Sozialwesen« bezeichnet. Dieser Begriff findet jedoch immer mehr Kritiker; denn was ist das »Wesen« des Sozialen?

- *Sozialpädagogik als Wissenschaft/Theorie*
- – Leitwissenschaft: Human- und Sozialwissenschaften unter besonderer Berücksichtigung der Erziehungswissenschaft
- – Sozialpädagogik ist die Bezeichnung für den wissenschaftlichen Bereich sozialpädagogischer Berufsarbeit und Ausbildung

Zusammenfassend würde das bedeuten: Ein Sozialpädagoge hat Sozialwesen bzw. Soziale Arbeit mit dem Schwerpunkt Sozialpädagogik studiert, die auch die wissenschaftliche Grundlage für sein Studium und Beruf bietet.

Sozialpädagogik ist zugleich ...		
Praxis	**Ausbildung**	**Wissenschaft**
Sozialpädagoge	**Sozialwesen oder Soziale Arbeit mit dem Schwerpunkt: Sozialpädagogik**	**Sozialpädagogik (Sozialarbeitswissenschaft)**

Setzt man diese Überlegungen über Sozialpädagogik in Verbindung mit der Nachbardisziplin Sozialarbeit, kommt man zu folgendem Ergebnis:

Sozialpädagogik/Sozialarbeit ist zugleich ...		
Praxis	**Ausbildung**	**Wissenschaft**
Soziale Arbeit Schwerpunkt: Sozialpädagoge/ Sozialarbeiter	Sozialwesen oder Soziale Arbeit mit dem Schwerpunkt: Sozialpädagogik/ Sozialarbeit	Sozialwissenschaftliche Erziehungswissenschaft, Sozialpädagogik bzw. Sozialarbeitswissenschaft

Anmerkungen

1. *Marburger, H.:* Entwicklung und Konzepte der Sozialpädagogik. München: Juventa Verlag 1979, S. 7.
2. *Mollenhauer, K.:* Einführung in die Sozialpädagogik. Weinheim: Beltz Verlag 1964, S. 13.
3. *Pfaffenberger, H.:* Blätter der Berufskunde. Hrsg.: Bundesanstalt für Arbeit. Bielefeld: Bertelsmann Verlag 1986, S. 2.
4. *Bäumer, G.* In: *Wollenweber, H.* (Hrsg.): Sozialpädagogische Theoriebildung. Quellenband. Paderborn: Schöningh Verlag 1983, S. 58.
5. *Mollenhauer, K.:* Die Ursprünge der Sozialpädagogik in der industriellen Gesellschaft. Weinheim: Beltz Verlag 1959 (1987), S. 55, 124.
6. *Hornstein, W.:* Bildungsplanung ohne sozialpädagogische Perspektiven. In: *Giesecke, H.* (Hrsg.): Offensive Sozialpädagogik. Göttingen: Vandenhoeck & Ruprecht Verlag 1973, S. 91.
7. *Hamann, B.:* Zur Frage der Konstituierung der Sozialpädagogik als erziehungswissenschaftliche Disziplin. In: Pädagogische Rundschau 11/1975, S. 891–892.
8. *Mühlum, A.:* Sozialpädagogik und Sozialarbeit. Hrsg.: Deutscher Verein für Sozialpädagogik und private Fürsorge. Frankfurt: Eigenverlag 1981, S. 31.
9. *Pfaffenberger:* Blätter ..., ebenda, S. 2.
10. *Rohde, B.:* Sozialpädagogische Hochschulausbildung. Frankfurt: Lang Verlag 1989, S. 391–392.

11. *Buchka, M.:* Sozialpädagogik im Wandel der Zeit. In: *Badry, E.* u. a. (Hrsg.): Pädagogik. Grundlagen und Arbeitsfelder. Neuwied: Luchterhand Verlag 1992, S. 140.
12. *Heiner, M.* u. a.: Methodisches Handeln in der Sozialen Arbeit. Freiburg: Lambertus Verlag 1994, S. 288.
13. *Engelke, E.:* Soziale Arbeit als Wissenschaft. Freiburg: Lambertus Verlag 1992, S. 10–11.

Literatur

Achter Jugendbericht. Hrsg.: Der Bundesminister für Jugend, Familie und Gesundheit. Bonn 1990.
Ackermann, K.-E.: Die Entwicklung der sozialpädagogischen Fragestellung im Werk von Klaus Mollenhauer. In: *Wollenweber, H.* (Hrsg.): Modelle sozialpädagogischer Theoriebildung. Paderborn: Schöningh Verlag 1983, S. 93–120.

Bader, K.: Viel Frust und wenig Hilfe. Band 1. 2., überarb. Auf. Weinheim: Beltz Verlag 1987.
Bäuerle, W.: Zur Entwicklung einer sozialen Technologie. In: Theorie und Praxis der sozialen Arbeit 12/1973, S. 162–174.
Barabas, F./Erler, M.: Die Familie. Weinheim: Juventa Verlag 1994.
Bauer, J./Schimke, H.-J./Dohmel, W.: Recht und Familie. Neuwied: Luchterhand Verlag 1995.
Becker, P.: Theoretische Grundlagen. In: *Abele, A./Becker, P.* (Hrsg.): Wohlbefinden. Theorie – Empirie – Diagnostik. Weinheim: Juventa Verlag 1991, S. 13.-49.
Belardi, N.: Pädagogik. Sozialpädagogische Arbeitsfelder. Frankfurt: Diesterweg Verlag 1980. Band 1.
Beldardi, N.: Didaktik und Methodik Sozialer Arbeit. Frankfurt: Diesterweg Verlag 1980. Band 4.
Beugen, M. van: Agogische Intervention: Planung und Strategie. Freiburg: Lambertus Verlag 1972.
Blanke, Th./Sachße, Chr.: Wertwandel in der Sozialarbeit? Verfassungstheoretische Überlegungen zur Kritik des Sozialisationsstaates. In: *Olk, Th./Otto, H.-U.* (Hrsg.): Soziale Dienste im Wandel. 1. Helfen im Sozialstaat. Neuwied: Luchterhand Verlag 1987, S. 251–285.
Blatt, H.: Konturen einer systematischen Sozialpädagogik. Moers: Agst Verlag 1992.
Bock, T.: Stichwort »Sozialarbeit/Sozialpädagogik«. In: Fachlexikon der sozialen Arbeit. Hrsg.: Deutscher Verein für öffentliche und private Fürsorge. 3., ern. u. erw. Aufl. Frankfurt: Eigenverlag 1993, S. 835–838.
Bock, T.: Ehrenamtliche in der Caritas. In: Caritas 10/1994, S. 420–424.
Böhnisch, L.: Der Sozialstaat und seine Pädagogik. Neuwied: Luchterhand Verlag 1982.
Böhnisch, L.: Vom Sozialstaat verlassen? Sozialpädagogisches Handeln ins gesellschaftliche Ungewisse. In: *Müller, S.* u. a. (Hrsg.): Handlungskompetenz in der Sozialarbeit/Sozialpädagogik II. Bielefeld: AJZ VerLag 1984, S. 77–99.
Böhnisch, L.: Die »neue Jugendfrage«. In: *Rauschenbach, Th./Gängler, H.* (Hrsg.): Soziale Arbeit und Erziehung in der Risikogesellschaft. Neuwied: Luchterhand Verlag 1992, S. 119–131.
Böhnisch, L.: Gespaltene Normalität. Weinheim: Juventa Verlag 1994.
Böllert, K.: Zwischen Intervention und Prävention. Neuwied: Luchterhand Verlag 1995.

Boeßenecker, K.-H.: Spitzenverbände der Freien Wohlfahrtspflege in der BRD. Münster: Votum Verlag 1995

Böttcher, H.: Sozialpädagogik im Überblick. Freiburg: Herder Verlag 1975.

Bohle, H./Grunow, D.: Verberuflichung der sozialen Arbeit. In: Sozialarbeit: Professionalisierung und Arbeitsmarkt. Expertisen III. Hrsg.: Projektgruppe Soziale Berufe. München: Juventa Verlag 1981, S. 151–176.

Bollnow, O. F.: Sprache und Erziehung. Stuttgart: Kohlhammer Verlag 1979.

Bornemann, E.: Sozialerziehung in akademischer Forschung und Lehre. In: *Wollenweber, H.* (Hrsg.): Sozialpädagogik in Wissenschaft und Unterricht. Paderborn: Schöningh Verlag 1978, S. 9–34.

Buchinger, H.: Stichwort »Bildungsberatung«. In: Wörterbuch der Pädagogik. Band 1. Freiburg: Herder Verlag 1977, S. 124–126.

Buchka, M.: Sozialpädagogik im Wandel der Zeit. In: *Badry, E./Buchka, M./ Knapp, R.* (Hrsg.): Pädagogik. Grundlagen und Arbeitsfelder. Neuwied: Luchterhand Verlag 1992, S. 137–154.

Buchka, M.: Grundformen sozialpädagogischen Handelns. In: *Badry, E.* u. a.: Pädagogik. Grundlagen und Arbeitsfelder. Neuwied: Luchterhand Verlag 1992.

Buchkremer, H.: Einführung in die Sozialpädagogik. Darmstadt: Wissenschaftliche Buchgesellschaft 1982.

Buddrus. V.: Sozialpädagogische, alltägliche und sozialwissenschaftliche Anteile von Handlungskompetenz. In: *Müller, S.* u. a. (Hrsg.): Handlungskompetenz in der Sozialarbeit/Sozialpädagogik II. Bielefeld: AJZ Verlag 1984, S. 163–189.

Capra, F. u. a.: Veränderung im Management – Management der Veränderung. In: *Königswieser, R./Lutz, Chr.* (Hrsg.): Das systemische evolutionäre Management. Wien: Orac Verlag 1992, S. 112–121.

Danckwerts, D.: Zur Theorie der Sozialarbeit und Sozialpädagogik. In: *Kerkhoff, E.* (Hrsg.): Handbuch. Praxis der Sozialarbeit und Sozialpädagogik. Band 1. Düsseldorf: Schwann Verlag 1981, S. 33–60.

Dann, H.-D.: Subjektive Theorien zum Wohlbefinden. In: *Abele, A./Becker, P.* (Hrsg.): Wohlbefinden. Weinheim: Juventa Verlag 1991, S. 97–117.

Dettling, W.: Jugendhilfe in Deutschland. Entwicklungen – Probleme – Perspektiven. In: *Gernert, W.:* Das Kinder- und Jugendhilfegesetz 1993. Anspruch und praktische Umsetzung. Stuttgart: Boorberg Verlag 1993, S. 21–31.

Dewe, B./Otto, H.-U.: Professionalisierung. In: *Eyferth, H./Otto, H.-U./ Thiersch, H.* (Hrsg.): Handbuch zur Sozialarbeit/Sozialpädagogik. Neuwied: Luchterhand Verlag 1987, S. 775–811.

Dewe, B. u. a.: Professionelles soziales Handeln. Weinheim: Juventa Verlag 1993.

Die berufliche Sozialarbeit. Zeitschrift des Deutschen Berufsverbandes der Sozialarbeit und Sozialpädagogen e. V. 4/1993.

Dorenburg, H./Reis, C./Steinert, H.: Grenzen der Verrechtlichung sozialer Beziehungen – Sozialpolitik, Sozialarbeit und gesellschaftliche Alternativen. In: *Olk, Th./Otto, H.-U.* (Hrsg.): Soziale Dienste im Wandel. 1. Helfen im Sozialstaat. Neuwied: Luchterhand Verlag 1987, S. 199–129.

Ebert, W.: Die Pädagogen tragen die Verantwortung. In: *Ortner, G.:* Positive Pädagogik. Frankfurt: Diesterweg Verlag 1987.

Ehrhardt-Kramer, A.: Der Beitrag der Fortbidlung zur Professionalisierung in der sozialen Arbeit zwischen Anpassung und Innovation. In: *Pfaffenberger, H./Schenk, M.* (Hrsg.): Sozialarbeit zwischen Berufung und Beruf. Münster: Lit Verlag 1993, S. 173–187.

Engel-Kemmler, J. u. a. (Hrsg.): Fortbilden und Gestalten. Weinheim: Juventa Verlag 1990.

Engelhardt, M.: Öffentlichkeitsarbeit im sozialen Bereich. In: Sozialmagazin 11/1993, S. 19–24.

Engelke, E.: Soziale Arbeit als Wissenschaft. Freiburg: Lambertus Verlag 1992.

Erler, M.: Soziale Arbeit. Weinheim: Juventa Verlag 1993.

Fachlexikon der sozialen Arbeit. Hrsg.: Deutscher Verein für öffentliche und private Fürsorge. 3., erw. Aufl. Frankfurt: Eigenverlag 1993.

Feser, H. (Hrsg.): Gesundheitliche Prävention durch Sozialarbeiter und Sozialpädagogen. Dortmund: Verlag modernes Leben 1990.

Fischer, W. u. a.: Arbeitsbuch Pädagogik III. Düsseldorf: Schwann Verlag 1976.

Friedländer, W./Pfaffenberger, H.: Grundbegriffe und Methoden der Sozialarbeit. Neuwied: Luchterhand Verlag 1966 (1958).

Furck, C.-L.: Aufgaben der Sozialpädagogik in der Gegenwart. In: *Mollenhauer, K.* (Hrsg.): Zur Bestimmung von Sozialpädagogik und Sozialarbeit in der Gegenwart. Weinheim: Beltz Verlag 1966, S. 46–66.

Furrer, M.: Stichworte zum Verhältnis von Sozialpädagogik und Sozialarbeit heute. In: *Cassee, P.* u. a. (Hrsg.): Betrifft: Sozialpädagogik in der Schweiz. Bern: Haupt Verlag 1984, S. 81–116.

Geck, L. H. A.: Über das Eindringen des Wortes sozial in die deutsche Sprache. Göttingen: Schartz & Co Verlag 1963.

Gehrmann, G./Müller, K.: Quo vadis Sozialarbeit? Weinheim: Beltz Verlag 1975.

Gernert, W. (Hrsg.): Sozialarbeit auf dem Prüfstand. Freiburg: Lambertus Verlag 1988.

Gernert, W.: Das Kinder- und Jugendhilfegesetz 1993. Stuttgart: Boorberg Verlag 1993.

Gernert, W.: Öffentlichkeitsarbeit in der Jugendhilfe. In: *Gernert, W.* (Hrsg.): Das Kinder- und Jugendhilfegesetz 1993. Stuttgart: Boorberg Verlag 1993, S. 285–290.

Giese, D.: Rechtsfragen der Beratung. In: *Giese, D./Melzer, G.:* Die Beratung in der sozialen Arbeit. 2., neubearb. Aufl. Frankfurt: Eigenverlag des Deutschen Vereins für öffentliche und private Fürsorge 1978, S. 13–68.

Giese, D./Retaiski, H.: Stichwort »Beratung«. In: Fachlexikon der sozialen Arbeit. Hrsg.: Deutscher Verein für öffentliche und private Fürsorge. 3., ern. u. erw. Aufl. Frankfurt: Eigenverlag 1993, S. 136–138.

Giesecke, H.: Gesellschaftliche Faktoren des sozialpädagogischen Bewußtseins. In: *Mollenhauer, K.* (Hrsg.): Zur Bestimmung von Sozialpädagogik und Sozialarbeit in der Gegenwart. Weinheim: Beltz Verlag 1966, S. 86–98.

Giesecke, H. (Hrsg.): Offensive Sozialpädagogik. Göttingen: Vandenhoeck & Ruprecht Verlag 1973.

Giesecke, H.: Die Jugendarbeit. 5., völlig neu bearb. Aufl. München: Juventa Verlag 1980 (1971).

Giesecke, H.: Wozu noch Jugendarbeit. In: deutsche jugend 10/1984, S. 443–449.

Giesecke, H.: Einführung in die Pädagogik. Weinheim: Juventa Verlag 1990.

Greca, R.: Praxisforschung in einer Sozialarbeitswissenschaft. In: Caritas 4/1993, S. 166–176.

Greese, D. u. a. (Hrsg.): Allgemeiner Sozialer Dienst. Münster: Votum Verlag 1993.

Groddeck, N./Schumann, M. (Hrsg.): Modernisierung Sozialer Arbeit durch Methodenentwicklung und -reflexion. Freiburg: Lambertus Verlag 1994.

Grundmann, M.: Die Arbeitssituation in sozialpädagogischen Berufen. München: IMU-Informationsdienst 1988.

Grupe, O.: Bewegung, Spiel und Leistung im Sport. Schorndorf: Hofmann Verlag 1982.

Hamann, B.: Zur Frage der Konstituierung der Sozialpädagogik als erziehungswissenschaftliche Disziplin. In: Pädagogische Rundschau 11/1975, S. 881–896.

Haupert, B./Kraimer, K.: Die Heimatlosigkeit der Sozialarbeit/Sozialpädagogik. In: Pädagogische Rundschau März/April 1991. S. 177–196.

Hege, M.: Die Bedeutung der Methoden in der Sozialarbeit. In: Projektgruppe Soziale Berufe (Hrsg.): Sozialarbeit. Ausbildung und Qualifikation. Expertisen I. München: Juventa Verlag 1981, S. 145–161.

Heiner, M. u. a. (Hrsg.): Methodisches Handeln in der Sozialen Arbeit. Freiburg: Lambertus Verlag 1994.

Heinze, R./Olk, Th.: Wohlfahrtsverbände. In: *Eyferth, H./Otto, H.-U./Thiersch, H.* (Hrsg.): Handbuch zur Sozialarbeit/Sozialpädagogik. Neuwied: Luchterhand Verlag 1987, S. 1262–1277.

Herriger, N.: Präventives Handeln und soziale Praxis. Weinheim: Juventa Verlag 1986.

Hollstein, W./Meinhold, M. (Hrsg.): Sozialpädagogische Modelle. Frankfurt: Campus Verlag 1977.

Hollstein-Brinkmann, H.: Soziale Arbeit und Systemtheorie. Freiburg: Lambertus Verlag 1993.

Holtmeyer, G.: Institutionen. In: *Kerkhoff, E.* (Hrsg.): Handbuch. Praxis der Sozialarbeit und Sozialpädagogik. Band 1. Düsseldorf: Schwann Verlag 1981, S. 107–129.

Homfeldt, H. G./Lauff, K./Maxeiner, J.: Für die sozialpädagogische Schule. München: Juventa Verlag 1977.

Hompesch-Cornetz, I./Hompesch, R.: Sozialpädagogik und Therapie. In: *Eyferth, H.* u. a. (Hrsg.): Handbuch zur Sozialarbeit/Sozialpädagogik. Neuwied: Luchterhand Verlag 1987, S. 1028–1044.

Hornstein, W.: Bildungsplanung ohne sozialpädagogische Perspektiven. In: *Giesecke, H.* (Hrsg.): Offensive Sozialpädagogik. Göttingen: Vandenhoeck & Ruprecht Verlag 1973, S. 90–122.

Hottelet, H. u. a.: Offensive Jugendhilfe. Stuttgart: Klett Verlag 1978.

Hurrelmann, K.: Familienstreß, Schulstreß, Freizeitstreß. Gesundheitsförderung für Kinder und Jugendliche. Weinheim: Beltz Verlag 1990.

Iben, G.: Die Sozialpädagogik und ihre Theorie. In: Zeitschrift für Pädagogik 4/1969, S. 385–401.

Jarmai, H./Königswieser, R.: Problemdiagnose. In: *Königswieser, R./Lutz, Chr.* (Hrsg.): Das systemische, evolutionäre Management. Wien: Orac Verlag 1992, S. 18–21.

Jordan, E./Sengling, D.: Jugendhilfe. Weinheim: Juventa Verlag 1988.

Junge, H./Lendermann, H. B.: Das Kinder- und Jugendhilfegesetz (KJHG). Einführende Erläuterungen. Freiburg: Lambertus Verlag 1990.

Kaiser, A.: Sinn und Situation. Bad Heilbrunn: Klinkhardt Verlag 1985.

Kant, I./Hentz, F./Rehberg, A.: Über Theorie und Praxis. Frankfurt: Fischer Verlag 1971.

Kaufmann, F.-X.: Zum Verhältnis von Sozialarbeit und Sozialpolitik. In: *Otto, H.-U./Schneider, S.* (Hrsg.): Gesellschaftliche Perspektiven der Sozialarbeit. Neuwied: Luchterhand Verlag 1973, S. 87–104.

Kerkhoff, E. (Hrsg.): Handbuch. Praxis der Sozialarbeit und Sozialpädagogik. Düsseldorf: Schwann Verlag 1981. Band 1.

Klafki, W. u. a.: Erziehungswissenschaft. Funk-Kolleg. Band 3. Frankfurt: Fischer Verlag 1971.

Klapprott, J.: Berufliche Erwartungen und Ansprüche an Sozialarbeiter/Sozialpädagogen. Weinheim: Deutscher Studien Verlag 1987.

Klüsche, W.: Professionelle Helfer – Anforderungen und Selbstdeutungen. Aachen: Kersting Verlag 1990.

Knobel, R.: Der lange Weg zur akademischen Ausbildung in der sozialen Arbeit. Frankfurt: Eigenverlag des Deutschen Vereins für öffentliche und private Fürsorge 1992.

Knoll, A.: Die Gestalt der Sozialarbeit. Hrsg.: Evangelische Fachhochschule Rheinland-Westfalen-Lippe. Band 20. Bochum 1993.

Königswieser, R.: Widerstände gegen systemische Unternehmensführung. In: *Königwieser, R./Lutz, Ch.* (Hrsg.): Das systemische, evolutionäre Management. Wien: Orac Verlag 1992, S. 1–9.

Konrad, F.-M.: Sozialpädagogik. Begriffsgeschichtliche Annäherungen von Adolph Diesterweg bis Gertrud Bäumer. In: Neue Praxis 4/1993, S. 292–314.

Konrad, F.-M.: Sozialarbeit und Pädagogik. In: Soziale Arbeit 6/1993, S. 182–189.

Kraimer, K.: Die Rückgewinnung des Pädagogischen. Weinheim: Juventa Verlag 1994.

Kreft, D. u. a.: Soziale Arbeit und Recht. 4., vollst. überarb. Aufl. Weinheim: Beltz Verlag 1994.

Kronen, H.: Sozialpädagogik. Geschichte und Bedeutung des Begriffs. Frankfurt: Haag + Herchen Verlag 1980.

Kronen, H.: Sozialpädagogik. Zur Entstehung und Wandel des Begriffs. In:

Herchen, H.-A. (Hrsg.): Aspekte der Sozialpädagogik. Frankfurt: Haag + Herchen Verlag 1983, S. 81–102.

Kronen, H.: Das Auftauchen des Terminus »Sozialpädagogik«. In: *Kanz, H.* (Hrsg.): Bildungsgeschichte als Sozialgeschichte. Frankfurt: Lang Verlag 1986, S. 125–138.

Küchenhoff, W.: Sozialpädagogik. In: *Rombach, H.* (Hrsg.): Wörterbuch der Pädagogik. Dritter Band. Freiburg: Herder Verlag 1977, S. 182–186.

Kühn, D.: Historische und organisationssoziologische Aspekte des kommunalen Jugendamtes. In: *Gernert, W.* (Hrsg.): Das Kinder- und Jugendhilfegesetz 1993. Stuttgart: Boorberg Verlag 1993, S. 368–378.

Kühn, D.: Jugendamt – Sozialamt – Gesundheitsamt. Neuwied: Luchterhand Verlag 1994.

Kupffer, H.: Was heißt Sozialpädagogische Handlungskompetenz? In: *Müller, S.* u. a. (Hrsg.): Handlungskompetenz in der Sozialarbeit/Sozialpädagogik II. Bielefeld: AJZ Verlag 1984, S. 231–245.

Labonté-Roset, Chr.: Tendenzen der Annäherung. Selbstverständnis, Ausbildung und Anerkennung beruflicher Sozialarbeit in Europa. In: Blätter der Wohlfahrtspflege – Deutsche Zeitschrift für Sozialarbeit 1/1993, S. 5–10.

Landwehr, R./Baron, R. (Hrsg.): Geschichte der Sozialarbeit. Weinheim: Beltz Verlag 1983.

Lattke, H.: Sozialpädagogische Gruppenarbeit. Freiburg: Lambertus Verlag 1962.

Leube, K./Müller, C. W.: FürSorge. In: *Müller, C. W.* (Hrsg.): Einführung in die Soziale Arbeit. Weinheim: Beltz Verlag 1985, S. 47–75.

Liening, H.: »Sozialpädagogik« – ein verbrauchter Begriff. In: Pädagogische Rundschau 11/1975, S. 897–905.

Losche, H.: Invention – Innovation – Diffusion. In: *Sandmann, J.* (Hrsg.): Innovation statt Resignation. München: Fachhochschule München 1989, S. 1–9.

Lowy, L.: Sozialarbeit/Sozialpädagogik als Wissenschaft im angloamerikanischen und deutschsprachigen Raum. Freiburg: Lambertus Verlag 1983.

Ludewig, K.: Systemische Therapie. Stuttgart: Klett-Cotta Verlag 1992.

Lüders, Chr./Winkler, M.: Sozialpädagogik – auf dem Weg zu ihrer Normalität. In: Zeitschrift für Pädagogik 3/1992, S. 359–370.

Lüssi,. P.: Systemische Sozialarbeit. Bern: Haupt Verlag 1992.

Lukas, H. u. a. (Hrsg.): Sozialpädagogik/Sozialarbeit – Eine Einführung. Berlin: Spiess Verlag 1977.

Lukas, H.: Sozialpädagogik/Sozialarbeitswissenschaft. Berlin: Spiess Verlag 1979.

Marburger, H.: Entwicklung und Konzepte der Sozialpädagogik. München: Juventa Verlag 1979.

Martin, K.-R. (Hrsg.): Sozialarbeit und Sozialpädagogik im Grundriß. Berlin: Marhold Verlag 1982.

Mayring, Ph.: Die Erfassung subjektiven Wohlbefindens. In: Abele, A./Becker, P. (Hrsg.): Wohlbefinden. Theorie – Empirie – Diagnostik. Weinheim: Juventa Verlag 1991, S. 51–70.

Meinhold, M.: Ein Rahmenmodell zum methodischen Handeln. In: *Heiner, M.* u. a.: Methodisches Handeln in der Sozialen Arbeit. Freiburg: Lambertus Verlag 1994, S. 184–217.
Melzer, G.: Methoden und Gesprächsführung in der Beratung. In: *Giese, D./ Melzer, G.:* Die Beratung in der sozialen Arbeit. 2., neubearb. Aufl. Frankfurt: Eigenverlag des Deutschen Vereins für öffentliche und private Fürsorge 1978, S. 69–146.
Metzinger, A.: Zur Geschichte der Erzieherausbildung. Frankfurt: Lang Verlag 1993.
Meyer-Junglaussen, V.: Geistige Behinderung und Erwachsenenbildung. Berlin: Marhold Verlag 1985.
Mörschner, M.: Sozialpädagogik und Schule. München: Reinhardt Verlag 1988.
Mollenhauer, K.: Einführung in die Sozialpädagogik. Weinheim: Beltz Verlag 1964.
Mollenhauer, K./Müller, C. W.: »Führung« und »Beratung« in pädagogischer Sicht. Heidelberg: Quelle & Meyer Verlag 1965.
Mollenhauer, K. (Hrsg.): Zur Bestimmung von Sozialpädagogik und Sozialarbeit in der Gegenwart. Weinheim: Beltz Verlag 1966.
Mollenhauer, K.: Was heißt »Sozialpädagogik«. In: *Mollenhauer, K.* (Hrsg.): Zur Bestimmung von Sozialpädagogik und Sozialarbeit in der Gegenwart. Weinheim: Beltz Verlag 1966, S. 32–45.
Mollenhauer, K.: Erziehung und Emanzipation. München: Juventa Verlag 1971.
Mollenhauer, K.: Sozialpädagogik. In: *Groothoff, H.-H.* (Hrsg.): Pädagogik. Frankfurt: Fischer Lexikon 1973, S. 291–300.
Mollenhauer, K.: Funktionsbestimmung der Sozialpädagogik. In: *Wollenweber, H.* (Hrsg.): Sozialpädagogik in Wissenschaft und Unterricht. Paderborn: Schöningh Verlag 1978, S. 49–59.
Mollenhauer, K.: Die Ursprünge der Sozialpädagogik in der industriellen Gesellschaft. Weinheim: Beltz Verlag 1987 (1959).
Mühlum, A.: Sozialpädagogik und Sozialarbeit. Hrsg: Deutscher Verein für Sozialpädagogik und private Fürsorge. Frankfurt: Eigenverlag 1981.
Mühlum, A. u. a.: Umwelt – Lebenswelt. Frankfurt: Diesterweg Verlag 1986.
Mühlum, A.: Zur Notwendigkeit und Programmatik einer Sozialarbeitswissenschaft. In: *Wendt, W. R.* (Hrsg.): Sozial und wissenschaftlich arbeiten. Status und Positionen der Sozialarbeitswissenschaft. Freiburg: Lambertus Verlag 1994, S. 41–74.
Müller, B.: Soziale Arbeit und die sieben Schwestern. In: *Otto, H.-U./Hirschauer, P./Thiersch, H.* (Hrsg.): Zeit-Zeichen sozialer Arbeit. Neuwied: Luchterhand Verlag 1992, S. 101–110.
Müller, B.: Sozialpädagogisches Können. Freiburg: Lambertus Verlag 1993.
Müller, C. W.: Einführung in die Soziale Arbeit. Weinheim: Beltz Verlag 1985.
Müller, C. W.: Wie Helfen zum Beruf wurde. Band 1. Eine Methodengeschichte der Sozialarbeit 1883–1945. 2., überarb. u. erw. Aufl. Weinheim: Beltz Verlag 1988.
Müller, C. W.: Paradigmenwechsel in der Sozialpädagogik und Sozialarbeit? Soziale Arbeit in Geschichte und Perspektive. In: *Vahsen, F.* (Hg.): Paradigmenwechsel in der Sozialpädagogik. Bielefeld: Böllert Verlag 1992, S. 49–65.

Müller, C. W.: JugendAmt. Geschichte und Aufgabe einer reformpädagogischen Einrichtung. Weinheim: Beltz Verlag 1994.

Müller, C. W.: Methoden in der Sozialen Arbeit. In: Sozialmagazin 6/1994, S. 13–24.

Müller, S. u. a. (Hrsg.): Handlungskompetenz in der Sozialarbeit/Sozialpädagogik II. Theoretische Konzepte und gesellschaftliche Strukturen. Bielefeld: AJZ Verlag 1984.

Münchmeier, R.: Zugänge zur Geschichte der Sozialarbeit. München: Juventa Verlag 1981.

Münchmeier, R.: Institutionalisierung pädagogischer Praxis am Beispiel der Jugendarbeit. In: Zeitschrift für Pädagogik 3/1992, S. 371–384.

Nahrstedt, W.: Entstehung und Aufgabe der Freizeiterziehung. In: Pädagogische Rundschau 1/1973, S. 91–119.

Nahrstedt, W.: Freizeitpädagogik in der nachindustriellen Gesellschaft (1). Neuwied: Luchterhand Verlag 1974.

Nahrstedt, W.: Freizeitberatung. Göttingen: Vandenhoeck & Ruprecht Verlag 1975.

Nahrstedt, W.: Die Bedeutung der Freizeitpädagogik für die Sozialpädagogik. In: *Wollenweber, H.* (Hrsg.): Sozialpädagogik in Wissenschaft und Unterricht. Paderborn: Schöningh Verlag 1978, S. 61–83.

Nedelmann, B.: Soziale Probleme und Handlungsflexibilität. In: *Oppl, H./Tomaschek, A.* (Hrsg.): Soziale Arbeit 2000. Band 1. Soziale Probleme und Handlungsflexibilität. Freiburg: Lambertus Verlag 1986, S. 13–42.

Nieke, W.: Zum Begriff der professionellen pädagogischen Handlungskompetenz. In: *Müller, S.* u. a. (Hrsg.): Handlungskompetenz in der Sozialarbeit/Sozialpädagogik II. Bielefeld: AJZ Verlag 1984, S. 129–145.

Niemeyer, Chr.: Entstehung und Krise der Weimarer Sozialpädagogik. In: Zeitschrift für Pädagogik 3/1992, S. 437–453.

Oelkers, J./Tenorth, H.-E. (Hrsg.): Pädagogik. Erziehungswissenschaft und Systemtheorie. Weinheim: Beltz Verlag 1987.

Oelschlägel, D.: Ausbildung für Sozialarbeiter/Sozialpädagogen. In: *Eyferth, H.* u. a. (Hrsg.): Handbuch zur Sozialarbeit/Sozialpädagogik. Neuwied: Luchterhand Verlag 1987, S. 161–171.

Offe, C.: Das Wachstum – der Dienstleistungsarbeit: Vier soziologische Erklärungsansätze. In: *Olk, Th./Otto, H.-U.* (Hrsg.): Soziale Dienste im Wandel. 1. Helfen im Sozialstaat. Neuwied: Luchterhand Verlag 1987, S. 171–198.

Olk, Th.: Die professionelle Zukunft sozialer Arbeit. Zur Veränderung des beruflichen Selbstverständnisses in einem schwierigen Arbeitsfeld. In: *Oppl, H./Tomaschek, A.* (Hrsg.): Soziale Arbeit 2000. Modernisierungskrise und soziale Dienste. Band 2. Freiburg: Lambertus Verlag 1986, S. 107–136.

Olk, Th./Otto, H.-U. (Hrsg.): Soziale Dienste im Wandel (1). Neuwied: Luchterhand Verlag 1987.

Opaschowski, H.: Einführung in die freizeitkulturelle Breitenarbeit. Bad Heilbrunn: Klinkhardt Verlag 1979.

Oppl, H./Tomaschek, A.: Soziale Arbeit 2000. Band 1. Freiburg: Lambertus Verlag 1986.

Oppl, H./Weber-Falkensammler, H. (Hrsg.): Ganzheitliche Arbeit im Gesundheitswesen. Band 3. Frankfurt: Diesterweg Verlag 1986.

Otto, B.: Der Mensch als problemlösendes Wesen. Weinheim: Deutscher Studien Verlag 1992.

Otto, H.-U./Utermann, K.: Sozialarbeit als Beruf? Auf dem Weg zur Professionalisierung? München: Juventa Verlag 1971.

Pankoke, E.: Sozialarbeit im Schatten von Modernisierungskrisen. Zur Problem-,Programm- und Organisationsentwicklung sozialer Dienste. In: *Oppl, H./Tomaschek, A.:* Soziale Arbeit 2000. Band 2. Modernisierungskrise und soziale Dienste. Freiburg: Lambertus Verlag 1986, S. 31–42.

Pfaffenberger, H.: Das Theorie- und Methodenproblem der sozialpädagogischen und sozialen Arbeit. In: *Röhrs, H.* (Hrsg.): Die Sozialpädagogik und ihre Theorie. Frankfurt: Akademische Verlagsgesellschaft 1968, S. 30–52.

Pfaffenberger, H.: Stichwort: Sozialarbeit/Sozialpädagogik. In: *Schwendtke, A.* (Hrsg.): Wörterbuch der Sozialarbeit und Sozialpädagogik. Heidelberg: Quelle & Meyer Verlag 1977, S. 235–236.

Pfaffenberger, H.: Soziale Feldarbeit – Soziale Gruppenarbeit – Soziale Gemeinwesenarbeit. In: *Kerkhoff, E.* (Hrsg.): Handbuch Praxis der Sozialarbeit und Sozialpädagogik. Düsseldorf: Schwann Verlag 1981, S. 3–16.

Pfaffenberger, H.: Diplom-Sozialpädagoge/Diplom-Sozialpädagogin. Diplom-Sozialarbeiter/Diplom-Sozialarbeiterin. Blätter der Berufskunde. Band 2. Hg. Bundesanstalt für Arbeit. Nürnberg: Bertelsmann Verlag 1986.

Pfaffenberger, H.: Professionalisierung und Verwissenschaftlichung als Momente in der Entwicklung einer Profession/Disziplin Sozialpädagogik/Sozialarbeit(swissenschaft). In: *Pfaffenberger, H./Schenk, M.* (Hrsg.): Sozialarbeit zwischen Berufung und Beruf. Münster: Lit Verlag 1993, S. 223–243.

Pfaffenberger, H.: Plädoyer zur Errichtung eines wissenschaftlichen Studienganges Sozialwesen. In: Caritas 4/1993, S. 156–165.

Pfeifer-Schaupp, H.-U.: Jenseits der Familientherapie. Systemische Konzepte der Sozialen Arbeit. Freiburg: Lambertus Verlag 1995.

Pippert, R.: Paul Natorps Sozialpädagogik. – Ein geschichtsphilosophisches System. In: Wollenweber, H. (Hrsg.): Modelle sozialpädagogischer Theoriebildung. Paderborn: Schöningh Verlag 1983, S. 11–35.

Pohl, H.-E.: Der Streit um den Begriff »Sozialpädagogik«. In: Praxis der sozialen Arbeit 2/1973, S. 42–52.

Projektgruppe Soziale Berufe (Hg.): Sozialarbeit: Problemwandel und Institutionen. Expertisen II. München: Juventa Verlag 1981.

Proksch, R.: Allgemeine gesetzliche Grundlagen. In: Textor, M.: Allgemeiner Sozialdienst. Weinheim: Beltz Verlag 1994, S. 21–42.

Puch, H.-J.: Organisation im Sozialbereich. Eine Einführung für soziale Berufe. Freiburg: Lambertus Verlag 1994.

Rauschenbach, Th.: Sozialpädagogik – eine akademische Disziplin ohne Vorbild? In: Neue Praxis 1/1991, S. 1–11.

Rauschenbach, Th./Gängler, H. (Hrsg.): Soziale Arbeit und Erziehung in der Risikogesellschaft. Neuwied: Luchterhand Verlag 1992.

Rauschenbach, Th.: Sind nur Lehrer Pädagogen? In: Zeitschrift für Pädagogik 3/1992, S. 385–417.
Rauschenbach, Th./Ortmann, F./Karsten, K.-E. (Hrsg.): Der sozialpädagogische Blick. Weinheim: Juventa Verlag 1993.
Rauschenbach, Th.: Soziale Berufe im Umbruch. In.: Sozialmagazin 4/1993, S. 17–29.
Richter, H.: Sozialpädagogik zwischen Normativität und Pluralität. In: Neue Praxis 4/1993, S. 361–369.
Röhrs, H. (Hrsg.): Die Sozialpädagogik und ihre Theorie. Frankfurt: Akademische Verlagsgesellschaft 1968.
Roeßler, W.: Zur Geschichte des Begriffes »Sozialpädagogik«. In: *Kanz, H.* (Hrsg.): Bildungsgeschichte als Sozialgeschichte. Frankfurt: Lang Verlag 1986, S. 203–216.
Rössner, L.: Sozialpädagogigk. In: *Speck, J./Wehle, G.* (Hrsg.): Handbuch pädagogischer Grundbegriffe. Band II. München: Kösel Verlag 1970, S. 466–480.
Rössner, L.: Theorie der Sozialarbeit. München: Reinhardt Verlag 1973.
Rohde, B.: Sozialpädagogische Hochschulausbildung. Frankfurt: Lang Verlag 1989.
Rohrmoser, G.: Was ist heute sozial? Stuttgart: Fischer Verlag 1990.
Roth, H.: Pädagogische Psychologie des Lehrens und Lernens. Hannover: Schroedel Verlag 1973.

Sachße, Chr./Tennstedt, F.: Geschichte der Armenfürsorge in Deutschland. Vom Spätmittelalter bis zum 1. Weltkrieg. Stuttgart: Kohlhammer Verlag 1980.
Sachße, Chr./Tennstedt, F. (Hrsg.): Jahrbuch der Sozialarbeit.4. Reinbek b. Hamburg: Rohwohlt Verlag 1981.
Sachße, Chr.: Die Pädagogisierung der Gesellschaft und die Professionalisierung der Sozialarbeit. In: *Müller, S.* u. a. (Hrsg.): Handlungskompetenz in der Sozialarbeit/Sozialpädagogik II. Theoretische Konzepte und gesellschaftliche Strukturen. Bielefeld: AJZ Verlag 1984, S. 283–295.
Sachße, Chr./Tennstedt, F.: Geschichte der Armenfürsorge in Deutschland. Band 2. Fürsorge und Wohlfahrtspflege 1871–1929. Stuttgart: Kohlhammer Verlag 1988.
Salustowicz, F.: Soziale Arbeit zwischen Disziplin und Profession. Weinheim: Deutscher Studien Verlag 1995.
Schaumann, F.: Fachhochschulen im EG-Binnenmarkt. In: *Köhler, G./Schneider, J.* (Hrsg.): Zukunft der Fachhochschulen – Fachhochschulen der Zukunft. Freiburg: Dreisam Verlag 1989, S. 37–43.
Scherpner, H.: Theorie der Fürsorge. Göttingen: Vandenhoeck & Ruprecht Verlag 1962.
Scherpner, H.: Geschichte der Jugendfürsorge. Göttingen: Vandenhoeck & Ruprecht Verlag 1966.
Schilling, J.: Methodenbuch Jugendarbeit. Band 1. München: Kösel Verlag 1982.
Schilling, J.: Der Jugendclub. München: Kösel Verlag 1982.
Schilling, J.: Kursbuch Jugendarbeit. München: Kösel Verlag 1983.
Schilling, J.: Methodenbuch Jugendarbeit. Band 2. München: Kösel Verlag 1985.

Schilling, J.: Freizeit und Geselligkeit. Inhalte der Geselligkeitspädagogik. München: Kösel Verlag 1989.
Schilling, J.: Jugend- und Freizeitarbeit. Neuwied: Luchterhand Verlag 1991.
Schilling; J.: Didaktik/Methodik der Sozialpädagogik. Neuwied: Luchterhand Verlag 1993.
Schmidt, H.-L.: Theorien der Sozialpädagogik. Rheinstetten: Schindele Verlag 1981.
Schmitz, M.: Funktionsbestimmung der Sozialarbeit und die Moderne. Bielefeld: Kleine Verlag 1984.
Schulze, Th.: Methoden und Medien der Erziehung. München: Juventa Verlag 1978.
Schumann, M.: Modernisierung durch Methodenbildung. Ein Überblick. In: *Groddeck, N./Schumann, M.* (Hrsg.): Modernisierung Sozialer Arbeit durch Methodenentwicklung und -reflexion. Freiburg: Lambertus Verlag 1994, S. 12–25.
Schumann, M.: Methoden als Mittel professioneller Stil- und Identitätsbildung. In: *Groddeck, N./Schumann, M.* (Hrsg.): Modernisierung Sozialer Arbeit durch Methodenentwicklung und -reflexion. Freiburg: Lambertus Verlag 1994, S. 41–67.
Schweitzer, J.: Therapie dissozialer Jugendlicher. Weinheim: Juventa Verlag 1987.
Sidler, N.: Am Rande leben, abweichen, arm sein. Freiburg: Lambertus Verlag 1989. Soziale Arbeit in den 80 er Jahren. Hrsg.: Schriften des Deutschen Vereins für öffentliche und Private Fürsorge. Frankfurt: Eigenverlag 1984.
Stahel, A. W.: Sozialarbeit im Kontext wirtschaftlicher, kultureller und sozialpolitischer Zusammenhänge. In: *Staub-Bernasconi, S.* (Hrsg.): Theorie und Praxis der Sozialen Arbeit. Bern: Haupt Verlag 1983, S. 59–75.
Stallberg, F.: Soziale Probleme. In: *Eyferth, H.* u. a. (Hrsg.): Handbuch zur Sozialarbeit/Sozialpädagogik. Neuwied: Luchterhand Verlag 1987, S. 935–947.
Staub-Bernasconi, S./Passavant, Ch. von/Wagner, A. (Hrsg.): Theorie und Praxis der Sozialen Arbeit. Bern: Haupt Verlag 1983.
Staub-Bernasconi, S.: Soziale Probleme – Soziale Berufe – Soziale Praxis. In: *Heiner, M.* u. a. (Hrsg.): Methodisches Handeln in der Sozialen Arbeit. Freiburg: Lambertus Verlag 1994, S. 11–101.
Strasser, J.: Sozialstaat. In: *Eyferth, H.* u. a. (Hrsg.): Handbuch zur Sozialarbeit/Sozialpädagogik. Neuwied: Luchterhand Verlag 1987, S. 1083–1101.

Textor, M. R. (Hrsg.): Allgemeiner Sozialdienst. Weinheim: Beltz Verlag 1994.
Thiersch, H.: Verwahrlosung. In: *Giesecke, H.* (Hrsg.): Offensive Sozialpädagogik. Göttingen: Vandenhoeck & Ruprecht Verlag 1973, S. 24–44.
Thiersch, H./Rauschenbach, Th.: Sozialpädagogik/Sozialarbeit: Theorie und Entwicklung. In: *Eyferth, H./Otto, H.-U./Thiersch, H.* (Hrsg.): Handbuch zur Sozialarbeit/Sozialpädagogik. Neuwied: Luchterhand Verlag 1987, S. 984–1016.
Thiersch, H.: Das sozialpädagogische Jahrhundert. In: *Rauschenbach, Th./Gängler, H.* (Hrsg.): Soziale Arbeit und Erziehung in der Risikogesellschaft. Neuwied: Luchterhand Verlag 1992, S. 9–23.

Thiersch, H.: Ganzheitlichkeit und Lebensweltbezug als Handlungsmaximen der sozialen Arbeit. In: *Greese, D.* u. a. (Hrsg.): Allgemeiner Sozialer Dienst. Münster: Votum Verlag 1993, S. 140–154.
Thommen, B.: Alltagsspychologie von Lehrern über verhaltensauffällige Schüler. Bern: Huber Verlag 1985.
Tichy, K.: Unsere Gesellschaft und die Sozialarbeit. In: Blätter der Wohlfahrtspflege 5/1973, S. 127–129.
Tiesler, E./Rogers, T./Figge, H.: Tätigkeitsfelder sozialer Arbeit. Heidelberg: Decker & Müller Verlag 1986.
Tietgens, H.: Professionalität für die Erwachsenenbildung. In: *Gieseke, W.* u. a.: Professionalität und Professionalisierung. Bad Heilbrunn: Klinkhardt Verlag 1988, S. 28–75.
Trabandt, H./Werr, R.: Prävention in der Sozialen Arbeit. Opladen: Westdeutscher Verlag 1989.
Tuggener, H.: Social work. Weinheim: Beltz Verlag 1971.
Tuggener, H.: Der Klient – Versuch über den Bedeutungswandel eines Begriffs. In: *Staub-Bernasconi, S.* u. a. (Hrsg.): Theorie und Praxis der Sozialen Arbeit. Bern: Haupt Verlag 1983, S. 39–57.

Ulke, K. D. (Hrsg.): Ist Sozialarbeit lehrbar? Freiburg: Lambertus Verlag 1988.
Utz, A. F.: Zwei Fragen: Was heißt sozial? und Was ist sozial? In: Die neue Ordnung 5/1955, S. 266–273.

Vahsen, F. G. (Hrsg.): Paradigmenwechsel in der Sozialpädagogik. Bielefeld: Böllert Verlag 1992.
Vogel, M.: Sozialpädagogik und Sozialarbeit in der heutigen Gesellschaft. In: *Mollenhauer, K.* (Hrsg.): Zur Bestimmung von Sozialpädagogik und Sozialarbeit in der Gegenwart. Weinheim: Beltz Verlag 1966, S. 67–85.

Waller, H.: Sozialmedizin. Grundlagen und Praxis für psychosoziale Berufe. 2., erw. u. überarb. Aufl. Stuttgart: Kohlhammer Verlag 1991.
Weber, E.: Pädagogik. Eine Einführung. Donauwörth: Auer Verlag 1972.
Weinschenk, R.: Zum Selbstverständnis der Sozialpädagogik und ihrem Aufgabenbereich. In: Jugendwohl 2/1975, S. 52–63; 3/1975, S. 105–114; 4/1975, S. 144–152; 5/1975, S. 185–233.
Wendt, W. R.: Der Beitrag der Systemtheorie zur Strategie und Planung der sozialen Arbeit. In: Blätter der Wohlfahrtspflege 3/1973, S. 72–75.
Wendt, W. R.: Geschichte der sozialen Arbeit. Stuttgart: Enke Verlag 1985.
Wendt, W. R.: Ökosozial denken und handeln. Grundlagen und Anwendungen in der Sozialarbeit. Freiburg: Lambertus Verlag 1990.
Wendt, W. R. (Hrsg.): Sozial und wissenschaftlich arbeiten. Status und Positionen der Sozialarbeitswissenschaft. Freiburg: Lambertus Verlag 1994.
Weniger, E.: Ausgewählte Schriften zur geisteswissenschaftlichen Pädagogik. Weinheim: Beltz Verlag 1975.
Wilhelm, Th.: Zum Begriff der »Sozialpädagogik«. In: *Mollenhauer, K.* (Hrsg.): Zur Bestimmung von Sozialpädagogik und Sozialarbeit in der Gegenwart. Weinheim: Beltz Verlag 1966, S. 9–31.

Windisch, M. u. a.: Beschäftigungssituation und -perspektiven von Sozialarbeitern und Sozialpädagogen. In: Neue Praxis 1/1989, S. 38–54.
Winkler, M.: Eine Theorie der Sozialpädagogik. Stuttgart: Klett Verlag 1988.
Winkler, M.: Hat die Sozialpädagogik Klassiker? In: Neue Praxis 3/1993, S. 171–185.
Wörterbuch der Pädagogik. Freiburg: Herder Verlag 1977. Band 2.
Wolf, A.: Zur Geschichte der Sozialpädagogik im Rahmen der sozialen Entwicklung. Donauwörth: Auer Verlag 1977.
Wollenweber, H. (Hrsg.): Sozialpädagogik in Wissenschaft und Unterricht. Paderborn: Schöningh Verlag 1978.
Wollenweber, H. (Hrsg.): Sozialpädagogische Theoriebildung. Quellenband. Paderborn: Schöningh Verlag 1983.

Zander, H.: Armut. In: *Eyferth, H.* u. a. (Hrsg.): Handbuch zur Sozialarbeit/Sozialpädagogik. Neuwied: Luchterhand Verlag 1987, S. 132–147.
Zeller, S.: Geschichte der Sozialarbeit als Beruf. Bilder und Dokumente (1893–1939). Pfaffenweiler: Centaurus Verlag 1994.
Ziebertz, H.-G.: Sozialarbeit und Diakonie. Weinheim: Deutscher Studien Verlag 1993.
Zink, D.: Impulse zur Weiterentwicklung einer sozialpädagogischen Berufsethik. In: Die berufliche Sozialarbeit 3/1994, S. 87–90.